HEID

EN S

ERNST NOLTE

HEIDEGGER

POLÍTICA E HISTORIA
EN SU VIDA Y PENSAMIENTO

Traducción de
ELISA LUCENA

tecnos

Título original:
Martin Heidegger. Politik und
Geschichte im Leben und Denken

Diseño de colección:
Joaquín Gallego

Impresión de cubierta:
Gráficas Molina

© 1992 by Verlag Ullstein GmbH., Berlin-Frankfurt am Main, Propyläen-Verlag
© EDITORIAL TECNOS, S.A., 1998
Juan Ignacio Luca de Tena, 15 - 28027 Madrid
ISBN: 84-309-3193-7
Depósito Legal: M-24281-1998

Printed in Spain. Impreso en España por Vía Gráfica.
Polígono Uranga. Fuenlabrada (Madrid).

ÍNDICE

PRÓLOGO

Hoy en día, o bien se convierte uno en un «especialista en Heidegger» ya desde su juventud, o bien escribe sobre él como profesor de filosofía y en el contexto de una temática filosófica. El presente libro procede de un autor que vuelve la mirada hacia la obra de una vida, un autor que se ha establecido eminentemente en otra disciplina, a saber, dentro de la ciencia de la historia[1]. La tetralogía sobre la historia de las ideologías modernas, que dio comienzo en 1963 con *El fascismo en su época* [*Der Fachismus in seiner Epoche*] y llegó a su fin con *La guerra civil europea, 1917-1945* [*Der europäische Bürgerkrieg 1917-1945*], supone la base sobre la que se asienta el planteamiento de la cuestión que aquí sirve de hilo conductor. Asimismo, este libro también significa una vuelta a mis primeros inicios académicos. En 1944, la lección de Heidegger sobre la doctrina heraclítea del *logos* produjo una honda impresión en el joven estudiante, y esta impresión tampoco desapareció después, cuando más tarde caí en la cuenta de que por aquella época había comprendido mal a Heidegger.

Tampoco hoy, después de casi cincuenta años, estoy en modo alguno seguro de comprender correctamente a Heidegger en el núcleo de sus intenciones filosóficas. No eran sólo gentes de mala fe quienes tildaron a una gran parte de su última filosofía de «murmurante» (por emplear la expresión de Thomas Mann), pues tal

---

[1] Como es sabido, el idioma alemán cuenta con dos palabras para nuestra «historia»: *Geschichte* (historia acontecida o acontecer histórico) e *Historie* (la «historia» en el sentido de las ciencias positivas, es decir, como un modo externo de narrar los sucesos temporales). Los diferenciaremos mediante los términos «historia» e «historiografía». Ahora bien, «historiografía» tiene dos significados en castellano: 1) *específico*, como estudio bibliográfico de los escritos sobre historia y sus fuentes; 2) *general*, como el conjunto de obras e investigaciones científico-históricas. El lector debe tener presente que nos referimos al segundo significado y no al primero. *(N. de la T.)*

vez sean esas «murmuraciones» la posibilidad más extrema que pueda surgir del decir humano cuando la verdad no habita en el enunciado, como Heidegger no cesó de subrayar desde su época más temprana. Frente a eso, a lo largo de mi vida he formulado algunas pautas y desarrollado líneas de pensamiento que apelan a la reflexión y no al mero aceptar o rechazar. Sin embargo, no se podrá negar claridad a ninguna de esas frases y a ninguna de esas concepciones, y de ahí que les falte por lo general su «sentido profundo», que encierra en sí un indicar y un insinuar. Si en este libro se habla con bastante frecuencia del «entendimiento humano habitual», del que Heidegger dudaba o frente al cual confesaba su incapacidad, con ello me refiero a mí mismo y a las innumerables personas que son como yo. Pero, en mi caso, el entendimiento humano simple ha rebasado sus propios límites y se ha propuesto, a lo largo de decenios de trabajo, nada menos que hacer más comprensible, en sus realidades y raíces, la parte principal del siglo XX dominada por el totalitarismo. Por ello, es posible que un pensamiento que tematiza la filosofía de Heidegger vacilante y con conciencia de su propia insuficiencia, sea capaz de exponer el compromiso político de Heidegger y su relación con la historia «empírica» mejor de lo que él mismo pudo o quiso hacer en sus declaraciones públicas.

La «historia de la ideología» remite a un pensamiento que está íntimamente relacionado con los intereses y esfuerzos de grupos enteros de hombres, proporcionando directamente a esos intereses y esfuerzos una articulación que les excede o que, al menos, tiende a la universalización. Perseguir un pensamiento tal no supone, por tanto, elaborar una mera «historia de las ideas», sino que es, al mismo tiempo, historia política e historia de las organizaciones y modos de comportamiento. Quien en el siglo XX sólo hablara de Rusia, de Alemania y de otros Estados, o sólo de la burguesía y de los obreros, se estaría ocupando de fragmentos artificiales en la medida en que evitara hablar del comunismo y del fascismo, pues por su acción y reacción hicieron de esos Estados y de esos grupos lo que de hecho fueron. Aunque *Marxismo y revolución industrial* [*Marxismus und Industrielle Revolution*, 1983] se remonta a los siglos XVIII y XIX, el verdadero tema de la tetralogía es el lapso de tiempo de las siete décadas comprendidas entre 1917 y 1990-1991, por lo que cabe denominarla «tetralogía historiográfica».

Pero, si la forma ideológica del pensamiento es capaz de difundirse hasta la vida cotidiana y hasta los fragmentos más simples de ella, entonces no sólo se sitúa frente a frente de aquel «pensamiento puro» representado por la matemática, la lógica y la teoría del conocimiento, sino también de un pensamiento que, desde luego, no ha roto su estrecha vinculación con las «realidades», aunque en gran medida está alejado de ellas. Se trata del pensamiento histórico, que no puede ser articulado, como las ideologías, en la forma grosera y altamente emocional de los agitadores en las asambleas populares, sino que aparece caracterizado desde un principio de acuerdo con una categoría espiritual. En efecto, en cierto modo se trata del lado interno de la historia, de su comprenderse-a-sí-misma, si bien no se identifica con la «historia del ser» de Heidegger. He intentado hacer accesible ese lado interno de las décadas totalitarias de nuestra época en mis tres libros sobre Nietzsche, sobre el pensamiento histórico en el siglo XX y ahora sobre Heidegger[2].

Me llena de una satisfacción no del todo privada el que, en una era de especialistas imprescindibles y de escuelas científicas especializadas o también «de la misma cuerda», haya en mi caso dos experiencias bastante simples y personales que podrían constituir el punto de partida, nunca olvidado, tanto de la tetralogía como de la trilogía: el asombro atemorizado de un niño de la comarca del Ruhr ante el desarrollo de los movimientos del comunismo y del nacionalsocialismo durante los años inmediatamente anteriores a 1933, y la fascinación del joven estudiante por el gran pensador, que parecía ser el último metafísico y fue capaz de poner en duda la metafísica con mayor profundidad de lo que lo habían hecho los escépticos y los pragmatistas. ¿Se trataba de la autodestrucción de la metafísica, de la autorrenuncia de Europa? ¿O se había sentado

---

[2] A diferencia de las obras historiográficas, al conjunto de la «trilogía filosófica» le sirven de base una serie de lecciones —las últimas que dicté antes de ser nombrado emérito— impartidas en la Universidad Libre de Berlín durante los años 1989 y 1990-1991, y para cuya elección me vi libre por primera vez de las presiones del departamento. Como su publicación había estado prevista desde el principio, no fue necesaria ninguna transformación sustancial de las mismas para la confección del texto. Sobre todo en el presente libro, he dejado en gran medida sin alterar lo que en él hay de «subjetivo», que sólo aparece disimulado por la *apariencia* de objetividad que surge por haber tratado como una mera «exposición» el desafío de una vida dedicada al pensamiento.

la base para ver como limitada la más ilimitada de las realidades, la «civilización mundial», y para relativizar un «absolutismo» con el que el hombre perdería aquello que le era más íntimo, la trascendencia, porque su mundo de vida nuevo y enteramente abstracto se volverá irrebasable? Hasta la fecha, no conozco una respuesta adecuada a esos interrogantes. Pero de lo que se trata en último término no es de hallar respuestas, sino, más bien, de plantear las preguntas correctas, en la historiografía no menos que en la filosofía.

ERNST NOLTE

Berlín, abril de 1992

INTRODUCCIÓN

LA RELACIÓN ENTRE LA VIDA Y EL PENSAMIENTO DE MARTIN HEIDEGGER

Hacer no sólo de la obra, sino también de la vida de Martin Heidegger, el objeto de un estudio historiográfico que permita, así, plantear una cuestión bien delimitada, resulta extraño y podría ser tratado como algo propio de una moda o de especial actualidad.

Resulta extraño. Cierta vez, como introducción a unas extensas declaraciones sobre el pensamiento de Aristóteles, Heidegger resumió la vida de este hombre con una breve frase: «Aristóteles nació, trabajó y murió.» Ello significa que los sucesos de la vida de Aristóteles no tienen significado alguno en comparación con la obra. Agudizando la expresión, se podría decir lo mismo de la vida de Heidegger. Al fin y al cabo, Aristóteles había sido el maestro de Alejandro Magno, y la vida de Gottfried Wilhelm Leibniz podría ser descrita como una abreviatura que concentra la historia de la segunda mitad del siglo XVII y del comienzo del XVIII, pues Leibniz vivió en cortes de príncipes y fue amigo de reinas, mantuvo un estrecho vínculo con la irrupción del espíritu científico al comienzo de la era moderna y él mismo fue un matemático creador, aunque también un escritor de temas históricos y parte activa en las relaciones diplomáticas. En la vida de Martin Heidegger no se puede encontrar nada parecido. Nació en el seno de relaciones estrechas y provincianas. Como era un niño capacitado, fue favorecido por la iglesia mediante becas, y, tras doctorarse en 1915, se desenvolvió casi exclusivamente en el entorno de dos universidades de provincias. Al parecer, ni siquiera a partir de 1927, cuando ya era un hombre de fama mundial, ambicionó relacionarse con personalidades políticamente influyentes, como tal vez sí hiciera Oswald Spengler, y murió de un modo bastante diferente al de Nietzsche, no al final de una crisis, que se podría decir simbólica, y de su consiguiente enajenación, sino protegido todavía por una prudente esposa. No tendrá éxito quien trate de exponer su vida como el espejo de acontecimientos temporales diversos o pretenda describir la biografía de este individuo como la biografía de una época, como sería del todo posible en los casos de Ernst Jünger o Georg Lukács. La vida de Heidegger deja de ser interesante cuando se la separa de su obra, y por ello podría parecer como si la vida acompañara a la obra con el solo objeto de producir la apariencia de legitimidad historiográfica. Sin embargo, la verdad es que siempre se tendría que hablar de la obra filosófica, pues en su caso vida y obra son, sencillamente, idénticas.

Pero todo el mundo sabe que hubo un breve período de la vida de Heidegger en el que aspiró a ejercer una actividad política, y es por ello por lo que ahora mismo y, en particular, desde 1945, ha sido atacado con una violencia extrema. Se trata de su compromiso durante el primer año de la toma del poder nacionalsocialista, época en la que ejerció como rector de la Universidad de Friburgo. Heidegger aspiraba a convertirse en el *Führer* de la Universidad; es más, al parecer tenía la intención de dirigir al propio *Führer*, esto es, de convertirse en el espíritu rector de Adolf Hitler y de su revolución nacionalsocialista. Recientemente han vuelto a radicalizarse los ataques mencionados —en Francia sobre todo— gracias al libro de Víctor Farías y a sus sorprendentes efectos, de modo que la cita de Platón con la que Heidegger concluía su discurso rectoral podría ser modificada un tanto y aplicada a él mismo: «Nunca antes había estado Martin Heidegger tan expuesto a una tempestad.» Desde luego, también ha encontrado firmes defensores, y de nuevo se han dado respuestas contrarias a una vieja pregunta: el compromiso nacionalsocialista de Heidegger ¿fue un episodio o una manifestación? ¿No tenía nada que ver con su pensamiento filosófico, era un mero error, o suponía al contrario la revelación del sentido de ese pensamiento? Con otras palabras: ¿fue Heidegger nacionalsocialista tan sólo entre 1933 y 1934?, ¿fue nacionalsocialista en absoluto?, ¿simpatizó durante toda su vida con los nacionalsocialistas o estuvo predestinado desde su juventud a convertirse en nacionalsocialista? Esta última tesis constituye, precisamente, la novedad del libro de Víctor Farías, novedad que, por lo demás, sólo se aduce mediante detalles eruditos, como en el caso de un artículo de tono nacionalsocialista escrito por la señora Heidegger en 1935. Según Farías, a sus veinte años Hei-

degger ya era un partidario del antisemita y alcalde de Viena, Karl
Lueger. En cambio, Hugo Ott, cuyas investigaciones sobre el período del rectorado se habían adelantado a las de Farías en el descubrimiento de nuevas fuentes, revela en su nuevo libro que, al parecer, fue precisamente la ruptura con la Iglesia católica la que puso
a Heidegger en el camino del nacionalsocialismo. En cualquier
caso, cuestiones como éstas caen indudablemente en el ámbito de
competencia del historiador. En efecto, la vida de Martin Heidegger
fue, al menos por un cierto tiempo, una «vida» en el sentido de ser
accesible o parecer accesible sin más para el historiador, pero también para los articulistas, periodistas e incluso para los «interesa-
dos por la política». Por tanto, no es conveniente dejar que la vida
quede absorbida en su integridad por la obra. Se podría modificar
ahora aquella cita sobre Aristóteles del siguiente modo: «Nació,
produjo un gran escándalo, suscitó duras críticas y un gran entusiasmo y murió.»

Ciertamente, sería falsa la descripción de alguien que quisiera
decir: he aquí un filósofo que vivió y enseñó discretamente al principio, para luego caer, por poco tiempo, bajo la mirada del ojo público y volver, más tarde, a vivir y a enseñar sin llamar la atención.
Hannah Arendt relataba en un artículo, publicado en el *Merkur* con
motivo del octogésimo aniversario del nacimiento de Heidegger, que
ya a comienzos de los años veinte se había difundido entre los estudiantes el rumor de que en Friburgo trabajaba un joven profesor que
tenía cosas que decir del todo inusuales, un profesor que pronto sería considerado como el rey sin corona del reino del pensamiento.
Según el informe de Hans-Georg Gadamer, cuando Heidegger llegó a Marburgo en 1923 casi todos los discípulos de Nicolai Hartmann, titular de la cátedra pública, se pasaron al joven «profesor ordinario interino», lo que supuso una experiencia amarga y perturbadora
para el prestigioso fundador de una ontología realista. Y a la lección
inaugural de Heidegger en Friburgo, que tuvo lugar en 1929, acudió
«la ciudad entera», así como numerosos oyentes de toda Alemania.
Probablemente sea un fenómeno casi único en la historia de la universidad alemana el que las aulas de un hombre, que no dictó ninguna «lección sobre el deber», estuvieran repletas casi desde sus primeros comienzos hasta su última aparición, fuera cual fuera la época
de que se tratara. Muchos testigos han hablado sobre el poder de fascinación de las lecciones de Heidegger, y no pocos oyentes tuvieron
la impresión de que la concentración extrema de las exposiciones,

nunca amenizadas por una broma, que pronunciaba desde la tarima aquel hombre de baja estatura y peculiar vestimenta, hacía que se les cayera una venda de los ojos, aunque para ellos fuese imposible ofrecer una repetición comprensiva del contenido de lo dicho. Carl Friedrich von Weizsäcker reproduce con las siguientes palabras su reacción ante la única lección de Heidegger a la que asistió, lo que tuvo lugar a finales de los años treinta, siendo ya, cuanto menos, un aventajado estudiante de física: «Esto es filosofía. No entiendo una sola palabra. Pero esto es filosofía»[1].

La polémica sobre Heidegger no data, por tanto, de antes de 1933, y los sucesos de ese año no son en modo alguno su único contenido. Otros oyentes, por otra parte bien cualificados, vieron pronto en Heidegger a un charlatán de efecto premeditado y, en el mejor de los casos, a un mago de las palabras; Max Rychner lo consideraba en 1950, como poco después comunicó en un artículo del *Zeit*, un hombre que «sigue siendo fielmente, desde hace veintidós años, el que habla con sus jóvenes una suerte de abracadabra»[2]. En cambio, los teólogos cristianos de las dos confesiones han tratado con frecuencia a Heidegger como a un gran, y al parecer mero, instigador y provocador del pensamiento teológico. El marxista Herbert Marcuse fue partidario suyo, y aspiraba a lograr una síntesis entre el existencialismo heideggeriano y el humanismo del joven Marx; para otros marxistas, como Georg Lukács, él no era nada más que el filósofo de moda del imperialismo. De nuevo, otros oyentes e intérpretes vieron en él al filósofo campesino, al hombre que nunca logró liberarse de sus orígenes en la provincia más atrasada, Meßkirch, y que al fin y al cabo no hizo sino enaltecer el terruño natal. Pero ese «filósofo campesino» ya había atraído en una fecha bastante temprana a oyentes japoneses e hindúes, de modo que desde 1945 pudieron escribirse disertaciones sobre su estrecha relación con el budismo Zen. Por tanto, ¿en qué medida era un adversario de la «civilización mundial»? Además, aquel supuesto análogo espiritual de un poeta oriundo de Meßkirch, como Robert Minder lo retratara, había sido matemático en sus comienzos y alguien que, hasta su muerte, siempre estuvo familiarizado con los rasgos fundamentales del pensamiento científico-natural

---

[1] Carl Friedrich von Weizsäcker, *Erinnerung an Martin Heidegger*, en Bibl., n.º 7, p. 241.
[2] *Die Zeit*, 24 de abril de 1989, p. 72.

más moderno, tal y como lo expresa de nuevo el fidedigno testimonio de Carl von Weizsäcker[3].

Asimismo, la extraordinaria historia del efecto producido por el filósofo pertenece, con todo su admirable contraste, tanto al ámbito del historiador como al del filósofo. La «vida» de Martin Heidegger, por tanto, no se reduce en modo alguno al lapso de tiempo comprendido entre 1933 y 1934, sino que también comprende la irradiación del resto de su vida. En lo que sigue, quiero mencionar algunas citas que introduciré por orden cronológico, citas con las cuales pretendo pasar una fugaz mirada sobre la obra del filósofo y, ante todo, hacer que se comprenda por qué fueron posibles interpretaciones tan dispares.

En el escrito de habilitación de 1915 sobre *La doctrina de las categorías y la doctrina del significado de Duns Scoto*, se puede leer hacia el final: «Por ejemplo, el concepto de analogía, discutido en esta investigación a propósito de la realidad efectiva [*Wirklichkeit*] metafísica, parece ser, en primer lugar, un verdadero concepto escolástico desteñido y sin mayor importancia. Sin embargo, en cuanto principio dominante en la esfera categorial de la realidad [*Realität*] sensible y suprasensible, encierra la expresión conceptual de la forma determinada de la existencia [*Dasein*] interior, anclada en esa originaria relación trascendental del alma con Dios que en la Edad Media se encontraba vigente con una rara armonía»[4]. Y, en este punto, cabe preguntar si un hombre, que en su escrito de habilitación aparece tan marcado por la impronta de la concepción fundamental cristiana, católica incluso, podría deshacerse jamás de ese punto de partida. ¿Acaso no tienen razón los teólogos, quienes lo trataban como a uno de ellos, al afirmar que Heidegger se embarcó por rutas aventureras hacia una nueva tierra, o que allí se extravió?

En 1927, un pasaje muchas veces citado de *Ser y tiempo* (*Primera mitad*) decía así: «La característica del ser para la muerte auténtico y proyectado existenciariamente puede ser resumido de la siguiente forma: *El correr anticipadamente hacia la muerte* [*Vorlaufen in den Tod*] *revela al ser-ahí el estar-perdido en el Se-mismo* [*Man-selbst*], *y lo lleva ante la posibilidad —primariamente*

---

[3] Weizsäcker, *Erinnerung* (nota 1), p. 240.
[4] Martin Heidegger, *Die Kategorien und Bedeutungslehre des Duns Scotus*, Tubinga, 1916, p. 239.

falta de apoyo en el "procurar por" "ocupándose de" [besorgen-de Fürsorge]— de ser él mismo, pero de serlo en la apasionada LIBERTAD PARA LA MUERTE, desligada de las ilusiones del Se, fáctica, cierta de sí misma y angustiada»[5]. ¿No se caracterizó a Heidegger con todo derecho como el fundador de un existencialismo nihilista e individualista, sobre todo tras haber oído dos años más tarde, en su lección inaugural ¿Qué es metafísica?, la frase: «Ese estar sosteniéndose la existencia dentro de la nada hace del hombre, en virtud de la oculta angustia, el que sostiene el sitio de la nada [Platzhalter des Nichts]»?

Sin embargo, en su discurso rectoral de 1933 pudo oírse un tono del todo diferente: «Pero tampoco nadie nos preguntará si queremos o no queremos [la "autoafirmación" de la universidad, en el sentido de su resolución de seguir nuevos caminos], cuando la fuerza espiritual de Occidente desfallezca y éste se desquicie, cuando la agonizante cultura de la apariencia se hunda en sí misma, arrastre a todas las fuerzas a la confusión y las deje ahogarse en la locura. Que ocurra o no algo semejante depende únicamente de que nosotros nos queramos todavía, y aun de nuevo, como a un pueblo histórico-espiritual, o de si hemos dejado de querernos. Todo individuo decide sobre ello *también* cuando evita esa decisión, e incluso sólo entonces. Pero nosotros queremos que nuestro pueblo cumpla con su misión histórica. Nos queremos a nostros mismos. Pues la fuerza joven y más reciente del pueblo, que nos está sobrepasando, ya *ha decidido*»[6]. ¿No se revela aquí Heidegger, al introducir un enfático concepto de pueblo, como antiindividualista y aun colectivista, y como precursor de aquello que más tarde descalificaría como «voluntad de voluntad», y, en suma, como un nacionalsocialista genuino que se identificó con la toma del poder de un partido totalitario?

Pero uno habrá de preguntarse qué clase de nacionalsocialista era aquel que, en una lección pública, impartida en el semestre de verano de 1935, pudo decir (y publicar en 1953, para mayor indignación de muchos de sus coetáneos) lo siguiente: «Lo que hoy

[5] Martin Heidegger, *Sein und Zeit*, Halle, 1941 (5.ª ed.), p. 266; *Ser y tiempo*, trad. José Gaos, FCE, México, 1989 (7.ª reimp.), p. 290.

[6] Martin Heidegger, *Die Selbstbehauptung der deutschen Universität: Das Rektorat*, Francfort del Meno, 1983, p. 19; ed. cast., *La autoafirmación de la Universidad alemana. El Rectorado, 1933-1934. Entrevista del Spiegel*, trad. R. Rodríguez, Tecnos, Madrid, 1989, p. 18.

se ofrece por todas partes como filosofía del nacionalsocialismo, pero que no tiene que ver lo más mínimo con la interna verdad y grandeza de este movimiento [...], hace su pesca en las turbias aguas de los "valores" y las "totalidades"»[7].

Y acaso se debería hablar de un alejamiento de la realidad o de un exilio interior cuando, en la conferencia sobre *Hölderlin y la esencia de la poesía*, leemos lo siguiente: «Pero, mientras los dioses son nombrados originalmente y el ser de las cosas viene a la palabra para que las cosas comiencen a resplandecer, mientras esto ocurre, el *ser-ahí* [*Dasein*] del hombre es puesto en una firme relación y colocado sobre un fundamento. El decir del poeta es institución [*Stiftung*], no sólo en el sentido de la libre donación, sino al mismo tiempo en el de la firme fundamentación [*Gründung*] del ser-ahí del hombre sobre su fundamento [*Grund*] [...]. Poesía es institución verbal del ser»[8].

En todo ello se lleva a cabo, aproximadamente desde 1930, el «viraje» [*Kehre*], que, según la propia expresión de Heidegger, le alejó de o, mejor dicho, le condujo más allá del planteamiento de *Ser y tiempo* para dirigirse hacia el concepto de la «historia del ser» y la definición del hombre como «pastor del ser» [*Hirt des Seins*]. Mas, en realidad, se debe hablar de quietismo y de un marcado antimodernismo cuando el filósofo afirma lo siguiente en la conferencia de 1951 *Construir, habitar, pensar* [*Bauen, Wohnen, Denken*]: «Los mortales habitan en la medida en que salvan la tierra [...]. Salvar la tierra es más que explotarla o simplemente afanarse con ella. Salvar la tierra no es dominarla y no es someterla, de donde sólo dista un paso a la explotación desenfrenada. Los mortales habitan en la medida en que acogen al cielo como cielo. Dejan al Sol y a la Luna su curso, a los astros su ruta, a las estaciones del año su bendición y su iniquidad, no hacen de la noche el día ni del día una acosada inquietud. Los mortales habitan en la medida en que esperan a los divinos como divinos [...]. No se hacen sus dioses y no practican el culto a los ídolos. En la desgracia esperan todavía la salvación de la que han sido privados»[9].

---

[7] Martin Heidegger, *Einführung in der Metaphysik*, Tubinga, 1953, p. 157; ed. cast., *Introducción a la metafísica,* trad. E. Estiú, Nova, Buenos Aires, 1956, p. 228.

[8] Martin Heidegger, *Hölderlin und das Wesen der Dichtung*, Francfort del Meno, 1936, p. 43; ed. cast., *Hölderlin y la esencia de la poesía*, trad. J. D. García Bacca, Anthropos, Barcelona, 1989, p. 30.

[9] Martin Heidegger, *Vorträge und Aufsätze*, Pfullingen, 1954, pp. 150 ss.; ed. cast., *Conferencias y artículos,* trad. E. Barjau, Serbal, Barcelona, 1994, p. 132.

Y, en este «quietismo», ¿no se vislumbra de nuevo al teólogo, si bien ya no como el neoescolástico que argumenta, sino como el místico que murmura con la esperanza de lograr una «salvación» insondable y misteriosa? No obstante, se podría preguntar asimismo si en este punto no se percibe, en una fecha bastante temprana, un tono que empezó a encontrar más tarde, en la forma de la *ecología*, una expresión política bastante simplificada.

¿Y el «filósofo campesino», el transfigurador del suelo de la patria local? ¿No se lo percibe con toda claridad cuando, en la conferencia *El camino vecinal* (1949), se dice: «En el aire, que cambia con las estaciones, del camino vecinal se desarrolla la serenidad que sabe, cuyo gesto a menudo parece melancólico. Esta esencia serena es lo "confiable". Nadie, que no lo tenga, lo consigue. Los que lo tienen, lo tienen por el camino del campo. Sobre su senda se suceden la tormenta invernal y el día de la cosecha, se dan cita la viva excitación de la primavera y el sereno perecer del verano, divisan el uno en la otra el juego de la juventud y la sabiduría de la vejez. Pero en una única consonancia, cuyo eco transmite de un lado a otro el camino vecinal, todo queda serenado.» Y, sin embargo, tal vez responda el dibujo de ese «paraje idílico de la Alta Suabia agrícola y aldeana» —como alguno podría llamarlo— a las «caminatas», «a lo largo de las cuales se van dejando atrás todas las orillas»[10].

Citaremos, por último, un poema tardío de Heidegger que alguien podría calificar de magia de palabras o considerarlo fallido; y, sin embargo, sea como fuere, indica hasta qué punto este filósofo se había distanciado por completo de todos los demás filósofos, a cuyo «gremio» difícilmente pertenecía ya en el período de *Ser y tiempo*:

¿Cuándo se harán las palabras
de nuevo palabra?
¿Cuándo se reposa el viento de indicativa vuelta?
Cuando las palabras, dones remotos
—dicen—,
no significan por el designar;
cuando ellas, mostrando, transportan
al lugar de un acontecimiento primigenio
—propiciándose los mortales en la necesidad—

---

[10] Martin Heidegger, *Der Feldweg*, Francfort del Meno, 1949, pp. 5 s., 3.

> hacia donde clama el silencio,
> donde lo tempranamente pensado del ánimo resuelto
> se remansa clara y dócilmente[11].

Ahora se puede decir con mayor precisión cómo se habrá de tratar el tema. No quiero separar la vida de la obra, como hacen Farías y Ott. Pero tampoco puedo apelar, como hacen esos autores, al mérito de haber descubierto nuevas fuentes procedentes de archivos. Mis fuentes serán exclusivamente las obras y la literatura secundaria, a excepción de un caso cuantitativamente insignificante pero no del todo irrelevante. En todo ello habrá de encontrar una especial atención lo «conforme a la vida» que hay en las obras y en aquellas partes de la literatura secundaria relacionadas con esa vida. Ello significa que lo filosófico, en el sentido estricto, debe hacerse a un lado. Hay lecciones de Heidegger que tratan casi por entero de la cuestión acerca de qué es un enunciado y de en qué medida se funda éste en una patencia más originaria. Tal vez sirva como ejemplo de lo anterior la frase «la pizarra es negra». Aquí intento solamente describir a grandes rasgos; hacer más no sería ya la tarea de un historiador, aun cuando en último término éste no tome por sabiduría establecer una completa separación entre historiografía y filosofía. Lo «conforme a la vida» son, ante todo, las «circunstancias» que fueron relevantes para Heidegger y que podrían corresponder a aquel «estar arrojado» [*Geworfenheit*] de que se hablaba en *Ser y tiempo*. A este respecto hay que contar en primer término con el origen y, con él, también el medio circundante de la infancia y de la juventud. Es por ello por lo que, ante todo, nos importa «Meßkirch», y en principio no por la ciudad y el paisaje, sino por las tradiciones y conflictos que fueron determinantes para aquéllos en la época del nacimiento de Heidegger, como tal vez sea la disputa entre el catolicismo romano y el catolicismo

---

[11] Martin Heidegger, «Sprache», en *Denkerfahrungen 1910-1976*, Francfort del Meno, 1983, p. 169.
El texto original dice así: «*Wann werden Wörter / wieder Wort? / Wann weilt del Wind weisender Wende? / Wenn die Worte, ferne Spende, / sagen- / nicht bedeuten durch bezeichnen- / ween sie zeigend tragen / an der Ort / uralter Eignis / -Sterbliche eignend dem Brauch- / wohin Geäut der Stille ruft, / wo Früh-Gedachtes der be-Stimmung / sich fügsam klar entegegenstuft.*» Para una exégesis filosófica del poema, ver Félix Duque, «Los últimos años de Heidegger», en Otto Pöggeler, *El camino del pensar de Martin Heidegger*, Alianza, Madrid, 1986, pp. 397-398. *(N. de la T.)*

tradicional. A continuación, habrá que intentar describir los rasgos de la atmósfera espiritual dentro de la que Heidegger llevó a cabo sus estudios, un ámbito situado entre la neoescolástica, el neokantismo y la fenomenología, donde ya irradiaban las influencias de poetas y escritores relativamente desconocidos por entonces, como eran Hölderlin y Trakl, Kierkegaard y Dostoievski. En este punto constata Ott con acierto que cabe hablar de un primer «viraje» en el rechazo del «sistema del catolicismo», algo que también puede verse en conexión con el matrimonio de Heidegger, que lo puso en contacto con un medio por completo diferente, es decir, el medio prusiano-protestante. Las «circunstancias» serán tanto menos importantes una vez que Heidegger haya llegado claramente a su propio camino del pensar. Si en sus primeros escritos Heidegger discutía aún, con verdadero detalle y en todas las críticas en un plano de igualdad con filósofos contemporáneos, con Oswald Külpe y Wilhelm Wundt, con Heinrich Maier y Theodor Lipps, así, desde el comienzo de los años veinte, dejará de ser frecuente la discusión sobre Edmund Husserl y Max Scheler. Heidegger, desde ese momento y en adelante, se verá a sí mismo en diálogo, remontándose sobre los siglos y milenios, con los grandes, con Parménides y Heráclito, con Platón y Kant. Y, sin embargo, una y otra vez emergerán referencias al presente inmediato, referencias que casi siempre representan una «crítica a la cultura», pero que durante mucho tiempo apenas si fueron «políticas». En especial, queremos dedicarnos a observaciones de este tipo, y no sólo porque son más fácilmente acesibles para el «entendimiento habitual del historiador» que las afirmaciones, a menudo en extremo difíciles, sobre Platón y Aristóteles, sino porque ellas constituyen un aspecto visible en toda la obra de Heidegger, permaneciendo casi inalterado desde las declaraciones u obras más tempranas hasta las más tardías. De este modo, una primera tesis, desde luego bastante superficial y necesitada de considerables modificaciones, podría rezar como sigue: el «antimodernismo» que articuló su maestro, el teólogo Carl Braig, en un libro de 1911, ha sido el elemento más duradero del pensamiento de Heidegger. Si ello fuera así, sería del todo posible clasificar a Heidegger dentro de la gran corriente de la «revolución conservadora».

Es notable, sin embargo, que Heidegger no haga casi nunca referencia a autores que podrían ser claramente clasificados en esa corriente, y cuando lo hace siempre lo es en un sentido negativo, a menudo con un rigor hiriente, sobre todo en relación con Oswald Spengler. Ello no debería impedirnos el que también tengamos presente ese «mundo circundante» y no sólo a Spengler, si bien habremos de hacerlo de manera que las comparaciones puedan ayudarnos aquí y allá a comprender con mayor exactitud la singularidad del pensamiento de Heidegger justo en su separación de aquello con lo que guarda semejanza, o, si no a comprender, sí al menos a llegar a la formulación de una pregunta. El punto culminante de esas correspondencias «conformes a la vida» y de «crítica a la cultura» lo representa naturalmente el período de tiempo comprendido entre 1933 y 1934. Procuraremos, sin embargo, dejar que la vida de Heidegger discurra desde su principio hasta ese período de tiempo para, a continuación, perseguir meramente sus efectos ulteriores. De ahí que se dedique previamente un largo capítulo a *Ser y tiempo*. La época del rectorado, sin embargo, no puede ser tratada sin mencionar nombres como los de Wolfgang Schadewaldt y Erik Wolf. Lo mismo es aplicable, en los años de Marburgo, a Rudolf Bultmann. Éste es el punto de partida de un ensayo que viene posibilitado por el recurso a materiales originales de fácil acceso, aunque apenas utilizados: se incluirán los entornos académicos de Heidegger, es decir, las facultades de Marburgo y Friburgo, de las cuales era miembro. El rendimiento que cabe esperar de ello es, desde luego, bastante limitado, y la enumeración de nombres y temas de lecciones podría conducir a extravíos, pero en esencia seguramente no será inoportuno recordar que Heidegger no sólo reflexionó sobre las sentencias de Heráclito y Platón en la habitación de estudio de su casa, en el Rötebuckweg de Friburgo y en sus largos paseos por los alrededores de la diminuta cabaña de Todtnauberg, sino que durante el semestre solía tomar parte cada dos o tres semanas en las reuniones de la Facultad, que reunían a un auténtico círculo de metódicos profesores, quienes sin excepción disponían de una considerable autoconciencia y en modo alguno mantenían con Heidegger una relación de veneración o de servidumbre. Si entre 1918 y 1933 estos hombres fueron en su mayoría simpatizantes del nacionalismo alemán, si se cesó a un considerable número de liberales radicales, ¿pudo ello dejar de ejercer una influencia sobre Heidegger, ya fuera como conformidad o rechazo? Sin embargo, precisamente aquí se abre una dificultad relativa a las fuentes, pues la correspondencia de Heidegger no está publicada y, al parecer, tampoco está prevista su publicación en el marco de las obras completas; la correspondencia se encuentra, al igual que el conjunto de las obras póstumas, en el *Deutsches Literaturarchiv* de Marbach, y su acceso está cerrado para el usuario por tiempo indefinido. Tan sólo se conocen bien algunas cartas aisladas de Heidegger, sobre todo una dirigida a Karl Jaspers; pero cabe suponer que en Marbach se encuentran cientos y miles de cartas, que acaso sean conocidas por el administrador de las obras póstumas de Heidegger, su hijo Hermann. Sería de gran interés saber si hubo intercambio epistolar entre Heidegger y el historiador de la modernidad Wilhelm Busch, «bismarckiano» declarado y rector de la Universidad Philipps en 1927, el año de la celebración del cuarto centenario de esa institución. Otro tanto cabe decir de las relaciones entre Heidegger y su colega de Friburgo Jonas Cohn, quien tuvo que emigrar después de 1933. Hasta donde yo sé, Heidegger no nombra a ninguno de los dos en sus obras, como tampoco en sus lecciones publicadas; sin embargo, los conocía bien personalmente, y es muy probable que se diera algún tipo de intercambio entre ellos. Aún más lamentable resulta, en el sentido estricto de lo biográfico, la inaccesibilidad de la correspondencia mantenida entre Heidegger y Hannah Arendt, que durante algunos años de la época de Weimar fue, posiblemente, una correspondencia amorosa, al menos en la medida en que la descripción de la vida de Hannah Arendt realizada por su discípula Elisabeth Young-Bruehl sea fiable, lo que nadie duda. Por supuesto, no cabe atribuir a una mala conciencia o a una mera delicadeza el que la publicación de la correspondencia citada no se haya producido y, tal vez, nunca llegue a producirse; la publicación de las obras y de las lecciones debía tener, sin duda, prioridad. Pero se ha de tener presente la limitación de las fuentes si se quiere comprender por qué un estudio, que tematiza tanto la vida de Martin Heidegger como la obra, dirigiendo sobre todo la atención a la relación del pensador con la política y la historia, no puede ser una biografía en la que el carácter individual del protagonista se sitúe en un primer plano.

JUVENTUD CATÓLICA EN MEßKIRCH Y LA DISTANCIA RESPECTO DE LA MODERNIDAD

Nada parece más irrelevante para un filósofo que el lugar de su nacimiento. ¿Habría tenido algún significado para el criticismo kantiano que su autor hubiera nacido en Halle en lugar de en Könisberg, o incluso en la patria escocesa de sus progenitores? ¿Qué hilos unían al Hegel que enseñaba en Berlín con su Stuttgart natal? Pero, del mismo modo, el «deber» kantiano se impone como una virtud «prusiana», y lo «suabo» que hay en Hegel ha llegado a ser objeto de varios trabajos. Sin embargo, a lo largo de su vida, Heidegger ha permanecido más que ningún otro filósofo en una relación estrecha y no meramente externa con su lugar de origen, y es todo menos casual el que también fuera enterrado allí.

El viajero de paso, que en el trayecto de Radolfzell a Sichmaringen, atravesando un paisaje accidentado, más bien áspero que agradable, se detenga una hora en Meßlirch para tomar un rápido almuerzo, difícilmente se llevará una honda impresión del lugar. En el camino que conduce del aparcamiento al restaurante, el viajero tendrá que mantenerse sobre una angosta acera a escasa distancia de las paredes de las viejas y no del todo cuidadas casas, pues el tráfico de dos carreteras federales circula bullicioso a través de una pequeña ciudad de apenas más de cinco mil habitantes, quienes, al parecer, necesitarían algún dinero para la construcción de una carretera de circunvalación, y aquí y allá parece como si algún camión hubiera derribado un pequeño fragmento del alero de un edificio. La posada, en la que el viajero se refugia, se parece mucho a un negocio rural, y habrá de esperar un buen rato a su modesta comida, sin que se le haya ofrecido más lectura que el periódico local. Lo más que probable es que ese viajero se diga para sus adentros: ¡a qué atrasado poblacho he venido a parar!

Por supuesto, el viajero no se habría tomado el tiempo necesario para subir al punto más alto de la ciudadela, donde se eleva la iglesia parroquial de San Martín, por lo que no habría podido admirar su decoración interior barroca ni el castillo de los príncipes de Fürstenberg, que forma un gran complejo con la iglesia y el «jardín real». No habría visto el cuadro del altar, pintado por el «Maestro de Meßkirch», que representa a los tres Reyes Magos, entre los cuales aparece, en completa igualdad de derechos, el negro Gaspar. Y, sobre todo, no se habría dado cuenta de que se puede presionar sobre el retrato de un jinete yacente, situado en la parte trasera del espacio interior, y entonces surge ante la vista un esqueleto. A quienes viven allí se les muestra la vida y la muerte, el tiempo y la eternidad en grandes cuadros, símbolos y construcciones. Y si nuestro viajero fuera un aficionado al arte y filósofo, que no tuviera prisa, seguiría entonces la «Vía barroca de la Alta Suabia», y se encontraría una y otra vez con espléndidas iglesias y antiguas abadías del Imperio, con ayuntamientos de refinado estilo en el centro de las plazas espaciosas de las pequeñas ciudades imperiales libres, con residencias principescas y castillos de la Orden alemana. Esta tierra de la Alta Suabia, emplazada entre el Bodensee y el Danubio, en la que no hay ni una sola gran ciudad, todavía es hoy reconocible como una región de la Iglesia y de la nobleza. Como causas históricas de lo anterior cabe mencionar la dispersión política que tras el final del dominio de la dinastía de los Hohenstaufen hizo que surgieran aquí un buen número de territorios independientes: abadías, condados, residencias de la caballería imperial, ciudades imperiales libres. Así, durante mucho tiempo el dominio de Meßkirch estuvo en manos de los barones de Zimmern, uno de los cuales compuso en el siglo XVI la *Zimmernsche Chronik*. Más tarde pasó a ser propiedad de los condes y príncipes de Fürstenberg, hasta que el pequeño territorio fue adjudicado al Gran Ducado de Baden tras el *Reichsdeputationshauptschluß*. Nada resulta más fácil que denunciar esa «dispersión feudal» y detallar el conjunto de tributos con los que fueron oprimidos los campesinos de la región para permitir el lujoso tren de vida y la incansable actividad constructora de obispos y abades, barones y condes. De hecho, se produjeron enfrentamientos en la propia región, y no sólo en la forma de la autoafirmación de la burguesía de las ciudades. La Revolución de 1848 tuvo en el «*Seekreis*» badense a uno de sus más firmes puntos de apoyo; ésta fue la tierra de los Hecker y Struve y de la más temprana proclamación de una república alemana. Se presentía la inminencia de nuevos tiempos, y también que había que decir adiós al esplendor medieval. Y si, a pesar de todo, aquel viajero se dirige desde Blaubeuren hacia Ravensburg, pasando por Zwiefalten, Riedlingen, Bad Schussenried y Bad Waldsee, y luego desde la Nordspitze del Bodensee hacia Beuron pasando por Pfullendorf, el Kloster Wald y Meßkrich, se planteará quizas una pregunta un tanto extraña: ¿qué diría un visitante extraterrestre que, después del fin de la humanidad, visitara la Alta Suabia y los Estados modernos restantes y pudiera reconstruir la antigua realidad a partir de esos restos? Quizá dijera: aquí vivieron animales inteligentes que hábilmente pusieron en juego sus recursos con el objeto de lograr un modo de vida confortable para todos los individuos, y allí existieron seres cuya vida trascendió el límite de lo individual y creó algo que abrió una nueva dimensión, inconmensurable con el rasero del bienestar individual.

A la sombra de la iglesia de San Martín creció el joven Heidegger, hijo del sacristán y tonelero Friedrich Heidegger y de Johanna, cuyo apellido de soltera era Kempf. Sin embargo, el 26 de septiembre de 1889, fecha de nacimiento del filósofo, la iglesia se encontraba todavía en manos de los católicos tradicionales, de modo que el bautizo hubo de celebrarse en una iglesia improvisada; pero aún no se había ocupado la modesta casa del sacristán, situada justo debajo de la iglesia. Existe el rumor según el cual el 1 de diciembre de 1895, día en que la iglesia fue restituida a los católicos romanos, el sacristán de los católicos tradicionales devolvió las llaves al hijo de seis años de su colega, evitando así un encuentro personal que no deseaba. De este modo fue como cayó sobre la infancia del muchacho la sombra de un suceso que hundía sus raíces en una decisión perteneciente a la historia universal y cuya repercusión inmediata, sin embargo, se reveló en Alemania como un mero episodio.

En julio de 1870, inmediatamente antes del estallido de la guerra germano-francesa, el Primer Concilio Vaticano erigió en dogma la infalibilidad del papa. Con ello se mantenía —si bien enfrentada a una notable resistencia, procedente sobre todo de las filas de los obispos alemanes— la política de autoafirmación integral del catolicismo frente al liberalismo, política que había encontrado su expresión más controvertida en 1864 con el *Syllabus Errorum*. Una de sus consecuencias fue la *Kulturkampf*, que comenzó en 1871 durante el Imperio alemán y que tuvo sin duda muchas causas, siendo otra de sus consecuencias el nacimiento del catolicismo tradicional (*Altkatolizismus*). Al tradicionalismo que cabría atribuir a simple vista al establecimiento de una organización que rechazaba las «innovaciones» habría que añadir, sin embargo, un fuerte acento nacionalista dirigido contra las «pretensiones de poder romanas», así como una tendencia liberal que presionaba para conseguir la supresión del celibato y de la confesión oral, efectuando así un claro acercamiento al protestantismo. En Baden y en toda la región del Bodensee era especialmente fuerte ese catolicismo tradicional, que fue protegido de diversas formas por el Estado, ya que allí podía fundarse en la tradición del «wessenbergianismo», aquella orientación del catolicismo alemán, ilustrada y de tendencia nacional-eclesiástica, que tuvo su centro hasta 1821 en el vicario general de Constanza, Ignaz, barón de Wessenberg. Conrad Gröber, más tarde arzobispo de Friburgo y natural de Meßkirch, describió la lucha sostenida entre los católicos romanos y los católicos tradicionales en extensos artículos publicados en el *Freiburger Diözesan-Archiv* entre 1911 y 1922, época durante la cual ejercía como párroco en Constanza. Incluso en la exposición, bastante partidista, de Gröber se hace patente hasta qué punto la promulgación del dogma de la infalibilidad había inquietado a los católicos alemanes, y hasta qué punto presionaron los cultivados y adinerados miembros de la parroquia para presentar resistencia a la visión medieval de Roma y para no oponerse al *Zeitgeist* de la fundación del Reich, que durante mucho tiempo fue el *Zeitgeist* del liberalismo nacional y de su lucha contra los «enemigos del Reich». De ello resultó, con un fuerte apoyo por parte de las autoridades, la formación de parroquias del catolicismo tradicional y la designación de un obispo propio. En este punto desempeñaron un papel significativo tanto en Constanza como en Meßkirch los antiguos campeones de la Revolución de 1848, quienes ahora se había convertido en funcionarios públicos o alcaldes. Gröber menciona algunas expresiones características del periódico local de Meßkirch, expresiones que permiten reconocer que la tradición ilustrada liberal había formado una estrecha alianza con el nuevo Reich de Bismarck: «El Reich alemán debe convertirse en el refugio de todo aquello que el *Syllabus* papal ha condenado como anatema»; lo que importa es luchar contra los «romanos», «limpiar el país de sus enemigos internos y devolver al Reich alemán la calma y la paz»[1]. Naturalmen-

---

[1] Conrad Gröber, «Der Altkatholizismus in Meßkirch. Die Geschichte seiner Entwicklung und Bekämpfung», *Freiburger Diözesan-Archiv*, Nueva Serie, t. 13 (1912), p. 141.

te, las parroquias recién formadas reclamaron su parte de las iglesias y de los bienes de la Iglesia; sin embargo, como el comunicado papal los consideraba cismáticos, los católicos romanos consideraron sacrílego que los católicos tradicionales tuviesen iglesias tan pronto como el Estado ordenó el uso compartido de aquéllas. Así fue como los católicos romanos perdieron en Meßkirch, no sólo la pequeña iglesia del hospital, sino también y por último la iglesia de San Martín. Por un tiempo pareció como si los católicos tradicionales hubieran prevalecido, pues en general también aquí los miembros adinerados e instruidos de la parroquia se pasaron a las filas de aquéllos. Es posible, sin duda, observar en este punto una analogía con la controversia suscitada entre los judíos reformistas y los ortodoxos. La siguiente frase de Gröber nació a todas luces de vivencias concretas: «Sabemos, por una amarga experiencia propia, cuánta alegría juvenil fue destruida en aquellos duros años en que los niños católicos tradicionales, más ricos, despreciaban a los católicos romanos, que eran más pobres, y a sus sacerdotes, y los apaleaban y sumergían en pozas para volverlos a bautizar»[2]. Mas, gradualmente, se fue imponiendo el número mayor y el compromiso más fuerte; un primer indicio de ello lo supuso la construcción de una iglesia provisional con la ayuda de los monjes de Beuron, y finalmente se devolvió la iglesia de San Martín a los católicos romanos. En 1900 llegó a Meßkirch el sacerdote Camillo Brandhuber, un reconocido «párroco del *Zentrum*» que allanó al dotado hijo del sacristán Friedrich Heidegger su camino hacia el colegio del seminario arzobispal de Constanza, la Konradihaus, y de ahí, a partir de 1903, comenzó a cursar el cuarto curso de segunda enseñanza, la *Untertertia*, en el instituto de humanidades. El rector de la Konradihaus era Conrad Gröber. Brandhuber, Gröber, los padres y también, sin duda, el joven Martin daban por sentado que ese sería el inicio de su camino hacia la profesión de sacerdote.

La carta de felicitación de su hermano Fritz, escrita con motivo del octogésimo aniversario del filósofo, proporciona la impresión más viva que cabe encontrar de la infancia de Heidegger. Martin había sido un buen nadador y patinador sobre hielo, pero también había ayudado mucho en el taller de su padre con la preparación de la madera para fabricar toneles, a partir de la cual se obtenían

---

[2] Ibídem, p. 158.

tinas, cubas, barriles y toneles de roble para el vino. Los padres,
según cuenta Fritz, no eran ni pobres ni ricos desde el punto de vista material; eran «pequeñoburgueses acomodados», pero entre ellos
el ahorro se escribía con mayúsculas. El hermano del filósofo trata el asunto de la controversia entre católicos y católicos tradicionales con las siguientes palabras: «En sus años jóvenes, nuestro
padre y nuestra madre vivieron muy de cerca el fanatismo de los
dos bandos enfrentados en la llamada *Kulturkampf* de Meßkirch,
así como sus dolorosas consecuencias. A raíz de estos sucesos im-
pactantes, su actitud y su modo de pensar se fue volviendo con los
años —casi inconscientemente— cada vez más animado y pene-
trado de aquello que hoy en día se denomina disposición de ánimo
ecuménica. La plaza de la iglesia y el populoso vecindario des-
prendían un espíritu humano»[3]. La madre, prosigue Fritz, era una
mujer alegre y vital, una artista en el embellecimiento de los alta-
res antes de las fiestas religiosas más señaladas; el padre, en cambio, era un hombre muy callado que, sin embargo, como sacristán
y artesano también supo mantenerse siempre en contacto con todas las capas de la población. Pero aún más impresionante resulta
la descripción que el propio Martin Heidegger ha ofrecido sobre
una de las experiencias más importantes de su niñez, descripción
que aparece en el breve borrador de 1954 titulado *Sobre el enigma
del campanario* [*Vom Geheimnis des Glockenturms*][4]: «En la madrugada del día de Nochebuena, alrededor de las tres y media, llegaron a la casa del sacristán los monaguillos campaneros. Allí, la
madre del sacristán les había dispuesto la mesa con pasteles y café
con leche [...]. Una vez que todas las linternas estuvieron dispues-
tas, avanzaron los muchachos pesadamente por la nieve, precedi-
dos por el guía, hasta desaparecer en la torre. Se hizo repicar las
campanas, sobre todo las mayores, desde el recinto mismo de las
campanas [...]. Nada más extinguidas las cuatro campanadas ho-
rarias de la madrugada de Nochebuena se sumó la campana más
pequeña: la «tercia», que debía repicar cada día a las tres, recién
comenzada la tarde [...]. Se daba una misteriosa conjunción, en la
que [...] se aunaban la festividad religiosa, el día de vigilia y el cur-

---

[3] *Martin Heidegger zum Geburstag von seiner Heimatstadt Meßkirch* (ver
Bibl., n.º 8), p. 61.
[4] Martin Heidegger, *Denkerfahrungen 1910-1976*, Francfort del Meno, 1983,
pp. 63-66.

so de las estaciones, de modo que atravesaba los corazones jóvenes, los sueños, las oraciones y los juegos *un* continuo repicar. *Con* ella se salvaguarda uno de los misterios más mágicos, sagrados y perdurables de la torre, para que, transformado e irrepetible, sea regalado siempre, hasta la última campanada en el albergue del ser.»

¡Un mundo perdido!, dirán todos, el uno con ligera tristeza y el otro con la certeza propia del moderno progresismo. Pero, al igual que la magnífica iglesia barroca de Steinhausen —la iglesia rural más hermosa del mundo, como se la denomina en Dehio— no puede quedar «anticuada» por ningún rascacielos, así este angosto mundo, que hunde profundamente sus raíces en el pasado, podría engendrar, en la confrontación de sus miembros con la tan diferente existencia industrial y metropolitana, un futuro más rico de lo que es capaz de generar el mero ir a la deriva en la corriente nivelada de la modernidad. «Meßkirch» puede ser, de hecho, un mejor punto de partida para el filosofar contemporáneo que Nueva York.

Sobre los años que el joven Heidegger pasó en Constanza tan sólo quiero decir que a lo largo de su vida siempre permanecería en contacto con sus compañeros de clase, incluso en 1928, cuando, en una carta dirigida a su antiguo prefecto Lang, el filósofo firmaba con las siguientes palabras: «Con sincero agradecimiento, su antiguo alumno Martin Heidegger»[5]. En 1906 se trasladó de Constanza al instituto Berthold de Friburgo, donde también estuvo en relación con el colegio del seminario, pues sólo podía disfrutar de la llamada beca Elinerschen con la condición previa de seguir inscrito en aquél. Continuó percibiendo esta beca hasta 1911, por tanto, también durante los dos años posteriores al bachillerato, durante los cuales estudió teología, tal y como correspondía a la intención del donador[6]. Paso por alto, de momento, todo aquello que sabemos del desarrollo espiritual del joven estudiante, y dirijo la mirada a un acontecimiento del año 1910 del que Farías ha

[5] Helmut Maurer, «Martin Heidegger als Mitschüler», en Ernst Ziegler (ed.), *Kunst und Kultur um den Bodensee*, Sigmaringen, 1986, pp. 343-360. Carta al director Lang del 30 de mayo de 1928 desde Marburgo, en *Heidegger-Archiv*, Meßkirch.
[6] Sobre este punto, ver Hugo Ott, «Der junge Martin Heidegger. Gymnasial-Konviktszeit und Studium», *Freiburger Diözesanarchiv,* 104 (1984), pp. 315-325.

inferido que lo que determinó al joven Heidegger no fue ningún
«espíritu humano», como suponía el hermano del filósofo, sino
el espíritu del fanatismo y del populismo político, tal y como había estado representado en Austria por Karl Lueger y Richard von
Kralik.

Se trata de la fiesta de inauguración de un monumento dedicado a Abraham a Sancta Clara el 15 de agosto de 1910 en su lugar
de nacimiento, Kreenheistetten, no muy lejos de Meßkirch. De ello
informó Heidegger, quien por entonces contaba veintiún años, en
un artículo aparecido en el semanario católico *Allgemeine Rundschau*. Allí alude a la asistencia en el acto de representantes de «Viena, ciudad de residencia, capital y ciudad del Reich», y dice: «Abraham a Sancta Clara fue, para una ciudad fuertemente asediada, un
hombre providencial, como lo serían luego un Clemens Maria Hofbauer y el inolvidable Lueger.» El padre redentorista Hofbauer había sido canonizado justo el año anterior, y el alcalde de Viena Karl
Lueger había fallecido unos meses antes. Sin duda habían sido mencionados en muchos discursos, sobre los cuales Heidegger informó brevemente en el artículo. Hacia el final del mismo, Heidegger
se aparta del estilo característico de los informes y escribe lo siguiente: «¡Que nuestra era de la cultura de la apariencia y de los
cambios rápidos mire más hacia delante mirando hacia atrás! El
ansia de innovaciones, que destruye el fundamento, el frenético
saltar por encima del contenido profundo de la vida y del arte, el
moderno sentido de la vida, fijado en excitaciones momentáneas
en continua alternancia, el bochorno, a veces asfixiante, en el que
se desenvuelve el arte actual de toda especie, ésos son elementos
que apuntan a una decadencia, a un triste abandono de la salud y
del valor trascendente de la vida. Son figuras como Abraham a
Sancta Clara las que deben seguir dándonos sustento en su continuo obrar silencioso en el alma del pueblo. Aunque sus escritos
puedan llegar a ser más moneda corriente todavía, su espíritu —
por no hablar de una repristinación— será un poderoso fermento
para la conservación de la salud y, allí donde clama la necesidad,
para una renovada sanación del alma del pueblo»[7].

Es posible considerar estas expresiones como un lugar común
en la crítica cultural de confesión cristiana a la modernidad secu-

---

[7] Martin Heidegger, *Denkerfahrungen* (nota 4), pp. 1-3.

larizada. También cabe interpretarlas como el programa de una renovación reaccionaria. Pero también se percibe, sin duda, la admiración por un político coetáneo, esto es, por Karl Lueger, quien hoy pasa generalmente por «antisemita».

Sin embargo, aún no se ha distinguido lo que sea en realidad el «progreso». Cuando Ferdinand Lasalle fundó en 1863 la Asociación general de los trabajadores alemanes, dio un paso al que se puede atribuir una necesidad interna, es decir, el de la escisión del «movimiento obrero» repecto del «liberalismo burgués». Mas en aquella época existía la convicción generalizada —también la de Marx— de que con ello, Lasalle estaba atacando por la espalda, en el conflicto constitucional prusiano, a un «frente del progreso» que se quería uniforme, convirtiéndose así en instrumento de la «reacción», es decir, de Bismarck. Pero el liberalismo y la emancipación de los judíos dependían estrechamente entre sí, y, aunque el propio Lasalle era de origen judío, algunas de sus declaraciones tenían un cierto tono antisemita, si bien bastante menos marcado que las de algunos de sus seguidores. Desde el llamado socialismo temprano y hasta finales de siglo con el blanquismo francés, se puede encontrar un marcado «antisemitismo» como el mencionado, antisemitismo que ante todo iba dirigido contra «el sistema monetario» y su supuesto causante. Pero no había meramente «burgueses» y «proletarios». Existía la suposición, inexacta y demasiado interesada, de que todos los «pequeñoburgueses» se convertirían en breve en «proletarios». Se trataba, probablemente, de que llegaría el momento en que se escindiera un «movimiento pequeñoburgués» tanto del conservadurismo tradicional como del liberalismo, y, así, se opondría al «movimiento obrero» socialista. Esto se llevó a cabo en los movimientos «socialcristianos» de Stocker y Lueger; y es una pregunta legítima y necesaria la de si el «antisemitismo», que en esencia se dirigía contra el liberalismo, fue un fenómeno que desempeñara en todo ello algún papel —al igual como lo desempeñó en el «socialismo temprano»— o si como tal se situó en la línea católica y conservadora del *Zentrum* y, por tanto, tuvo que perfeccionarse en un «antisemitismo de raza», que combate a los judíos como a judíos y persigue eliminarlos sin excepción. En Occidente y en la antigua Unión Soviética se consideraría hoy una calumnia el que alguien afirmara que «el movimiento obrero» evolucionó por necesidad interna hacia el estalinismo. Lo mismo debería aplicarse también al movimiento

socialcristiano, y entonces tendría que contemplarse como pura demagogia el que alguien haya de pasar por nacionalsocialista o con
disposición favorable al nacionalsocialismo tan sólo por haber experimentado un sentimiento de respeto por Karl Lueger, quien no
sólo fue un mero antisemita, sino también un significativo refor-
mador social.

Mucho menos admisible resulta llamar antisemita a Abraham
a Sancta Clara. Antisemita sólo puede ser aquel para quien la aversión o la lucha contra los judíos ocupa un lugar central en su pensamiento y en su actuación. En cambio, volverse contra los «in-
fieles judíos», que rechazaron a Cristo y lo condujeron a la muerte,
ha sido una característica del cristianismo como tal a lo largo de
toda su existencia pasada, pero el cristianismo nunca quedó absorbido por esta oposición. El judaísmo es la religión madre del
cristianismo; afirmar que el cristianismo no debió ser «antisemita» es lo mismo que afirmar que el cristianismo no debió nacer.
Naturalmente, dependiendo de las cambiantes condiciones históricas puede volverse a subrayar lo común en lugar de lo opuesto,
pero ese no era el caso en la época de Abraham. Abraham fue ante
todo un cristiano y, por eso mismo y en estrecha conexión con ello,
también un indudable «antisemita» que llevaba la impronta del gro-
bianismo del barroco y cuyas palabras a menudo reflejaban un contenido bastante supersticioso. Si se examina el índice de materias
de la antología elaborada por Karl Bertsche, antología que Heidegger utilizó con toda probabilidad, encontramos, entre otros, los
siguientes títulos: «Sucesión de Cristo», «La conciencia», «¿Qué
es el mundo?», «La muerte», «Los burócratas y los cortesanos»,
«La situación del matrimonio; lo que es», «Las aberraciones de
la moda», «Los altivos», «¿Qué es el hombre sin Dios?», «El castillo», «La guerra», «La peste». El nombre «judío» sólo aparece
en la expresión «por qué Jesús vino al mundo en la tierra de los
judíos», pero quien tenga por correcto tratar a quienes murieron ya
hace tiempo con conceptos modernos, podría también inferir del
epígrafe «La vanidad femenina» la prueba de que Abraham había
sido «antifeminista». Todo lo que se puede decir en justicia es que
no fue ningún «feminista» y ningún «filosemita» en nuestro sentido moderno.

Sin embargo, la referencia a este artículo de juventud no es ino-
portuna, pues marca el punto en el que Heidegger, por primera y
única vez durante muchos años, menciona a un político conocido

empleando un tono de aprobación. Pero mucho más esencial resulta lo que Heidegger ha referido sobre su primera toma de contacto con la literatura filosófica, esto es, con el tratado de Franz Brentano *Del significado múltiple del ente según Aristóteles* [*Von der mannigfachen Bedeutung des Seienden nach Aristoteles*] y con el escrito del profesor de teología de Friburgo, Carl Braig *Del ser. Compendio de ontología* [*Vom Sein. Abriß der Ontologie*]. Esta toma de contacto sucedió ya durante la época del bachillerato, por lo que habremos de regresar al año 1907.

ENTRE LA ESCOLÁSTICA, EL NEOKANTISMO Y LA FENOMENOLOGÍA: LOS INICIOS FILOSÓFICOS DE HEIDEGGER

Los inicios del filosofar de Heidegger se remontan mucho más allá del año 1910, y, para no correr el riesgo de que los *multa* de los pormenores biográficos omitan el *multum* de aquello que importaba realmente a Heidegger, habremos de dirigirnos a esos inicios antes de volver la mirada hacia las estaciones ulteriores de su vida.

Heidegger redactó diversos escritos sobre su trayectoria intelectual y profesional, de los cuales aún habremos de mencionar algunos. Sin embargo, tan sólo se pronunció en dos ocasiones sobre su desarrollo espiritual, la primera en 1957, en el discurso inaugural de la Academia de Ciencias de Heidelberg[1], y la segunda en el ensayo de *Mi camino a la fenomenología* [*Mein Weg in die Phänomenologie*][2].

En el discurso inaugural se dice: «En 1907, un amigo paterno oriundo de mi patria natal, el más tarde arzobispo de Friburgo de Brisgovia, Conrad Gröber, me dio en mano la disertación de Franz Brentano *Del significado múltiple del ente según Aristóteles* (1862) [...]. La pregunta por la simplicidad de lo múltiple en el ser, que por entonces se despertaba sólo de forma oscura, vacilante y desvalida, siguió siendo a lo largo de muchos desmayos, extravíos y perplejidades *el* motivo constante del tratado *Ser y tiempo*, aparecido dos décadas después.» A continuación menciona Heidegger la lectura de las *Investigaciones lógicas* [*Logische Untersuchungen*] de Husserl, los seminarios prácticos de Rickert y los escritos de Emil Lask. Luego prosigue: «La determinación decisiva y, por tanto, no expresable con palabras para mi posterior docencia aca-

---

[1] Martin Heidegger, *Discurso inaugural*, en el prefacio a las obras completas (ver Bibl. n.º 22), t. 1, «Frühe Schriften», pp. 55 ss.
[2] Accesible sobre todo en: Martin Heidegger, *Zur Sache des Denkens*, Tubinga, 1969, pp. 81-90.

démica partió de dos hombres a los que nombraré expresamente
aquí en su recuerdo y agradecimiento: el uno fue el profesor de
teología sistemática Carl Braig, el último de la tradición de la escuela especulativa de Tubinga, la cual proporcionó categoría y amplitud a la teología católica a través de la controversia con Hegel y
Schelling; el otro fue el historiador del arte Wilhelm Vöge».

El tratado de 1963 menciona a las mismas personas y subraya,
con más fuerza aún, el significado de las *Investigaciones lógicas*
de Husserl. Como impulso esencial para su pensamiento se menciona la contradicción que aparentemente existe entre el primer volumen de las *Investigaciones*, que había demostrado la irreducti-
ble singularidad de los contenidos lógicos y de las leyes del
pensamiento, combatiendo de este modo el «psicologismo», y el
segundo volumen, que describe cuáles son los actos de conciencia
esenciales para la constitución del conocimiento, por lo que parece tratarse de una psicología. La publicación en 1913 de las *Ideas
relativas a una fenomenología pura y una filosofía fenomenológica* [*Ideen zu einer reinen Phänomenologie und phänomenologischen Philosophie*] de Husserl aportó una respuesta a aquella cuestión. La «subjetividad trascendental» aparece ahora como el auténtico
objeto de la filosofía, siendo el fin de ésta la «investigación, siste-
máticamente proyectada y asegurada, de la estructura de los actos
vivenciales y la investigación de los objetos vividos en esos actos
respecto de su objetividad».

Como una nueva obra inscrita dentro de la escuela fenomenológica, Heidegger menciona «la significativa investigación de Max
Scheler "Sobre la fenomenología de los sentimientos de simpatía
y de amor y odio"». Sin embargo, la «perplejidad», continúa Heidegger, fue disminuyendo cuando, a partir de 1916, el año del llamamiento a cátedra de Husserl a Friburgo, «pudo encontrarse personalmente [con el fundador de la fenomenología] en su estudio».
Las frases decisivas, con las que caracteriza su comprensión recién
alcanzada, son las siguientes: «Lo que en la fenomenología de los
actos de conciencia se entiende como el manifestarse-a-sí-mismos
[*sich-selbst-Bekunden*] los fenómenos es pensado ya originariamente por Aristóteles y en todo el pensamiento y existencia griegos como *alétheia*, como el desocultamiento [*Unverborgenheit*] de
lo presente [*Anwesenden*], su "salir de la ocultación" [*Entbergung*],
su mostrar-se [*sich-Zeigen*].» Pero la pregunta se torna más insi-
diosa aún: «¿De dónde y cómo se determina lo que, según el Prin-

cipio de la Fenomenología, tiene que ser experienciado [*erfährt*] como la cosa [*Sache*] misma? ¿Es la conciencia y su objetualidad [*Gegenständlichkeit*], o es el ser del ente en su desocultamiento y ocultación [*Verbergung*]? Así fui encaminado hacia la pregunta del ser, iluminado por la postura fenomenológica, inquietado de nuevo y de otro modo por las preguntas que partieron de la disertación de Brentano».

Franz Brentano y Carl Braig eran representantes de la rama neoescolástica de la filosofía, que se remonta a Aristóteles y se apoya en Tomás de Aquino; Heinrich Rickert y Emil Lask eran neokantianos de la llamada Escuela Alemana Suroccidental; Edmund Husserl y Max Scheler eran representantes de la fenomenología, que habían nacido de la controversia con el psicologismo, aunque, según parecía, tematizó algunos fenómenos psíquicos en una medida hasta entonces desconocida en la filosofía («sentimientos de simpatía»), mientras se remitía a la vez al modo «trascendental» kantiano de plantear el problema fundamental. Nos llevaría demasiado lejos describir la creación de estas escuelas, reproducir el contenido de sus doctrinas y exponer las diferencias individuales entre sus representantes, con el objeto de hacer comprensible al final los elementos de novedad presentes en los inicios de Heidegger; esta investigación pertenecería, más bien, al ámbito de la filosofía. Un camino diferente y más corto es el de decidir si no debe romperse la conexión con la *vida* de este individuo y con la historia de la época. Creemos que no. Por ello, tras una revisión introductoria de la disertación de Brentano habremos de contentarnos con tomar como objetos de estudio una obra de cada uno de los autores mencionados por Heidegger con especial énfasis. Así, de Carl Braig tomaremos su obra *Del ser. Compendio de ontología* [*Vom Sein. Abriß der Ontologie,*1896]; de Emil Lask, *La lógica de la filosofía y la doctrina de las categorías. Un estudio sobre la región de dominio de la forma lógica* [*Die Logik der Philosophie und die Kategorienlehre. Eine Studie über den Herrschaftsbereich der logischen Form,* 1911]; y, por último, la obra de Edmund Husserl *Ideas relativas a una fenomenología pura y una filosofía fenomenológica.* En breve abordaremos también otros dos escritos de Carl Braig.

Sin embargo, esta tarea sería demasiado difícil y amplia, y nos desviaría de nuesto tema, si no la emprendiésemos desde puntos de vista bien determinados. El siguiente modo de plantear la cuestíon sería del todo improductivo: ¿Existen en estos autores elementos precursores del compromiso de Heidegger de 1933? No los hay, y, como sea que esos autores fueron para Heidegger de una importancia incomparablemente mayor que Abraham a Sancta Clara, el planteamiento anterior no puede en realidad ser relevante para el filósofo Heidegger. Seguramente determinarán con mayor fuerza la dirección de la investigación las siguientes cuestiones, que parten de tres conceptos que me parecen especialmente distintivos del pensamiento de Heidegger y dignos de ser cuestionados por la reflexión:

1. *La distinción entre ser y ente, la «diferencia ontológica»: ¿qué significa en realidad esta distinción? ¿Es obligada? ¿La tratan otros pensadores de la misma forma, y, llegado el caso, de qué otra forma?*

2. *La correspondencia mutua entre «ser» y «ser-ahí», es decir, hombre. ¿Hasta qué punto no es esa copertenencia aquella que subyace al solipsismo o, mejor dicho, al «antropipsismo», y que tal vez se hace manifiesta en la célebre frase de Berkeley «esse est percipi», aunque también en la sentencia de Parménides «To gar autó esti noeín te kai einai»?*

3. *El concepto de ahí resultante, a saber, que puede darse un «ente sin-ser» [sein-loses Seiendes], que el ente puede devenir «más ente» [seiender] en determinadas circunstancias, que «sin el ser, todo ente permanecería en la ausencia de ser [Seinlosigkeit]». ¿Cómo podrá hacerse inteligible un concepto tan paradójico?*[3].

En la disertación de Franz Brentano se menciona debajo del título (en griego, por supuesto) una expresión de Aristóteles de importancia central para la filosofía: «Lo ente se dice de muchas maneras.» Justo al principio del texto se encuentra una definición de la «ciencia primera» que Heidegger cita a menudo: «Hay una determinada ciencia que considera el ente como ente y aquello que a él mismo le corresponde.» Esta ciencia difiere de toda ciencia parcial. El ser es el más general de todos los caracteres, y «el ente», por tanto, no es en modo alguno el género supremo, si bien pue-

[3] Martin Heidegger, *Was ist Metaphysik?*, epílogo, Francfort, 1949 (5.ª ed.), p. 41.

den realizarse distinciones. Así, a uno se le llama ente «porque es sustancia (*usia*), a otro, porque es propiedad de la sustancia; a otro, porque es un camino que conduce a la sustancia o es corrupción de la sustancia o privación de las formas sustanciales o cualidad de la sustancia [...] o porque es una negación de algo semejante a la sustancia o de la sustancia misma. Por ello decimos también que lo que no es *sería un* no-ente»[4]. A estas grandes distinciones pertenecen además la de *dynamis* y *énergeia*, la de *on hos alethés* o bien *pseudos* y también las categorías. Con respecto a la verdad, Brentano llama la atención sobre el hecho de que Aristóteles deja por lo general que la verdad habite en el enunciado, pero a veces también habla de «cosas verdaderas o bien falsas». Sin embargo, ninguna concordancia o no-concordancia de nuestro pensamiento con las cosas altera en algo el hecho de que las cosas son independientes de nuestro pensamiento. Aparte de la «sustancia», a las categorías pertenece, por ejemplo, la cantidad, la cualidad, la relación, la posición y el punto temporal. Ellas pertenecen al ente mismo, aunque no hay que pasar por alto un notable parecido con la gramática. Mas para Aristóteles, la sustancia, «en su sentido propio», es ente, al igual como los accidentes o relaciones, y en último término distingue Aristóteles entre las sustancias finitas, que nacen y perecen, y la sustancia primera —el motor inmóvil—, que es Dios. La ontología escolástica es, de este modo, sutil y abstracta, pero enteramente «realista»; quien de ella se ocupe tendrá que ser la antítesis del periodista, del político o del historiador.

Ella proporciona al hombre una posición firme en un mundo que él mismo no ha creado y que se fundamenta en un creador, cuyo ser se diferencia por ello de todo ser creatural, pues no está determinado por negaciones ni, en consecuencia, por la temporalidad. Así, el hombre *no* se distingue de las demás criaturas, distinguiéndose, sin embargo, de ellas con claridad por tener un concepto de ese ser sin negatividad alguna y por concebir el no-ser como una especie de ser. Por ello, la filosofía escolástica no consiste en modo alguno tan sólo en un nutrido número de «distinciones» abstractas, sino que ella se convierte en «mística» tan pronto como dirige su mirada al «Uno», con el que el hombre o, mejor dicho, el intelecto se encuentra en una relación singular.

---

[4] Franz Brentano, *Von der mannigfachen Bedeutung des Seienden nach Aristoteles*, nueva impresión, Darmstadt, 1960, p. 6.

De ahí que Carl Braig comience su libro *Del ser* con una cita del *Itineratio mentis in deum* de Buenaventura, en el que se dice lo siguiente: «El ser es, por tanto, aquello que pasa en primer lugar a formar parte del intelecto. Resulta sorprendente la ceguera de aquel intelecto que no toma en consideración eso que él ve ante todo y sin lo cual no puede conocer nada. Mas, al igual que el ojo, que se adapta a las variadas diferencias de los colores, no ve la luz mediante la cual ve todo lo demás, y cuando la ve no la percibe expresamente; así también el ojo de nuestro espíritu, al dirigirse a las cosas individuales y generales que son, no percibe al ser mismo con independencia de cada género, aunque el ser sale el primero al encuentro del espíritu, y éste ve a través de aquél lo otro.» Pero, justamente porque la «comprensión del ser» [*Seinsverständnis*] (por utilizar de paso una expresión tardía de Heidegger) precede a cualquier otro conocer y comprender es por lo que, cuando el espíritu se dirige a él, le parece que no ve «nada». Para Buenaventura es indudable que este «ser», sólo bajo cuya luz el ente puede ser conocido, no es algo así como una creación o fundación del hombre, sino que, por el contrario, el hombre sólo puede existir como creación o fundación de ese ser sin negatividad.

Para el propio Carl Braig, tampoco cabe en su libro ninguna duda de que todas las distinciones presentes en el seno de la «ciencia del ser general» —como la discusión sobre el ser-real y el ser-necesario, sobre el ser-qué y el ser-ahí, sobre esencia y esencialidad o sobre el ser-cómo de la temporalidad— conducen en última instancia al «fundamento del ente». Y Dios puede ser conocido como ese fundamento, de modo que el hombre es capaz de orientarse dentro del orden de Dios y dirigir su vida de manera que pueda conducir su vida, con la ayuda de una revelación supraintelectual y no antiintelectual, hacia la «bienaventuranza eterna».

Desde esta seguridad, Carl Braig se convirtió en 1911 en apóstol de aquel antimodernismo que había sido explícitamente formulado en la encíclica de Pío X *Pascendi dominici gregis*. El modernismo priva a la verdad y al conocimiento de la verdad de su fundamento ontológico, fundándolos en vivencias subjetivas o en estados de ánimo, en «certezas prelógicas» y en cosas semejantes, que al final conducen forzosamente al escepticismo, pues niegan la posibilidad de un conocimiento racional y de una «aprehensión por el pensamiento de lo suprasensible y de lo divino». El liberalismo, que sitúa al sujeto individual autónomo en el punto medio, es, por ello, no sólo un error, sino también un pecado. En último término, intenta derivar el conocer de lo conocido y hacer de Dios un producto de la humana filosofía. Sin embargo, la verdad es que «Nuestra alma es un alma distinta de la sensible, material, porque se da, se agita, se conduce, de un modo completamente diferente de todo lo que se puede meramente ver, palpar, oír, oler y gustar, de todo lo que es sólido, inerte, pesado e impenetrable»[5].

Pero el hombre sólo es capaz de ser «distinto» del modo descrito porque es, en cuanto espíritu finito, una criatura del espíritu infinito, «el hijo predilecto del bien infinito». Partiendo de ahí es posible fundar la ética, a la que Carl Braig quería dedicar un libro específico, así como también a la noética, a la psicología, a la estética y a la teología. Pero sobre todo se trataba del concepto de la dignidad humana, que naturalmente sería superfluo si el hombre se hubiera de concebir como una bacteria, como una bestia o como un puñado de barro.

Este aristotelismo cristiano, con su extensiva interpretación del mundo, es con seguridad un tipo de platonismo. Emil Lask, el filósofo de Heidelberg, amén de discípulo de Rickert y amigo de Lukács, aparece como el neokantiano que buscaba abrir un camino de vuelta hacia la metafísica; sin embargo, transforma la teoría platónica de los dos mundos al distinguir entre lo no-sensible, lo suprasensible y lo contrasensible, equiparando al último con lo lógico en cuanto lo válido [das Geltende]. Por el hecho de que el hombre conoce las determinaciones más generales, como son la sustancialidad y la causalidad, también le resulta accesible del mismo modo lo suprasensible, esto es, Dios. Y lo válido no posee una existencia superior al ente sensible; al contrario, es una forma que vale para aquél y sin un contenido propio, aunque sin ella lo «material» no produce ningún «sentido»; sin embargo, por su parte también puede convertirse en materia de una forma más abstracta o general. «El ser, la coseidad [Dinghaftigkeit] y la causalidad son forma o —como debe llamarse en adelante a la forma teórica— categoría»[6]. Para Emil Lask el «ser» es ahora

[5] Carl Braig, Der Ursprung der religiösen Vorstellungen und die Philosophie. Als Festschrift zur Feier des 81 Geburstags Seiner königlichen Hohheit, des Großherzogs Friedrich, des durchlauchtigsten Rector Magnificentissimus der Albert-Ludwigs Universität zu Freiburg in Breisgau, Friburgo, 1907, p. 22.

[6] Emil Lask, Die Logik der Philosophie und die Kategorienlehre, Tubinga, 1911, p. 32.

un predicado específico restringido a aquella esfera en la que se da también un acaecimiento y un nexo causal. En cambio, lo lógico es un no-ente, algo que no es realmente efectivo [*Wirkliches*]; no «es», sino que «vale». Pero sólo porque los hombres cuentan con la categoría del «ser» y, además, con categorías tales como las de coseidad y causalidad, nace a partir del mero material de las impresiones sensibles un mundo. El ser no es, por tanto, idéntico en modo alguno al ente, si bien el hombre individual no suele percatarse de ello, dirigiéndose al ente como si se tratara de un dato no problemático. El hombre se encuentra por ello de ordinario «olvidado del ser» [*seinsvergessen*]. Y este término, que tan importante sería para Heidegger más tarde, aparece también en Lask, y lo hace con un significado más radical aún, un significado que no se puede encontrar sino sólo construir, pues con él se suprimiría la diferencia entre el hombre y el animal. Sería aquel caso en el que nosotros, «por así decir olvidados del mundo, es decir, olvidados del ser y de la realidad efectiva, dejamos que todo pase sobre nosotros sin traerlo a un mundo de cosas y acontecimientos, pues el paso hacia la realidad efectiva sería, precisamente, el paso hacia el contenido de validez categorial. Así se comporta enteramente el animal, cuyas reacciones ante el "mundo exterior" cabe suponer que no se erigen en pensamientos sobre el mundo, las cosas y la causalidad»[7]. Por tanto, la distinción entre ser y ente es necesaria a juicio de Lask. Pero ella no se refiere a la totalidad del mundo, pues lo válido posee el carácter de lo que no es realmente efectivo, de lo que no es. Tan cierto es que Lask no quiere negar lo «suprasensible» como que con él nos encontramos muy alejados del concepto de ser de la escolástica.

Mas, para el Edmund Husserl de las *Ideas*, el yo y la conciencia de los que se ocupa la filosofía fenomenológica constituyen un yo que acontece «trascendentalmente» y se alcanza mediante la «reducción fenomenológica», no siendo en modo alguno idéntico al yo empírico de la psicología. El punto de partida puede tener, sin duda, el aspecto del sensualismo. Sólo que en la intuición, según Husserl, hay algo real que se erige en «dar-

---

[7] Ibídem, p. 84.

se originario». «Darse originariamente algo real, simplemente "apercibirlo" intuyendo y "percibirlo" son una misma cosa»[8].

Sin embargo, el objeto de la intuición fenomenológica no son propiamente las cosas de la vida cotidiana, sino las «esencias», que llegan a darse a sí mismas en la intuición eidética. A las ciencias de la esencia pertenecen la lógica pura, la matemática pura, las doctrinas puras del tiempo, del espacio, del movimiento, etc. Un geómetra, por ejemplo, no investiga casos efectivamente reales, como el número de milímetros de la hipotenusa de un triángulo dibujado, sino que mediante la percepción de esencias determina la relación existente entre los lados de un triángulo rectángulo, determinación que permanecerá siendo correcta aun cuando en todas las mediciones realizadas en triángulos efectivamente reales se dieran desviaciones en la séptima u octava cifra después de la coma. Las categorías lógicas son conceptos como los de cualidad, comunidad, relación, identidad, igualdad, todo y parte. Estos conceptos categoriales se refieren, en cuanto significados, a las esencias categoriales que les corresponden, las cuales configuran una objetualidad de un grado superior. La hostilidad del empirismo contra las ideas, a las que niega esa objetualidad superior o más abstracta hablando de un «retroceso a la escolástica», puede demostrarse que es paradójica, pues también el empirista se basa continuamente en verdades de esencias, como, por ejemplo, el principio de tercio excluso. «En verdad todos, por así decir, ven continuamente "ideas", "esencias"; operan con ellas en el pensamiento, y también llevan a cabo juicios de esencias, sólo que las excluyen de sus "puntos de vista" en teoría del conocimiento»[9]. No se trata aquí de meras ficciones o de recursos psicológicos, sino que esas esencias son independientes del correspondiente sujeto. Pero también de los sujetos humanos se puede obtener una «esencia», y esta esencia es la subjetividad trascendental, que sólo aparece a la intuición cuando la experiencia natural deja de considerarse como evidente por sí misma, cuando se la pone entre paréntesis al efectuarse la *epoché*. Así, Husserl cree haber obtenido en lo desconectante

---

[8] Edmund Husserl, *Ideen zu einer reinen Phänomenologie und phänomenologischen Philosophie,* libro I, La Haya, 1950, p. 11; ed. cast., *Ideas relativas a una fenomenología pura y a una filosofía fenomenológica,* trad. J. Gaos, FCE, México, 1985, p. 49.

[9] Ibídem, p. 49; ed. cast., p. 59.

—que resiste, por tanto, a la desconexión— una «región absoluta del ser» en la que todo comienza a constituirse. Por ello puede ser desatendida la «pregunta del ser», a saber, la pregunta de si el mundo existe en realidad o tal vez sólo en la sensación. Al quedar el sistema del mundo «sin validez» se abre aquella subjetividad trascendental que, «de una manera especial y del todo singular, "lleva en sí" el cosmos real, es decir, todos los mundos reales y posibles y todos los mundos en cada sentido ampliado, esto es, en sí mediante la constitución intencional realmente efectiva y posible»[10]. Husserl dice explícitamente que también Dios es puesto entre paréntesis. Sin embargo, un ser que puede poner a Dios entre paréntesis y es capaz de descubrir en sí mismo una región absoluta del ser, ¿no tendría que ser por fuerza el Dios de todos los dioses? ¿Qué desafío mayor podría haber para la ontología escolástica y neoescolástica del fundamento cósmico del mundo en cuanto único *ens per se*, de un fundamento del mundo, por cierto, que pese a toda su sublime autosuficiencia se encuentra en una relación singular con el hombre, en tanto que un ser racional y conocedor de Dios?

Heidegger estaba sometido a influencias como éstas cuando, a partir de 1912, comenzó a publicar artículos filosóficos y reseñas de obras filosóficas, por lo general en la *Literarischen Rundschau für das katholische Deutschland*, aparecida en la editorial Herder y editada por el teólogo de Friburgo, Josef Sauer. Por esta época acababa de trasladar su interés al estudio de la matemática y la filosofía, tras haber concluido los cuatro semestres de teología realizados entre 1909 y 1911. En 1913 promovió con la disertación *La doctrina del juicio en el psicologismo* [*Die Lehre rom Urteil im Psychologismus*] (publicado en Leipzig en 1914), y en 1915 presentó su escrito de habilitación *La doctrina de las categorías y del significado de Duns Scoto* [*Die kategorien- und Bedeuhingslehre des Duns Scotus*] (Tubinga, 1916).

Su primer artículo filosófico llevaba como título *El problema de la realidad en la filosofía moderna* [*Das Realitätsproblem in der modernen Philosophie*]. Allí polemiza, en el sentido de Husserl, contra la errada composición de acto psíquico y contenido lógico, apelando a la fundamentación de un «realismo crítico» en el que «el percatarse de que se tienen presentes contenidos de con-

---

[10] Ibídem, p. 73; ed. cast., p. 113.

ciencia ya entraña en sí el ir más allá del límite de la esfera de la conciencia»[11]. Éste es el concepto de intencionalidad que desempeña un papel tan fundamental en la fenomenología. En el camino equivocado se encuentran el sensualismo y el consciencialismo, pero también el fenomenalismo en el sentido de Kant. Reciben elogios, por su parte, Oswald Külpe y un pensador que ya había destacado Lask y del que, al menos hasta donde alcanza mi conocimiento, no se encuentra mención alguna en el último Heidegger, a saber, Eduard von Hartmann. A ambos se les atribuye un parentesco espiritual con la filosofía aristotélico-escolástica, «que desde siempre pensó de un modo realista»[12] y en la que es evidente que Heidegger se incluye sin reservas.

El artículo *Nuevas investigaciones sobre lógica* [*Neue Forschungen über Logik*] permite conocer la muy considerable familiaridad del estudiante con las dicusiones y problemas de la filosofía y la lógica modernas, y la referencia a las investigaciones lógico-matemáticas de Gottlob Frege, que todavía no eran apreciadas y ni tan siquiera comprendidas en su veradero significado, pone de manifiesto hasta qué punto había él profundizado en las cuestiones de la lógica, incluso de la logística. También aquí son rechazados el psicologismo y la «naturalización de la conciencia»[13]. Como Lask, Heidegger considera fundamental «la distinción entre lo que "es" y lo que "vale"», porque en ella se halla comprendido el carácter supraempírico de la lógica. Así, carece totalmente de importancia para los principios de contradicción y del tercio excluso la cuestión de cuándo, cómo y si son pensados. Ellos son relaciones de sentido necesarias y no leyes en el sentido de las ciencias naturales. A continuación, Heidegger sigue muy de cerca a Lask, afirmando —exactamente como aquél— que en Kant el ser ha perdido su independencia translógica, lo que sin embargo no indica que los objetos estén «sellados a un puro contenido lógico»; «únicamente la objetualidad, la coseidad frente a lo cósico [*Dinghaft*], el ser frente al ente, es valor lógico, contenido formal [*Formgehalt*]»[14]. Exactamente como Lask entiende el joven Heidegger la diferenciabilidad entre el ser y el ente como una relación entre forma y materia. El «es», la cópula, es también aquí para Heidegger un problema de

[11] Heidegger, «Frühe Schriften» (nota 1), p. 8.
[12] Ibídem, p. 15.
[13] Ibídem, p. 19.
[14] Ibídem, p. 24.

primer orden. ¿Tan sólo hay juicios en la forma de enunciados con un «es», es decir, como predicaciones legaliformes? ¿Hay una intelección, una «evidencia» que preceda a la aseveración de la verdad del yo? Al final del escrito, Heidegger aborda aún los *Principia Mathematica* de Russell y Whitehead, y hay que reconocer que seguramente no ocurre todos los días el que un estudiante de veintitrés años domine un campo tan vasto de investigaciones y haya logrado hacerse con las líneas generales de lo mejor del pensamiento filosófico.

La disertación busca llevar a cabo la prueba de la «separabilidad de lo lógico respecto de lo físico»[15], recurriendo para ello al examen crítico de las teorías del juicio de cuatro «psicologistas», entre los cuales figura —además de Wilhelm Wundt, Heinrich Maier y Theodor Lipps— Franz Brentano. De nuevo se trata, en una parte esencial, de la cópula, del «es». Especialmente preconizadora de la filosofía posterior de Heidegger es, posiblemente, una frase como la que citamos a continuación: «El juicio más elemental lleva en sí la índole de sustrato. La formación lingüística de los juicios elementales se puede encontrar en cierto modo en expresiones como "un árbol", "un relámpago", "relampaguea"»[16]. ¿No remite esto al «estar descubierto el ente» [*Entdecktheit des Seienden*], a la *alétheia*, como condición previa de la verdad predicativa? También piensa uno, involuntariamente, en una época posterior de la obra del filósofo cuando se dice ahora que con lo anterior queda «resuelta en el juicio la pregunta por el "sentido del ser"»[17], aunque produce un efecto más bien «laskiano» la afirmación de que ese sentido se halla en el valer. Con todo, el final del artículo constituye un proyecto de gran envergadura para el cual la «lógica pura», necesitada todavía de profundización, compone una propedéutica, el proyecto consistente en «articular la entera región del "ser" en sus diversos modos de realidad efectiva, extraer su singularidad con nitidez y poder determinar con seguridad el tipo de conocimiento que le es propio y el alcance del mismo. Lo dicho puede sugerir que el presente trabajo quiere ser filosófico, puesto que fue emprendido en servicio del último todo»[18]. «Ser» aparece en-

---

[15] Martin Heidegger, *Die Lehre von Urteil im Psychologismus. Ein kritisch-positiver Beitrag zur Logik,* Lepzig, 1914, p. 2.
[16] Ibídem, p. 37.
[17] Ibídem, p. 101.
[18] Ibídem, p. 108.

tre comillas. ¿No se podría hablar también del «ente» y de sus diversos modos de realidad? Y, el fin de todo ello, ¿acaso no es la elaboración de una ontología de lo mecánico y de lo viviente en el marco del cosmos, como la que intentó ofrecer más tarde Nicolai Hartmann? ¿Es el «ser» el todo mismo o un fundamento del todo, a saber, Dios? Aquí aparece ya con claridad lo intrincado de la «pregunta del ser».

El escrito de habilitación es la exégesis de un tratado medieval, *De modis significandi*, que posiblemente no procede del propio Duns Scoto, sino del escotista Thomas von Erfurt. Las categorías pertenecen a un ámbito «objetivo», los significados a uno «subjetivo». El verdadero problema es el del tipo de coordinación existente entre esos dos ámbitos, tarea que, sin embargo, es aplazada. De esta reflexión cabe resaltar el simple «mostrar», y ese mostrar pone ante nosotros al objeto en su sí mismo. «Sobre lo inmediato no puede haber ninguna duda, probabilidades ni engaños. Pues, en tanto que inmediato, es como si no tuviera nada entre él mismo y la concepción (*simplex aprehensio*)»[19]. Este darse inmediato es «el mundo sensible, el mundo circundante [*Umwelt*]». El mundo circundante, sin embargo, no es algo que sea evidente por sí mismo, pues hay un elemento que permanece en lo objetual, a saber, el *ens* en cuanto categoría de categorías. Por tanto, lo en apariencia más concreto y lo en apariencia más abstracto están ligados entre sí. De este modo, la teoría medieval de las categorías toma su punto de partida del «ente», para llegar más tarde a categorías como las de unidad, pluralidad o identidad. No seguiremos aquí el detalle de la deducción, sino que nos limitaremos a citar aquellas frases aisladas que pueden considerarse como puntos de partida o como anticipaciones de desarrollos ulteriores del pensamiento de Heidegger. «En el sentido más estricto y absoluto, tan sólo existe realmente Dios. Él es lo absoluto, que es existencia, la cual existe en la esencia y "esencia" [*west*] en la existencia. La realidad de la naturaleza, la sensible-real, existe únicamente como creada; no *es* existencia como lo absoluto, sino que *tiene* existencia mediante la *communicabilitas*. Creador y creado, siendo reales ambos, lo son empero de distinta manera»[20].

---

[19] Martin Heidegger, *Die Kategorien-und Bedeutungslehre des Duns Scotus*, Tubinga, 1916, p. 23.
[20] Ibídem, p. 75.

Sin embargo, el tema genuino lo constituyen los caracteres del sentido y los significados, por medio de los cuales aflora la realidad: «Lo que siempre es conocido, en lo que siempre vienen a recaer los juicios, debe entrar en el mundo del sentido [...]. Únicamente por vivir en lo válido sé de lo existente.» Sentido y significado no son, como tales, perceptibles por los sentidos —al contrario que los elementos del habla— y no están sujetos a cambio alguno, sino que son «intemporalmente idénticos a ellos mismos»[21]. A pesar de todo, Heidegger no se limita a hablar —como sí hace Lask— del valer intemporal y del ser temporal del mundo perceptible por los sentidos, sino que al final llega a una decidida distinción entre épocas históricas, y deriva de ahí el programa de su pensamiento futuro. En la Edad Media, las posibilidades de vivencia estaban condicionadas «por la dimensión, que se extiende hacia lo trascendente, de la vida anímica y no, como en la actualidad, por su prolijidad, huera en cuanto a su contenido.» En ese estilo de vida que transcurre banalmente, la posibilidad de una inseguridad creciente y de una completa desorientación sería mucho mayor y en verdad ilimitada, mientras que el hombre medieval no se perdía en esa prolijidad o anchura de contenido de la realidad sensible y no quedaba anclado en ella, sino que la subordinaba, en tanto que necesitada de anclaje, a la necesidad de un fin[22]. Ésta es una «crítica a la cultura» muy parecida a la que ya había sido articulada en el discurso sobre Abraham a Sancta Clara. Es evidente que Heidegger no teme situar su propio sentir y pensar en una cercanía mucho mayor de la visión del mundo medieval que de la moderna. Sin embargo, también divisa una tarea, a saber, que «la filosofía del espíritu viviente, del amor activo, de la intimidad que rinde culto a Dios» habrá de enfrentarse un día con el «más poderoso de los sistemas de visión del mundo historiográfica: con Hegel»[23].

Así, difícilmente podrá ser una casualidad el que Heidegger escogiera para su lección inaugural el tema *El concepto de tiempo en la filosofía de la historia* [*Der Zeitbegriff in der Geschichtswissenschaft*]. Por decirlo con una breve fórmula, él distingue allí entre el tiempo homogéneo, en el que discurren los movimientos cap-

---

[21] Ibídem. p. 111.
[22] Ibídem, p. 240.
[23] Ibídem, p. 241.

tables desde la ciencia de la naturaleza, y las épocas históricas, que
son cualitativamente diferentes. Un acontecimiento historiográfico no viene definido por el punto y la duración temporales, sino
por el contexto historiográfico, cualitativo, dentro del cual se le
puede ver. Heidegger ya había indicado una diferencia cualitativa
semejante entre la Edad Media y la Edad Moderna, tomando él
mismo al respecto una posición crítica, y crítica frente a la Edad
Moderna. Pero ¿no era historiográfica la moderna visión del mundo de Hegel, mientras que el pensamiento medieval de Duns Scoto
menospreciaba a la historia o, en cualquier caso, a la historia «mun-
dana»?

Llegados a este punto, debemos detenernos un momento. La
católica Meßkirch era un mundo cerrado que se encontraba todavía en estrecha relación con el medievo. Ese mundo estaba fundado en la «relación originaria del alma con Dios», en la reflexión
sobre la posición de ese ser singular en el mundo, un ser al que en
todo momento puede arrebatarle la vida una simple piedra que cae,
pero que es capaz de preguntarse por el fundamento del mundo y
busca conocer ese mundo en sus elementos constitutivos principales. Es a partir de aquí de donde pudo establecerse y fijarse lo
que era «bueno» y «malo», lo que era deseable y censurable, lo que
era ganancia merecida y favor concedido. Quienes vivieron en ese
mundo tenían una posición segura. Pero el joven Heidegger marchó a estudiar a una universidad donde en la Facultad de Filosofía
seguía existiendo una cátedra de Filosofía Cristiana, donde, sin embargo, dominaba a las facultades el «espíritu moderno», que era el
espíritu de la especialización en las ciencias y el espíritu del neokantismo y de la fenomenología en la filosofía. Pero Heidegger no
se recluyó en ese espíritu, sino que evidentemente leyó a Husserl,
a Rickert y a Lask con la misma intensidad que a Aristóteles y a
Tomás de Aquino. Se encontraba, pues, en medio de una tensión
que postulaba en realidad la irrupción de nuevos caminos del pensamiento y de la vida. Sin embargo, el origen se mantuvo siempre
lo bastante firme como para excluir una total aprobación de algo
que en un primer momento es extraño, de una «conversión» a la
aceptación irrestricta del moderno «funcionar». El joven Heidegger no quería vivir en la «banalidad», en la distracción y en el «olvido del ser» (Lask). De ahí que su crítica a estos caracteres de la
época moderna represente la herencia, nunca perdida, de «Meßkirch». Pero, hablando en sentido metafórico, él no podía conti-

nuar siendo aquel monaguillo que hacía repicar las campanas en el campanario de la iglesia de San Martín, ni siquiera en el sentido de que ahora estudiara la filosofía de la época moderna y no la del medievo. He extraído un fragmento de aquel discurso inaugural de Heidelberg. En él se dice lo siguiente: «Lo que trajeron los excitantes años comprendidos entre 1910 y 1914 es algo que no se puede decir debidamente, sino tan sólo sintetizar mediante una enumeración que seleccione lo mínimo: La segunda edición —aumentada el doble— de la "Voluntad de Poder" de Nietzsche, la traducción de las obras de Kierkegaard y Dostoievski, el creciente interés por Hegel y Schelling, los poemas de Rilke y la poesía de Trakl, las obras completas de Dilthey»[24].

Se trata de pensadores y poetas significativos, pero llama la atención que no se mencione nada de lo que por entonces resultaba excitante para la gran mayoría de las personas, es decir, el fuerte crecimiento de la socialdemocracia y las grandes manifestaciones exigiendo el derecho al voto, manifestaciones que Rosa Luxemburgo quiso impulsar hasta erigirlas en revolución; el «aislamiento» de Alemania; la crisis de los Balcanes; el «salto de los Panzer a Agadir»; el vuelo de Blériot sobre el canal de la Mancha; la primera carrera de automóviles del mundo; la «política mundial» del Reich; la rivalidad existente entre las flotas de Alemania y el Reino Unido; los movimientos de protesta de los polacos, de los indios, de los egipcios, de las mujeres; el surgimiento del sionismo. ¿Mantuvo el joven Heidegger su mirada vuelta tan sólo hacia Dios, el hombre y el alma, tal y como correspondía al pensamiento platónico-cristiano y a la tradición de «Meßkirch»?, ¿y se dirigió a las diversas realidades del presente meramente en la forma de una «crítica a la cultura»?

En los escritos reunidos en el primer tomo de las obras completas, se encuentra, de hecho, una proporción muy pequeña de todo aquello que se refiere a la vida histórica y política. En el prólogo a la disertación, el filósofo expresa su agradecimiento al medievalista Heinrich Finke, «quien despertó en aquel matemático ajeno a la historiografía, amor y comprensión por la historia», y al final explicita ese juicio impersonal recurriendo al ejemplo siguiente: «Si mi amigo y yo, por ejemplo, corremos detrás en la ma-

[24] Martin Heidegger, «Frühe Schriften» (nota 1), p. 56.

niobra de una batería en rápido avance y ésta se sitúa en posición
de fuego, y, en el momento en que oímos el estampido del cañón,
digo: "date prisa, ya da el estampido", entonces, el sentido del juicio reside en el estampido, en su tener lugar ahora (ya)»[25]. En el
prólogo al escrito de habilitación, Heidegger dedica a Emil Lask
una última «palabra de recuerdo, agradecido y leal, en su lejano
túmulo militar», y en la lección inaugural se dice que interesará
sin duda a la historia venidera de la guerra «*cuánto tiempo* preci-
só el ejército Mackensen para llevar adelante la ofensiva desde los
Cárpatos hasta situarse ante el cuadrilátero ruso-polaco». Sin embargo, esta determinación cuantitativa únicamente tiene valor y
significado para el historiador en la medida en que «a partir de
ahí pueda entenderse la tremenda fuerza de ataque de nuestras tropas aliadas, la buena puntería de la entera operación, y, por otra
parte, en la medida en que se pueda enjuiciar la fuerza de resistencia del ejército ruso»[26]. Bien podrían ser estas palabras lo único que cabe hallar en los *Primeros escritos* sobre «referencias conformes a la vida».

   Es un mérito considerable de Hugo Ott el haber descubierto que
Heidegger había publicado artículos y reseñas antes de 1912, escritos que no aparecen recogidos en la edición completa de sus obras
y que fueron publicados en su origen en la revista *Der Akademiker*
de la Asociación Católica de Académicos de Alemania. Ott subraya en su nueva obra que esta revista se había situado por completo
en la línea del papa Pío X durante los años de la gran controversia
intracatólica en torno al modernismo alemán, aunque la publicación también había dado voz a autores tales como Romano Guar-
dini u Oswald von Nell-Breuning. Heidegger habría defendido allí,
sin reservas, a la Iglesia católica, que reclamaba para sí la «posesión de la verdad», desenmascarando además la decadencia del individualismo, que entiende como una norma de vida falsa[27]. Para
Farías, esos artículos aparecen marcados «por un apoyo incondi-
cional a las posiciones más reaccionarias del integrismo católico,
por una crítica agresiva del modernismo y de sus derivados teoló-
gico-filosóficos, por la defensa de valores socialcristianos»[28]. Bran-

---

[25]   Martin Heidegger, *Die Lehre von Urteil* (nota 15), p. 108.
[26]   Martin Heidegger, «Frühe Schriften» (nota 1), p. 432.
[27]   Hugo Ott (Bibl., n.º 16), p. 64; ed. cast., p. 71.
[28]   Víctor Farías (Bibl., n.º 15b), p. 86; ed. cast., p. 79.

des y Heine se habrían convertido en objetos de crítica para Heidegger, pero también Oscar Wilde, Máximo Gorki y el «superhombre» Nietzsche. Muy especialmente menciona Farías un pasaje procedente de la reseña de un libro de Friedrich Wilhelm Förster, en el que Heidegger escribe: «Las oposiciones manifiestas de nuestra época —aquí, el orden de vida naturalista y socialista y su fanatismo por la realidad efectiva; allí, los nuevos mundos conceptuales y los valores de la existencia que construye la filosofía de la inmanencia— son el resultado final de un autonomismo sin freno. Förster suscita ahora la cuestión de la competencia: ¿está capacitado y justificado el individualismo moderno para resolver los problemas más hondos de la vida religioso-moral en su sentido propio, o no lo está en absoluto? Por vía inductiva llega el autor a un decidido no»[29].

Se puede, con Farías, llamar a lo anterior «integrismo católico» y tacharlo de «antidemocrático». Mas, Farías presupone que ninguna visión del mundo que difiera de la suya debe ser defendida o transformada, a menos que lo sea en la dirección de su propia concepción. Hasta qué extremo se cree autorizado para emitir juicios sobre el pasado partiendo de una posición actual y bastante unilateral, se muestra, por ejemplo, en que interpreta una declaración epistolar muy simple de Lask a su madre como un reprobable asentimiento a la guerra. Mas el problema real se reconoce allí donde Heidegger reclama —también en el *Akademiker*— la liberación de la lógica escolástica «de su fijeza y presunto aislamiento»[30]. La cuestión es la de si un joven católico, que se abre a las influencias de Rickert y Lask, de Husserl y Kierkegaard, de Rilke y Nietzsche, puede a la larga permanecer siendo un católico en el sentido integral, en el sentido de «Meßkirch», o si es posible que algún día llegue a romper con el «sistema del catolicismo». Eso mismo es lo que ocurre con Heidegger, y, a continuación, habremos de dirigir la mirada, desde el punto de vista de este primer «viraje», a sus años docentes en Friburgo.

---

[29] Ibídem, p. 89; ed. cast., p. 83.
[30] Ibídem, p. 92; ed. cast., p. 86.

LOS INICIOS COMO *PRIVATDOZENT* EN FRIBURGO Y EL PRIMER «VIRAJE»

La «Universidad Granducal Badense Albert-Ludwig de Friburgo de Brisgovia», a la que Heidegger estuvo vinculado desde 1909 a 1923 como estudiante y luego como *Privatdozent*, apenas si mostraba las huellas de su origen católico y austríaco, pues era una universidad normal del Reich alemán, dotada de una Facultad de Teología Católica especialmente acreditada y, por supuesto, de dos «cátedras del Concordato», como fueron denominadas posteriormente, que sólo podían ser ocupadas por investigadores católicos de acuerdo con la sede arzobispal. Éstas eran la cátedra de Filosofía Cristiana («Filosofía II») y una de las cátedras de Historia. Arthur Schneider, el director de las tesis de Heidegger, ocupaba la cátedra de Filosofía Cristiana; en la cátedra «confesional» de Historia se sentaba Heinrich Finke, pionero en el conocimiento y estudio de la España medieval y un miembro destacado de la Sociedad Görres, además de haber sido el descubridor y, durante bastante tiempo, el protector de Heidegger. Pero el hombre decisivo en Filosofía era, hasta su marcha a Heidelberg, Heinrich Rickert, y junto a él y a Schneider trabajaban en 1914 el catedrático supernumerario Jonas Cohn, cuya jurisdicción se extendía por igual a la psicología y a la pedagogía, así como los *Privatdozenten* Richard Kroner y Georg Mehlis. Dos de los no numerarios eran judíos, que más tarde tuvieron que emigrar y de los cuales llegó a ser bien conocida la obra de Kroner *De Kant a Hegel*; el tercero, Georg Mehlis, escribió durante los años viente libros entusiastas sobre el fascismo italiano. En el semestre de invierno de 1913-1914, Rickert impartió un curso de cuatro horas sobre *La filosofía alemana desde Kant a Nietzsche (una introducción histórica al problema del presente)*; Arthur Schneider impartió una serie de lecciones sobre *Historia de la filosofía de la Antigüedad y de la Edad Media*; el tema de Mehlis era *La filosofía de los griegos*, el de Kroner una *Iniciación a la teoría del conoci-*

miento, mientras que Cohn dictó lecciones sobre *Historia de la Pe-dagogía*. En Historia se impartieron las tres lecciones magistrales, de cuatro horas cada una, de los numerarios Georg von Below, Heinrich Finke y Friedrich Meinecke, en concreto sobre los temas *Historia de la época del Káiser* (Below), *Historia de la visión del mundo medieval y de la cultura del espíritu* (Finke) e *Historia europea en la era de la Restauración y la Revolución (1815-1862)* (Meinecke). En cuanto a los teólogos, la más destacable en nuestro contexto fue la lección de cuatro horas de Carl Braig *Introducción a la doctrina de la fe y a la doctrina de Dios*, así como el curso del *Privatdozent* Dr. Engelbert Krebs sobre Tomás de Aquino.

En el semestre de verano se produjo un cambio sustancial. La plaza de Rickert pasó a ser ocupada por Edmund Husserl, quien ofreció una *Introducción a la filosofía*; a la cátedra de Arthur Schneider, que había recibido un llamamiento a Estrasburgo, se presentó el catedrático supernumerario de Teología, Engelbert Krebs, precisamente con una lección de cuatro horas sobre *Metafísica*; Jonas Cohn dictó sobre *Ética*; de Kroner y Mehlis se habían anunciado lecciones de dos horas, aunque el paréntesis que aparecía tras los nombres de estos profesores informaba que se encontraban «en campaña»; y, por último, también se habían previsto dos cursos del «*Privatdozent* Dr. Heidegger (combatiente)», a saber, *Kant y la filosofía alemana en el siglo XIX* y *Verdad y realidad efectiva (problemas fundamentales de la teoría del conocimiento)*.

Llegados a este punto, conocemos de un modo insuficiente qué era lo que Heidegger, en cuanto estudiante, había aprovechado de las diversas ofertas y cuál era la relación que mantenía el joven profesor con sus colegas. No sabemos si mantuvo conversaciones con Kroner, Mehlis y Cohn, ni cuál había sido el tema de ellas, en el caso de que las hubiera habido. En cambio, sí sabemos en qué cursos se matriculó durante sus semestres de Teología de 1909 a 1911. En el semestre de invierno de 1909-1910 no fueron menos de veintiuna horas semanales. Primero en el semestre de invierno de 1910-1911 y luego en el semestre de verano de 1911, el filósofo se matriculó en las lecciones magistrales de Carl Braig, así como en la *Historia de la Constitución alemana* de Von Below y en *La época del Renacimiento*, de Finke.

También sabemos muy poco sobre cómo entendió Heidegger el acontecimiento más importante de todos los acontecimientos históricos que vivió en su juventud, a saber, el estallido y el desarrollo de la Primera Guerra Mundial. No hay ninguna fotografía en la que se muestre a Heidegger el día 1 de agosto, como Hitler, en medio de una muchedumbre entusiasmada, pero tampoco hay declaración alguna que manifieste un claro rechazo de la guerra, como sí fue el caso de Ernst Bloch. Es muy posible que Heidegger no pensara de un modo distinto del de Edmund Husserl, quien escribió lo siguiente a uno de sus discípulos predilectos, el polaco Roman Ingarden: «Para un profesor resultaría sencillamente imposible dejarse examinar por alguien de quien supiera que por su disposición de ánimo y por sus hechos se ha situado del lado de los enemigos de Alemania»[1]. La convicción de estar luchando por una causa justa era prácticamente generalizada; pero no sólo en el círculo de los profesores alemanes, aun cuando, de entre éstos, fueran muy pocos los que escribieron libros tan entusiastas sobre la guerra como el de Max Scheler sobre *El genio de la guerra y la guerra alemana* [*Der Genius des Krieges und der deutsche Krieg*]. Heidegger fue llamado a filas en octubre de 1914, pero fue licenciado tan sólo unos días después debido a su dolencia cardíaca. En noviembre de 1915 llegaba al puesto de control postal de Friburgo en calidad de soldado; por consiguiente, ejerció la misma actividad que Georg Lukács, quien era algo mayor que Heidegger. Durante los meses finales de la guerra, Heidegger fue destinado a un observatorio meteorológico emplazado en el frente; sin embargo, nunca llegó a ser un «combatiente de vanguardia». Entre paréntesis, conviene observar que Arthur Moeller van den Bruck, Oswald Spengler, Ernst Bloch y Georg Lukács tampoco combatieron en la primera línea del frente, en todos los casos por motivos de salud; por tanto, los representantes que liderarían la futura derecha y la futura izquierda intelectuales de la República de Weimar *no* se diferenciaban entre sí en este punto.

Sin embargo, y al contrario de lo que ocurre en los casos de Spengler, Moeller, Bloch y Lukács, no se encuentra en la correspondencia de esta época, hasta donde nos ha sido posible acceder, ninguna referencia a aspectos o sucesos concretos relativos a la guerra. También aquí ha logrado Hugo Ott un gran mérito, pues ha descubierto la correspondencia mantenida entre Heidegger y un amigo suyo llamado Laslowski —discípulo de Finke en Breslau— y consultado el diario de Engelbert Krebs. Tanto la correspondencia como

---

[1] Edmund Husserl, *Briefe an Roman Ingarden*, La Haya, 1968, p. 7.

los apuntes del diario ponen de manifiesto hasta qué extremo giraban los pensamientos privados de Heidegger en torno al afianzamiento de su carrera académica, mostrando asimismo que fue en una fecha muy temprana cuando el filósofo, al parecer, comenzó a alimentar la esperanza de obtener la cátedra de Filosofía Cristiana toda vez que quedase libre tras la marcha de Schneider. De ello resultó la rivalidad que el filósofo sostuvo con su admirado amigo Engelbert Krebs, quien se había presentado a esa cátedra y esperaba asimismo un llamamiento. En esta situación resultó decisiva la actuación de Heinrich Finke, quien se dirigió expresamente al joven Heidegger, alentándole para que optara con su habilitación a la cátedra vacante. Sería una reflexión contrafáctica un tanto peculiar la de imaginarse qué hubiera sido de Heidegger si hubiese obtenido en 1916 ó 1917 la cátedra titular de Filosfía Cristiana. Mas, tampoco es claro que la decepción provocada por la decisión final de la Facultad, compartida por Finke, de nombrar a Josef Geyser —quien por entonces trabajaba en Múnich y era considerablemente mayor que Heidegger— desempeñara algún papel en su separación del «sistema del catolicismo». Por el momento hemos de subrayar que el tránsito de Heidegger desde los estudios teológicos a los filosóficos no era atribuible, con toda probabilidad, a una «duda de fe». El propio filósofo alegaba razones de salud en un currículum que escribió en el contexto del procedimiento de habilitación, donde afirmaba que su dolencia cardíaca «había puesto muy seriamente en duda mi capacidad para entrar en el futuro al servicio de la iglesia»[2]. Asimismo, Heidegger subraya aquí que, pese a todo, había alcanzado «una exacta comprensión de la nueva filosofía desde Kant» a través de sus estudios con Rickert y de la lectura de las obras de Husserl, llegando así al convencimiento de que la filosofía aristotélico-escolástica, en la que por lo demás se incluía por sus convicciones fundamentales, «permite y exige un aprovechamiento y una utilización mucho más fructífera»[3]. En esta afirmación se percibe con claridad un distanciamiento, y un puro distanciamiento es lo que Heidegger manifestaba de forma expresa en una carta dirigida a Krebs y con fecha del 19 de julio de 1914, pocos meses antes, por tanto, de haber pronunciado las palabras antes citadas. En esta carta se expresa Heidegger en un

---

[2] Hugo Ott (Bibl. n.º 16), p. 86; ed. cast., p. 96.
[3] Ibídem, p. 86; ed. cast., p. 96.

sentido negativo respecto del último *motu proprio* del papa Pío X, en el que declaraba a la *Summa Theologica* de Tomás de Aquino como el único fundamento de la teología católica. En la carta se dice: «¡Ya sólo faltaba el *motu proprio* sobre la filosofía! Como "académico", tal vez pudiera usted proponer un procedimiento aún mejor: que a todas las personas a las que se les ocurra tener un pensamiento independiente les sea extirpado el cerebro, sustituyéndolo por ensalada italiana. Para las necesidades filosóficas se podrían instalar expendedoras automáticas en las estaciones ferroviarias (gratis para los indigentes). Yo tengo dispensa durante mis estudios. ¿Querrá usted ser tan amable de añadir mi nombre a la lista?»[4]. Por otra parte, se ha de tener presente que Heidegger también había vivido de una beca durante sus estudios de filosofía, una beca cuyo objetivo era la promoción de las investigaciones sobre Tomás de Aquino. Pero tampoco hay que olvidar que en diciembre de 1915, en una solicitud para la prórroga de la «beca Schaezler», Heidegger escribía: «El que firma esta carta y es su seguro servidor, espera poder agradecer siempre al honorable capítulo catedralicio arzobispal la valiosa confianza en él depositada, encaminando su trabajo científico hacia la difusión del tesoro de pensamientos encerrado en la escolástica en bien de la lucha intelectual del porvenir por alcanzar el ideal de vida cristiano y católico»[5].

Es dudoso que Ott esté en lo cierto cuando supone la aparición de un «trauma» en Heidegger debido a la frustración de las esperanzas depositadas en la cátedra, un trauma que le habría conducido a su separación de la Iglesia y provocado, años más tarde, las ásperas declaraciones anticlericales pronunciadas en los años 1933-1934, aunque no sólo entonces. Pero las cuestiones profesionales y, sobre todo, el decisivo primer nombramiento, corresponden ya a un ámbito en el que los profesores alemanes de la época gloriosa se revelaban también como los demás mortales, y en ocasiones, por utilizar el ejemplo de Hegel, incluso podían operar en una persona como si fueran héroes y ayudas de cámara. Me parece mucho más importante el que el doctorando y candidato a cátedra de Meßkirch llegara a ser consciente, en la atmósfera liberal reinante en determinadas universidades «del Reich alemán», de lo estrecho y anquilosado que resultaba su punto de partida católico y suabo dentro de la «cultura

---

[4] Ibídem, p. 83; ed. cast., p. 93.
[5] Ibídem, p. 80; ed. cast., pp. 89-90.

moderna», de lo poco dispuesto que estaba a «pensar-con» realmente
y no sólo a enjuiciar desde una presunta posición supratemporal.

Puede que el impulso decisivo hacia un nuevo avance procediera
de su matrimonio con la estudiante de economía Elfride Petri, ce-
remonia que se celebró el día 21 de marzo de 1917 y fue oficiada
como matrimonio de guerra por Engelbert Krebs en la capilla de la
Universidad. Elfride Petri era de confesión luterano-evangélica e
hija de un alto oficial prusiano. A través de esta unión entró Heidegger en contacto con un medio y una tradición que hasta entonces le habían resultado del todo ajenos, a saber, con el medio prusiano-protestante y, por ello, también con aquel importante elemento
de la historia europea que es la Reforma. Al parecer fue en ese momento cuando comenzó a ocuparse de Schleirmacher y de Lutero.
Él y su prometida se habían comprometido a educar a sus hijos en
la fe católica, y Elfride Petri había dado a entender que poseía inclinaciones catolizantes, de modo que Krebs intentó disuadirla. Sin
embargo, justo después del día de Navidad de diciembre de 1918,
Elfride Heidegger fue a visitar a su amigo eclesiástico, a quien dijo,
según los apuntes del diario del propio Krebs, las palabras que siguen: «Mi esposo ha perdido su fe en la iglesia y yo no la he encontrado. Ya en nuestra boda estaba su fe socavada por las dudas
[...]. Juntos hemos leído, hablado, pensado y rezado mucho, y el resultado es que los dos pensamos ahora de manera protestante, es
decir, sin una sujección firme a la creencia en un Dios personal. A
él le rezamos en el espíritu de Cristo, pero sin la ortodoxia católica
o protestante. En tales circunstancias, consideraríamos poco sincero permitir que nuestro hijo sea bautizado católicamente [...]»[6]. Unos
días más tarde, Heidegger mismo escribió a Krebs para comuni-
carle que ciertas evidencias de teoría del conocimiento, extensivas
a la teoría del conocimiento histórico, habían «hecho problemático
e inaceptable el *sistema* del catolicismo, pero no el cristianismo y
la metafísica, aunque ésta, ciertamente, la entiendo ahora en un nuevo sentido». Sin embargo, no se había dejado llevar «a relegar el
noble juicio objetivo y la alta estimación del mundo de vida católico en favor de una enojosa y estéril polémica de apóstata». A continuación, apela a «la sinceridad interna consigo mismo» y al propósito de «justificar ante Dios mi propia existencia y acción»[7].

---

[6] Ibídem, p. 108; ed. cast., p. 120.
[7] Ibídem, pp. 106 ss.; ed. cast., p. 118.

Éste fue, de hecho, un paso decisivo, una ruptura y tal vez el fundamento de un trauma para el resto de su vida. Heidegger había roto una promesa solemne y se había separado de la fe de sus antepasados, convirtiéndose en «apóstata» aun cuando no quisiera suscitar ninguna «polémica de apóstata». No se puede concluir con completa seguridad que —como interpreta Ott— en todo ello desempeñara algún papel un cierto oportunismo. A Heidegger le dio buen resultado, tras un primer intento fallido, el haber trabado una relación más íntima con Edmund Husserl, y ya a fines de 1917 se hablaba de Heidegger en la correspondencia entre Husserl y su colega de Marburgo, Paul Natorp. En ella se comentaba la cátedra supernumeraria que había quedado vacante en Marburgo, y se trataba asimismo el problema de la confesión. En 1959 presentó Husserl en el Ministerio la solicitud del nombramiento de Heidegger como asistente del Seminario I de Filosofía, y en 1920 se incorporó Heidegger a este puesto, si bien únicamente a título «nominal». En ese mismo año, la Universidad Philipps, todavía marcada por un fuerte protestantismo, volvió a tenerlo en cuenta como candidato para una cátedra de Filosofía. Mas, pese a lo que pudiera haber actuado por encima o por debajo del umbral de la conciencia como motivos, lo decisivo tendría que ser visto en que el sistema europeo liberal es una «sociedad de diferencias productivas». En efecto, quien vive, firme e inamovible, en uno de los «mundos» que componen el todo de ese sistema, como en el catolicismo, en el protestantismo, en la tradición ilustrada o en el socialismo, se sustrae a las penurias resultantes de la colisión, mas también permanece alejado de la posibilidad de una asimilación productiva. Lo anterior es tanto más válido cuanto más profundamente resida el origen del «mundo» en cuestión en el pasado. La tradición ilustrada presupone los mundos confesionales porque nació luchando contra ellos, lo que sin duda se podrá entender como un truismo. En cambio, puede que el católico inamovible rechace la entera historia acontecida desde la Reforma, por entenderla como descomposición y decadencia, e ignorar ese rechazo en la práctica. Sin embargo, el católico sale un poco de su seguridad cuando se convierte en «apologeta», y no es del todo carente de significado el que Heidegger se refiera explícita y positivamente al teólogo de Wurzburgo, Hermann Schell en el currículum citado anteriormente. Y el pensador católico accede al verdadero ámbito productivo, a la vez libre y riguroso, cuando se apropia de, al menos, una de las tradiciones distintas de la suya propia, lo que permite que aquella diferencia produzca su efecto por sí misma, de modo que de ella nacerá lo «nuevo» del pensamiento. Así ocurrió en los albores de la modernidad, cuando, a partir de una diferencia semejante, pudo nacer en Pierre Bayle y John Locke lo «nuevo» del primer pensamiento ilustrado. Tan sólo porque Heidegger no continuó siendo un «filósofo católico» es por lo que pudo llegar a ser un «pensador moderno». Mas, tal vez se hubiera convertido en un «cabeza hueca moderno» si hubiera expulsado de sí su herencia. Su discípulo Max Müller, que era un «filósofo católico» y continuó siéndolo, cuenta que durante su época de estudiante emprendió con Heidegger numerosas caminatas, durante las cuales solían visitar iglesias y capillas. Para su mayor sorpresa, durante tales visitas Heidegger siempre acostumbraba a tomar agua bendita y a arrodillarse. Él fundaba ese modo de proceder mediante la observación de que allí, donde se había rezado tanto, se hacía presente la cercanía de lo divino de una manera muy especial[8]. El filósofo no llegó a romper con la casa paterna y con «Meßkirch», como tampoco llegó a abandonar la Iglesia católica, posiblemente debido a la fuerza ejercida por aquel espíritu «ecuménico» y humano del que hablaba su hermano en la carta de cumpleaños ya citada. Y resulta difícil determinar con la certeza suficiente la intensidad con la que Heidegger se apropió «existencialmente» de otras tradiciones y modos de pensar diferentes del protestante. En el círculo de discípulos de Husserl y en el suyo propio se encontró con tradiciones y modos de pensar de la más diversa índole: desde la judía convertida al catolicismo Edith Stein, pasando por la también judía y convertida al sionismo Hannah Arendt, hasta el marxista Herbert Marcuse y el luego nacionalsocialista Oskar Becker. A estos discípulos, por cierto, les influyó más Heidegger de lo que ellos pudieron haber influido en él. Sin embargo, lo más destacable en este punto es su amistad con el húngaro Wilhelm Szilasi. Éste era de su misma edad y amigo de Georg Lukács y, al igual que este último, se vio obligado a abandonar el país al término de la República de los soviets [*Räterepublik*], de modo que a partir del verano de 1919 pasó a residir en Friburgo.

---

[8] Martin Heidegger, *Ein Philosoph und die Politik*, Freiburger Univeritätsblätter, separata 92 (junio de 1986), p. 30.

Si Heidegger había denominado «años excitantes» a los comprendidos entre 1910 y 1914, así, también podrían considerarse «años excitantes» —y en grado máximo— al período inmediatamente posterior al final de la guerra. En noviembre de 1918 se derrumbaron las monarquías en Alemania, dieciocho meses después de que el zarismo hubiese tocado a su fin en Rusia y doce meses antes de que tuviese lugar la toma del poder del partido bolchevique de Lenin. En enero de 1919 fue elegida la Asamblea Nacional de la República, después de que la proclamación, anunciada por Rusia, de una «sublevación armada» ocasionara al parecer las revueltas de enero en Berlín, a consecuencia de las cuales perdieron la vida Rosa Luxemburgo y Karl Liebknecht; en abril se estableció la República de los soviets en Múnich, mientras que en Hungría gobernaba Bela Kun; sin embargo, en el verano de 1919 parecía como si también hubiera de sucumbir el régimen de Lenin a una guerra civil. No obstante, en agosto de 1920 las tropas del Ejército Rojo llegaron ante las puertas de Varsovia, y en las principales ciudades occidentales comenzó a cundir el pánico antes de que la victoria de Pilsudski volviese a cambiar de rumbo la situación. En 1922, el Reich alemán llevó a cabo una especie de capitulación ante las ingentes medidas de reparación exigidas por los adversarios en la guerra, y en el verano de 1923 parecía encontrarse al borde de la desintegración cuando la conservadora Baviera, bajo el influjo del reciente movimiento nacionalsocialista de Hitler, y los «gobiernos de los obreros» de Sajonia y Turingia, dominados por los comunistas, comenzaron a armarse para emprender una guerra civil entre ambos, mientras que los separatistas renanos parecían hallarse próximos a la consecución de sus fines. Podría citar una frase de Thomas Mann para demostrar la honda impresión producida en los «lansquenetes» y los «desclasados» (pero en modo alguno únicamente en ellos) por los sucesos de la República de los soviets muniquesa, sucesos que más tarde serían tildados a menudo de «inocuos». Sin embargo, me limitaré a mencionar un pasaje de las memorias, escritas en 1940, de un filósofo que estuvo vinculado a Heidegger en los años veinte, a saber, de Karl Löwith: «Escoltado por dos miembros de la Guardia Roja apareció una mañana aquel hombre [Erich Mühsam, una especie de ministro de cultura] en el Auditorium Maximum de la Universidad. Fueron a buscar al rector Baeumler, un apacible investigador de setenta años, conservador y católico, quien hubo de escuchar aquel discurso sangriento que

Mühsam, bajo la protección de las bayonetas de sus acompañantes, pronunció ante el cuerpo docente y el alumnado allí reunidos»[9].

Heidegger debió de tener conocimiento de todo ello, aunque tan sólo fuera a través de la información suministrada por amigos y discípulos como Szilasi y Löwith. También debió de sentirse afectado por el acontecimiento más espectacular de la historia del pensamiento de aquellos años, esto es, por la aparición del libro de Oswald Spengler *La decadencia de Occidente* [*Der Untergang des Abendlandes*], al que siguió, dos años después, en 1920, el escrito sobre *Prusianismo y socialismo* [*Preußentm und Sozialismus*]. En esta última obra, Spengler, desde el más acá de las exigencias propias de la filosofía de la historia, articulaba en abierta hostilidad con el marxismo un punto de importancia tan central para la controversia política como era el concepto de «socialismo». Es posible que el libro de Ernst Bloch sobre el *Espíritu de la utopía* [*Geist der Utopie*] pasara desapercibido para Heidegger, mas ¿es posible que tampoco conociera en 1922 la obra de Georg Lukács *Historia y conciencia de clase* [*Geschichte und Klassenbwußtsein*], un libro del que por fuerza hubo de hablarle Wilhelm Szilasi?

En cualquier caso, no aparece ni una sola alusión a todo ello en las cartas y lecciones de aquel año —al menos en las que han sido publicadas—, excepto por una única observación, bastante negativa, acerca de Spengler. Lo que salta a la vista es, más bien, el hecho de que las expresiones generales «de crítica a la cultura» continúan dándose prácticamente inalteradas. Karl Löwith ha citado algunas frases procedentes de las cartas que Heidegger le escribió a principios de los años veinte. Mencionaré algunas de ellas: «Quiero, al menos, algo diferente [de Kierkegaard]; eso no es mucho, a saber, aprender de lo que yo experiencio[10] como "necesario" en la actual situación fáctica, sin atender a si de ahí resultará una "cultura" o la aceleración de la decadencia»[11].

---

[9] Karl Löwith, *Mein Leben in Deutschland vor und nach 1933. Ein Bericht*, Stuttgart, 1986, pp. 15 ss.

[10] Traducimos *erfahren* por «experienciar» y no por «experimentar». Con ello sólo pretendemos excluir del campo semántico del verbo toda connotación de «probar», «ensayar» o «hacer experimentos». Desde luego, la modificación sería innecesaria si la aparición del verbo en los escritos de Heidegger fuese meramente accidental. No siendo ése el caso, creemos que «experienciar» refleja mejor el sentido que se pretende comunicar, que es el de «notar», «sentir», «sufrir». *(N. de la T.)*

[11] Ibídem, p. 28.

Heidegger equipara la época actual con un manicomio, y caracteriza sus propios esfuerzos del siguiente modo: «Yo no falseo mi labor filosófica con tareas culturales para un hoy general [...] trabajo desde mi "yo soy" y mi procedencia espiritual, fácticos en su origen. Con esa facticidad se desencadena el existir»[12]. También se oye un tono similar en las primeras lecciones del filósofo, como ocurre en aquélla del semestre de invierno de 1921-1922 *Investigación fenomenológica* [*Phänomenologische Forschung*]: «Mas, nuestro presente tampoco contradice su peculiar celeridad desarraigada en la posición que mantiene respecto de Aristóteles»[13]. Cabe percibir una toma de posición de carácter político cuando Heidegger, en unas declaraciones acerca de la situación de la universidad, rechaza, por una parte, «el profetismo y las maneras de caudillo», mientras que, por otra, afirma lo siguiente: «La cuestión es la de si las exigencias que nacen de ahí [a saber, de la base de la caída anual de nivel] pueden ser formuladas en absoluto, si los estados de ánimo degenerados, aun cuando se agrupen y obtengan la mayoría en el plebiscito, podrán emitir las medidas para la determinación de algo que exige apropiarse a sí mismo —ya sea también por la puesta en marcha de una vida— antes de que se pronuncien discursos y se escriban opúsculos sobre ello»[14]. Heidegger desprecia una y otra vez la mera «espiritualidad» y el mero «buen gusto literario», y las «iglesias, conciliábulos, círculos y asociaciones» suponen desviaciones del «ser de la vida». La «situación» del presente aparece calificada de caótica y superficial: «muchas opiniones y corrientes, necesidades, orientaciones; pero ninguna pregunta seria, es decir, ningún campo de objeto; no se "es" en un modo de conducirse semejante»[15].

Si Heidegger produjo en esta época una honda impresión en sus oyentes, y una impresión que en modo alguno era meramente «intelectual», ello puede atribuirse a la seriedad con que criticaba la superficialidad e invitaba a aquellos oyentes a ese «ser sí mismo» que no se deja arrebatar por el mero ir a la deriva en lo habitual. Desde el punto de vista filosófico, Heidegger ya se encontraba inequívocamente sobre el camino del «análisis de la existencia», cuyos rasgos

---

[12] Ibídem, p. 30.
[13] *GA*, t. 61, p. 5.
[14] Ibídem, p. 70.
[15] Ibídem, p. 188.

fundamentales consistían precisamente en la incorporación de los motivos esenciales de la «filosofía de la vida» y en su tentativa de demostrar, volviéndose claramente contra Kant, pero también contra Husserl, que la perspectiva teórica del pensamiento es algo derivado y no originario. Por tanto, el punto de partida de Heidegger lo supone la facticidad de la vida en su totalidad, a la que, sin embargo, le corresponde asimismo un «caer».

Hasta qué punto se había distanciado de la teoría del conocimiento y de la teoría de la ciencia lo confirman los términos de nuevo cuño con los que intentó definir las tendencias esenciales de la vida, términos que él propuso entonces y cuyo sentido continúa estando presente en *Ser y tiempo*: ruinancia, larvancia, deprivación. La filosofía de Heidegger quiere ser un «conocer historiográfico (es decir, entendido como historia cumplida) de la vida fáctica»[16]. Por tanto, no se trata de una narración histórica, sino de un «comprender y articular categorial (existencial)», es decir, de un planteamiento que se extiende más allá de lo teórico sin por ello dejar de ser trascendental. Lo «llamativo» de este proyecto se hace evidente en la frase: «El auténtico fundamento de la filosofía es el radical asumir existencial y la *temporalización de la problematicidad* [*Zeitigung der Fraglichkeit*]; ponerse a uno mismo, a la vida y a las cumplimentaciones decisivas en la problematicidad es el concepto más fundamental de todos y el esclarecimiento más radical»[17]. Un tal ex-poner-se a la problematicidad de la existencia significa la despedida radical de todas las seguridades y de las presuntas evidencias. Lo que de ello resulta son los «existenciarios» [*Existenzialien*], entre los cuales Heidegger cuenta también la «relucencia» [*Reluzenz*] y la «prestrucción» [*Prästruktion*]. Por consiguiente, éstas son las categorías de movimiento de una «temporalidad» de un género muy especial, que no debe ser confundida o intercambiada con la habitualmente denominada temporalidad del uniforme perecer de los «ahoras» [*Jetzt-Punkten*][18]. Heidegger exige que la filosofía sea, «por principio, a-tea»[19], renunciando con ello a someter de ante-

---

[16] Ibídem, p. 2.
[17] Ibídem, p. 35.
[18] Ibídem, pp. 117 ss. En la página 150 se encuentra la expresión «estancamiento cosificado» [*verdingliche Stauung*]. Por tanto, Heidegger no necesitaba esperar a la «historia y conciencia de clase» de Lukács.
[19] Ibídem, p. 197.

mano la experiencia de la «vida» y de lo «circunmundano» a una determinada interpretación. A partir de ahí puede ya elaborar la crítica de un concepto tan evidente como el de «realidad», es decir, puede reducirlo a su ámbito de validez: «La realidad no es, por tanto, ninguna caracterización relativa al mundo circundante, sino una que reside en la esencia de la coseidad [*Dinghaftigkeit*], y por ello es específicamente teórica. Lo dotado de significado se des-interpreta [*ent-deutet*] hasta alcanzar este resto: ser-real»[20]. En esta lección de 1919 ya se anuncia de forma manifiesta la distinción posterior entre el «estar a mano» [*Zuhandenheit*] y el «estar a la vista» [*Vorhandenheit*]. Se concibe ahora la objetivación como un proceso de «des-vivimiento» [*Ent-lebung*], y es evidente en este punto la conexión existente con la «filosofía de la vida» de un Bergson, por poner un ejemplo. Como antítesis del concepto de des-vivimiento=objetivación, se introduce el de «incrementación de la vida» [*Lebensteigerung*], sin que se llegue a nombrar a Nietzsche de forma explícita. Se menciona el «activismo» en cuanto una de las formas que reviste la «incrementación de la vida», pero caracterizado como una mera «maquinación» [*Machenschaft*]. El «Movimiento de la juventud alemana libre» sería más en tanto que una forma tal, aunque sin la concisión del establecimiento de un fin[21].

Es posible que fuera la vinculación de ese preguntar —que a la vez es más radical y más referido a la vida y se contrapone a una mera teoría de la ciencia— con los «existenciarios» y no con «llamamientos políticos», concretos, lo que permitió que Heidegger llegara a convertirse para los estudiantes de entonces en el «secreto rey del reino del pensamiento». Sin duda, aquí también desempeñaron un papel las numerosas declaraciones y expresiones de «crítica cultural», así como los ataques contra todo sentido «supratemporal» de la existencia de la universidad. Sin embargo, de la «historia» en el sentido habitual de la palabra se habla tan poco como de la política visible, aunque acusa a Spengler de estar ejerciendo una «filosofía de la historia sin lo historiográfico»[22]. Sin embargo, en 1923 hacía ya siete años que este «rey» no había publicado nada, y continuaba siendo un mero *Privatdozent* en la posición de un asistente. Su llamamiento a Marburgo cambió la situación.

[20] *Zur Bestimmung der Philosophie, GA*, t. 56-57, p. 89.
[21] Ibídem, p. 208.
[22] *GA*, t. 61, p. 74.

LOS AÑOS DE MARBURGO

Fue en la correspondencia mantenida entre Paul Natorp y Edmund Husserl donde se preparó el llamamiento de Heidegger a Marburgo. En todo ello desempeñó un papel nada despreciable el que se considerara a Heidegger un singular conocedor de Lutero y «protestante». Sin embargo, lo decisivo fue un manuscrito sobre Aristóteles que Heidegger había enviado a Natorp. El escrito produjo su efecto en Natorp, quien tras su lectura sintió que el asistente de Husserl estaba llamado a ser en el futuro uno de los grandes de la filosofía. La Universidad Philipps de Marburgo, fundada en 1527, había sido la primera universidad alemana nacida en el seno de la época de la Reforma, siendo protestante desde su origen; pero, en el marco de la filosofía moderna, la Universidad había pasado a encarnar un cierto «concepto», a saber, el de ser la sede de la «Escuela de Marburgo» neokantiana. Entre los representantes de esa escuela destacaban Hermann Cohen y Paul Natorp, quien durante su último período había dado dado algunos pasos hacia la rehabilitación filosófica del comportamiento «a-teórico» y práctico. Como sucesor de Natorp fue elegido, por cierto, el báltico Nicolai Hartmann, ya activo en Marburgo desde 1909. Pero en junio de 1923, Heidegger fue llamado a ocupar el puesto que había dejado vacante Hartmann, obteniendo el nombramiento de «profesor extraordinario» y director del Seminario de Filosofía, con los derechos de un «profesor titular».

Aparentemente, Heidegger vivió el tránsito hacia la Alemania central como una especie de destierro, y durante ese período siempre pasó sus vacaciones de semestre en aquella «cabaña» de Todtnauberg que tan célebre se haría más tarde. Pero, del mismo modo, los años de Marburgo lo fueron todo menos una «pérdida de tiempo». Precisamente, Hans-Georg Gadamer ha dibujado un retrato bastante expresivo de la actividad de aquellos años, años caracterizados por el intenso y personal «trabajar juntos» y «vivir juntos» que compartían los estudiantes, relativamente escasos —no muchos más de tres mil—, con los profesores, también poco numerosos, en una ciudadela que era más o menos idéntica con la Universidad y que (al menos hasta en 1965) carecía por completo de semáforos. Pero Gadamer también ofrece el retrato de la competencia surgida por entonces entre el trabajador nocturno Hartmann y el madrugador Heidegger, competencia que finalizó cuando los alumnos avanzados se decantaron mayoritariamente por Heidegger, y Hartmann decidió dimitir en 1925 para aceptar un nombramiento en Colonia[1]. Asimismo, de la biografía de Hannah Arendt, escrita por su discípula Elizabeth Young-Bruehl, se desprende el retrato de una vitalidad y agilidad intelectuales de las que apenas si ha quedado huella alguna en la actualidad.

Aunque la Universidad Philipps era pequeña, no parecía en modo alguno provinciana. En la Facultad de Filosofía, que hasta 1966 acogió también a los científicos de la naturaleza, enseñaban en la época de la llegada de Heidegger el emérito Natorp y el emérito de Greifswald, Johannes Rehmke; al lado de Hartmann aparecía asimismo Erich Jaensch como responsable de la Psicología, llegando el último a convertirse, más tarde, en uno de los más enconados adversarios de Heidegger de entre los filósofos nacionalsocialistas. El historiador Wilhelm Busch era un señalado bismarckiano, y, en su calidad de rector, defendió apasionadamente a aquel voluntariado temporal estudiantil que habían denunciado los partidos de izquierdas porque, cuando entraron en Turingia tras el golpe de Kapp-Lutwitz, fusilaron sin fundamento suficiente a los obreros sublevados. El historiador del arte Richard Hamann, en cambio, se mantuvo muy a la izquierda, llevando a cabo diversas acciones con el propósito de *épater les bourgois*. El historiador Friedrich Wolters era un miembro destacado del Círculo George y un nacionalista de la especie más sutil. El estudioso de las lenguas románicas Ernst Robert Curtius se encontraba aún en los albores de una gran carrera profesional; el economista Wilhelm Röpke, considerado posteriormente por muchos como el «padre de la República Federal», se encontraba en sus comienzos y trabajaba de asistente. Tres profesores titulares de la Facultad llevaban nombres marcadamente judíos: el arqueólogo Paul Jacobstahl, el lingüista Hermann Jacobsohn y el filólogo de lenguas clásicas Paul Friedländer. Asimismo, resulta llamativo el que muchos de los primeros discípulos de Heidegger fueran judíos

---

[1] *Erinnerung...* (Bibl. n.º 7), pp. 109-113.

(o «mitad judíos»): Hans Jonas, Hannah Arendt, Günther Stern, Helene Weib, Karl Löwith y otros.

La Facultad de Teología presentaba profesores no menos interesantes que los anteriores. Allí enseñaron Friedrich Heiler, uno de
los padres fundadores de la ciencia de la religión; Rudolf Otto, que
había alcanzado un amplio reconocimiento a través de su libro sobre *Lo santo*, introduciendo en la debate teológico términos tales
como el de «fascinosum» y el de lo «totalmente otro». Pero, sobre
todo, hemos de destacar a Rudolf Bultmann. En su calidad de estudioso del Nuevo Testamento, Bultmann ya ocupaba una posición
intermedia entre el liberalismo teológico y la «teología dialéctica»
de Karl Barth antes de que en su libro de 1926 sobre *Jesús* erigie-
ra en concepto fundamental la anunciación, el *kerygma*.

Contemplada en su conjunto, la Universidad Philipps, al igual
que el resto de las universidades alemanas de la época, no era apolítica en el sentido de que no se dieran entre sus docentes tomas de
posición ni posiciones políticas o político-partidistas. Al contrario, desde el punto de vista de las convicciones individuales se hallaba presente el entero espectro político, llegando incluso hasta
los partidos de extrema derecha e izquierda, y entre los profesores
se encontraba asimismo un futuro ministro del III Reich: J. V. Bredt.
Los estudiantes eran menos apolíticos aún; en todos los grupos
simpatizantes del nacionalismo, de lo *deutschnational*, se sobre-
entendía una actitud de fondo que no raras veces implicaba aquellos parágrafos sobre los arios, y, *mutatis mutandis,* en los grupos
de los socialistas y liberales —bastante menos numerosos— ocurría otro tanto. Cuando se produjo el golpe de Kapp-Lutwitz, la
Universidad suministró no sólo aquellos «voluntarios temporales»
a las órdenes de Bogislav von Selchov, sino también, en el campo
contrario, aquella «compañía del pueblo» de la que fueron miembros Gustav Heinemann y Ernst Lemmer. No obstante, la Universidad era apolítica en la medida en que en los gremios de decisión
no desempeñaban papel alguno las controversias políticas y partidistas, y todavía en 1931 el entonces rector pudo exigir lo siguiente:
«Los partidos y la política pueden y deben ser en ella [la Univer-
sidad] únicamente objetos de estudio, pero nunca objetos de una
actuación práctica»[2]. Asimismo, la atmósfera debía ser apolítica,

---

[2] Helmut Seier, *Radicalisierung und Reform als Probleme der Universität Mar-
burg 1918-1933*, Academia Marburgensis, Marburgo, 1977, p. 320.

puesto que Karl Löwith pudo decir más tarde respecto de sus años
de *Privatdozent* en Marburgo, al parecer sin arrepentirse de ello,
que en aquella época impartió clases sobre Nietzsche y Dilthey,
Hegel y Marx, Kierkegaard y la filosofía de la existencia, pero que
durante todos esos años no leyó un solo periódico. Que esa distancia de la política de cada día y esa concentración en el lado interno de la historia, que con tanta facilidad puede ser tachada de
«apolítica» y «elitista», tenía en sí algo muy positivo que quizá
pueda volver a ser apreciado en la actualidad en vista de la lejanía
espiritual propia de la politizada universidad de masas. Karl Löwith tenía una buena razón para decir que sus compañeros y él habían sido «la última generación de estudiantes libres», «la que aún
no estaba nivelada ni adaptada a una ejecución apresurada de exá-
menes»[3], o adaptada, como se habría de añadir hoy, al mayor tiempo de permanencia posible. Pero también los docentes académicos
fueron, posiblemente, los últimos profesores «libres» y a la vez sociales, los últimos que se gobernaron a sí mismos antes de que en
1933 los rectores y decanos se convirtieran en «caudillos», y antes de que las facultades devinieran cuasiparlamentos elegidos por
votación y los individuos pasaran a ser investigadores sin cargo público pero con atribuciones docentes. En cualquier caso, también
en aquel tiempo se dieron protestas por la pérdida de unidad entre
las ciencias particulares y por el distanciamiento entre profesores
y estudiantes, y hemos de tener tanto más presentes esas protestas
cuanto más nos acerquemos al año 1933.

Sabemos bastante poco sobre las relaciones existentes entre
Heidegger y la mayoría de sus colegas de Marburgo, y difícilmente podremos esperar una aclaración al respecto mientras la correspondencia del filósofo permanezca sin publicar. No fue elegido decano, pero contribuyó al homenaje celebrado a propósito de los
cuatrocientos años de existencia de la Universidad con un artículo sobre la historia de la cátedra de Filosofía. Cooperación, incluso amistad, únicamente se desarrolló con respecto a Rudolf Bultmann, y la influencia no fue con seguridad meramente unilateral.
Cuando Bultmann dice, en su obra *Jesús*, que éste no habla de Dios
con verdades generales, «con dogmas», sino que sólo habla de cómo
actúa Dios en el hombre, en ese momento la cercanía a Heidegger

---

[3] Karl Löwith, *Mein Leben in Deutschland vor und nach 1933. Ein Bericht*,
Stuttgart, 1986, p. 55.

es inequívoca, y ello ocurre tanto más cuanto que se dice que los pensamientos de *Jesús* tendrían que ser entendidos como «lo que ellos son en la situación concreta de un hombre que vive en el tiempo: como interpretación de la propia existencia, situada en el movimiento, en la ausencia de garantías, en la decisión». Una condición previa para la comprensión es, sin embargo, el «que nosotros mismos seamos movidos por la pregunta de nuestra existencia»[4]. Por tanto, no sería falso caracterizar la teología de Bultmann como una teología «existencialista». Mas, por esta época, el propio Heidegger se había adentrado a fondo en la literatura teológica y organizado seminarios en colaboración con Bultmann, en los cuales pudo recurrir a los estudios sobre Lutero y Pablo que había realizado en Friburgo. Lo que resulta más tangible en este sentido es la labor de estudio llevada a cabo por Heidegger en el campo de la teología protestante, labor que aparece plasmada en la conferencia sobre *Fenomenología y teología* que pronunció en 1927 en Tubinga y en 1928 en Marburgo, y que puede encontrarse recogida en *Wegmarken*. Heidegger define aquí la Teología como una ciencia positiva, es decir, como una de las ciencias del ente, en contraposición con la ciencia del ser, que es la Filosofía. Pero la Teología, según Heidegger, no es un «conocimiento especulativo de Dios», siguiendo la analogía de los animales como tema de la Zoología. La Teología es, más bien, la ciencia de la fe, y la fe es un «tomar-parte» y un «tener-parte» en el acaecimiento de la crucifixión, de manera que «el entero ser-ahí, en tanto que cristiano, es decir, referido a la cruz» sea puesto ante Dios y, precisamente a través de ello, se haga él mismo manifiesto en el olvido de Dios por parte del hombre.

La Filosofía, sin embargo, no tematiza esa religiosidad, sino que reflexiona sobre su posibilidad interna; no llega hasta el concepto del pecado, sino al de la «culpa» en cuanto «determinación ontológica de existencia del ser-ahí». Por ello rechaza Heidegger enérgicamente el concepto de «filosofía cristiana», llamándola un «hierro de madera»[5]. Quien observa estas consideraciones retrocede naturalmente a la cátedra de Filosofía Cristiana que Heidegger hubiera aceptado de buen grado una década antes. Y ese mis-

[4] Rudolf Bultmann, *Jesus*, Berlín, s.a., pp. 139, 14 s.
[5] *GA*, t. 9, pp. 59, 53, 64, 66.

mo observador podría vincular lo anterior con un opúsculo que Heidegger debió conocer en los años veinte, a saber, el escrito de Franz Overbeck *Sobre la cristiandad de nuestra teología actual*, con el cual el amigo de Nietzsche había constatado en 1873 una incompatibilidad entre la fe cristiana, apartada del mundo, y los conceptos de la Teología procedentes de la mundanidad pagana. Cómo se haya de pensar la relación existente entre la experiencia fundamental cristiana, «kairológica», y la metafísica griega del ser en cuanto presencialidad permanente, continuaba siendo para Heidegger, aún después de lo años veinte, una cuestión esencial que, sin embargo, tan sólo había respondido a través de insinuaciones.

Las lecciones de Marburgo aparecen publicadas en su mayor parte en las obras completas; aquí recurriremos a la lección del semestre de invierno de 1925-1926 sobre *Lógica. La pregunta por la verdad* [*Logik. Die Frage nach der Wahrheit*], y para ello tomaremos por base los puntos de vista antes mencionados, pues, al igual que ocurre en otras lecciones, resulta difícil interpretarla y analizarla como un todo. Como complemento se debe recurrir al curso del semestre de verano de 1927 *Los problemas fundamentales de la fenomenología* [*Die Grundprobleme der Phänomenologie*], que algo después sería llevado a letra impresa como *Ser y tiempo*.

El punto de partida lo supone, de nuevo, el rechazo de la pretensión del conocimiento teórico, según el cual sus afirmaciones son las únicas y fundamentales formas de la verdad. Pero también se rechaza la crítica de Platón elaborada por Lotze, crítica que se escandaliza de la definición de la idea como *usía*=sustancia, pues «usía» no significa «sustancia-cosa-algo real en el sentido lotzeano de "ente"»; «usía» sería, más bien, «lo presente [*Anwesende*], o la presencialidad [*Anwesenheit*], lo siempre a la vista»[6]. Que para los griegos «ser» significa tanto como «presencialidad» es una de las tesis aducidas una y otra vez por Heidegger, y responde a la pregunta de la relación entre ser y ser-ahí, pues ¿cómo puede haber presencialidad y, por tanto, ser, si no es presencialidad para un ser-ahí y al lado de un ser-ahí? Una respuesta simple sería aquella que afirmara que sólo para el espíritu divino significa el ser presencialidad y presente [*Gegenwart*], significando en cambio para el hom-

---

[6] *GA*, t. 21, p. 71.

bre mortal el «estar a la vista» [*Vorhandenheit*], en el sentido de una existencia independiente. Pero la filosofía de Heidegger no quiere ser una «teología especulativa», y de este modo puede parecer que ya aquí se dice que el «ser» no es otra cosa que el «proyecto» [*Entwurf*] del ser-ahí. Asimismo, también merece la pena destacar que Heidegger considera la «lógica de la validez» como una «amalgama de confusiones, perplejidad y dogmatismo», refiriéndose con ello a la lógica de Lask, que tanto había apreciado en su juventud[7].

Sea como fuere, Heidegger no rechaza completamente el concepto de validez, sino que enlaza las afirmaciones anteriores con la tesis de que la verdad de la proposición, en el sentido de su validez, sería «un fenómeno derivado que se funda en la verdad de la intuición»[8]. De nuevo podríamos preguntarnos llenos de asombro si Heidegger es un sensualista, pues nada parece ser más directamente obvio para el entendimiento vulgar que la suposición de que las cosas deben ser primero percibidas, antes de que puedan ser enlazadas entre sí en la forma proposicional o analizadas en sus propiedades. ¿Realmente es *alétheia* nada más que «percepción»?, ¿y cómo podía entender Heidegger la percepción como un «darse-a-sí-mismas» las cosas?

Sin embargo, Heidegger es todo lo contrario de un sensualista. Aquella cosa individual supuestamente tan obvia, tan sólo sale al encuentro del hombre en un contexto de significado y referencia que manifiesta una «estructura-como» [*Als-Struktur*]. Concebimos cada cosa «como» algo, como útil-para; en último término, las cosas nos resultan accesibles únicamente porque siempre las entendemos «como ente», es decir, aportamos una «comprensión del ser» apriórica. Por ello polemiza Heidegger claramente contra el sensualismo: «Ese aprehender libre-de-como [*als-freie*], por ejemplo, una sensación pura, es sólo efectuable reductivamente a partir del experienciar con carácter de-como [*als-haft*], y es algo tan poco elemental, que ese modo de aprehensión ha de ser caracterizado como un modo de aprehensión artificialmente preparado y, lo que es más importante, en sí mismo es posible únicamente en cuanto privación de lo con carácter de-como [*Als-haft*]»[9]. Con otras palabras, podría decirse que lo «concreto» sólo puede ocurrir en

---

[7] Ibídem, p. 79.
[8] Ibídem, pp. 111 ss.
[9] Ibídem, p. 145.

razón de lo «abstracto»; lo individual puede convertirse en «objeto» meramente para un ser «abierto al mundo» y «que comprende
el ser». Pero la «apertura al mundo» [*Weltoffenheit*] no es precisamente un añadir especulativo de lo «a la vista», sino que es «porque mi ser es continuamente de un modo tal que me anticipo a mí
mismo, por lo que debo, para captar algo que sale al encuentro, regresar desde el estar-anticipado [*Vorwegsein*] hacia lo que sale al
encuentro [*das Begegnende*]»[10]. El ser-ahí, en cuanto esencia del
hombre, y la revelabilidad [*Offenbarkeit*] del ente están interrela-
cionados, puesto que el ser-ahí muestra un tipo muy especial de
«temporalidad» que difiere fundamentalmente del «ser-en-el-tiem-
po» de las cosas. La verdad no es, por tanto, un mero percibir de
lo individual, sino que es, «si cabe decirlo en absoluto, la relación
del ser-ahí en cuanto ser-ahí con su mundo mismo, la apertura al
mundo del ser-ahí, cuyo ser se descubre al mundo mismo abierto
en y con ese ser»[11].

En cualquier caso, Heidegger no quiere negar completamente
el carácter de «ser-en-el-mundo» a los animales y a las plantas, que
sin duda tienen también un «mundo circundante», si bien una atribución semejante sería tan sólo posible «en la medida en que hayamos comprendido esa estructura misma en nuestro propio ser-
ahí»[12]. Ciertamente, ello sería difícil de concebir si ese comprender
indispensable debería fundamentar el «ser» de la estructura del
mundo circundante animal; ¿no habrá de tener más bien ese ser, necesariamente, el sentido del ser que se «deriva», según Heidegger,
del «estar a la vista»?

Y de ahí que podemos preguntarnos si no tendremos que hablar de relativismo y antropocentrismo en Heidegger cuando éste
dice en otro lugar: «El comprender humano —acentúo: el comprender *humano*— del ente es posible desde el tiempo. Acentúo
"humano" porque en Filosofía debemos perder la costumbre de
confundirnos con el amado Dios como Hegel, quien hace de eso
un principio»[13]. Sin embargo, si la razón humana no tiene una relación del todo especial con la «razón del mundo» (Dios), ¿no se

[10] Ibídem, p. 147.
[11] Ibídem, p. 164.
[12] Ibídem, p. 215.
[13] Ibídem, p. 267.

convierte entonces el «ser-en-el-mundo» humano en una mera modalidad del «ser circunmundano» animal?

Pero es evidente que Heidegger quiere distinguir entre el «tiempo», que el ser-ahí *es*, y todo «lo que es-en-el-tiempo». Por ello dice: «El tiempo no puede estar a la vista en absoluto, en absoluto tiene un determinado tipo de ser, sino que es la condición de posibilidad de que haya algo así como el ser (no el ente). El tiempo no tiene el tipo de ser de algo distinto, sino que el tiempo *temporaliza* [*zeitigt*]»[14]. Si eso es cierto, ¿no tendremos que hablar de un «ente sin ser»? Pero ¿no es éste un concepto de ser que lo identifica con la comprensión del ser, al igual que Berkeley había identificado el *esse* con el *percipi*?

Mencionaré aún algunas frases de la última lección que posiblemente sean esclarecedoras: «Hemos de comprender la realidad efectiva, la realidad, lo viviente, la existenciariedad [*Existentialität*], la consistencia para podernos conducir positivamente respecto de algo determinado que sea realmente efectivo, real, viviente, existente, consistente»[15]. Esta afirmación recuerda vivamente a aquella que Lask había pronunciado acerca de la relación entre coseidad y cosa, lo que fuerza a preguntar si para Heidegger no significará todavía el «ser» aquella «forma» más general sin la que, siguiendo en todo el sentido de Lask, no sólo no habría materia (ente sin ser), sino ningún «sentido» («mundo»). No obstante, se ha de insistir con ahínco en que Heidegger nunca ha abandonado «el planteamiento trascendental», pretendiendo en cambio ampliarlo o profundizar en él. A este respecto, pocas frases resultan más inequívocas que la siguiente: «Todo emplazamiento [*Setzung*] positivo del ente encierra en sí un conocimiento apriórico y una comprensión apriórica del ser de ese ente, aun cuando la experiencia positiva del ente nada sabe de esa comprensión, y lo en ello comprendido no puede ser llevado al concepto»[16].

Que el concepto fenomenológico de «intencionalidad» es para Heidegger su punto de partida, siendo el de llegada el concepto de «trascendencia» (al menos en esta fase) aparece expresado en su más breve formulación en la frase siguiente: «La intencionalidad

[14] Ibídem, p. 410.
[15] *GA*, t. 24, p. 14.
[16] Ibídem, p. 72.

es la *ratio cognoscendi* de la trascendencia. Ésta es la *ratio essendi* de la intencionalidad en sus distintos modos»[17].

Heidegger plantea la misma pregunta que asalta al «entendimiento humano sano» en relación con su filosofía: «¿Cómo "hay" ser? ¿Únicamente hay ser si existe la verdad, es decir, si existe el ser-ahí? ¿Depende de la existencia del ser-ahí que haya o no ser? Si es así, entonces con ello no se supone de nuevo que dependa de la existencia del ser-ahí que el ente, por ejemplo la naturaleza, sea o no. La manera como haya ser y sólo pueda haberlo no prejuzga acerca de cómo es el ente en cuanto ente o de si es»[18]. De nuevo nos encontramos aquí con algo que parece ser un «contraconcepto», «el ente sin ser», un concepto que se desprende necesariamente de la equiparación del «ser» con el «ser verdadero» o «estar desvelado» [*Enthülltsein*]. Y recordaremos que en la Escolástica el *ens* y lo *verum* eran idénticos en tanto que trascendentales, y que su identidad no estaba fundada en la existencia del hombre, sino en Dios. ¿No será Heidegger nada más que un escolástico devenido «sin Dios»?

Antes de pasar a dedicarnos, en el próximo capítulo, al libro que aún sigue siendo considerado como la obra capital de Heidegger, y que tal vez pueda resultar esclarecedora, se debe plantear por último la pregunta de si la crítica a la cultura y al presente, elaborada por el filósofo en sus lecciones de Marburgo, ha cobrado un nuevo aspecto.

En la *Lógica* se dice: «Hoy, este desarrollo de la psicología, peculiarmente caótico, es tan sólo una señal del proceso de interna disolución espontánea de la existencia actual. Lo único, por así decir, sustancial de la existencia presente es el negocio de la disección del alma propia, y, al final, esa disección se hundirá por sí misma en el asco»[19]. Sea como fuere, parece que Heidegger no era ningún partidario o admirador de Sigmund Freud.

Sin embargo, ¿le unían ciertos sentimientos de fondo con Karl Marx? Se podría decir que sí al leer párrafos como el siguiente: «[Es necesario] ganarse el ser-ahí antes de que se haya perdido; se habrá perdido justamente en el sentido de que se esté en la posibi-

[17] Ibídem, p. 91.
[18] Ibídem, p. 317.
[19] *GA*, t. 21, p. 36.

lidad de renunciar a toda ganancia y posesión mundanas»[20]. Es cierto que la frase tiene resonancias más bien cristianas que marxistas, pero ¿no conocía también Marx determinados sentimientos de fondo cristianos o judeocristianos, que él desligó luego de «cualquier dogmatismo», al igual como pretende Heidegger en el pasaje citado? ¿Y no caracterizaba también Marx el presente con términos muy similares a los empleados por Heidegger en el mismo empeño, es decir, con los términos «desarraigado» y «sin base»?[21].

Sin embargo, parece tratarse más bien de una radicalización de la posición mantenida durante su juventud cuando Heidegger afirma, en los *Problemas fundamentales*, que hoy se filosofa «de una manera tan bárbara y coreica como tal vez en ningún otro período de la historia del espíritu»[22]. Pero a uno le viene a la memoria Carl Braig antes que Karl Marx cuando Heidegger pronuncia el veredicto según el cual «tan sólo la arrogante modernidad caída en la barbarie» puede querer hacer creer que Platón esta superado, como se suele decir con elegancia[23]. Pese a Husserl y a Bultmann, aquel estudiante de Teología de Friburgo no se había convertido en mero pasado para Heidegger cuando, siendo ya profesor en Marburgo, publicó en 1927 el libro que habría de hacerle conocido allende las fronteras de Alemania.

---

[20] Ibídem, p. 232.
[21] Ibídem, p. 308.
[22] *GA*, t. 24, p. 19.
[23] Ibídem, p. 157.

SER Y TIEMPO

El libro más voluminoso que publicó Heidegger durante su vida, y el que le dio fama mundial, tiene una historia previa bastante singular, tratándose por lo demás de un fragmento. Todas las lecciones dictadas por Heidegger en la época de Marburgo eran, ciertamente, de índole «ontológico-fundamental» y «analítico-existenciaria», pero la primera compilación de las mismas se efectuó por un motivo completamente externo. En efecto, tras la marcha de Nicolai Hartmann la facultad quería llamar a Heidegger para que ocupara la cátedra vacante de aquél, pero el ministerio se opuso a ello porque hacía años que Heidegger no presentaba ninguna publicación, y, al igual que había ocurrido con el manuscrito sobre Aristóteles antes de su primer nombramiento, así también se enviaba ahora al lugar decisivo el plan general de *Ser y tiempo*. Allí, sin embargo, se juzgó «insuficiente» el material remitido, pronunciando el nombramiento una vez publicado *Ser y tiempo* en 1927, el cual apareció a la vez como tomo VIII del husserliano *Jahrbuch für Philosopie und phänomenologische Forschung* y como libro independiente. En ambos casos se lo caracterizó como «Primera mitad», aunque posteriormente se suprimió del índice esa indicación, lo que suponía renuciar a que el libro llegara a estar alguna vez completo. Éste comenzaba presentando el plan de todo el *Tratado* en el parágrafo 8 de la introducción, que claramente dejó estar lo que aún le faltaba.

El libro aparece desglosado en sucesivos parágrafos, 83 en total. A la introducción «La exposición de la pregunta por el sentido de ser», que comprende dos capítulos divididos en ocho parágrafos, le sigue la «Primera parte» (¡*sic*!, no «Primera mitad»). El palenteamiento de las tareas por realizar y, con ello, de hecho, el de todo el libro, dice así: «La interpretación del ser-ahí sobre la base de la temporalidad y la explicación del tiempo en tanto que horizonte trascendental de la pregunta por el ser.» Esta primera parte se divide en dos secciones. La primera de ellas lleva por título «El análisis fundamental y preparatorio del ser-ahí». Ésta comprende seis capítulos (desde el 9 al 44): «La exposición de la tarea de un análisis preparatorio del ser-ahí»; «El ser-en-el-mundo en absoluto como estructura fundamental del ser-ahí»; «La mundanidad del mundo»; «El "ser-en-el-mundo" como ser-con y como ser-sí-mismo. El "Se"»; «El ser-en como tal»; «El cuidado como ser del ser-ahí». La segunda sección, «Ser-ahí y temporalidad», presenta, después de un parágrafo que resume el resultado obtenido hasta ese momento (45), seis capítulos (desde el 46 al 83): «El "ser total" posible del ser-ahí y el ser para la muerte»; «La atestiguación, por el ser-ahí mismo, de un "poder ser" auténtico y la resolución»; «El "poder ser total" auténtico del ser-ahí y la temporalidad como sentido ontológico del cuidado»; «Temporalidad y cotidianidad»; «Temporalidad e historicidad»; «Temporalidad e intratemporalidad como origen del concepto vulgar de ser».

Evidentemente, ya en el encabezamiento de los capítulos se habla tanto de «ser» (o bien de «ser-ahí») y de «tiempo», que uno bien puede tener la impresión, en vista de las apretadas 438 páginas que componen la obra impresa, de que el tratado habría llegado a su término en el parágrafo 83. Mas, si atendemos al parágrafo 8, el «Plan del tratado», de ahí se sigue entonces que la «Primera parte» habría de consistir en *tres* secciones, para la tercera de las cuales estaba previsto el título *Tiempo y ser*. La «Primera mitad» misma es, por consiguiente, un fragmento, y lo es precisamente de una manera muy pronunciada, pues una inversión semejante del título completo, introducida como tercera sección, reduce por fuerza a algo muy provisional las dos secciones precedentes, en las que la discusión se centra únicamente en las nociones de «ser-ahí» y «temporalidad». Lo que aparece anunciado como «Segunda parte» parece, en cambio, una mera investigación historiográfica, puesto que en ella son tematizados la doctrina kantiana del esquematismo y del tiempo, el fundamento ontológico del *cogito ergo sum* de Descartes y, por último, el tratado de Aristóteles sobre el tiempo, lo que supone una curiosa inversión del orden cronológico en el que se siguen los autores tratados.

No resulta fácil de entender por qué un pensador, que hasta entonces siempre había sido extraordinariamente contenido en lo que a publicaciones se refiere, decide publicar un libro al que le falta la última sección, que posiblemente supondría poco menos que un tercio del total y desde la cual tendría que poder comenzar a mostrarse lo expuesto hasta ese momento desde la perspectiva definitiva. El propio Heidegger respondió de ello más tarde, alegando un ser-todavía-incapaz del pensamiento y explicando que por entonces no le mereció la pena consumar el «viraje» que inició luego, a partir de 1930. Sin embargo, la «Tercera sección» no llegó a ser publicada *nunca*, y seguramente no se puede considerar la breve conferencia del año 1962 «Tiempo y ser» como sustitutiva de la sección ausente en la obra principal. Pero no debería tomarse por infundada la suposición según la cual *Ser y tiempo* no hubiera producido a la larga el efecto que de hecho produjo si hubiera abarcado más de 600 páginas y si ya hubiera ostentado las características de la «última filosofía» de Heidegger. Tan sólo sabría nombrar un ejemplo de la literatura filosófica (en el más amplio sentido de la palabra) en el que su efecto producido dependa tan estrechamente de su carácter fragmentario como en este caso, a saber, *El Capital* de Karl Marx. El primer tomo de esta obra, aparecido en 1867, se revela como un fragmento cuando se le contempla desde la perspectiva del tercer tomo, que fue publicado a título póstumo en 1894 y también está incompleto. Pero se trata de un fragmento que difícilmente habría producido el gran efecto político que produjo si hubiera aparecido desde un principio con el tercer tomo.

Me dispongo ahora a intentar algo en verdad imposible, es decir, reproducir el contendio de *Ser y tiempo* en sus rasgos fundamentales, y en esta ocasión no debo limitarme a aquellos tres puntos de vista principales. Por eso resulta inevitable realizar una fuerte selección y limar considerablemente los puntos más difíciles, si bien procuraré citar con la mayor frecuencia posible. Pero una impresión ajustada, por tanto, una impresión directa de las dificultades y de la desesperación resultante del descubrimiento de aquellas es algo que cada cual podrá conseguir únicamente a través de la lectura completa de la obra.

Sirva de anticipación en lo que sigue decir tan sólo que la combinación de «ser» y «tiempo» produce naturalmente un efecto paradójico, y eso es también lo que debe producir. Para todo el pensamiento antiguo y medieval era algo por sí mismo evidente que el «ser» es atemporal en su sentido auténtico y sólo corresponde a Dios, el cual, no obstante, puede ser concebido en su carencia de tiempo y en su carencia-de-nada por el pensamiento del hombre, entendido aquí como aquel ser que lleva la impronta de la razón. Una inversión real de esta relación se efectuó por primera vez en la obra de Feuerbach, en la que Dios aparece derivado directamente de la vida humana en su finitud e historicidad, y lo que se deriva es un ser eterno, esto es, la representación de Dios y el ser eterno. Por tanto, el título implica al parecer una combinación de Parménides y Feuerbach o, con otras palabras, de la ontología antigua y de la contemporánea filosofía de la vida. Sin embargo, Feuerbach no aparece ni tan siquiera mencionado, y lo mismo ocurre con Marx, si bien se menciona ocasionalmente a Bergson y, con frecuencia bastante mayor, a Dilthey. Si no se quiere retroceder demasiado lejos en la historia, también se podría decir que en el título *Ser y tiempo* se reconoce la intención de pensar en conjunto los puntos de partida de Husserl y Dilthey, justamente para hallarles un fundamento más profundo.

En qué medida supone la ontología antigua el punto de partida de la obra se hace evidente, ya desde las primeras páginas, por una cita procedente del *Sofista* platónico. En ella se dice que no es claro lo que se quiera decir en realidad cuando se utiliza la expresión «ente». De ahí que Heidegger se proponga «plantear de nuevo la pregunta por el sentido de ser». Ser es, sin embargo, aquello «que determina al ente en cuanto ente, aquello sobre lo cual el ente, comoquiera que se lo dilucide, es comprendido en cada caso»[1]. A través de esta doble determinación se torna ya claro lo «subjetivista» o también «trascendental» del modo de plantear la pregunta, por lo que desde ese planteamiento se consideraría ingenuo el que, atendiendo directamente a las cosas, se leyeran los «caracteres del ser» individuales, tales como la espacialidad, en el sentido del «ser-en-el-espacio». No se debe pasar por alto al ser [*Wesen*] que plantea la «pregunta del ser», y nosotros mismos somos ese ser. Sin embargo para Heidegger «nosotros mismos» no son «los hombres», sino que comprende a «ese ente que somos nosotros en cada caso y que, entre otras cosas, tiene la "posibilidad de ser" del preguntar», y eso lo designamos con el término «ser-ahí» [*Dasein*][2]. La pregunta del ser ha de tomar su punto de partida de ese «ser-ahí», si bien es evidente que no debe permanecer restringida a él; la ontología no debe reducirse a una antropología. Resulta de igual modo evidente que se trata de mucho más que de «deliberaciones epistemológicas», que conducirían a una ontología «realista-crítica» en el sentido, tal vez, de un Nicolai Hartmann, pues Heidegger

---

[1] Martin Heidegger, *Sein und Zeit*, Halle, 1941 (5.ª ed.), p. 6.; ed. cast., *Ser y tiempo*, trad. José Gaos, FCE, México, 1989 (7.ª ed.), p. 15.
[2] Ibídem, p. 7; ed. cast., p. 17.

caracteriza expresamente la analítica del ser-ahí, que él se propone elaborar, como una «ontología fundamental». Y Heidegger emplea aún un tercer concepto de la filosofía tradicional en un sentido poco frecuente, aunque también hubiera sido ya preparado por pensadores como Kierkegaard (y, además, también por Bloch). Se trata del concepto de «existencia» [*Existenz*]: «Al ser mismo, relativamente al cual el ser-ahí se puede conducir de tal o cual manera y siempre se conduce de algún modo, lo llamamos existencia»[3]. La primera distinción, la de todo «ente que no tiene la forma de ser-ahí», reside en que la determinación de esencia de la existencia no puede ser efectuada mediante la indicación de un «qué», y en que la división tradicional entre *existentia* y *essentia* no puede tener aplicación alguna. El ser-ahí, sin embargo, no comprende [*versteht*] únicamente su propio ser, sino también el ser de otros entes, y ello no en la forma de una sumación, sino como la totalidad de significado de un «mundo». Ser-ahí es «ser-en-el-mundo», un ente que se conduce respecto de otros entes y de sí mismo como comprendiendo el ser. Por ello está siempre dispuesto a comprender su ser según la analogía del ente conocido dentro del mundo, es decir, como puro «estar a la vista» [*Vorhandenheit*]. Éste es justamente el punto de partida de la ontología antigua, que comprende el ser como un «estar a la vista» o «ser naturaleza» o como *ousía*, lo que significa, según Heidegger, «presencialidad» [*Anwesenheit*], que por ello se encuentra estrechamente vinculada con la noción de «presente» [*Gegenwart*]. Por una parte, Heidegger quiere ahora determinar «originariamente» el sentido del ser de «ser-ahí», y para ello desliga los «existenciarios» [*Existenzialien*] de las «categorías» de los entes que no tienen la forma de ser-ahí, enraizándolos a su vez en una «temporalidad» para la cual el «futuro» es más importante que el presente y el pasado. De ahí que el ser-ahí sea en sí mismo el «claro» [*Lichtung*], de modo que sería una determinación insuficiente la de considerarlo como una «conciencia» incorporada a una «vida» que se capta de acuerdo con la biología. Es por ello por lo que el «lugar» [*Ort*] primario de la verdad no es el enunciado. «Verdadera» en el sentido griego, dice Heidegger, sería la *aísthesis*, el simple percibir sensorial de algo, que es más originario que el *logos* nombrado. Sin embargo,

---

[3] Ibídem, p. 12; ed. cast., p. 22.

ocurre de igual modo que para Heidegger la percepción no es algo elemental desde lo cual se pueda derivar la relación con el mundo, sino que, al contrario, también el descubrir de la *aísthesis* se funda en el carácter de claro del ser-ahí. Por ello denuncia Heidegger la caracterización del ser-ahí como «sujeto», alegando que el sujeto es comprendido según la analogía de las cosas, por lo que en cuanto concepto surge de aquella «inautenticidad» [*Uneigentlichkeit*] sólo desde la cual, en cuanto un caer en las cosas del mundo, debe el ser ahí obtener absolutamente su autenticidad. La actividad originaria del ser-ahí consiste en el «ocuparse de» [*Besorgen*], y este aspecto «practicista» del análisis heideggeriano, junto con los correspondientes conceptos del «útil» [*Zeug*] y del «estar a mano» [*Zuhandenheit*], han recibido una antención especialmente alta, quizá también porque se ve aparecer, a través del recurso al martillar y al martillo, el taller paterno de Meßkirch[4]. Ese «ocuparse de» no es, sin embargo, autárquico. De él puede surgir el conocer como un «modo deficiente» que tan sólo dirige la mirada al «tener aspecto de» [*Aussehen*] de las cosas, y en esta derivación del «estar a la vista» a partir del «estar a mano» se ha visto el pretendido antiintelectualismo de Heidegger. Pero si el ser-ahí quiere llegar a la autenticidad, entonces habrá de separarse del quedar absorbido por las cosas de las que se ocupa, y a mi juicio no es claro cómo se relacionan entre sí la «autenticidad» y el «descubrimiento teórico de lo que todavía está meramente a la vista», ya que ambos provienen de una ruptura con el mundo cotidiano del «ocuparse de». Pero, al igual que el aparente «practicismo», también ha atraído una atención desmedida el aparente «eticismo» de Heidegger, a saber, la caracterización, negativa en el más alto grado, del «Se»[5] y la apelación al «ser sí mismo» auténtico. Lo que aquí se puede descubrir con más facilidad es aquello que tantas veces se ha tratado hasta ahora como crítica a la cultura: «Distanciación, término medio, aplanamiento constituyen, en cuanto modos de ser del "Se", lo que designamos como el "espacio público". Éste re-

---

[4] Ibídem, pp. 68 ss.; ed. cast., pp. 84 ss.
[5] «Man» en el original. Para los no familiarizados con Heidegger o con el idioma alemán, sólo queremos subrayar que el «Se» con que traducimos la palabra «Man» no se refiere al pronombre relativo que aparece, por ejemplo, en el «ocuparse de» o en otros verbos reflexivos como «sentarse», «lavarse» o similares. El *Man* se refiere, más bien, al «hombre-masa» o a la «gente», como queda reflejado en expresiones tales como «se cuenta», «se dice», «se lleva».

gula inmediatamente toda interpretación del mundo y del ser-ahí
y tiene en todo razón. Y no sobre la base de una "relación de ser"
señalada y primaria con las "cosas", no porque disponga de una
translucidez del ser-ahí expresamente apropiada, sino por no entrar "en el fondo de los asuntos", por ser insensible a toda diferencia de nivel y de autenticidad. El espacio público lo oscurece todo
y da lo así encubierto como lo conocido y accesible a todos. El
"Se" está por todas partes, pero de tal manera que ya siempre se
ha escurrido de donde quiera que el ser-ahí urge a tomar una decisión [...]»[6]. Sin embargo, Heidegger habría concedido seguramente que no se trata aquí de la criticable crítica de la cultura sino del
análisis ontológico-fundamental del ser-ahí. Y habría sostenido
también que el «estar-caído en el Se» pertenece necesariamente a
un ser que está «aclarado [gelichtet] en sí mismo en cuanto ser-en-
el-mundo»[7]. De este «estar aclarado» forma parte también, por
ejemplo, el habla [Rede], que se ha de exponer por regla general
como meras habladurías [Gerede], si bien del «estar aclarado»
también forma parte el «estado de ánimo» [Stimmung] que «ha
abierto en cada caso ya el ser-en-el-mundo como un todo y hace
por primera vez posible un dirigirse a...»»[8]. Heidegger pretende en
todo momento escapar al esquema de un yo «a la vista» que considera teóricamente cosas y relaciones que también estan «a la vista». Por ello uno debe preguntarse si la teoría y, en último término, también la filosofía, que después de todo es más que una
«comprensión preontológica del ser», ha de ser efectivamente entendida como un «modo deficiente» o acaso como un «modo consolidado» y, no obstante, como una «ganancia» difícil de obtener
y por la que merece la pena esforzarse. No es del todo infrecuen-
te que se imponga también la pregunta de si las palabras esconden
un sentido profundo o una trivialidad, como por ejemplo, tal vez,
cuando se dice respecto del «encontrarse» [Befindlichkeit] y del
«estado de ánimo»: «Nada semejante a esa afección tendría lugar
ni con la más intensa presión y resistencia; la resistencia permanecería esencialmente no-descubierta, si un ser-en-el-mundo "en-
contrándose" no se hubiera ya referido a un ser-herido por entes
intramundanos»[9]. Pero con toda certeza no es trivial que Heidegger,

[6] Ibídem,. p. 127; ed. cast., p. 144.
[7] Ibídem, p. 133; ed. cast., p. 150.
[8] Ibídem, p. 137; ed. cast., p. 154.
[9] Ibídem, p. 137; ed. cast., p. 155.

en la búsqueda de la «totalidad originaria del todo estructural del ser-ahí»[10], señale a la «angustia» como un modo fundamental del «encontrarse». En efecto, no es trivial, pues no sabría decir en qué obra filosófica haya aparecido una vez tan siquiera ese «estado psicológico» (como se lo denominaría normalmente) como uno de los temas principales de la ontología. Citaré un nuevo pasaje que a la vez es representativo del lenguaje característico de *Ser y tiempo*: «El *por qué* la angustia se angustia, se desvela [*enthüllt*] como el *ante qué* de la angustia, y su "por qué" se extiende incluso al angustiarse mismo. Pues éste es en cuanto encontrarse un tipo fundamental del ser-en-el-mundo. *La mismidad existenciaria del abrir con lo abierto, de modo que en esto el mundo es abierto como mundo, el ser-en como poder-ser singularizado, puro, arrojado poder-ser, pone en claro que con el fenómeno de la angustia se ha convertido en tema de la interpretación un señalado encontrarse.* La angustia singulariza y abre así el ser-ahí como *solus ipse*. Este "solipsismo" existenciario está tan lejos de instituir una cosa-sujeto aislada en el inofensivo vacío de un tener lugar sin mundo, que pone al ser-ahí justamente en un sentido extremo ante su mundo como mundo y, con ello, ante sí mismo como "ser en el mundo"»[11].

La «totalidad existenciaria y formal del todo estructural ontológico» puede ahora ser definido únicamente como un «pre-ser-se-ya-en-(el- "mundo")» como ser-cabe (los entes que hacen frente dentro del mundo)»[12]. Podría decirse que el ser-ahí es un «ente mundano» que «cuidando de» [*sorgend*] se encuentra en relación con las cosas intramundanas. No obstante, el «cuidado» [*Sorge*] es un existenciario y no la descripción de un estado psicológico que pueda ser diferenciado de otros estados psicológicos. Es por ello por lo que Heidegger dice que el mero determinar intuitivamente de algo «a la vista» no tiene el carácter del «cuidado» en menor grado que una acción política o el recrearse para descansar[13]. Pero todos estos modos ónticos de conducirse corresponden a la «apertura» [*Erschlossenheit*] del ser-ahí, que es el auténtico tema de Heidegger, pues representa para él «el fenómeno más originario de la verdad». De este modo, el filósofo llega a la siguiente tesis: «En

---

[10] Ibídem, p. 180; ed. cast., p. 200.
[11] Ibídem, p. 188; ed. cast., p. 208.
[12] Ibídem, p. 192; ed. cast., p. 213.
[13] Ibídem, p. 214; ed. cast., p. 193.

la medida en que el ser-ahí *es* en esencia una apertura, y como abierto abre y descubre, es, por esencia, "verdadero". El ser-ahí es "en la verdad"»[14]. Es obvio que con ello no se pretende decir que los hombres siempre pronuncien enunciados verdaderos, sino que ese «ser-en-la-verdad» es la «condición de posibilidad» ontológica para lo efectivamente verdadero y no verdadero. Pero bien podemos concluir que, por ejemplo, las obras de arte y los modos de comportamiento políticos pueden encontrarse en una relación tan estrecha respecto de la verdad ontológica, de la «verdad del ser», como las verdades de razón. Sin embargo, difícilmente podrá calificarse esta concepción de «irracionalismo», tratándose más bien de una dilatación de la «luz», que por lo general tan sólo se atribuye como carácter a la razón. Mas, este «estar dotado de claridad» no es en absoluto divino, pues a él pertenecen existenciarios tales como el «arrojamiento» [*Gewofenheit*], el «proyecto» [*Entwurf*] y el «estar caído» [*Verfallenheit*] (el ser-ahí en cada caso ya como mío y éste en un mundo de determinados entes intramundanos; el comprender-se a partir del más propio poder-ser; el «estar perdido» en el mundo y el «ser absorbido» por el «Se»). De ahí que la verdad no sea, como alguien podría malinterpretar la definición anterior, una posesion que no se puede perder; antes bien, debe comenzar siempre por ser arrancada al ente. En esa medida, también puede decirse que ser-en-el-mundo significa ser-en-la-no-verdad. El desocultamiento (*a-létheia*) no es pensable sin el ocultamiento. Si lo anterior es correcto, entonces la definición tradicional de la verdad se revela como un resultado de la caída. En efecto, capta la verdad como una relación «a la vista», dada entre dos instancias que están «a la vista» (*intellectus* y *res*), y por cierto como una relación de acomodación (*adaequatio*). Este concepto de la verdad es, por consiguiente, un concepto «derivado» [*abkünftiger*]; Heidegger pretende haberlo «superado», es decir, haberlo fundado en uno «más originario». Esta verdad «originaria» lo es en cuanto «apertura del ser-ahí», mas no «eterna», y con ello coincide el ser en que tampoco presenta el carácter de eternidad. Heidegger se pronuncia en *Ser y tiempo* de una forma inequívoca sobre la cuestión de la correspondencia mutua entre ser y ser-ahí, y, con ello, sobre el concepto (o contraconcepto) del «ente sin ser»:

---

[14] Ibídem, p. 221; ed. cast., pp. 241-242.

«Que la realidad se funde ontológicamente en el ser del ser-ahí no puede significar que lo real sólo pueda ser como aquello que es en sí mismo, si existe y mientras exista el ser-ahí. Ciertamente, sólo mientras *es* el ser-ahí, es decir, la posibilidad óntica de la comprensión del ser, "hay" ser. *Si* no existe el ser-ahí, entonces tampoco "es" la independencia y tampoco "es" el "en sí". Semejantes cosas no son, pues, ni comprensibles ni incomprensibles. *Entonces* tampoco puede decirse que los entes son, ni tampoco que no son. Sí puede decirse *ahora*, mientras una comprensión del ser es y con ella una comprensión del "estar a la vista", que *entonces* los entes seguirán siendo»[15].

Esta afirmación es de una importancia central, y cabría suponer que, debido a la nueva reflexión sobre «..."hay" ser», Heidegger se habría anticipado a toda su «última filosofía». El entendimiento humano normal simplemente no sabe en este punto si tiene ante sí algo dotado de un significado profundo o una trivialidad. Que sin hombres no puede decirse que los entes sean parece, en efecto, un puro truismo. ¿No podría ser precisamente el punto más elevado de la comprensión humana del ser y del mundo el que el hombre pueda excogitarse a partir «del mundo», el cual no es, desde luego, en última instancia *su* mundo —como sí lo es el mundo circundante de los animales o también de los primitivos—, y pueda decir que los entes, y, como es evidente, los entes en su ser, seguirán existiendo en las estructuras conocidas y según las leyes conocidas?

Pero es evidente que ésa no es la concepción sostenida por Heidegger. Y aún cabe citar dos nuevos pasajes, en los que se ofrece una respuesta a dos de nuestras preguntas conductoras: «Decir que las leyes de Newton no eran antes de él verdaderas ni falsas no puede significar que los entes, que ellas descubriendo muestran, no eran antes de él. Las leyes se volvieron verdaderas por obra de Newton; con ellas se tornaron accesibles para el ser-ahí entes en sí mismos. Con el "estar descubiertos" se muestran los entes precisamente como los entes que ya eran antes. Así, descubrir es el tipo de ser de la "verdad". Que hay "verdades eternas" es algo que sólo estará suficientemente probado cuando se haya logrado demostrar que el ser-ahí ha sido y será por toda la eternidad. Mientras no se

---

[15] Ibídem, p. 212; ed. cast., pp. 232-233.

haya aportado esa prueba, esa frase continuará siendo una afirmación fantástica que no gana en legitimidad por el hecho de ser comúnmente "creída" por los filósofos»[16].

Y en la página 230 [§ 44; ed. cast., p. 251] se dice en una breve frase: «El ser - no el ente - lo "hay" tan sólo hasta donde la verdad es. Y ella tan sólo *es* hasta donde y mientras el ser-ahí es. Ser y verdad "son" igualmente originarios». Sin duda conviene señalar que «hay» y «son» aparecen situados entre comillas y, por tanto, han de tener un significado especialmente señalado. Sin embargo, ¿cómo tendrá que entenderse el enunciado sino como afirmando que aquello que los griegos llamaban «*kosmos*» existió, desde luego, hasta la aparición de los hombres y, por tanto, hasta el inicio de la «comprensibilidad» [*Verstehbarkeit*], si bien era «carente de sentido»? ¿Acaso no aparece aquí al final la «cosa en sí» kantiana, que también es «carente de sentido», es decir, no está informada categorialmente o, mejor dicho, no es informable? Pero ¿no es la proposición de existencia también una determinación del ser? ¿Acaso el ser no es siempre, según Heidegger, el ser de los entes? ¿O esta mutua correspondencia resulta por primera vez de la correspondencia «originaria» entre el ser-ahí y el ser? ¿Es el «ser», en último término, el «proyecto» del ser-ahí, que arranca a los entes de la indeterminable oscuridad? ¿Cómo podría definirse entonces la filosofía de Heidegger, sino como el cenit de la filosofía moderna de la subjetividad?

Estas preguntas que se plantea el entendimiento humano habitual deben ser dejadas por el momento tal y como están; y ahora, en la «Segunda sección», la ontología fundamental da un giro sorprendente hacia aquella discusión sobre el «todo estructural del ser-ahí». Lo que allí se pone de manifiesto estriba en que a esa «totalidad» le pertenece «la muerte en cuanto posibilidad más peculiar, irreferente e irrebasable»[17]. La angustia ante la muerte no es un vértigo ocasional, sino que es, «en cuanto un fundamental encontrarse del ser-ahí, la apertura de que el ser-ahí existe como arrojado "ser para su fin"»[18]. Resulta así aquella determinación que, como ninguna otra, ha hecho aparecer a Heidegger como «existencialista», «nihilista» e «individualista»: «La característi-

---

[16] Ibídem, p. 227; ed. cast., p. 248.
[17] Ibídem, p. 250; ed. cast., p. 254.
[18] Ibídem, p. 274; ed. cast., p. 251.

ca del ser-para-la-muerte auténtico y proyectado existenciariamente puede ser resumido de la siguiente forma: *El correr anti-*
cipadamente [hacia la muerte] desvela al ser-ahí el estar-perdi-
do en el Se-mismo, y lo lleva ante la posibilidad —primariamente
falta de apoyo en el "procurar por" "ocupándose de"— de ser él
mismo, pero de serlo en la apasionada LIBERTAD PARA LA MUER-
TE, desligada de las ilusiones del Se, fáctica, cierta de sí misma y
angustiada»[19]. La impresión de «existencialismo» se ve reforzada por ciertos conceptos, que parecen representar una secularización de conceptos teológicos tales como el de la «voz de la conciencia» [*Gewissensruf*] o el de «ser culpable» [*Schuldigsein*].
Como sea que *Ruf* [vocación, llamada] y *Anruf* [invocación] son
precisamente palabras recurrentes en la última filosofía de Heidegger, donde producen, al igual que la expresión «pastor del ser»
[*Hirt des Seins*], la impresión de algo idílico y de tendencia teológica, citaré una frase de *Ser y tiempo* que justamente debería ser
todo lo contrario de una declaración idílica o «quietista»: «Quién
sea el que llama no es determinable "mundanamente" por medio
de NADA. Él es el ser-ahí en su inhospitalidad, el original y arrojado ser-en-el-mundo como "no-en su casa", el desnudo "que" en
la nada del mundo»[20]. Y en este punto uno se siente inclinado a
preguntar cuántos años-luz separan a «Meßkirch» y a los «monaguillos campaneros» de esta cita. No se puede encontrar una forma más radical de formular el aislamiento y el «estar perdido» del
individuo moderno.

Pero el punto culminante del desarrollo del pensamiento heideggeriano está aún por llegar, y se trata de la interpretación del
ser-ahí desde la temporalidad, lo que se prepara por medio de la
introducción de la nada [*Nichts*] y de lo «nulo» [*Nichtige*] en el
ser-ahí y en el mundo. «Correr anticipadamente hacia la muerte»
y «ya-ser-cabe-entes-intramundanos» pertenecen a las dimensiones del advenimiento [*Zukünftigkeit*] y del sido [*Gewesenheit*], que
son inseparables del presente, del cual son incluso sus primeros
fundamentos en absoluto. El «claro» [*Lichtung*], que el ser-ahí es,
es un fuera-de-sí, un prolongamiento, y ese prolongamiento lo denomina Heidegger los éxtasis del «tiempo originario». «La temporalidad no "es" en absoluto un ente: ella no es, sino que se tem-

---

[19] Ibídem, p. 266; ed. cast., p. 290.
[20] Ibídem, p. 276; ed. cast., p. 301.

poraliza»[21]. Este análisis, que, al igual que otros no podemos seguir en detalle, lo resume Heidegger en las siguientes frases: «El tiempo es originariamente como temporalización de la temporalidad, como aquella que hace posible la constitución de la estructura del cuidado. La temporalidad es esencialmente extática. La temporalidad se temporaliza originariamente desde el futuro. El tiempo originario es finito»[22].

Asimismo, lo anterior resulta fácilmente comprensible para el entendimiento humano habitual, pues un ente «aclarado», «que comprende» y «racional» puede existir únicamente una vez roto el hechizo del «estar encerrado» [*Beschlossenheit*] en el mero presente, como por aproximación podemos observar en los niños y como podemos atribuir por principio, y con toda la razón, a todos los entes no-humanos. Un animal no sabe nada del futuro y no hace referencia alguna al pasado. Está suspendido y oscila al mismo tiempo en un presente eterno (para él eterno). Ningún pasado le acecha ni limita; el futuro y, con él, la inevitabilidad de la muerte no comparecen ante sus ojos. El hombre es el «ser del mundo» [*Weltwesen*], el ente que está vuelto hacia la muerte, el ente familiarizado como el «no» y la «nada», un ente que aún en la negación del pasado continúa vinculado a él. Hay buenas razones para afirmar que una concepción semejante es más enérgica y tiene un fundamento más hondo que la definición tradicional «*homo est animal rationale*», que hace aparecer al hombre como un *mixtum compositum* de animal y Dios, de una mera fuerza vital y de una «razón» superpuesta. Sin embargo, ¿es «finita» esta estructura tan sólo porque experimenta la muerte de una manera tan terminante, lo que sin embargo comparte en cuanto tal con todos los animales y cosas? De nuevo, Heidegger pretende derivar aquello, que llamamos «tiempo mundano» [*Weltzeit*] en su sucesión continuada de «ahoras», dentro de los cuales siguen los astros sus órbitas, a partir del «tiempo originario», el tiempo-del-ser-ahí, exactamente del mismo modo como había derivado el «estar a la vista» a partir del «estar a mano». ¿No será por ello el «estar a mano» la *ratio cognoscendi* del «estar a la vista», y, de igual modo, la temporalidad será la *ratio cognoscendi* del tiempo mundano, mientras que se apela a

---

[21] Ibídem, p. 328; ed. cast., p. 356.
[22] Ibídem, p. 331; ed. cast., p. 358.

algo distinto en el caso de la *ratio essendi*? ¿No se podría considerar la temporalidad como una primera superación del tiempo, entendido éste en el sentido del tiempo mundano, si bien una superación esencialmente finita, puesto que el pasado y el presente poseen tan sólo un carácter de realidad atenuado? En una nota al pie de la página 427 [§81; ed. cast., p. 460], Heidegger dice que el concepto tradicional de eternidad se orienta hacia el *nunc stans* de un «estar a la vista» permanente. «Si fuese posible "construir" la eternidad de Dios filosóficamente, entonces sólo cabría comprenderla como una temporalidad más originaria e "infinita". Queda sin decidir si para ello ofrecería un camino posible la *via negationis et eminentiae*.» Si la temporalidad es auténtica vivacidad [*Lebendigkeit*], entonces Dios habría de ser el único viviente [*Lebendige*] de todos los seres, y por ello no sería, precisamente, un ser individual al lado de otros seres individuales, ya que para él el pasado y el futuro no serían meras representaciones desvaídas, como para el hombre, sino un presente generativo, es decir, según la definición de Boecio, «*interminabilis vitae tota simul ac perfecta possessio*». Así pues, el hombre sería el-que-señala-a-Dios, siendo de entre todos los demás seres el único que expone y representa a Dios (si bien de una forma en extremo sombreada), y seguiría siéndolo aun cuando la existencia real de un «ente de entes» no pudiera nunca ser probada y la fe misma en él se desvaneciera. Aquel «claro» extático, que el hombre *es*, alcanzaría así, en efecto, una absoluta singularidad en medio del más completo «ateísmo», es decir, pasaría a ser el único lugar donde los entes, no sólo serían creados como tales, sino también reunidos y aclarados como «mundo». La temporalidad, en cuanto superación finita del mero presente sería, por tanto, el origen de «ser» en la forma de un «ser comprendido». Con ello, la pregunta por la relación entre «ser» y «tiempo» podría haber encontrado su respuesta. Las últimas líneas del libro o, mejor dicho, de su «Primera mitad», o, con mayor precisión aún, del fragmento de la «Primera mitad», finalizan con los siguientes signos de interrogación: «La constitución ontológico-existenciaria de la totalidad del ser-ahí se funda en la temporalidad. Por tanto, ha de ser una manera de temporalización originaria de la temporalidad extática lo que haga posible en absoluto el proyecto extático de ser. ¿Cómo hay que interpretar ese modo de temporalización de la temporalidad? ¿Hay un camino que conduce desde el tiempo originario al sentido del ser? ¿Se revela también el tiempo mismo horizonte del ser?»[23].

Se diría que son frases como éstas las que tendrían que encontrarse en la introducción de un libro sobre ser y tiempo. En efecto, «ser» y «tiempo» no son dos cosas tales que se pueda tratar en primer lugar la relación de una respecto de la otra para luego proceder en sentido inverso. El título que encabeza la «Tercera sección», «Tiempo y ser», podría servir de fundamento para una suposición tan peculiar. Sin embargo, esa sección no llegó a ser escrita. La «Primera mitad» misma de *Ser y tiempo* continuó siendo en adelante un fragmento. Y es precisamente por ello por lo que este libro resulta tan difícil de interpretar.

Con toda probabilidad, *Ser y tiempo* no habría podido tener la repercusión que tuvo si no se lo hubiese podido interpretar, por decirlo a grandes rasgos, de la forma siguiente: El pensador, una vez separado de «Meßkirch», es decir, de la «filosofía de la intimidad que rinde culto a Dios», se expuso por completo a la atmósfera de la época de Weimar —quizá solamente a la atmósfera «burguesa» de la época de Weimar—, una atmósfera de perplejidad, inseguridad y desesperación, y desarrolló, en correspondencia con lo anterior, una filosofía de preparación para la muerte, es decir, una filosofía existencialista y nihilista en la que siempre se creyó ver una orientación, esto es, una actitud vital, y por eso fue ávidamente asimilada por la juventud. Ésta sería una exégesis «conforme a la vida» o «directamente conforme a la vida».

Jürgen Habermas se acerca a esta exégesis, pues en su excelente introducción, ya mencionada, al libro de Farías habla de la «detrascendentalización» que Heidegger habría llevado a cabo como filósofo. Sin embargo, me parece mucho más correcto hablar de una «desteologización» y ampliación del planteamiento trascendental, lo que se encuentra ciertamente muy cerca de la «filosofía de la vida». No es la «imagen científica del mundo», sino el «mundo de vida» de los hombres lo que debe ser trascendentalmente fundado en su posibilidad, pero no se lo debe describir en su facticidad partiendo, por ejemplo, desde el punto de vista de la historiografía o de la psicología.

---

[23] Ibídem, p. 438; ed. cast., pp. 470-471.

En principio, una «filosofía trascendental de la vida» semejante tendría que poder haber sido escrita también en Francia y en Italia; por hablar de un modo «conforme a la vida», no pertenece a Weimar ni tampoco a Alemania, sino en todo caso a una época de guerra mundial. Pero Heidegger no declara en ningún lugar que la «estructura del cuidado» [*Sorgestruktur*] tenga algo que ver con un período histórico determinado. Y, cuando en el capítulo II, §5, «Temporalidad e historicidad», hace referencia, con un acento considerablemente positivo, tanto a Wilhelm Dilthey como al conde Yorck, para «revivir el espíritu del conde Yorck en servicio de la obra de Dilthey»[24], falta, sin embargo, una analogía seria con los análisis de Dilthey de las épocas historiográficas individuales, en cuyo transcurso se efectuó —por hablar empleando la terminología heideggeriana— «un giro en la comprensión del ser». Heidegger se encuentra muy alejado de toda «historia del ser», aun cuando su tema sea la historicidad del ser-ahí. Por consiguiente, cabría afirmar que *Ser y tiempo* es una filosofía trascendental que, frente a la kantiana, intenta avanzar hasta la raíz de la existencia y no sólo hasta la de la exactitud científica; una filosofía que, pese a haber resaltado la «temporalidad», en sí misma es un análisis estructural que sobrepasa al tiempo. En esa medida, no debería verse en ella «demasiado» respecto de su conexión con el período de Weimar, sino, muy al contrario, «demasiado poco».

Sin embargo, debemos aún considerar el §74, que lleva por título *La constitución fundamental de la historicidad*. Allí comparecen dos conceptos que se encuentran ausentes en el resto del libro. En una ocasión se dice: «Pero si el ser-ahí que es en forma de "destino" [*Schicksal*] existe, como ser-en-el-mundo, esencialmente en el ser-con otros, su acaecer [*Geschehen*] histórico es un acaecer-con constituido como *sino* [*Geschick*]. Con ello designamos el acaecer de la comunidad, del pueblo [...]. El sino, en forma de "destino", del ser-ahí en y con su "generación" constituye el pleno y auténtico acaecer del ser-ahí»[25]. Y uno se preguntará si no es *ningún* «pleno y auténtico acaecer del ser-ahí» el «correr anticipadamente» [*Vorlaufen*] decidido, presto a la muerte y alejado del «Se» del individuo hacia la muerte propia. ¿Cómo se relacionan entre sí «pueblo» y «Se»? ¿Acaso como «pueblo» y «generación»? ¿Es por

---

[24] Ibídem, p. 404; ed. cast., p. 435.
[25] Ibídem, pp. 384 ss.; ed. cast., p. 415.

ello por lo que para Heidegger «pueblo» y «generación» son datos
últimos en la forma de «destino individual» y no «cultura», como
para Spengler, o «clase», como para Lukács? ¿Subyace aquí un
«captar previo» imposible de mostrar y «óntico»? ¿No cabe hablar
de una preferencia heroico-popular que remite, de hecho, al ámbito de la «revolución conservadora» cuando en una de las páginas
de *Ser y tiempo* leemos: «La auténtica repetición de una posibilidad de existencia sida —el ser-ahí, que se elige su héroe— se funda existenciariamente en la resolución que corre anticipadamente;
pues únicamente en éste se hace la elección que deja en libertad
para pugnar por seguir y ser fiel a lo repetible»[26]? Sin embargo, en
toda la obra de Heidegger no aparecen ni una sola vez los nombres
de aquellos que fueron «héroes» para los autores de la revolución
conservadora, nombres como los de Bismarck, Federico el Grande o Moltke.

Sin embargo, Farías cree haber descubierto aquí, después de
Lueger y Finke, un nuevo y en esta ocasión filosófico punto de partida para el compromiso de Heidegger del año 1933. Podemos advertir contra esta tesis indicando que las expresiones «pueblo»,
«generación» y «héroes» aparecen tan sólo marginalmente en el
§74; se trata de realidades ónticas que aparecen mencionadas en la
exposición ontológica exclusivamente a modo de ejemplos. Mas
hay una «época historiográfica», la modernidad, que posteriormente fue para Heidegger algo más que un mero ejemplo inscrito
en la deducción trascendental de la historicidad, como parecía ser
el caso en *Ser y tiempo*. Para Heidegger, probablemente, lo ontológico y lo óntico no se pueden separar con tanta pulcritud como
quiere Farías, y no cabe concluir que el filósofo ha visto en el «pueblo» una identidad más esencial que la «clase», la «generación» y
la «cultura». También nosotros hemos de finalizar nuestro some-
ro esbozo de *Ser y tiempo* con signos de interrogación.

No obstante, queremos dirigir aún nuestra mirada a la acogida
que tuvo la obra, y, para terminar, intentaremos describir a modo
de apéndice la «atmósfera de esa época». Para ello tendremos presentes las tesis principales expuestas por Oswald Spengler en su
La decadencia de Occidente, y hablaremos asimismo, en breve, de
Georg Lukács.

---

[26] Ibídem, p. 385; ed. cast., p. 416.

Un observador contemporáneo juzgó que *Ser y tiempo* había producido el efecto fulminante de un rayo. Al emitir este juicio, el gran público probablemente se guiaba por una sensación similar a la que diez años más tarde expresaría C. F. von Weizsäcker, una sensación en la que coincidían, sin embargo, la práctica totalidad de los filósofos y críticos competentes, a saber, que se trataba de una obra extremadamente significativa. Los *Philosophische Hefte*, editados por Maximilian Beck, publicaron una separata dedicada a *Ser y tiempo*, llegando a la conclusión de que no estaba justificada ninguna «pretensión revolucionaria», aunque el libro era «la síntesis de todas la tendencias vivas de la filosofía actual», por tanto, de la fenomenología, del neokantismo y de la filosofía de la vida. El propio Husserl había tomado parte en la lectura de las pruebas de imprenta del texto, y era evidente que consideraba a Heidegger el único sucesor digno para su cátedra de Friburgo; sólo más tarde —en todo caso antes de 1933— llegó a convencerse de que en verdad existía un abismo entre su concepción de fondo y la de Heidegger. Max Scheler ya no podía expresar su parecer, pues había muerto en 1928; Heidegger le había dedicado en su lección un conmovedor último adiós que manifestaba el gran respeto que sentía hacia la persona del filósofo fallecido. También había muerto Natorp, aunque sí apareció un extenso comentario del hijo político de Dilthey, Georg Misch, por lo que prácticamente era como si lo hubiese escrito el propio Dilthey. Este comentario apareció primero en 1929-1930 en una serie de artículos publicados en el *Philosophische Anzeiger*, siendo presentado poco tiempo después como un libro independiente (*Filosofía de la vida y fenomenología*, 1930).

En cierto modo, Misch divide en dos mitades tanto a Heidegger como a su libro, y aplica a uno de ellos una posibilidad de interpretación que Heidegger —*mutatis mutandis*— aplicó luego con frecuencia. Según ésta, la superación pretendida supondría más bien una recaída en el modo de pensar opuesto, al que habría llevado incluso a su perfección. El lado bueno del libro de Heidegger es, según Misch, la prosecución del punto de partida del pensamiento de Dilthey y de la filosofía de la vida, sobre todo en lo tocante a la temática del tiempo y la temporalidad. El punto de partida de Dilthey aparece articulado en una frase según la cual en la vida estaría «comprendida la temporalidad como su primera determinación categorial, fundamental para todas las demás»[27]. Sin embargo, Misch se extraña de que Heidegger adopte ese punto de partida «moderno» sin llevar el concepto readaptado de «ser» a la idea de la vida. Heidegger, no obstante, se mueve mucho más en la órbita de la ontología antigua, puesto que quiere preguntar por el sentido del «ser», y es precisamente por ello por lo que queda cautivo en una prisión que le cierra la puerta a una explicación imparcial de la vida en su historicidad y diversidad concretas. Pero, desde la postura de Misch, lo abarcante de la idea del ser tan sólo puede ser fundamentado mediante la universalidad de lo lógico, esto es partiendo desde el enunciado, del que sin embargo Heidegger quiere demostrar su carácter derivado, al igual que lo había sido para Dilthey. El desarrollo del concepto de «ser» es para Misch el último paso de un filosofar orientado lógicamente, tal vez como ocurría, revistiendo una forma clásica, en Parménides; un filosofar, en suma, que empeña todas sus energías en separarse del «opinar» habitual; ¿cómo se puede caracterizar entonces como «comprensión del ser» un comprender que remite directamente a un comportamiento vital? Según Misch, no hay ninguna interpretación nueva que pueda extraer del concepto de ser aquella fijeza e inmovilidad que Platón entendía, positivamente, como el «sellar» («sellándolo como ente») y Fichte, negativamente, como «fijación». Por ello, Misch piensa que Heidegger permanece confinado en la órbita de la antigua ontología, tanto que quiere apartarse de ella. Únicamente si hubiera tomado la resolución de partir de la vida y la historia —como hizo Dilthey— se habría hecho evidente para él que esa decisión señala al concepto de ser una época de la historiografía mundial de la que precisamente ha de despedirse la época moderna. «Y de este modo no alcanza a llegar a la pregunta de si "el uso" que se hace del ser en los enunciados, etc., no será algo originado, de lo que resultaría entonces un acontecimiento decisivo para la humanidad, dotado del carácter de acontecimiento que tuvieron la aparición misma de la filosofía y, en menor medida, su autoinmovilización mediante el concepto (metafísico) de ser»[28]. Queremos subrayar esta frase y retenerla en la memoria por su relación con la filosofía posterior de Heidegger, en la que con tanta frecuencia y energía se hablará del

[27] Georg Misch, *Lebensphilosophie und Phänomenologie*, Bonn, 1930, p. 4.
[28] Ibídem, p. 39.

«acontecimiento propicio» [*Ereignis*] y de los «tipos de humanidad» [*Menschentümern*]. En todo caso, para Misch una mitad de Heidegger es un filósofo de la vida y diltheyano, mientras que la otra mitad representa al ontólogo y metafísico que en último término interpreta la vida como carencia y como afectada de un «no ser», debido a que nunca dejó de guiarle el ideal de un conocimiento absoluto y semejante al divino[29].

Misch podía haber visto una buena confirmación de su tesis en el hecho de que los teólogos se ocuparan del libro de Heidegger casi más intensamente que los filósofos. La razón de ello estribaba en la «cristiandad», pero a veces también en la «no-cristiandad» de Heidegger, por lo que también aquí se atribuye a su pensamiento un carácter mixto. En una reseña de las *Theologische Blätter*, fechada en 1929, se dice por ejemplo: «La temporalidad como esencia del hombre, su estar-caído en el mundo, en el que él se refugia para escapar a su ser-culpable, y, por último, la voz de la conciencia, que, al igual que la ley paulina, hace patente la culpa, todas éstas son cosas cuyo significado evidentemente sólo puede resultar visible partiendo de presupuestos cristianos. La "existencia auténtica" de Heidegger parece ser lo mismo que en Lutero el poder de la conciencia angustiada y presta para el Evangelio»[30].

En la teología católica, Heidegger fue considerado mayoritariamente como un pensador de la «finitud autosuficiente» y como un representante radical del moderno subjetivismo. El padre jesuita Erich Przywara subrayaba ya en 1929 que el «ser» de Heidegger es, «en todas las discusiones acerca de la reducción de la verdad al ser, nada más que el ser de la conciencia». Pero también Przywara percibe una tensión interna. En efecto, no sólo sería perceptible un «heroísmo trágico» que desea establecer absolutamente la finitud, sino también una especie de ascetismo religioso que no se atiene a la afirmación de una identidad entre la esencia y la existencia del hombre y que, por el curso de su propia investigación, se vería «abocado a la doctrina patrístico-escolástica de la tensión última entre esencia y existencia en la criatura»[31].

---

[29] Ibídem, p. 269.
[30] Richard Schaeffler, *Frömmigkeit des Denkens? Martin Heidegger in der katholischen Theologie*, Darmstadt, 1978, p. 45 (G. Krüger).
[31] Ibídem, pp. 53-54.

Poco después, el padre jesuita Alfred Delp dirigió en su libro
Existencia trágica un rotundo ataque contra el pensamiento de Heidegger, al que consideraba una «idolatría del hombre respecto de
sí mismo». Ésta, sin embargo, acarrea necesariamente el fracaso,
incluso quiere ese fracaso. Con ello, ese hacerse el hombre ídolo
de sí mismo no es más que el punto culminante del subjetivismo
del hombre moderno, para quien la nada es el horizonte último de
inteligibilidad de las cosas y para quien el ser absoluto de Dios ya
no es el fundamento esencial de su existencia efectiva. De ahí resulta, no obstante, una relación abyecta con las cosas. En efecto,
para el sujeto autónomo los entes valen tan sólo como algo «para»,
como un medio utilizable para la propia afirmación de su existencia. De ahí que para él se convierta en «útil» [*Zeug*] todo lo que no
es ser-ahí, y él mismo ha «llegado a ser el propietario de un gran
arsenal de útiles»[32]. Sin embargo, es notable que uno de sus primeros críticos articule una interpretación que atañe en el fondo al
último Heidegger, pero aún más notable resulta que las acusaciones procedentes del lado de la filosofía de la vida y de la teología
sean de extremo a extremo contrapuestas. De ahí podría deducir-
se que la filosofía de Heidegger no es tanto una síntesis como un
eclecticismo, pero igualmente podría concluirse que el todo de esa
filosofía permanece aún cerrado para los críticos.

Es difícil determinar hasta qué punto adoptó el propio Heidegger algo de aquello que en la República de Weimar tuvo más
vitalidad y ejerció más influencia como pensamiento político e historiográfico, pero que no puede ser caracterizado en sentido estricto como «filosofía». En comparación con los demás pensadores, es a Oswald Spengler al que Heidegger se refiere con mayor
frecuencia, y su juicio era, por lo general, negativo y hasta severo.
Durante la Segunda Guerra Mundial, por tanto bastante tiempo
después de la muerte de Spengler, Heidegger le adscribía las cua-
lidades siguientes a propósito de *La decadencia de Occidente*: «[...]
una inteligencia brillante, una enorme erudición, una acentuada capacidad para tipificar, una inusual osadía en el juicio, una extraordinaria superficialidad de pensamiento y una fragilidad general de
los fundamentos»[33]. En su conjunto, la obra estaría «fundada en

---

[32] Alfred Delp, *Gesammelte Schriften,* ed. Roman Bleistein, t. 2, Francfort del
Meno, 1983, p. 120.
[33] *GA*, 54 («Parménides», *WS* 1942-1943), pp. 82 ss.

una grosera interpretación biológica de la historia». El filósofo también habló sobre Spengler, aunque en términos generales, en la lección del semestre de invierno de 1929-1930 *Los conceptos fundamentales de la metafísica* [*Die Grundbegriffe der Metaphysik*]: «La decadencia de la vida en y por el espíritu» es la concepción de fondo que subyace a la «profecía» de Spengler. Lo que ha creado el espíritu, sobre todo como razón (*ratio*), en la técnica, en la economía y en el tráfico mundial, simbolizado mediante la gran ciudad, se vuelve contra el alma y contra la vida y precipita a la cultura en la degeneración y la caída[34].

Es difícil que esta última caracterización sea del todo correcta. Ciertamente, Spengler concibe las «culturas» (y no los pueblos o las clases) como los objetos auténticos de la historia, siendo para él «organismos» que poseen un nacimiento, se desarrollan vitalmente y al final mueren; sin embargo, el hundimiento de la cultura, y en especial de la cultura occidental, en la civilización supone precisamente agotamiento y degeneración, pero también, al mismo tiempo, consumación. Ahora bien, Spengler asiente al sino de la civilización, algo de lo que Heidegger siempre se mantuvo muy alejado, pero con bastante frecuencia recuerdan a Heidegger o remiten a él algunas de las expresiones presentes en *La decadencia de Occidente* (por tanto, en 1918 ó 1922). Sin embargo, también las hay que recuerdan al último Heidegger, quien solía hablar de la «consumación de la metafísica occidental». Spengler separó el número «cronológico» del «matemático»; habló de la «configuración del mundo por los hombres»; describió el «sentimiento primitivo del cuidado» como una característica fundamental de la cultura occidental, pero también de la egipcia y de la china, entendiéndolo como un «sentimiento primitivo de futuro»; fundó la oposición entre sujeto y objeto en la oposición más originaria entre alma y mundo; consideró al conocimiento como un modo fundado de la vida; empleó el término «sentido del ser»; hizo a los hombres *ser* tiempo; señaló a la técnica como la obra del hombre «fáustico», es decir, occidental, quien no encuentra, sino crea la «objetividad», y la crea en la forma de conceptos tales como los de «tamaño», «situación», «proceso» o «cuerpo». La «naturaleza» está muerta en este tipo de conocimiento y es inorgánica, rígida, algo que la ma-

---

[34] *GA*, 29-30, p. 105.

temática habrá de empobrecer y analizar exahustivamente. En el segundo tomo se encuentran algunas afirmaciones que podemos comprender demasiado bien, y que tal vez nos baste con pulirlas un poco para alcanzar con ellas el núcleo del pensamiento heideggeriano. «Ésta es la maravilla que subyace a todo lo humano. Sólo en el mundo ocular de la luz parecen las distancias como colores y claridad; sólo en este mundo se suceden el día y la noche, las cosas visibles y los movimientos visibles en un espacio de luz que se extiende a lo lejos, un mundo de remotas estrellas [...]»[35]. ¿Acaso se necesita más que un simple paso para afirmar que sólo hay ser para el ser-ahí, esto es, la «maravilla de todas las maravillas, que *es* ente», y que sin el ser-ahí todo ente permanecería en la carencia de ser?[36].

En cambio, hay otro pensador influyente de la época al que nunca menciona Heidegger, aunque entre éste y aquél hubo conocidos comunes (Emil Lask y Wilhelm Szilasi). Al decir «aquél» nos referimos a Georg Lukács, quien encarnaba el tránsito —atractivo o, al menos, seductor para muchos de sus coetáneos— desde una existencia estética propia de la alta burguesía al compromiso político con el socialismo en su presunta forma vencedora, a saber, el bolchevismo y la Rusia soviética. Hasta 1918 Lukács había sido un sutil intérprete de textos literarios, miembro del círculo formado en torno a la figura de Max Weber en Heidelberg y amigo y admirador de Emil Lask. Es improbable que los artículos del joven «Georg von Lukács» (cuyo padre aún se llamaba Löwinger, siéndole otorgado finalmente un título nobiliario por sus logros como banquero), aparecidos en la por entonces reciente revista *Logos*, hubieran permanecido desconocidos para Heidegger antes de la guerra mundial. A fines de 1918, sin embargo, se unió al partido comunista húngaro, y durante la República de los soviets fue subcomisario popular de cultura. A continuación emigró a Austria, donde su libro *Historia y conciencia de clase* lo convirtió en 1933 en uno de los pensadores marxistas más relevantes. Y marxista era, sobre todo, porque también él asigna al «proletariado» un papel especial en la historiografía mundial. En efecto, dentro de la formación social de base del capitalismo, aún imperante en el presente,

---

[35] Oswald Spengler, *Der Untergang des Abendlandes*, edición completa en un solo volumen, Múnich, 1963, p. 562.
[36] Martin Heidegger, *Wast ist Metaphysik?*, Francfort, 1949 (5.ª ed.), pp. 41-42.

la clase explotada estaría llamada a traer a la realidad el futuro mundo de la no violencia, de la armonía y de la humanidad mediante el empleo de la violencia, esto es, llevando a cabo una guerra civil de alcance mundial y sometiéndose para ello, precisamente, a la dirección de aquella fuerza en la que esa clase explotada puede alcanzar su autoconciencia, una fuerza que no es otra sino el partido comunista. Como pensador se revela Lukács en el hecho de haber encontrado el camino de vuelta hacia el joven Marx muchos años antes de que los primeros escritos de aquél fueran conocidos. Nos referimos, en concreto, a la doctrina de la reificación, mecanización y deprivación de alma que estaría sufriendo el hombre por obra del capitalismo o de la «civilización occidental», tal y como diría Lukács en otro lugar y con un acento por completo negativo. El género humano viviría sin esperanza si el mundo de los «burgueses aislados, individualistas, egoístas»[37] fuera lo único y definitivo, lo que también ocurre en el caso de Spengler, quien expresa lo mismo con una descripción diferente y más acentuada. Pero en el mundo del cálculo y del conformismo vive en la miseria y la esperanza «el proletariado», que se reconoce cada vez más a sí mismo «como el sujeto-objeto idéntico del proceso histórico» y como portador de aquella dialéctica que un día no muy lejano conducirá a una liberación y armonía que habrán dejado de ser dialécticas, es decir, no estarán en oposición. La dialéctica histórica, sin embargo —y aquí se contrapone Lukács a aquel esquema de Engels que hacía de la dialéctica natural el principio cosmológico del mundo—, no existe sin la subjetividad humana y su correspondiente posibilidad de autoalienación y reificación. En sus fragmentos póstumos sobre *Lukács y Heidegger*, Lucien Goldmann concluye, partiendo del hecho de que también en Heidegger aparece el concepto de «reificación», que *Ser y tiempo* había estado fuertemente influido por la memorable obra de Lukács, pero sin que Heidegger hubiese admitido esa influencia. Pero es fácil ver que el esfuerzo de Heidegger por separar desde su fundamento al ser-ahí de lo «a la vista», atribuyendo pese a todo al ser-ahí una tendencia a comprenderse a sí mismo desde lo «a la vista», se relaciona tan directamente con el núcleo central de su filosofía que no precisaba de la influencia de Lukács, aunque sí se puede decir que ambos com-

---

[37] Georg Lukács, *Geschichte und Klassenbewußtsein,* Neuwied/Berlín, 1968, p. 246.

parten una raíz común en Lask y Simmel, quienes utilizaban el término mencionado ya antes de la Primera Guerra Mundial[38].

Respecto de Spengler y Lukács hay otra cuestión que parece revestir una importancia mucho mayor: ¿no se apartó Heidegger del análisis de la «historicidad», tal y como aparece expuesto en *Ser y tiempo*, para dirigirse hacia una comprensión concreta de la historia que realmente acontece y, por encima de todo, de la «historia occidental» tal y como Spengler la había tratado de desarrollar en un principio? ¿No cabe percibir aquí una analogía entre el compromiso práctico de Lukács con el bolchevismo y el de Heidegger con el nacionalsocialismo?

Nos acercamos así al «viraje» y al año 1933, pero de momento la atención debe detenerse en el «nuevo y brillante inicio en Friburgo».

---

[38] Comparar con p. 302, nota 17.

EL NUEVO Y BRILLANTE INICIO
EN FRIGURGO

Heidegger consiguió el llamamiento a la cátedra de Husserl en febrero de 1928, después de haber aceptado, justo cuatro meses antes, la sucesión de Natorp y Hartmann como profesor ordinario de Filosofía. Con ello parecía haber alcanzado el cenit de su vida, pues en los asuntos de la existencia externa los deseos de un filósofo no pueden alcanzar nada más alto hasta haber ocupado alguna de las «grandes cátedras», cátedras que —al menos en otros tiempos— solían ser «grandes» debido al nombre de su predecesor o predecesores. En toda Alemania no había una cátedra de Filosofía más acreditada que la de Rickert y Husserl, y Heidegger se estableció en ella definitivamente una vez adquirido un inmueble junto al Rötebuckweg, en el paraje más hermoso de la parte alta de Zäringen. Allí edificó la casa que habría de convertirse, junto con la cabaña de Todtnauberg, en el segundo punto de referencia de su vida.

En el semestre de invierno de 1928-1929 Heidegger volvía a dictar lecciones en la Universidad Albert-Ludwig, después de una ausencia de seis años. La lección de cuatro horas que ofrecía ahora llevaba por título *Introducción a la metafísica* [*Einführung in die Metaphysik*]. Aparte, celebró dos seminarios prácticos sobre fenomenología, uno para principiantes y otro para avanzados. Su colega en la Cátedra de Filosofía Cristiana era Martin Honecker; como profesor extraordinario ejercía ahora Jonas Cohn. Kroner y Mehlis habían abandonado Friburgo, y para ocupar sus plazas se habían presentado, entre otros, Julius Ebbinghaus y el discípulo más veterano de Heidegger, Oskar Becker. Husserl dictaba aún lecciones en calidad de emérito. De entre los historiadores, también había sido nombrado emérito Heinrich Finke, y Georg von Below ya había muerto. Gerhard Ritter era profesor ordinario de Historia moderna; Hermann Heimpel comenzaba a dar sus primeros pasos como *Privatdozent* de Historia Medieval. De los demás profesores cabe mencionar en especial, por una razón u otra, al médico Ludwig Aschoff, al economista Walter Eucken, al zoólogo Hans Spemann y a los químicos Georg von Hevesy y Hermann Staudinger, los tres últimos de los cuales llegaron a ser premios Nobel. De los teólogos que en otro habían estado tiempo vinculados con Heidegger, aún se encontraban en activo Engelbert Krebs y Josef Sauer. El historiador del arte Vöge ya no vivía en Friburgo, pero Heidegger le dedicó posteriormente, tanto a él como a Carl Braig, palabras de especial consideración. Este último acababa de morir por entonces. Wolfgang Schadewaldt llegó a la Universidad en 1930.

En cuanto a su prestigio, la Universidad de Friburgo, tomada en su conjunto, se encontraba en una posición claramente inferior a la Universidad Friedrich-Wilhelm de Berlín, y seguramente valga la pena mencionar que el propio Heidegger recibió en 1930 un llamamiento para ocupar en Berlín la cátedra de Ernst Troeltsch, y, por cierto, gracias a las gestiones especiales llevadas a cabo por el prusiano Adolf Grimme, ministro de Cultura socialdemócrata. Uno de los méritos más genuinos de Farías es el de haber reconstruido los expedientes de ese llamamiento a partir de las actas de la Universidad Humboldt. Una comisión, constituida, entre otros, por Eduard Spranger, Max Dessoir, Max Planck, Werner Sombart y Werner Jaeger elaboró en febrero de 1930 una propuesta en forma de lista en la que aparecía en primer lugar Ernst Cassirer, seguido de Paul Tillich, Georg Misch y Nicolai Hartmannn. Ciertamente, también se nombraba a Heidegger, aunque no se lo tomó en cuenta, y no conviene ignorar el fuerte malestar surgido respecto de la nueva estrella, que era tan popular entre los estudiantes como difíciles de entender sus lecciones. Pero Adolf Grimme, que acababa de ocupar la plaza como sucesor de C. H. Becker, concedió el nombramiento a Heidegger pasando por encima de las cabezas de la Facultad; es decir, quiso imponerlo. Heidegger, sin embargo, rechazó la oferta tras algunas cavilaciones, mas no porque exigiera seguridad frente a «las molestias originadas por el ajetreo de la gran ciudad», sino probablemente porque temía la hostilidad de la Facultad misma. Pero este episodio es importante en nuestro contexto, pues Grimme era un socialdemócrata convencido que, con toda seguridad, no habría llegado a tomar una decisión de ese tipo si hubiera tenido el más mínimo conocimiento de las inclinaciones de Heidegger por el nacionalsocialismo. Y, sin duda, no reparó en aquella caracterización de Heidegger que lo tildaba de «reaccionario cultural» e «irracionalista teologizante» en los *Monistische Monatshefte*, caracterización que, sin embargo, sí ha sido dada a conocer por Farías. En cualquier caso, resulta dudoso que fuese a partir de estos expedientes cuando Heidegger llegó al convencimiento de la necesidad de una reforma universitaria[1].

La lección inaugural de Heidegger a su entrada en Friburgo no fue ningún episodio fuera de lo común. Ella tuvo lugar el 24 de julio de 1929 en el Aula de la Universidad y ante un público numeroso y prominente. Su título rezaba *¿Qué es metafísica?* [*Was ist Metaphysik?*]. La lección parte, con tono crítico, de la situación de la ciencia. Ésta se habría desintegrado en una gran diversidad de disciplinas, que tan sólo continúan unidas debido a la organización técnica de las universidades y facultades, mientras que se habría perdido el enraizamiento en su fundamento esencial. Ese fundamento esencial es la referencia al mundo del hombre, y el «ejercicio» científico, en cuanto forma de esa referencia al mundo, viene definido aquí como la «*irrupción* de un ente, llamado hombre, en el todo del ente, precisamente de modo que en esa irrupción y mediante ella eclosiona el ente en su *qué* es y en su *cómo* es». Mas la «iluminadora simplicidad y precisión» que entra en la «actitud» [*Haltung*] del científico mediante su saber en torno a la referencia al mundo y a la «irrupción» [*Einbruch*] entraña, según Heidegger, la afirmación de que la ciencia trata del ente «y de *nada* más». A lo anterior le sigue una frase en la que se efectúa, al parecer, una *metábasis eis állo génos*, y ello precisamente al escribir con mayúsculas la palabra «nada»: «Mas ¿a qué preocuparnos de esa Nada?» La ciencia no quiere saber nada de esa nada y, sin embargo, ha de pedirle ayuda cuando busca expresar su propia esencia. La ciencia, la vida y la lógica hacen del «no» un uso constante, tomándolo, por cierto, en el sentido de la negación. Pero Heidegger «afirma»: «La Nada es más originaria que el No y la negación.» La existencia[2] del hombre es, en efecto, un «encontrarse en medio del ente en total». Ello no significa aprehender el ente en total, sino que en los «estados de ánimo» [*Stimmungen*] se hace evidente para el hombre el hecho de que él no sólo se encuentra en relación con las cosas individuales y conexiones de cosas, sino precisamente con el ente en total:

[1] Víctor Farías (Bibl. n.º 15b), pp. 122 ss.; ed. cast., pp. 122-123.
[2] Traducimos aquí *Dasein* por «existencia» (humana) y no por «ser-ahí». *(N. de la T.)*

«El profundo hastío que se desliza en los abismos [*Abgründen*] de la existencia como una callada niebla, nivela todas las cosas, a los hombres y a uno mismo en una extraña indiferencia. Ese hastío revela el ente en total.» Pero el «estado de ánimo fundamental de la angustia» lleva al hombre tan sólo en unos instantes ante la Nada. «Estamos "suspendidos" [*wir schweben*] en angustia. O, para decirlo con mayor claridad, la angustia nos deja en suspenso porque ella hace que el ente en total se escape.» Sólo en esta «noche clara de la Nada de la angustia surge la patencia originaria del ente en cuanto tal: que es ente y no Nada». De ahí resulta la definición siguiente: «Existir significa: estar sosteniéndose dentro de la Nada.» Pero Heidegger pasa enseguida a relacionar el carácter extremo de esa definición con un concepto fundamental y bien conocido de la tradición filosófica: «La existencia ya está en cada caso "sosteniéndose dentro" de la Nada allende el ente en total. A ese "estar más allá" del ente lo denominamos trascendencia. Si la existencia no fuese, en el fondo de su esencia, un trascender, es decir, si no estuviera sostenida de antemano dentro de la Nada, no podría entonces relacionarse nunca con el ente ni, por tanto, consigo mismo.» Así, Heidegger permanece mucho más próximo a Kant de lo que cabría pensar a primera vista, pues no dice sino que la nada (=ser) es el *apriori* más originario. Por tanto, podemos concluir que de lo que se está hablando aquí es, al igual que en *Ser y tiempo*, de la «comprensión del ser» del ser-ahí. Sin embargo, si el «decir "no"» del entendimiento se funda en una experiencia «de la nada» en la forma de un estado de ánimo, entonces las consecuencias pueden resultar en extremo graves, y Heidegger no disimula en absoluto su pretensión: «Al quebrantar así el poder del entendimiento en el terreno de la pregunta por la nada y el ser se decide, a la vez, el destino del dominio de la "lógica". La idea de la "lógica" misma se disuelve en el torbellino de un preguntar más originario.» Poco después aparece formulado lo que significa ese «abatimiento» de las auténticas posibilidades humanas, ese destronamiento del entendimiento en tanto que facultad normativa: «Más abismal que la mera adecuación de la negación lógica es la dureza de la transgresión y la aspereza del aborrecimiento. Hay más responsabilidad en el dolor del fracaso y en la falta de indulgencia de la prohibición. Más abrumadora es la amargura de la privación.» En ningún lugar aparece con mayor claridad lo que significa verdaderamente el «irracionalismo» heideggeriano, pues no se trata de negar la razón en favor de la sinrazón y el instinto, sino de una fundamentación de la razón en la envolvente transparencia de la entera existencia, que se halla tan alejada de la nada como de la mediocridad y la indiferencia. También en esta lección se anuncia con toda claridad la «última filosofía» de Heidegger, y lo hace en la frase que en apariencia está más alejada de aquélla: «El estar sosteniéndose la existencia dentro la nada hace del hombre, en virtud de la oculta angustia, el que sostiene el sitio [*Platzhalter*] de la nada. Somos tan finitos que no somos capaces de ponernos originariamente, por propia decisión y voluntad, ante la nada.» ¿Hay, de hecho, algún otro camino que conduzca desde este punto al «pastor del ser» y al «sino del ser»?

A continuación, en el curso de esa misma lección, Heidegger desarrolla diversos conceptos de «nada» en metafísica, poniendo el acento en su transformación (por tanto, ya comienza a vislumbrarse una «historia del ser»), y regresa, por último, a la ciencia, a la que exige partir de la metafísica para así renovar incesantemente su tarea esencial, «que no consiste en acumular y ordenar conocimientos, sino en el incesante hacer aflorar el entero espacio de la verdad sobre la naturaleza y la historia». Por tanto, Heidegger sigue captando aquí su propio preguntar como un preguntar metafísico; todavía no se habla de «superación» [*Überwindung*] y «torsión» [*Verwindung*]. Sin embargo, es improbable que algún metafísico haya concluido alguna vez un tratado o una lección con frases semejantes a las empleadas por Heidegger al término de su lección inaugural en Friburgo: «Mientras exista el hombre acaecerá en cierta manera el filosofar. La filosofía —eso que así llamamos— es el ponerse-en-marcha [*In-Gang-Bringen*] de la metafísica, en la que aquélla llega a sí misma y a sus tareas expresas. La filosofía sólo llega a ponerse en marcha mediante una singular entrada de la propia existencia en las posibilidades fundamentales del ente en total. Lo decisivo para esa entrada es, en primer lugar, dar espacio al ente en total; a continuación, soltar amarras abandonándose a la nada, es decir, liberarse de los ídolos que cada cual tiene y a los cuales intenta acogerse subrepticiamente; por último, detener la oscilación de ese suspenderse para que vibre constantemente ante la pregunta fundamental de la metafísica, a la que impele la nada misma: ¿por qué hay en absoluto el ente y no más bien nada?»[3].

---

[3] La lección se encuentra en las páginas 22-38 de la 5.ª edición, «aumentada mediante una introducción y un epílogo».

De hecho, es concebible que la Facultad de Filosofía de Berlín
sintiera cierto malestar frente a este filósofo, como también es concebible que uno de los fundadores de la Filosofía analítica, Rudolf
Carnap, sometiera a esa lección a una crítica que creyó destructi-
va. Pero un oyente más joven y, por entonces, menos formado filosóficamente, Heinrich Wiegand Petzet, describió más tarde la
impresión que en él había producido la lección inaugural de Heidegger con las siguientes palabras: «Al abandonar el aula, descu-
brí que [la lección] me había dejado sin habla. Para mí fue como
si mi mirada hubiese alcanzado por un instante el fundamento del
mundo»[4]. Es evidente que Heidegger poseía el talento, del que ca-
recían los eruditos señores de Berlín y también Rudolf Carnap, y
que sin duda resultaba peligroso, de producir en jóvenes y adultos
aquella «vivencia del despertar» y de la revelación que tantas veces ha sido articulada al narrar la toma de contacto con grandes
pensadores de un tipo especial, o, mejor dicho, cuyas obras son de
un tipo especial. Sin embargo, ello ocurre mucho más en el caso
de pensadores cuya impronta científica es la de poseer una «visión
del mundo». ¿Era Heidegger, al igual que Sócrates en opinión de
los atenienses, un «seductor de la juventud»?

El joven Petzet se convirtió en el detonante de una singular decisión «conforme a la vida» de Heidegger, a saber, la decisión de
pronunciar en Bremen una conferencia sobre *La esencia de la verdad* [*Das Wesen der Wahrheit*]. Este hecho le obligó posteriormente
a regresar con frecuencia a la ciudad hanseática, con cuyos habitantes trabó una relación muy personal, o, dicho con más precisión,
con los grandes comerciantes, armadores y altos cargos de la ad-
ministración que conformaban la capa social dirigente. Heidegger
pronunció esa misma conferencia en Marburgo (y en Friburgo) en
1930, y en Dresde en 1932. Las conferencias sobre Kant, que no
tardó en preparar y publicar en el libro de 1929 *Kant y el problema de la metafísica* [*Kant und das Problem der Metaphysik*], habían sido pronunciadas en septiembre de 1928 en el Instituto Herder de Riga y en los cursos universitarios *Davos*, impartidos en
marzo de 1929.

La disputa *Davos* entre Martin Heidegger y Ernst Cassirer ganó
con bastante rapidez una celebridad legendaria, siendo igualmente

---

[4] Heinrich Wiegand Petzet (Bibl. n.º 13), p. 18.

entendida como el encuentro de dos generaciones y tradiciones. En el informe contemporáneo de un estudiante se dice: «La controversia entre Heidegger y Cassirer nos enriqueció enormemente, no sólo desde el punto de vista científico, sino también desde el humano [...]. Por una parte, se hallaba aquel hombre moreno, aquel buen esquiador y deportista de gesto siempre enérgico, aquel hombre seco y reservado, a veces francamente rudo, que vivía y respondía a los problemas por él planteados desde un imponente aislamiento y con la más profunda seriedad moral; y, por otra parte, se encontraba aquel hombre de cabellos blancos que tanto por su apariencia externa como por su interior parecía un habitante del Olimpo, con una amplitud de pensamiento y un modo de plantear los problemas que abarcaban vastos territorios, con su gesto sereno, su bondadosa amabilidad, su vitalidad y elasticidad y su no menos destacable distinción aristocrática en el trato con los demás»[5].

El autor de este informe narra sólo de oídas un suceso que podría acercarnos, más que cualquier otro, a ese compromiso político que tanto hemos buscado y echado de menos hasta el presente. Sin embargo, este suceso resulta dudoso por razones internas: «En el transcurso de las discusiones, un hombre aquejado de graves lesiones en el sistema nervioso, sufridas en su época de soldado, se puso en pie y declaró que el siglo XX no tenía más que una tarea: impedir la guerra. Heidegger respondió, en un tono burlón e irrespetuoso, que es precisamente con la dureza como esta época puede subsistir. En todo caso, ¡él mismo había vuelto sano de la guerra! [...].» No es en absoluto creible que Heidegger hiciera una declaración tan insolente e insensata, si bien el recuerdo de su insistencia en la «dureza» [Härte] hace pensar que puede haber en todo ello algo de verdad.

Hasta qué punto las experiencias del pasado más próximo determinan, y con bastante frecuencia deforman, el recuerdo del pasado más remoto se desprende del informe que la esposa de Cassirer, Toni, dedicó en sus memorias de 1950 a los sucesos de la disputa Davos. Según relata, su esposo y ella habían sido expresamente preparados en un hotel «para la señalada aparición» de Heidegger antes del comienzo de los cursos de la Escuela Superior, que iban a ser visitados por numerosos estudiosos y estudiantes

---

[5] Guido Schneeberger, *Nachlese zu Heidegger*, Berna, 1962, pp. 4-5.

de Francia, Italia, Austria y de todos los rincones de Alemania;
«nos era conocido su rechazo de toda convención social, al igual
que su hostilidad hacia los neokantianos y hacia Cohen en particular. Tampoco nos era desconocida su inclinación por el antisemitismo.» Al parecer, Heidegger se proponía «desprestigiar la labor de Cohen y, en lo posible, anular a Ernst»[6]. Sin embargo, a
continuación cita una carta de su esposo, escrita por Cassirer tras
una conferencia iniciada por Heidegger, en la que se habla más bien
de relaciones respetuosas e incluso amistosas. Ello concuerda con
el informe ya mencionado de aquel estudiante que había quedado
fuertemente conmovido por el «magnífico compañerismo» existente entre los dos filósofos. En el apéndice a la cuarta edición del
libro sobre Kant (1973) se han presentado materiales de importancia que permiten seguir en detalle la discusión entre Heidegger
y Cassirer. El núcleo de la diferencia entre ambos es la de si la finitud humana (según Cassirer) conduce más allá de sí hacia el reino de la libertad y al *mundus intelligibilis*, o si (según Heidegger)
se debe agudizar y profundizar en la finitud misma. En otras palabras: liberación de la angustia como «mero encontrarse» o entrega radical del hombre a la angustia como «estar en un estado
de ánimo definido» que abre al ser. Partiendo de ahí define Heidegger la tarea de la filosofía del modo siguiente: «desde el aspecto corrompido de un hombre que se sirve meramente de las
obras del espíritu, devolver en cierto modo al hombre a la dureza
de su destino»[7]. A continuación, Cassirer busca de nuevo una posición en el mundo del «espíritu objetivo», del lenguaje, de las formas simbólicas. Sin embargo, en las actas no hay huellas de hostilidad de ninguna clase, como tampoco de antisemitismo.

Pero Farías ha descubierto un congreso que habría tenido lugar
durante la época nacionalsocialista, de modo que la participación
de Heidegger en él adquiere un significado más sombrío. Se trata
del «día de la patria de Baden», celebrado en julio de 1930, cuyo
presidente honorífico era el presidente del Estado y político de *Zentrum* badense Dr. Josef Schmitt. En el marco de esa celebración tuvo
lugar un «Congreso de los líderes badenses de la ciencia, el arte y
la economía». Se trataba, por tanto, de una reunión por completo

<hr/>

[6] Ibídem, pp. 7 ss.
[7] Martin Heidegger, *Kant und das Problem der Metaphysik*, Francfort del Meno,
1973 (4.ª ed.), p. 263; ed. cast., *Kant y el problema de la metafísica*, trad. Gred
Ibscher Roth, FCE, México, 1981, p. 223.

«regionalista», a la que acudieron personalidades procedentes de partidos de casi todas las tendencias, si bien con una representación claramente menos numerosa de los «izquierdistas», quienes por entonces tenían escaso interés por la «patria» y lo «patrio». Entre los participantes se encontraban, entre otros, A. Mendelssonhn-Bartholdy, Wilhelm Hausenstein, Alfred Mombert, Eugen Fischer y Ernst Krieck. En esencia, se trataba de la misma imagen que puede ofrecer al observador, a veces para su mayor sorpresa, cualquier revista cultural tomada al azar: izquierdas y derechas, judíos y no judíos se hallaban congregados allí, y únicamente cuando se tratan las cosas *ex eventu* aparecen entonces los puños cerrados y los cuchillos afilados. Farías, sin embargo, ha investigado la carrera posterior de algunos de los asistentes, realizando descubrimientos sorprendentes. Así, el pintor August Rumm se afilió al partido nazi en 1940; el profesor Josef Mussler se convirtió en 1934 en miembro de la Asociación Nacionalsocialista de Profesores, etc. Pero es Eugen Fischer el objeto especial de su mirada. Éste fundó en Berlín, en 1927, «el Instituto del Kaiser Wilhelm de Antropología, Teoría de la herencia y Eugenesia, que luego alcanzaría una triste celebridad» por pertenecer a la «infraestructura científica de los experimentos de las SS en los campos de concentración». Pero a Farías no se le ocurre mencionar el «poder de seducción» o el peligro intrínseco que poseen las ciencias más nuevas, tal y como ocurre, por ejemplo, en el caso de las investigaciones, por completo legítimas, con gemelos. Y, por tanto, también ha olvidado plantear la cuestión de dónde hubo entonces y hay ahora casos parangonables. Tampoco se dice nada sobre los méritos indiscutibles de Fischer o sobre el momento de su emeritaje (1942). Muy al contrario, Farías ha descubierto en un libro la dedicatoria manuscrita, fechada en 1960, con la que Heidegger quería transmitir a la vez una afectuosa felicitación navideña a Eugen Fischer. El hallazgo ha suministrado a Farías otra de las piedras de la cárcel que construye para Heidegger, Fischer, la tradición socialcristiana y la entera historia alemana a excepción de una parte del «movimiento obrero»[8]. Y si lo saco a la luz es tan sólo para hablar también de la «literatura de denuncia».

Pero el punto esencial e interesante ya aparecía, como casi siempre, en la publicación de Schneeberger. Allí aparece reproducido

---

[8] Farías (nota 1), pp. 118-119; ed. cast., pp. 115-116.

un informe del *Karlsruher Zeitung* con fecha del 16 de julio de 1930, en el cual se caracteriza la conferencia de Heidegger *Sobre la esencia de la verdad* afirmando que el conferenciante habría intentado resolver el problema dilucidándolo «con conceptos tales como los de lealtad y autoctonismo». Después de la guerra, uno de los asistentes a la conferencia informaba del siguiente modo: «Desde las alturas heladas de la abstracción descendía él con mayor profundidad cada vez hacia la tierra, y súbitamente se aventuró a dar el salto: la verdad y la realidad efectiva se reunían sobre el suelo de la patria local»[9]. Esas palabras suenan en cierto modo a la consigna nazi «sangre y raza»: ¿Es posible que Heidegger se designara a sí mismo en el Congreso de los badenses como un «filósofo de la patria»?, ¿él, que tan sólo unos meses antes había definido al hombre como «el que sostiene el sitio de la nada»?

La pregunta no se puede decidir con completa seguridad, pues desconocemos el texto de Karlsruhe. La conferencia titulada *Sobre la esencia de la verdad* fue publicada en 1943 y, por cierto, con la indicación del tipo de conferencia de que se trataba. Sin embargo, no se menciona Karlsruhe. Aparte, se habla también de una «repetida revisión» del texto. En algunos de sus aspectos la conferencia puede ser considerada como el primer cumplimiento del «viraje».

Sin embargo, al menos por su punto de partida, el texto no ofrece al lector sorpresa alguna, pues también aquí se trata de la recusación de la definición tradicional de la verdad como *adaequatio rei et intellectus*, de la cual resulta una completa escisión entre verdad y falsedad (no-verdad). Un enunciado concuerda o no concuerda. Pero, según Heidegger, debe preguntarse por el fundamento de la posibilidad de ese «concordar». La frase decisiva en este punto es la siguiente: «Ese aparecer de la cosa en el medir de un extremo a otro un lugar de encuentro se cumple dentro de un ámbito abierto cuya apertura no es creada en primer lugar por el representar, sino tan sólo referida y aceptada en cada caso como un ámbito de referencia. La referencia a la cosa del enunciado representante es el cumplimiento de aquella *relación* que se pone originariamente, y siempre, en oscilación como comportamiento»[10].

---

[9] Schneeberger (nota 4), p. 12.

[10] Martin Heidegger, *Vom Wesen der Wahrheit*, Francfort, 1943, p. 11; ed. cast., «De la esencia de la verdad», en *¿Qué es metafísica? y otros ensayos,* trad. E. García Belsunce, Fausto, Buenos Aires, 1992, p. 115.

No parece que se hable aquí de otra cosa sino de aquel «claro» [*Lichtung*], que el hombre *es* en cuanto temporalidad extático-horizontal, y de aquel comportamiento negador que aparece originariamente en el enunciado como negación. Es precisamente ese claro lo que Heidegger entiende ahora como «libertad», y esa libertad no puede significar más que «trascendencia». Sin embargo, se produce un cambio llamativo cuando Heidegger, en lugar de «existencia», opta por la grafía «ek-sistencia» y dice que la ek-sistencia del hombre histórico comienza justo «allí donde el primer pensador, al preguntar por el desocultamiento del ente, plantea la pregunta de qué sea el ente»[11]. Sin embargo, la verdad de la respuesta a esa pregunta no puede separarse de la «no-verdad» tan nítidamente como la corrección de la incorrección en el enunciado. Y también se percibe un nuevo acento cuando el perderse del ser-ahí en el ente descubierto, ya analizado en *Ser y tiempo*, no sólo se concibe ahora como un existenciario, sino como un acaecimiento: «Él [el hombre] se echa en falta cuanto más exclusivamente se toma a sí mismo como el sujeto que da la medida para todas las cosas. El temerario olvido del género humano persiste en el aseguramiento de sí mismo mediante lo que para él resulta siempre accesible a su paso [...]. Ek-sistente, el ser-ahí [*Da-sein*] es in-sistente. También en la existencia insistente reina el misterio, pero como esencia de la verdad olvidada y convertida, así, en "inesencial"»[12]. Al final, Heidegger se refiere explícitamente a Kant, y sólo podría verse un indicio capaz de sugerir algo así como la «patria» en la última frase, que manifiesta de forma expresa que la esencia de la verdad no es el vacío «general» de una universalidad «abstracta»; pero aún más lejos de «Baden» se encuentra la segunda mitad de la frase, donde se dice que esa esencia sería más bien «lo único que se oculta en la historia, no repetida, del salir de lo oculto el "sentido" de eso que llamamos el ser y que, desde hace tiempo, nos hemos habituado a considerar tan sólo como el ente en total»[13].

Estos primeros años en Friburgo, que se extienden desde 1928 hasta 1932, constituyen sin duda el período en el que Heidegger puso a su pensamiento en una relación más estrecha con Kant y Hegel, presentándose a sí mismo mucho más como el continuador

---

[11] Ibídem, p. 16; ed. cast., p. 120.
[12] Ibídem, p. 22; ed. cast., p. 125.
[13] Ibídem, p. 27; ed. cast., p. 130.

de aquellos que como el vencedor de la tradición del idealismo alemán. Así, su libro sobre Kant contiene una interpretación detallada de la *Crítica de la razón pura*, y Heidegger trata de demostrar allí que Kant había asignado originalmente a la imaginación un significado mucho mayor del que posee en la segunda edición de la obra, llegando incluso a afirmar que en realidad Kant tenía la tendencia de situar en ella la raíz de los dos troncos constituidos por la sensibilidad y el entendimiento. Mas la imaginación, por su parte, entra en juego *con* el tiempo y como «autoafección pura», y por ello Heidegger se descubre aquí como el pensador que ha sabido recoger el hilo justo del lugar de donde se le escapó de las manos a Kant. Según Heidegger, Kant no había concebido su crítica de la razón como una teoría del conocimiento, sino como la fundamentación de la metafísica y, con ello, indirectamente, también de la ontología fundamental, que toma sobre sí la tarea de sacar a la luz la «conexión esencial entre el ser en cuanto tal (no el ente) y la finitud del hombre»[14].

La lección pronunciada durante el semestre de invierno de 1930-1931 sobre *La fenomenología del espíritu de Hegel* [*Hegels Phänomenologie des Geistes*] supone una interpretación de otra de las obras fundamentales del idealismo alemán, una interpretación tan intensa y profunda como la realizada sobre Kant, si bien no cabe duda de que no llegó a ser completada. También aquí se hace patente toda la «ciencia» de Heidegger, y apenas si cabe detectar eso que, en conexión con la interpretación de textos griegos más antiguos, se ha tachado a menudo de «agresividad» y «arbitrariedad». Lo que hemos llamado «crítica a la cultura» se muestra aquí en la severidad extrema con la que condena a la «empresa» [*Betrieb*] de la filosofía; como se verá en lo que sigue, esa crítica no escatima en rigor expresivo: «Hoy se ha "organizado" la sofística; uno de los muchos signos de ello es la popularidad de las tipologías de posiciones filosóficas [...]. La filosofía se ha convertido en un asunto de empresarios; una situación diabólica de la que ya hoy caen víctimas, en su mejor edad, los siempre escasos jóvenes con capacidad científica»[15].

También a esta época pertenece uno de los trabajos más hermosos y filosóficamente más equilibrados de Heidegger: la diser-

---

[14] Martin Heidegger (nota 7), p. 200; ed. cast., p. 187.
[15] *GA*, t. 32, p. 41.

tación *De la esencia del fundamento* [*Vom Wesen des Grundes*], aparecida en la Miscelánea dedicada a Husserl en 1929. Allí caracteriza Heidegger el término «diferencia ontológica» como una diferencia entre ser y ente, y pone en conexión los conceptos de trascendencia y libertad con los de «fundar» [*gründen*] e «instituir» [*stiften*]. La «causalidad» no es un dato primario no susceptible de ser derivado a partir de algo más alto, sino que él mismo está fundado en un acaecer: «y este acaecer es el existir del ser-ahí, que trasciende en cuanto existente. Sólo cuando en la totalidad del ente llega el ente a ser "más ente" en la forma de la temporalización del ser-ahí, es la hora y el día de la entrada en el mundo del ente. Y sólo cuando acaece esa protohistoria, la trascendencia, es decir, cuando el ente con carácter de ser-en-el-mundo irrumpe en lo ente, existe la posibilidad de que el ente se revele»[16]. Nos encontramos aquí con el paradójico comparativo *seiender* [más ente]. Y tal vez sea éste el lugar apropiado para introducir un aforismo apócrifo de Heidegger que una narradora pretende haber oído de labios de un informador, del teólogo Heinrich Buhr, y que probablemente no sea más que una intepretación: «Y, sin embargo, *mein* Heidegger, nuestro entero mundo sería algo así como un claro en un bosque inmenso e inquietante. Vivimos en ese claro: allí percibimos las cosas, vemos, conocemos [...]. Y, no obstante, a veces nos disgusta enormemente, porque desconocemos el todo y porque aquí mismo el suelo se estremece de tanto en tanto —no sólo cuando hay terremotos— y sentimos que también el claro, "la gran Marina", se encuentra amenazado desde la inmensa arboleda»[17].

A pesar de todo, saber del bosque inmenso e inquietante, o, dicho con más precisión, estar anímicamente templado en la angustia, que pone al hombre ante lo inmenso, es precisamente la condición previa para que el ente pueda serle cercano, familiar y querido en el claro. Las últimas frases de *De la esencia del fundamento* dicen así: «Y así el hombre, en cuanto trascendencia existente que asciende en posibilidades, es un *ser de lejanía*. Sólo por la lejanía originaria, que él configura en su trascendencia hacia todo ente,

---

[16] Martin Heidegger, *Festschrift, Edmund Husserl zum 70. Geburstag gewidmet*, Halle, 1929, pp. 71-110, p. 98; ed. cast., «De la esencia del fundamento», en *¿Qué es metafísica? y otros ensayos*, trad. E. García, Fausto, Buenos Aires, 1992, p. 93.

[17] *Erinnerung...* (Bibl. n.º 7), pp. 61-62.

crece en él la verdadera cercanía a las cosas. Y sólo el poder-oír en la lejanía temporaliza al ser-ahí como sí mismo, para despertar a la respuesta del ser-ahí-con [*Mitdasein*] en el ser-con [*Mit-sein*], con el cual puede sacrificar la yoidad para ganarse como auténtico sí-mismo»[18].

¡Ganar el sí-mismo auténtico en el ser-con otros como dirección contraria a la superficialidad de la existencia moderna! ¿Es este deseo el tránsito que buscamos, una prefiguración abstracta del compromiso concreto del año 1933? Pero ¿se adhiere a ese deseo alguna implicación política de alguna especie?; ¿no había formulado ya Lukács un deseo semejante a la hora de fundamentar su entrada de lleno en la liberadora colectividad del partido comunista húngaro?

En este punto tal vez pueda arrojar alguna luz la lección del semestre de invierno de 1929-1930, a la que Heidegger dio un sello especial al introducir en 1975, durante los preparativos para su publicación, una referencia a la memoria de Eugen Fink. La lección lleva por título *Los conceptos fundamentales de la metafísica. Mundo-finitud-soledad* [*Die Grundbegriffe der Metaphysik. Welt-Endlichkeit-Einsamkeit*]. De hecho, esta lección es especialmente interesante debido a que Heidegger ofrece en ella un análisis detallado de aquel «profundo hastío» del que había hablado en su lección inaugural; ahora se enfrenta a «cuatro interpretaciones de nuestra situación actual», a saber: las de Oswald Spengler, Ludwig Klages, Max Scheler y Leopold Ziegeler; desarrolla tres tesis conductoras para el concepto de «mundo»: «La piedra carece de mundo, el animal es pobre en mundo, el hombre es configurador del mundo»; a continuación se adentra, con verdadero detenimiento, en teorías biológicas modernas como las de Hans Driesch y Jakob Johann von Uexküll, y ahora Heidegger excluye radicalmente a los animales de la «revelabilidad del ente», en evidente contradicción, por tanto, con la expresión a ellos atribuida de la «pobreza de mundo», aunque vuelve a subrayar, con la mayor insistencia, la singularidad del «ser-ahí».

También es en esta lección donde se pueden encontrar la mayor parte de sus declaraciones «crítico-culturales», algunas de las cuales citaremos para finalizar:

---

[18] Martin Heidegger (nota 16), p. 110; ed. cast., pp. 107-108.

La «empresa» [*Betrieb*] de las ciencias en la Universidad aparece de nuevo caracterizada con una acento bastante negativo al principio: «Algunos ya han comenzado a sentir algo del vacío y desamparo de ese funcionar [*Treiben*]. ¿Se habrá quebrado ya algo en lo más interno de su mecanismo [*Getrieb*]?»[19].

Poco después añade: «Todo eso que conocemos del hombre: el animal, la locura de la civilización, el guardián de la cultura, incluso la personalidad, ¿es solamente la sombra que sobre él proyecta lo totalmente otro [!], eso que llamamos *ser-ahí*?»[20].

En ese sentido, para Heidegger resulta evidentemente sombrío el «diagnóstico de la cultura» de la época, también y precisamente cuando quiere ser pronóstico: «Quién, de entre los hombres, no desearía saber lo que está por llegar, a fin de poder prepararse para estar aún menos abrumado, menos absorbido y asaltado por el presente. Estos diagnósticos y pronósticos de la cultura según la historia mundial no nos afectan, no son *ningún asalto contra nosotros*»[21].

Y Heidegger define la penuria de la época de un modo por completo diferente al de sus contemporáneos: «El estado de necesidad [*Not*] no es esta miseria social ni aquella confusión política, [...] no es esta falta de base de la filosofía ni aquella incapacidad de la religión; eso que oprime [*bedrängt*] en el fondo, oculto, es más bien *la ausencia de una opresión* [*Bedrängnis*] *esencial de nuestro ser-ahí en total*. La ausencia de la opresión esencial del ser-ahí es *el vacío en total*, de modo que ninguno se encuentra con los otros en la unidad de raíz de un actuar esencial. Todos y cada uno de nosotros somos los empleados de una consigna, los partidarios de un programa, pero ninguno es el servidor de la grandeza del ser-ahí y de sus necesidades [*Notwendigkeiten*] [...]. Falta el *misterio* en nuestro ser-ahí, y con ello permanece ausente el interno espanto que todo misterio lleva consigo y da al ser-ahí su grandeza»[22].

Pocas páginas más adelante, Heidegger parece volverse más concreto: «Hemos de comenzar llamando de nuevo a aquél [!] que puede infundir espanto a nuestro ser-ahí. ¿Qué pasa entonces con nuestro ser-ahí, si un acontecimiento como el de la guerra mundial

---

[19] *GA*, t. 29-30, p. 2.
[20] Ibídem, p. 9.
[21] Ibídem, p. 112.
[22] Ibídem, p. 244.

ha pasado por nosotros en esencia sin dejar huella?»[23]. Uno piensa en este momento en aquel hombre de maltrecho sistema nervioso que asistió a los cursos universitarios *Davos*, y podemos afirmar ahora que es prácticamente seguro que Heidegger no había pronunciado aquellas palabras en el sentido allí sugerido. Pero ¿había en aquella frase alguna alusión a la necesidad de reanudar la guerra perdida para reconducirla (esta vez con éxito) hasta el final?

Lo anterior resulta improbable. De hecho, Heidegger no habló del general de los ejércitos y caudillo, y sí, en cambio, del «*führender Forscher*», es decir, del investigador líder y no caudillo, el que destaca de la «necesaria infinidad de obreros y técnicos»[24]. Al decir esto Heidegger no tenía ante los ojos, desde luego, a la «vanguardia artística»; él se limitó a designar como «demencia» el hecho de que las personas, sean quienes sean, consideren la casa como una máquina para vivir o a la silla como una máquina para sentarse, e incluso vean en ello «la señal de una nueva cultura»[25]. La resolución [*Entschlossenheit*], plenamente aún por venir, vive en regiones por completo diferentes, esto es, en el instante, «en cuanto instante del actuar real»[26].

¿Existe un guía que oriente hacia el actuar correcto? La lección concluye con la evocación de aquel «vigilante estar-absorto», de aquel *enthousiasmós* que el último de los grandes, Friedrich Nietzsche, relataba en la «canción ebria» de *Así habló Zaratustra*, cuya primera estrofa Heidegger reproduce en su totalidad como las últimas palabras de su lección.

¿Se proponía Heidegger actuar en el sentido sugerido por Nietzsche y convertirse así en un político nietzscheano como Alfred Baeumler, quien ya lo era por aquella época? ¿Reside en este punto la explicación de su ingreso en el NSDAP y de la aceptación del rectorado?

Pero éstas son, seguramente, cuestiones precipitadas. Si bien es cierto que Heidegger habla del «parentesco de todo actuar esencial», sin embargo, los únicos dominios a los que se refiere son el arte, la filosofía y la religión, no haciendo mención alguna de la

---

[23] Ibídem, pp. 255-256.
[24] Ibídem, p. 279.
[25] Ibídem, p. 316.
[26] Ibídem, p. 427.

política[27]. Por tanto, nuestra búsqueda de declaraciones interesantes desde el punto de vista político permanece siendo, por el momento, una empresa estéril. ¿O habrá que entender precisamente desde esta lejanía respecto de la política el tránsito del filósofo hacia un movimiento político bastante señalado y novedoso?

---

[27] Ibídem, p. 232.

ALEMANIA EN LA FASE FINAL
DE LA REPÚBLICA DE WEIMAR

Apartaremos por un momento nuestra mirada de Heidegger para dirigir la atención a la Alemania de la fase final de la República de Weimar, a los años durante los cuales publicó Heidegger las obras tratadas en último lugar. Comenzaré exponiendo a grandes rasgos los acontecimientos acaecidos y sus correspondientes consecuencias, siguiendo para ello la tendencia interpretativa predominante.

Aunque en el panorama político de 1923 pareciera por un instante que a la triunfal «marcha sobre Roma» de los fascistas italianos le iba a seguir una «marcha sobre Berlín» de los nacionalsocialistas alemanes, en 1924 parecía ya claro que el sistema parlamentario de la República de Weimar entraba en una fase de consolidación. Las elecciones al *Reichstag* de diciembre de 1924 redujeron sensiblemente el considerable número de escaños que habían ocupado los seguidores de Hitler. En 1925 él mismo, tras abandonar la prisión militar, consiguió reunir bajo su liderazgo a los partidos dispersados, aun cuando existieran diferencias entre los «noralemanes», de izquierdas y con una acentuada tendencia nacionalsocialista, y el «sector muniqués», que rechazaba cualquier idea referente al establecimiento de una coalición entre los «pueblos oprimidos» del mundo contra el imperialismo francés y anglosajón, y calificaban a la Unión Soviética de «Judea Soviética». Pero, si esas diferencias constituían un elemento de debilidad, también hicieron posible que el partido se difundiera en un amplio espectro social, conviertiéndose así en el primer «partido del pueblo» de Alemania. El Reich estuvo regido durante cuatro años por los gobiernos alternantes de un «bloque de ciudadanos» que, durante cierto período, incluyó a los *Deurschnationalen*. Las elecciones al *Reichstag* de mayo de 1928 supusieron un triunfo significativo para los socialdemócratas, que formaron una gran coalición bajo el liderazgo de Hermann Müller-Franken. Este gobierno, a menudo considerado como el último de la «época dorada» de la República de Weimar, llegó a su fin bajo el influjo de la repentina crisis económica mundial desatada en marzo de 1930. Pero su causa inmediata fueron ciertas diferencias de opinión, relativamente insignificantes, a propósito del reparto de las indemnizaciones. Este gobierno fue reemplazado por el primer gobierno presidencial bajo el mandato de Heinrich Brüning, quien, pese a ser el presidente del partido católico —el *Zentrum*—, fue tolerado en el parlamento por los socialdemócratas. Alemania, siendo el Estado industrial más desarrollado junto a los Estados Unidos, sufrió especialmente los efectos de la crisis económica, que en un primer momento hizo aumentar el número de parados hasta los tres millones, pero, al mismo tiempo, Alemania no se había librado todavía de la situación de la posguerra, a causa de la cual había sido gravada con una elevada cantidad de impuestos a título de indemnizaciones. En esta situación tan apurada, Brüning intentó afirmar su posición recurriendo a una política deflacionista que, según la opinión preponderante en la actualidad, no hizo más que empeorar la situación. En las elecciones anticipadas de septiembre de 1930, los nacionalsocialistas obtuvieron un éxito sensacional que aumentó el número de sus diputados de 12 a 107. En medio de una agitación desenfrenada, Hitler hizo responsable al «sistema» y a los «criminales de noviembre» de un estado de precariedad nacional en constante crecimiento, en cuyo punto crítico, situado en 1932, Alemania contaba con más de seis millones de parados. Los progresos de los nacionalsocialistas fueron extraordinarios, y ello gracias a los pactos ultimados con los *Deurschnationalen* dirigidos por Hugenberg, sobre todo en la comisión del Reich de 1929 para la demanda de plebiscito contra el Plan Young; pero su avance también se vio favorecido por la iniciativa popular conjunta de agosto de 1931 para la disolución de la Dieta de Prusia y, por último, por el Frente harzburgués de verano de 1931. Brüning dirigió la lucha contra el creciente nacionalsocialismo y su «ejército pardo» —las secciones de asalto o SA [*Sturm Abteilungen*]— empleando en ello tan sólo la mitad de sus fuerzas, puesto que el nacionalsocialismo representaba para él una carta de triunfo positiva que podía ser jugada en los círculos extrapolíticos para la supresión de las indemnizaciones. Cuando por fin se decidió Brüning a prohibir las SA, el anciano presidente del Reich no le retiró su confianza por esta última medida, sino porque antes de la reelección de

Hindenburg se había mezclado «con los frentes equivocados» en una guerra electoral. «La funesta escisión del movimiento obrero» debilitó aún más las fuerzas de defensa, y una buena parte de la burguesía se mostró «receptiva» frente al nacionalsocialismo. Así, el gobierno prusiano no ejerció una oposición seria cuando fue desplazado por el «gobierno del Estado» del nuevo canciller Von Papen, y pocos días más tarde los nacionalsocialistas se apuntaban un triunfo sin precedentes en las de nuevo anticipadas elecciones al *Reichstag* del 31 de julio, pues consiguieron 230 diputados, obteniendo así la mayoría junto con los comunistas, una mayoría que era, desde luego, puramente negativa. Sin duda hubieran podido formar un gobierno de coalición con el *Zentrum*, pues eran muchas las voces que reclamaban la participación de los nacionalsocialistas en el gobierno. Como es natural, Hindenburg consultó al *Führer* de un partido que era, con mucho, el más fuerte. Sin embargo, como Hitler, supuesta o realmente, exigía el «poder total», siguiendo el modelo de Mussolini, no recibió la misión de formar el gobierno. El nuevo *Reichstag* encontró un rápido final entre turbulentos sucesos y escenas, y ello porque Von Papen decidió volver a disolverlo, y en las elecciones al *Reichstag* del 6 de noviembre los nacionalsocialistas sufrían por primera vez una seria derrota, cifrada en más de 30 diputados. Pese a todo, volvieron a ser incluidos en las negociaciones para la formación de gobierno, si bien Hitler rechazó de nuevo la idea de cooperar en un gobierno de coalición. Ante la aversión que Hindenburg sentía por la «solución de la guerra civil» que Von Papen pensaba promover, nombró canciller del Reich al «hombre entre bastidores», el hasta ese momento ministro del *Reichswehr* Kurt von Schleicher. Ello puso en juego una concepción nueva, la de los llamados frentes transversales. Schleicher pretendía dividir el NSDAP[1] y asegurar para su gobierno el apoyo de las fuerzas moderadas presentes tanto en el NSDAP como en los sindicatos. El NSDAP cayó de hecho en una crisis, pero Gregor Straßer no podía afirmar su posición frente a Hitler, y el SPD impidió que los líderes de los sin-

---

[1] *Nationalsozialistische Deutsche Arbeiterpartei*, esto es, «Partido obrero alemán nacionalsocialista». Los demás partidos que Nolte menciona en este contexto son: el DNVP (*Deutschnationale Volkspartei*), el *Zentrum* (partido católico y conservador) y el SPD (*Sozialdemokratische Partei Deutschlands*). Más adelante se mencionará también el KPD (*Komunistische Partei Deutschlands*). *(N. de la T.)*

dicatos aceptaran el ofrecimiento de Schleicher. Se inciaba así un juego de intrigas en el cual también fueron de peso ciertos intereses familiares de Hindenburg, y el 30 de enero Hitler era nombrado canciller de un gobierno de coalición con los conservadores, aunque no supo ver que su partido habría de sufrir de nuevo graves pérdidas si se convocaban otra vez elecciones. Así pues, las intrigas de un reducido grupo habían despejado el camino hacia el poder a un hombre que había articulado en su libro un terrible antisemitismo, comenzando así la singladura que doce años después habría de hundir al Reich alemán en la sangre y la vergüenza.

La somera visión de las cosas ofrecida hasta aquí no es incorrecta. Sus fundamentos son las interpretaciones de los socialdemócratas y de una parte del *Zentrum*, así como de la mayoría de los observadores extranjeros. Esa visión explica muchos aspectos, pero desde ella no se entiende, y ni siquiera puede entenderse, la decisión casi unánime de un pueblo por el nacionalsocialismo e Hitler. Pero también es cierto que tampoco se propone un hacerse entender o un poder hacerse entender semejante.

Si, una vez transcurridos varios decenios, uno quiere escapar a las interpretaciones partidistas —y ése debe ser el fin de la ciencia—, se habrá de completar esa visión de las cosas mediante otra, y será la tarea de las futuras discusiones científicas la de decidir si cabe aspirar a una síntesis o no.

El Reich alemán se encontraba doblemente atenazado, por las reparaciones de la guerra y por la crisis económica. Esta doble atadura, por sí sola, confirió a Alemania una singular posición entre los grandes Estados. Pero, además de esos dos factores, existía otra amenaza dentro de Alemania y al lado de ella que se desplegaba con una energía inusual. Se trataba de la «gran tentativa de solución» para todos los problemas económicos y espirituales, una tentativa cuya problematicidad, sin embargo, ya se había hecho del todo manifiesta. Naturalmente, ya desde mediados del siglo XIX existía la solución del «socialismo» para todas las penurias y crisis del mundo moderno. Ella se basaba en la idea, que es cierta, según la cual esas penurias y crisis tenían que ver con las empresas y los Estados, en concreto con su estar las unas-al-lado-de los otros o las unas-con los otros, relaciones éstas que estarían descoordinadas y mantendrían un constante movimiento pendular hacia nuevas situaciones de equilibrio. El socialismo caracterizó estas relaciones como «capitalismo» o «imperialismo», pero también recogió aquella antigua propuesta consistente en suprimir la «propiedad privada» (de los medios de producción), reemplazando así la competencia entre mercados por una economía planificada de cobertura de la demanda. Y, una vez cumplido lo anterior, surgiría entonces una humanidad en armónica cooperación, que ya no conocería la guerra y en modo alguno los conflictos entre empresas, clases y naciones, pues de la humanidad así unificada habrían desaparecido esos «cajones estancos». La primacía de esta solución estribaba en que era bastante difícil contradecirla en lo fundamental, puesto que también el liberalismo radical tenía una visión última no del todo diferente, y, por lo demás, ¿no habrían de pensar en ese sentido todos los «hombres de bien»? Pero el peligro más grave consistía sin duda en que en la «burguesía» se daban demasiados adversarios, en parte los meros defensores de «posiciones privilegiadas», pero también en parte quienes estaban convencidos de que la economía planificada en proyecto sería forzosamente ineficaz y hostil a la libertad. Precisamente por ello hubo un número considerable de socialistas que proyectaron un largo y penoso «camino hacia el socialismo», un camino sin guerra civil y sin repentinas subversiones de las formas de economía y de las relaciones de propiedad. Sin embargo, la versión del socialismo radical que es claramente su tipo ideal, es decir, la comunista, se había implantado en Rusia tras la derrota bélica contra Alemania. Así, el Estado más grande del mundo por su extensión fue dominado por un régimen que se apoyó en grandes esperanzas y despertó grandes esperanzas. Precisamente por ello, y por vez primera en la historia moderna de Europa, le siguió una política de exterminio social y, en gran medida, también físico de un número nada despreciable de capas de población, mientras que en otros Estados instigaba a las masas al «levantamiento armado», esto es, a la guerra civil. En poco tiempo el nombre *Checa*[2] se convirtió en una palabra capaz de infundir espanto en el mundo entero, y fueron precisamente los marxistas ortodoxos quienes presentaron la tesis según la cual,

---

[2] «Checa» es abreviatura de las voces rusas *Chrezvicháinais Komissia*, esto es, una comisión extraordinaria que designaba la policía política del régimen soviético. Creada a instancias de Lenin en el segundo congreso de los soviets (1917), se dedicaba a descubrir a los elementos contrarrevolucionarios o desviacionistas. Por extensión, también se aplica el nombre «checa» al local utilizado por una policía política. *(N. de la T.)*

como resultado de relaciones estancadas, se había formado en el Estado gigante situado a orillas de Europa un nuevo zarismo, un pseudosocialismo que merecería más bien el epíteto «tartarismo».

Es evidente que los aliados compartían esta última concepción, y es justo en este punto donde se ha de ver el término medio que permite explicar por primera vez la tan lamentada «inversión de las antiguas fuerzas», algo que no puede derivarse a partir de presupuestos «puramente alemanes». Así, en septiembre de 1919 se podía leer en la *Weltbühne* la siguiente acusación, que de forma inequívoca se dirige a los aliados más que al *Freikorps* alemán y, en último término, a los bolcheviques: «El bolchevismo fue el precursor de la reacción [...]. Puesta en la tesitura de elegir entre bolchevismo y reacción, ella misma [la Entente] dará primacía a un régimen reaccionario que entraña los peligros más graves del nacionalismo y del militarismo [...]. Pero ellos [los aliados] tenían al bolchevismo por una amenaza tal para la cultura mundial que consideraron al militarismo prusiano, refrenado antes en un desesperado esfuerzo, como a un colaborador aprovechable a la hora de combatir la revolución mundial de los comunistas»[3]. No tardó en hacerse manifiesto que el reciente Estado ideológico seguía despertando, también después de 1919, las esperanzas de muchos trabajadores e intelectuales de Europa y no sólo las de las «masas» de ciertas regiones del «Tercer Mundo». De ahí que en 1928 y en 1930, también bajo la dictadura de Stalin, la Unión Soviética fuera para muchos hombres la «ciudad de la montaña», y para muchos otros la peor, por más modernizada, forma de «despotismo asiático». Las esperanzas se intensificaron cuando el programa de industrialización pasó a ser englobado en el marco de una planificación total, y pareció entonces que el desempleo restante había quedado suprimido y a prueba de nuevas crisis, mientras que el «mundo capitalista» seguía cayendo de una dificultad en otra. Sin embargo, también el espanto se hizo más intenso cuando las noticias referentes a la gran colectivización y a la aniquilación de los *kulaks*[4] lograron abrirse paso al resto del mundo, noticias que fue-

---

[3] *Die Weltbühne,* 1919, II, p. 313 (Heinrich Ströbel).
[4] Aunque ya existían desde 1905, los kulaks se desarrollaron y fortalecieron como clase durante el régimen soviético. Campesinos que explotaban el trabajo de otros, llegaron a controlar el abastecimiento de las ciudades y se impusieron a las cooperativas. En 1929, el partido comunista cambió de opinión respecto a ellos, alegando que obstruían la colectivización. Así, se programó su aniquilación como

ron exageradas sobre todo por quienes opinaban que un parado occidental seguía viviendo mejor que un trabajador normal de la Unión Soviética. En los EEUU esta concepción parecía incuestionable, y ya en 1932 no existían relaciones diplomáticas de ningún tipo entre la «primera potencia del mundo capitalista» y el «régimen ateo del terror» en Moscú. Pero aun entonces hubo no pocos simpatizantes y *fellow travelers*. No obstante, en ningún país del mundo como en Alemania vivieron, aunque reprimidos, tantos adeptos de ese «país de la esperanza» que para tantos otros era el «país del espanto». Las líneas de separación, por tanto, no discurrían estrictamente según los grupos sociales; sobre este punto no había unanimidad ni tan siquiera en la burguesía, y el propio KPD solía despreciar y difamar —y muy raras veces elogiar— a la pequeña burguesía. Es probable que entre los obreros el número de adversarios del partido de la guerra civil no fuera menor, pero el poder de atracción del pensamiento socialista, es decir, del anticapitalismo, continuó siendo de igual modo considerable. Y si ese influjo no tuvo la fuerza suficiente en el caso del significativo número de obreros del *Zentrum* fue porque estos se sentían repelidos por el ateísmo militante de los comunistas. Los nacionalsocialistas eran el contrapartido de la guerra civil, y se encontraron solos con los comunistas en el terreno común de una decisión radical. Sin embargo, su ala derecha y su ala izquierda diferían notablemente en cuanto a su apreciación de la Unión Soviética.

Por tanto, lo anterior favorece la opinión según la cual en el estudio del período de Weimar se ha de situar a los comunistas en el punto medio, y ello por haber adoptado la posición de un tipo ideal que, por su cercana relación con la Unión Soviética, se vio debilitada en unos aspectos y, en otros, reforzada.

Y aparece entonces, como acontecimiento fundamental de la República de Weimar, no tanto la «escisión del movimiento obrero», que había comenzado con la fundación del KPD el día 1 de enero de 1919, sino el progresivo aumento de los comunistas, logrado a costa de los socialdemócratas. Ello condujo a que finalmente se hiciera visible el cambio de posiciones practicado, es decir, el ascenso de los comunistas hasta convertirse en el «partido líder de la clase obrera».

---

clase mediante deportaciones masivas, obligándoles a entrar en los koljoses, etc., lo que hizo que desaparecieran en tan sólo unos años.

En las elecciones al *Reichstag* de 1928 los comunistas obtuvieron 54 escaños, frente a los 152 diputados del SPD; en 1930 subieron hasta los 77 escaños (frente a los 143 de los socialdemócratas), convirtiéndose de este modo en el partido más fuerte en Berlín; en junio de 1932 le correspondieron a su lista 89 escaños, que pasaron a ser 100 en noviembre (frente a los 121 de los socialdemócratas); en ese momento ya eran los más fuertes en varias zonas industriales, y en Berlín ganaron más votos que los socialdemócratas y los nacionalsocialistas juntos. En la «guerra civil» desencadenada en las calles de las grandes ciudades, que sólo permaneció «restringida» por la resolución y dureza con las que la policía cargó contra ella, los comunistas no eran menos militantes que los nacionalsocialistas, y todavía en el verano de 1931 el ministro de interior socialdemócrata Preußens hubo de comprobar que eran muchas más las víctimas atribuibles a las acciones comunistas que a las nacionalsocialistas. Un espanto aún mayor engendraron los discursos y acciones propagandísticos de los propios comunistas, manifestaciones que los contemporáneos en modo alguno entendieron como «meramente verbales», frente a la opinión de la mayor parte de quienes nacieron posteriormente. Más de un año antes de la tan citada declaración de Hitler en el *Reichswehrprozeß* celebrado en Ulm, en la que afirmó que tras la victoria legalmente obtenida «rodarían cabezas», escribía la *Rote Fahne*: «[...] ese día [el de la toma del poder] llevaremos al paredón a los asesinos de obreros Zörgiebel, Schönfelder o como quiera que se llamen todos ellos»[5]. La cantilena del verdugo, la muerte y la fosa se extendió, resonando como una melodía de fondo, a todas las declaraciones comunistas de la época. Y las alusiones a los correspondientes sucesos acaecidos en la Unión Soviética o en la China roja hicieron que las amenazas resultaran mucho más dignas de crédito para las capas sociales aludidas, tales como los oficiales, los empresarios y los terratenientes: «Los capitalistas sienten que su sentencia de muerte ha sido pronunciada y que, más tarde o más temprano, también les llegará a ellos el turno de desaparecer de escena [...]. La Unión Soviética transforma la economía del país basándose en fundamentos socialistas. Con este fin aniquila a los explotadores terratenientes»[6]. «Ellos [los miembros del Ejército Rojo

---

[5] *Die Rote Fahne,* 9 de noviembre de 1929.
[6] Geheimes Staatsarchiv Berlin-Dahlem, Rep. 219, t. 70, serie 34 ss.

de China] llevan al paredón a los equivalentes chinos de nuestros Siemens y oficiales de policía [...]»[7].

La propaganda desarrollada por las tropas propagandísticas de agitación era difícil de superar en cuanto a brutalidad y sed de sangre. Como ejemplo mencionaremos la representación teatral de una compañía infantil. En ella se cantaba lo siguiente: «El día ya no está lejos, estad prestos. Con una melodía sangrienta atizamos el odio e incitamos a la lucha de clases, con los puños cerrados y listos para golpear en el vientre de la burguesía [...]. Agarra de la garganta al Estado burgués.» Al final de la función los niños colocaban un cierto número de retratos contra la pared y preguntaban: «¿A quién queremos dar el primer tiro? A Hitler..., a Goebbels..., a Brüning..., a Severing..., a Grzezinski»[8]. Desde la tribuna del *Reichstag*, el diputado comunista Remmele declaraba en el verano de 1931: «Hoy es un hecho indiscutible que el decadente, agonizante mundo capitalista ya no tiene medio alguno para salvarse y mantenerse. Ningún medio de poder puede ya servirle de ayuda para conseguirlo. Somos los vencedores del mañana, y la pregunta ha dejado de ser la de quién vencerá a quién. Esa pregunta ya está decidida»[9].

Y el programa electoral *Sobre la liberación nacional y social del pueblo alemán* de agosto de 1930 no es tan destacable porque en la competencia sostenida con los nacionalsocialistas exigiera la abolición de los «tributos», sino porque también postulaba la suspensión del pago de intereses resultante de los préstamos extranjeros a Alemania. Por esta razón resulta este programa incomparablemente más radical que el nacionalsocialista, pero también más irresponsable, pues la realización de esta exigencia hubiera hecho salir a Alemania del ciclo económico mundial, y entonces no le hubiera quedado más remedio que establecer un pacto con la Unión Soviética para lo bueno y para lo malo. A continuación de las frases citadas de la *Rote Fahne*, se muestra cuánto más radical era el programa comunista en comparación con el nacionalsocialista: «¿Acaso [el programa de Hitler contiene] la expropiación de las

[7] *Die Rote Fahne*, 19 de julio de 1930.
[8] Rep. 219 (nota 4), n.º 68, serie 69.
[9] «Ursachen und Folgen», t. VIII, p. 315. En conjunto, comparar con el capítulo «Der begrenzte Bürgerkrieg in Deutschland», en Ernst Nolte, *Der europäische Bürgerkrieg 1917-1945*, Berlín, 1987, pp. 175-194.

grandes industrias [...] y de las grandes posesiones inmobiliarias, como no sea únicamente en la medida en que éstas se hallen en manos judías?»[10]. El antisemitismo nacionalsocialista hace aquí las veces de un punto de partida inconsecuente e insuficiente, pero un punto de partida al fin y al cabo. Esta radicalidad se alió con una demagogia social desenfrenada, consistente a grandes rasgos en la consecución de la jornada laboral de siete horas, con una completa igualación de salarios, y de la semana laboral de cuatro días. Y en enormes carteles aparecía representado «Stalin, nuestro *Führer*».

Cuál era el grado de intensidad del miedo que reinaba en 1932 en Alemania, y desde luego no meramente en ella, respecto de la Unión Soviética como potencia líder de un movimiento revolucionario internacional, es algo que se deja entrever en una anotación de Carl von Ossietzky, quien a principios de ese año escribía en la *Weltbühne*: «Pero Alemania, republicana o fascista, espera en el fondo algo que es de mayores dimensiones e inquieta más, algo que crispa los nervios de los Estados capitalistas y les provoca muchas vacilaciones enojosas, y ese algo es la Rusia soviética. Al mismo tiempo, Alemania, esté gobernada por Brüning o Hitler, sube al tercer puesto»[11].

Ahora ya se puede decir con certeza que esta segunda visión de las cosas es, de todos modos, unilateral. ¿Acaso no empleaban también el *Völkischer Beobachter* y el *Angriff* un lenguaje de vehemencia y brutalidad extremas, como el usado contra «Isidor Weiß», el vicepresidente de la policía de Berlín? ¿No incluía el *Mein Kampf* de Hitler el programa de una guerra de conquista que a duras penas lograba ocultar la intención de exterminar a los judíos? Esto es indudablemente cierto. También los nacionalsocialistas constituían un partido radical, extremista incluso.

¿No disponía el sistema de Weimar de reservas considerables? ¿No habría sido estéril cualquier tentativa de los comunistas por inciar un levantamiento en diciembre de 1932? ¿No era un transparente recurso propagandístico la pretendida colaboración entre comunistas y nacionalsocialistas? Y, por lo demás, el sistema parlamentario y liberal ¿no ha superado también en todas partes del mundo las crisis en las que se había visto envuelto? Probablemente

---

[10] *Die Rote Fahne,* 10 de septiembre de 1930.
[11] *Die Weltbühne,* 1932, I, p. 695.

hayamos de responder también a estas preguntas con un sí. Mas ¿podemos esperar de quienes vivieron en aquella época el buen juicio y la autoconciencia de sus descendientes?

¿No era tal vez mejor, en última instancia, la solución más radical y consecuente, pues hubiera evitado precisamente las funestas consecuencias originadas por la elección de la solución más moderada? ¿No hubiera sido mejor que una Alemania comunista se uniera a la Unión Soviética, puesto que las «deformaciones» estalinistas habrían desaparecido ya desde un principio, una vez liberados del aislamiento? Nadie podría decir un «no» con certeza absoluta. Pero, al menos, resulta de igual modo verosímil que en Alemania oriental habría tenido lugar una extensiva aniquilación social, fáctica y también física, de los industriales, oficiales y terratenientes, de las profesiones liberales y de otros, mientras que las tropas francesas e inglesas se habrían introducido en Alemania occidental, entregándose probablemente a la batalla decisiva con el ejército soviético (ruso y alemán), no ya en el Rin, como había profetizado Radek en 1919, sino en el Elba.

Con bastante mayor verosimilitud cabría afirmar que la mejor solución hubiera sido la concepción de los frentes transversales de Schleicher, seguida inmediatamente por una segunda concepción, la de que Von Papen o el mismo Schleicher tomaran luego la resolución de preservar la autoridad, no del Estado democrático, sino más bien del Estado de derecho, aceptando el riesgo de una lucha armada contra los dos partidos de la guerra civil.

Todas estas consideraciones y reflexiones son, con todo, inseguras. Sin embargo, sí es seguro que muchos hombres y mujeres de la Alemania de aquel tiempo debieron tener la impresión de que existían dos partidos radicales cercando al poder, de los cuales uno era bastante menos radical y se esforzaba con ahínco por retirar de la propaganda el antisemitismo y los planes de política exterior. Y no sólo era Hitler quien se trataba y señalaba a sí mismo como el anti-Lenin, pues también la mente más lúcida de los comunistas, León Trotski, consideraba a Hitler el posible «supremo exprimidor de la burguesía mundial», y no primeramente como el enemigo de los judíos o el futuro «asesino de judíos». Es seguro que muchos alemanes tuvieron y pudieron tener la convicción de que el sistema parlamentario no estaba en consonancia con una situación presa de una triple tenaza. Y es seguro, por último, que obraron de un modo al menos comprensible, incluso natural, quienes creyeron que sólo la respuesta radical era la adecuada para la situación, pero no la solución radical del socialismo «asiático», la del déspota Stalin y de su cándido instrumento, el estibador Thälmann; la alternativa rezaba ahora, irremediablemente, «o la estrella soviética o la cruz gamada». Y con ello regresamos a Baden, donde los comunistas habían obtenido 110.000 votos en 1930 (frente a los 210.000 de los socialdemócratas, los 350.000 del *Zentrum* y los 220.000 de los nacionalsocialistas) y 170.000 el 6 de noviembre de 1932 (frente a los 155.000 de los socialdemócratas, los 330.000 del *Zentrum* y los 400.000 de los nacionalsocialistas). Y así regresamos también a Heidegger, de quien mencionábamos más arriba que durante el período, en verdad excitante, comprendido entre 1928 y 1932 no mencionó ni una sola palabra en sus publicaciones que pudiera haber significado un compromiso político.

Sin embargo, podemos extraer algún conocimiento al respecto de la primera correspondencia privada de Heidegger, dirigida a Elisabeth Blochmann y publicada en 1989. Lo que se dice en esa correspondencia concuerda a la perfección con el panorama antes descrito. Así, el 17 de octubre de 1928 Heidegger escribe a su amiga lo siguiente sobre su viaje de conferencias a Riga: «Los días de Riga han sido bastante tensos para mí, pero las personas fueron extraordinariamente agradecidas y atentas. La ciudad no ha olvidado aún los años de la guerra y de la dominación bolchevique [...]. El destino de los bálticos es conmovedor»[12]. Por tanto, Heidegger, al igual que Hitler, tomó contacto de cerca con las huellas dejadas por el año 1919, el año de la revolución, tanto por observación directa como a través de los relatos de los afectados. Estas experiencias lo pusieron en relación, como hicieran tantos hombres reflexivos, con la «crisis de la cultura y la política del presente». Y las alusiones que él hace en una interesante carta fechada el 22 de junio de 1932, permiten reconocer algunos signos característicos de la «revolución conservadora». Mientras hace referencia a conversaciones previas, «todas las cuales concernían en el fondo a Brüning y al *Zentrum*», la acusación principal se dirige contra el liberalismo, entendido como el poder de la nivelación y del desprecio de las normas, y con ello, a la vez, contra el *Zentrum*, promotor de

---

[12] Martin Heidegger/Elisabeth Blochmann, *Briefwechsel* (Bibl. n.º 23), p. 27

aquel liberalismo. Heidegger equipara al parecer la política de este
último partido con el «jesuitismo», formulando así una notable frase que permite reconocer a un tiempo que presentar hostilidad contra el liberalismo y el *Zentrum* no era un fin en sí mismo para él:
«El comunismo, entre otros, es quizá cruel, pero un asunto claro;
pero el jesuitismo es —excúseme— diabólico»[13]. Todo esto —continúa— le llevó a «apasionarse», pues le hizo recordar una lucha
«a que sólo en contadas ocasiones se la defiende hasta el final con
esa dureza». Es difícil que con ello significara algo distinto de su
separación del catolicismo. No obstante, esa separación no afecta-
ba, evidentemente, tan sólo a la fe religiosa, sino que también suscitó una «pasión políticia» en su sentido estricto, una pasión que,
hasta entonces, no había cristalizado en ninguna de sus declaraciones públicas. Y es una carta del 19 de diciembre la que permite deducir dónde halló Heidegger el punto de partida de esa pasión
política.

En esa carta se menciona, con un acento positivo aunque no
del todo acrítico, al «círculo de acción», considerándolo com-
puesto por un grupo de hombres «cuya labor y voluntad merecen
toda aprobación»[14]. Heidegger, sin embargo, escribió la carta más
digna de atención el 30 de marzo de 1933, dirigiéndola a una amiga «mitad judía» que pocas semanas después habría de convertirse en víctima de la «ley para el restablecimiento del funcionariado de carrera». Por tanto, la carta fue escrita en un momento
en el que Heidegger aún no había tomado posesión del rectorado. Allí se dice: «El acontecimiento actual tiene para mí —precisamente porque continúa estando en gran parte oscuro y sin resolver— una inusual fuerza unificadora. Refuerza la voluntad y
la seguridad en servicio del cumplimiento de un gran cometido
y de la cooperación en la construcción de un mundo fundado por
el pueblo.   La controversia con el "marxismo" y el *Zentrum* habrá de fracasar en su sentido auténtico si no madura hacia una
controversia con el espíritu contrario del mundo comunista y, en
igual medida, con el espíritu agonizante del cristianismo»[15]. Ésta
es una relación de ideas filosófico-histórica que ya había adoptado Nietzsche y que también se introdujo en la «revolución con-

---

[13] Ibídem, p. 52.
[14] Ibídem, p. 55.
[15] Ibídem, p. 60.

servadora». Así, no es a través de declaraciones públicas, sino de declaraciones de índole privada como se puede establecer una conexión entre el Heidegger de *Ser y tiempo* y el del discurso del rectorado[16].

---

[16] La declaración más concreta de Heidegger respecto de la situación política de la República de Weimar en su fase tardía se ha dado a conocer gracias a Hermann Mörchen, quien, en un programa de la cadena *Westdeutsches Fernsehen* del 23 de enero de1989, comunicó algunos de los apuntes de su diario correspondiente al tránsito de 1931-1932. Naturalmante, esos apuntes no tienen el mismo valor como fuente que una declaración epistolar del propio Heidegger, aunque engarzan a la perfección con lo ya sabido y corroboran, de hecho, que Heidegger se vio a sí mismo desde 1930 «dentro de la guerra civil mundial», como afirmara Otto Pöggeler en una conferencia pronunciada en la Academia de Ciencias de Renania-Westfalia: «Sin duda, de lo que se habló no fue de filosofía [en una visita de Hermann Mörchen a la cabaña del matrimonio Heidegger en la Nochevieja de 1931-1932], sino, ante todo, de nacionalsocialismo. La que había sido una partidaria convencida de los liberales se ha hecho nacionalsocialista, y su esposo le ha seguido. Nunca lo hubiera pensado. Sin embargo, en realidad no hay que extrañarse de ello. Él no entiende demasiado de política [...] y, así, en esencia es su aversión por las mediocres medias tintas la que le permite esperar algo del partido, el cual promete hacer algo decisivo y, con ello, presentar una oposición eficaz al comunismo sobre todo. El idealismo democrático y la escrupulosidad de Brüning nada podrían crear ya donde una vez lograron tanto. Por consiguiente, hoy tendría que aprobarse una dictadura que no se escandalizara de los procedimientos de Boxheim. Sólo mediante una dictadura semejante se evitaría el comunismo, que es peor porque aniquila toda cultura de la personalidad individual y, con ello, absolutamente toda la cultura en el sentido occidental» (Otto Pöggeler, *Philosophie und Nationalsozialismus - am Beispiel Heideggers*, Opladen, 1990, pp. 24 ss.).

LA REVOLUCIÓN NACIONALSOCIALISTA DE 1933 Y EL RECTORADO DE HEIDEGGER

Para quien se deje guiar por el concepto normativo de revolución, la «toma del poder» nacionalsocialista no lo fue en absoluto, ya que no aportó una mayor libertad a los individuos ni condujo a una transformación esencial de la estructura económica. En todo caso cabe hablar de una «transferencia del poder», pues Hitler se limitó a cumplir la voluntad de sus mentores, los representantes de las grandes industrias. Sin embargo, ningún movimiento subversivo de la historia europea había entendido antes ese concepto en un sentido distinto al de la implantación de un nuevo gobierno, y en Alemania, pocos meses más tarde, ya se había cunsumado un cambio fundamental del sistema político. Lo que por un momento pudo haberse tomado como la formación normal de un nuevo gobierno no tardó en revelarse como la subida al poder de un determinado partido, y en verano nadie podía dudar ya de que había tenido lugar una toma revolucionaria del poder.

La revolución nacionalsocialista fue, en esencia, un impulso y un movimiento populares. Y es una cuestión del todo diferente la de si también se habría producido si no se hubiera tratado a la vez de una «toma del poder» legal del gobierno, es decir, si la puerta no se hubiera abierto desde arriba. En cualquier caso, en la tarde del 30 de enero se formaron desfiles de antorchas y marchas de las masas por las calles de Berlín, manifestaciones que desde luego no eran del todo espontáneas, pero que no hubieran podido tener lugar sin la disponibilidad interna de muchos cientos de miles de personas. Si bien es cierto que una descripción nacionalsocialista de los hechos los dramatiza, la atmósfera que reproduce es, en esencia, correcta: «Ellos no decían que Hitler se había convertido en canciller del Reich; decían simplemente: Hitler. Se lo decían unos a otros en las calles y ante las puertas de los comercios, en la barra de los bares; lo gritaban unos a otros en el metro, en el autobús. Como una chispa eléctrica saltó de hombre a hombre, encendió toda una enorme ciudad, encendió millones de corazones [...]. Era como en el año catorce, cuando se oía martillear el pulso de un pueblo entero [...]»[1]. Tal vez pueda ser más ilustrativa que los prolijos informes y relatos la declaración fidedigna de una mujer sencilla el 31 de enero: «Quiero decir: las cosas ya han mejorado.» Esta gran expectación y esta conmoción del pueblo, sin embargo, nada tenían que ver con las barricadas ni con una proclamación de cambios significativos, sino que coincidían por completo con el manifiesto, de marcado tono tradicionalista, pronunciado por el gobierno del Reich. En él se decía: «Han pasado más de catorce años desde aquel desgraciado día en que, fascinados y cegados por promesas implícitas y explícitas, el pueblo alemán olvidó los más altos bienes de nuestro pasado, el Reich, su honor y su libertad, y al olvidarlos lo perdió todo [...]. Catorce años de marxismo han arruinado Alemania [...]. Queremos empezar demostrando nuestra lealtad al Mariscal General de Campo. Rogamos al todopoderoso Dios que haga rectas nuestras voluntades, bendiga nuestro entendimiento y nos honre con la confianza de nuestro pueblo, pues no queremos luchar por nosotros, sino por Alemania»[2]. Por tanto, esta revolución se veía a sí misma justo como la entendieron sus enemigos más decisivos, si bien desde una valoración opuesta, es decir, como una contrarrevolución, y este hecho se manifiesta en su carácter contradictorio y paradójico. Revolucionaria era la manera, semejante en todo a una guerra civil, con la que derrotaron a sus adversarios, a saber, con detenciones masivas, con la prohibición de los partidos y con el envío de un buen número de personas a los campos de concentración. En gran parte, todos estos procedimientos eran «salvajes» y fueron ejecutados por las SA, por una formación que estaba mayoritariamente constituida por trabajadores y parados. Y, desde la óptica del concepto normativo de revolución, fue «contrarrevolucionario» el objetivo antimarxista de la aniquilación de los partidos socialistas, así como la lucha contra la decadencia «liberal» y la anulación de la emancipación judía, a la que se consideraba como la presunta invasión de un pueblo ex-

---

[1] Erich Czsech-Jochberg, *Vom 30 januar zum 21 März. Die Tage der nationalen Erhebung*, Leipzig, 1933, pp. 49, 53.
[2] Herbert Michaelis y Ernst Schraepler (eds.), *Ursachen und Folgen*, t. IX, Berlín, s.a., pp. 15 ss.

tranjero. Tras haber ordenado el incendio del *Reichstag* el 28 de febrero «para la protección del pueblo y del Estado», tras las elecciones al *Reichstag* del 5 de marzo, tras la aprobación de la «ley de plenos poderes» del 23 de marzo y tras la declaración del día 1 de mayo como fiesta nacional, se cerró (ya en verano) el proceso de la «unificación», es decir, de la toma del poder, y ello poco después de que se promulgara, el día 14 de julio, la ley contra la nueva formación de partidos. En ese momento, el todavía denominado por la mayoría «canciller del pueblo», Hitler, anunció por su parte el final de la revolución y la conversión de ésta en evolución.

Se trataba, sin duda, del triunfo de una mitad del pueblo sobre la otra mitad, y también aquí puede resultar esclarecedoras las palabras fidedignas de una persona sencilla, quien en la tarde del 30 de enero dijo, mientras veía pasar ante la ventana de su casa el largo desfile de antorchas, lo siguiente: «Ellos no renunciarán al poder antes de haber perdido una guerra.» Pero, así como en las elecciones a la Asamblea Nacional de 1919 triunfó una mitad sobre la otra, pero la mitad derrotada se acercaba en diversos puntos a la victoriosa, así también se ha de tener a la vista en 1933 el poder de irradiación que hizo que los «adversarios a medias» de ayer buscaran unirse al «levantamiento nacional», mientras que los «adversarios totales» dimitieron en su mayoría, al igual que muchos de los socialdemócratas, o hubieron de comprobar, para su más profunda consternación, que un gran número de sus partidarios se habían transformado en enemigos, como ocurrió con los comunistas. Sólo en el extranjero podía articularse aún una oposición y una hostilidad que no raras veces adoptó el carácter de un «acoso despiadado», radicalizando todavía más la violencia de la sublevación y tomando las tendencias por hechos, mientras que, partiendo de meras conjeturas, atribuyó a los nacionalsocialistas la perpetración del incendio del *Reichstag* o describió a Alemania como al «país de los asesinos de judíos».

Los numerosos corresponsales extranjeros que se hallaban en Berlín y en otras grandes ciudades tenían, de hecho, razones suficientes para percibir los sucesos acaecidos en Alemania como extraños y bárbaros, pues ni en Londres ni en Nueva York ni, desde hacía varias décadas, en París había sucedido nada semejante. Sin embargo, se produce una fuerte deformación en la mirada de los observadores cuando renuncian a comparar esta contrarrevolución revolucionaria o revolución contrarrevolucionaria, esta toma del poder respaldada desde arriba que tuvo lugar en el Reich alemán en 1933, con la Revolución de octubre de 1917, una revolución que parecía ser lo contrario de aquélla y con la que, no obstante, demostró poseer algunas semejanzas. Nuestro fin no consiste únicamente en hacer comprensibles las decisiones subjetivas, sino en calibrar en su justa medida las relaciones objetivas.

Esa «Revolución de Octubre» no fue un alzamiento contra el *ancien régime*, como lo había sido la Revolución francesa de 1789, sino una revolución dentro de una revolución, es decir, la sublevación de febrero (según la cronología antigua), por obra de la cual se había derrocado el zarismo. Más bien, ese movimiento había sido puesto en marcha por voluntad del líder indiscutido de uno de los tres (o cuatro) partidos socialistas, a pesar de la resistencia opuesta por algunos de los más destacados compañeros de lucha. Ese líder, en la víspera del segundo Congreso Soviético de todas las Rusias, se propuso impedir el estado de cosas que sin duda hubiera resultado del Congreso, como, el fin de la coalición entre socialistas y «burgueses», tal y como existía desde la sublevación de febrero, y la formación de un «gobierno soviético» mediante los tres partidos socialistas. Éstos trabajarían para la obtención de un acuerdo de paz general, legalizando, después de las elecciones a la Asamblea Constituyente, una revolución agraria que ya se encontraba en marcha en toda la nación. La característica diferenciadora de los bolcheviques no era el deseo de la paz ni la intención de ofrecer la tierra a los campesinos, sino la resolución de gobernar solos para, así, poder firmar en caso de necesidad un acuerdo independiente de paz con Alemania y poner en marcha desde Rusia la «revolución socialista mundial». Por tanto, el triunfal «levantamiento armado» del 6 y 7 de noviembre de 1917 (según la cronología moderna) fue una «toma del poder» en su sentido estricto. Mas ésta no habría podido tener lugar si no se hubieran propagado ciertos rumores dignos de crédito según los cuales el Gobierno Provisional, bajo el mando de Kerenski, planeaba un segundo golpe «contra la revolución» siguiendo el modelo del malogrado golpe de Kornilov. Y tampoco habría tenido lugar si la preparación del levantamiento no hubiera podido efectuarse tras el velo de una presunta «legalidad soviética». Por tanto, desde cierta perspectiva, también en Petrogrado se trataba de una toma del poder «legal» y «contrarrevolucionaria», y todos los demás partidos llamaban a los bolcheviques el «partido de la guerra civil». Lo que, desde este

punto vista, aparecía como «resistencia» lo definieron los bolcheviques como «revuelta», y ya durante los primeros días se procedió a aplastar con brutalidad extrema esa «resistencia-revuelta»
(como podría llamársela). Tal vez fuera «revolucionario» que Lenin proscribiera en diciembre el partido de los *cadetes*, calificán-
dolo de «partido de los burgueses». Es evidente que la razón de
ello estribaba en que aquel partido había obtenido en las elecciones a la Asamblea Constituyente un sorprendente número de votos; sin embargo, sencillamente no era «contrarrevolucionario»
que, tras las elecciones libres, Lenin disolviera precisamente la
Asamblea Constituyente empleando para ello la violencia, y per-
mitiendo a continuación que sus tropas dispararan contra un grupo de personas que se manifestaban en protesta contra aquel acto,
como resultado de lo cual dejaron veinte muertos sobre el pavi-
mento de las calles. Se trataba de «pequeñoburgueses», escribió la
prensa del partido —la única que, de hecho, podía ser publicada—,
y el empleo de ese término en el presente contexto resulta sumamente esclarecedor. En efecto, a los bolcheviques también les con-
ducía un poderoso movimiento popular, aunque hacía tiempo que
habían perdido la mayoría. Un movimiento popular que ahora quería la libertad a cualquier precio y que, a la vez, estaba obligado a
querer el «socialismo» si deseaba conservar el entusiasmo que los
diferenciaba de una revuelta derrotada de antemano. Así, los trabajadores ocuparon las fábricas a lo largo y ancho del país, expro-
piaron a los industriales e «implantaron el socialismo». De este
modo, el gobierno se limitó en realidad a sancionar hechos ya consumados cuando decretó la nacionalización de la industria. Ya antes de estos sucesos se había arruinado y hundido en la miseria la
burguesía financiera, a la que las masas atribuían la culpa de la
guerra; hacia principios de 1918, el cuerpo de guardia recibió la
orden de hacer uso de las armas ante la más mínima réplica de los
burschui o *cadetes*, que habían sido reclutados para la realización
de trabajos forzados. Sin embargo, no eran sólo las masas las que
creían que con la abolición de la propiedad privada se aboliría la
raíz de toda miseria y, en último término, también la razón de toda
guerra, pues la convicción marxista de Lenin demostró estar orientada en una idéntica dirección. Lenin se sintió fortalecido por las
grandes expectativas suscitadas por su revolución en amplios sectores de los Estados en guerra. Así, por primera vez en la historia
mundial parecía que allí se había declarado la guerra a la guerra,

y el llamamiento bolchevique a la paz, que, según el modelo soviético, sólo podría realizarse mediante un «levantamiento armado» contra los capitalistas y los burgueses, halló su eco en las simpatías de las tropas mismas de una Francia por entonces gravemente asediada. Sin embargo, entre los líderes políticos y en grandes sectores de la población se consideraba lo que había sucedido en Rusia como «asiático», pues la prioridad otorgada a la «aniquilación de las clases» no tenía precedente alguno en el mundo occidental, y de hecho evocaba la época del *Terreur* de la Revolución francesa. En la propia Rusia, Máximo Gorki acusó con palabras muy duras a Lenin y Trotski; desde el *Pravda* la locura incitaba a las masas con la consigna «apalea a muerte al burgués»; y en los talleres afirmaban los trabajdores incultos que los cerrajeros y fundidores eran «burgueses». Esta revolución llevaba de extremo a extremo la impronta de la «idea asiática» según la cual los individuos no son nada, de modo que era concebible y ejecutable el exterminio de millones de personas sin atender a más consideraciones[3]. Y Gorki escribió todo esto cuando apenas si era conocido todavía el nombre de «Checa», cuando aún nadie había sacado de las prisiones y fusilado a los cientos de *burschui* y oficiales que, sólo en Petrogrado y en Moscú, perdieron la vida por haber perpetrado dos atentados socialrevolucionarios contra el jefe de Checa de Petrogrado, Uritzki, y contra Lenin. Antes del hundimiento de las potencias centrales en noviembre de 1918, millones de hombres pensaron con espanto que lo que había sucedido en Rusia era un «asesinato de clases» inscrito en los desórdenes de una guerra civil. Sin embargo, había una cantidad de igual modo considerable de personas que se encontraban plenamente convencidas de que ese espanto era inevitable si el objetivo era el de poner un fin definitivo a la guerra.

Por tanto, la Revolución de Octubre se llevó a cabo de un modo tal vez demasiado singular (sobre todo debido a las circunstancias, marcadas por la guerra) como para que pudiera haber entrañado aquel *Typus* de la revolución final ideal de la que los marxistas venían hablando desde medio siglo atrás. Sin embargo, es precisamente por ello por lo que quisieron desencadenar esa gran revolución final, una revolución que habría de extenderse luego al mundo entero y, en primer lugar, a Europa.

---

[3] Ernst Nolte, *Der europäische Bürgerkrieg 1917-1945*, Berlín, 1987, p. 65.

Así, esta segunda revolución rusa, debido a su pretensión de universalidad y a su fundamentabilidad mediante la doctrina marxista, fue, *kat'exochén*, una revolución que provocó entusiasmo y produjo espanto, aunque desde la perspectiva rusa tal vez no se tratara sino del golpe contrarrevolucionario de un partido de intelectuales que aprovechó una situación de hundimiento político y miseria económica. Y fue el acontecimiento central del siglo XX, pues supo unir el núcleo de verdad y la exaltación de una ideología a la vez arcaica y moderna con la fuerza inconmensurable del mayor Estado de la tierra, convirtiéndose con ello en el mayor desafío al sistema social «europeo», «occidental» o «pluralista», del que en cierto modo nació y al que en cierto modo se opuso.

Comparada con ella, la revolución del nacionalsocialismo se anunciaba en sus fines, inmediatos y abiertamente proclamados (la restitución del honor y la igualdad de derechos de Alemania), como una revolución incluso modesta y moderada en cuanto a sus métodos; el número de las víctimas permaneció restringido, y únicamente fueron aniquiladas algunas organizaciones políticas, pero no clases sociales enteras. Sin embargo, es cierto que tampoco era Alemania un país cualquiera. En efecto, en un espacio relativamente reducido conjugaba la mayor concentración de capacidad industrial e intelectual, situándose por lo demás en la tradición —si bien prácticamente olvidada— de una gran filosofía y cultura. Es posible que se considere que la revolución nacionalsocialista es de la misma categoría que la bolchevique y, aunque contrapuestas, también del mismo rango; mas, ¿en qué sentido se habla de una contraposición? ¿Se podría decir que la revolución nacionalsocialista resolvió los problemas del mundo moderno de una manera mejor, más convincente y menos dolorosa que en Rusia, donde la revolución discurrió por ríos de lágrimas y sangre y bajo el yugo, cada vez más pesado, de un despotismo férreo; pero también de una manera mejor que en el país de la «caza del dólar»? ¿O tal vez esa igualdad de rango podría establecerse apelando a que el exterminio se realizó en Alemania de forma restringida en un principio, pero finalmente más general aún, en la forma de asesinatos en masa determinados, no por motivos sociales, sino biológicos y, desde cierto punto de vista, filosófico-históricos? Habremos de tener presentes estos hechos y cuestiones cuando nos dirijamos a las decisiones y actividades de Heidegger durante los años 1933-1934. Sobre este punto comenzaremos siguiendo el hilo de las declaraciones más importantes de Heidegger, concatenándolas mediante un mínimo de narración o comentario por mi parte, y haciendo referencia a su relación con la filosofía desarrollada por él mismo hasta 1933. Después, volveremos la atención sobre algunos de aquellos hechos concretos averiguados, sobre todo, por Ott y Farías. Por último, no quiero eludir la difícil tarea de plantear cuestiones insidiosas y tratar de buscar para ellas respuestas provisionales. Las fuentes en que me baso se encuentran, sobre todo, en la antología de Guido Schneeberger *Relectura de Heidegger*, que contiene casi todos los textos relevantes y también algunos irrelevantes, que podríamos denominar atmosféricos.

Después de que los primeros meses posteriores al 30 de enero hubieran transcurrido en Friburgo del mismo modo que en la mayor parte de las demás ciudades alemanas, el *Breisgauer Zeitung* y el *Freiburger Zeitung* publicaron el 22 de abril el comunicado de la elección del profesor Martin Heidegger como rector. El cargo había sido propuesto por el rector en funciones de la Universidad, y en la junta plenaria convocada a tal efecto la decisión había sido prácticamente unánime. Fue el día 1 de mayo, el «Día nacional del Trabajo», cuando Heidegger se afilió al Partido Nacionalsocialista, y poco después se le comparaba con Adolf Hitler en un artículo del *Alemanne* y en otro del *Kampfblatt der Nationalsozialisten Oberbadens*, ya que el filósofo, por ser de origen análogo al *Führer* y discípulo del «consejero áulico Husserl» (y no «del judío Husserl»), sería «el *Führer* espiritual del pensamiento contemporáneo». La primera declaración de Heidegger tras este acontecimiento habría de revestir un interés especial, y tuvo lugar durante la primera hora de su lección *Las cuestiones fundamentales de la filosofía* [*Die Grundfrage der Philosophie*], que lamentablemente no ha sido publicada en la edición de sus obras completas. Nos vemos, pues, obligados a remitirnos a un informe periodístico según el cual Heidegger habría hablado sobre las *Tareas de la actual juventud académica* y dicho, entre otras cosas: «Sea la pregunta de si queremos crear un mundo espiritual o no. Si no pudiésemos, entonces caería sobre nosotros cualquier barbarie y nuestro papel como pueblo histórico habría acabado definitivamente»[4]. Por esta misma época, la corporación de estudiantes de la Universidad de Friburgo, que ya el día 1 de abril había establecido piquetes de vi-

---

[4] Guido Schneeberger, *Nachlese zu Heidegger*, Berna, 1962, p. 27.

gilancia ante las aulas de los profesores judíos con el objeto de di-
suadir a sus compañeros de la asistencia a las clases de aquéllos,
hizo público un llamamiento para la participación en la proyectada quema de libros, pues estaban decididos a «llevar a cabo la lucha espiritual contra la degeneración judeo-marxista del pueblo
alemán hasta su completo exterminio»[5]. Como es sabido, esta quema de libros tuvo lugar en Berlín el día 10 de mayo, contando con
la asistencia del nuevo ministro del Reich para la Ilustración del
Pueblo y Propaganda, el Dr. Goebbels, y del por entonces recién
nombrado profesor de Pedagogía Política, Alfred Baeumler. Pero
en Friburgo no se celebró el acto, al parecer debido a la lluvia, o
acaso también a la prohibición del rector.

En la época de su rectorado, Heidegger se pronunció en doce
ocasiones relevantes; la mayor parte de esos discursos y llamamientos se conoce únicamente a través de artículos de prensa, por
lo que su reproducción no es necesariamente exacta.

1.   El discurso pronunciado a propósito del homenaje dedicado por la Universidad a Schlageter. Por aquel entonces se consideraba a Albert Leo Schlageter en casi toda Alemania —como también lo había hecho Karl Radek en 1923— un «luchador por la
libertad», aunque hoy lo considere Farías un «terrorista». En el dé-
cimo aniversario de su fusilamiento a manos de los franceses, el
26 de mayo de 1933, tuvo lugar una celebración organizada por el
cuerpo docente y los estudiantes, en la que Heidegger, en presencia de miles de personas, pronunció unas palabras desde la escali-
nata de acceso a la entrada principal de la Universidad. El filósofo señaló a Schlageter como al «joven héroe alemán» que una década
antes «había muerto de la muerte más grande y más difícil». Y era
la muerte más difícil porque Schlageter se había enfrentado, sin armas, a los fusiles franceses, y ello en una época de «tinieblas, decadencia y traición». Y fue la muerte más grande porque el soldado tan sólo debió ver representada ante su alma «la imagen de la
futura marcha de su pueblo en pos de su honor y grandeza». Esta
firmeza de la voluntad y esta pureza del corazón se la había pro-
porcionado su patria, situada en la meridional Selva Negra. Las
montañas, entre las cuales había crecido el hijo del campesino,

---

[5] Ibídem, pp. 29 ss.

«roca primitiva, granito», esculpieron desde tiempo atrás la firmeza de la voluntad; el sol estival de la Selva Negra «nutre, desde hace tiempo, la pureza del corazón». De ello resulta el llamamiento: «¡Estudiante de Friburgo! Deja que la fuerza de las montañas de la patria de este héroe fluya en tu voluntad [...]». Schlageter, el antiguo estudiante de Friburgo, «*tuvo que* combatir en la costa báltica, *tuvo que* combatir en la Alta Silesia, *tuvo que* combatir en el Ruhr». «No podía eludir su destino, no podía dejar de morir de la muerte más difícil y más grande, con firmeza de la voluntad y un corazón puro.» Tras depositar una corona de flores, se procedió a entonar la canción de los buenos camaradas[6].

Nadie podrá dudar de que éste es un discurso que surgió de la filosofía de Heidegger y es ilustrativo de ella. Es evidente que se trataba de lo que tal vez ya tuviera Heidegger en la mente en 1927 cuando hablaba del «correr anticipadamente a la muerte», del «héroe» y del «destino». Pero también su concepto de «patria» puede resultar ahora en cierto modo más claro, un concepto que hoy habrá de suscitar tanta extrañeza como entonces, y entonces no únicamente en el nacionalsocialista, quien creía en la única fuerza determinante del «patrimonio de la herencia» y de la «calidad de la raza».

2.   El discurso pronunciado el 27 de mayo con motivo de la toma de posesión del rectorado tuvo lugar, por tanto, al día siguiente de la celebración en honor a Schlageter. Por ello no tardó en ser publicado, y Hermann Heidegger lo volvió a editar en 1983. Así pues, en este caso el texto conservado presenta una mayor autenticidad. El título resulta bastante extraño, pues en él también se anunciaba oficialmente: «La autoafirmación de la Universidad alemana.» A uno se le ocurre, en primer lugar, que sólo cabe «afirmar» aquello que se tiene o aquello que se encuentra amenazado. El título, por tanto, pudo haber sonado, en la época de una «revolución universitaria», a «resistencia». Sin embargo, una interpretación semejante podría inducir a confusión.

Heidegger declara, en la primera frase de su discurso, que la aceptación del rectorado supone la obligación de dirigir espiritualmente a esa alta escuela. Ésta es una tesis para la que es difícil hallar una fundamentación en la tradición de la Universidad

---

[6] Ibídem, pp. 47 ss.

alemana, y ello se aplica igualmente a la restricción que entrañan las palabras de Heidegger al afirmar que los dirigentes [*Führer*] mismos son los dirigidos [*Geführte*], y «dirigidos por la inexorabilidad de aquella misión espiritual que somete el destino del pueblo alemán a la impronta de su historia». Sin embargo, en el discurso también se define más de cerca y se delimita el significado de lo «alemán», pues Heidegger designa como el «inicio de nuestra existencia [*Dasein*] histórico-espiritual», no tal vez a Arminio o a Otto el Grande, sino a la «irrupción de la filosofía griega». En consecuencia, el hombre occidental, «desde su nacionalidad [*Volkstum*], sólo en virtud de su lenguaje se subleva contra el ente en total, lo cuestiona y concibe como el ente que es». La «irrupción nacional», por tanto, es para Heidegger una forma de la filosofía, y también la ciencia debería ser filosofía, puesto que no es sino «el inquisitivo perseverar en medio del ente en total que permanentemente se oculta». Si es cierta la expresión de Nietzsche «Dios ha muerto», entonces el interrogar mismo es la forma más elevada del saber. Y precisamente en este punto se rompe «el encapsulamiento de las ciencias en disciplinas separadas»; la ciencia se salva así de la «dispersión sin límite ni fin en campos y esquinas aislados». De este modo, puede «volver» a ser restituida inmediatamente a «la fertilidad y abundancia de todos los poderes que configuran el mundo de la existencia histórica y humana», «donde se encuentran: la naturaleza, la historia, la lengua; el pueblo, la moral, el Estado; el poetizar, el pensar, el creer; la enfermedad, la locura, la muerte; el derecho, la economía, la técnica». No se encuentran aquí mencionadas la «clase» de Luckács ni la «cultura» de Spengler. El «espíritu» aparece en aguda contraposición respecto del «ejercicio desenfrenado de los análisis lógicos» y «acaso de la razón del mundo», de modo que el «mundo espiritual de un pueblo» no es «la superestructura [*Überbau*] de una cultura», sino «el poder de la más honda conservación de sus fuerzas de tierra y sangre en cuanto poder de la emoción más intensa y la más amplia conmoción de su existencia». De nuevo podrá alguien pensar, involuntariamente, en el lema nazi «sangre y raza», pero se ha de tener presente que de lo que se trata es, precisamente, del «inquisitivo perseverar en medio del ente en total que permanentemente se oculta». Por tanto, el filósofo no pudo haberse referido a algo así como al letargo de lo evidente y de lo dado. La primera conse-

cuencia que se extrae de este punto de partida de la Universidad
y los estudiantes resulta, sin duda, bastante extraña: «La tan ce-
lebrada libertad académica será expulsada de la Universidad alemana; pues esta libertad no era auténtica, sino tan sólo negativa.»
En su lugar se presentan tres obligaciones de los estudiantes: para
con la comunidad del pueblo, para con el honor y el sino de la
nación en medio de otros pueblos y, por último, para con la misión espiritual del pueblo alemán. La primera obligación se hace
realidad en el «Servicio del Trabajo», la segunda en el «Servicio
de las Armas» y la tercera en el «Servicio del Saber». Por tanto,
en este punto se establece una conexión muy estrecha entre «la
esencia originaria y plena de la ciencia» y las realidades del «pueblo» y el «Estado», y éstas, a su vez, con el concepto de «lucha»,
que sin duda no debe «subyugar», sino «mantener abierta la oposición», también la oposición entre dirigir y seguir, que entraña
una especie de «resistencia». Sea como fuere, según Heidegger
la Universidad alemana debe ser devuelta al «lugar de una legislación espiritual» y adecuarse al «más alto servicio al pueblo en
su Estado». Sólo lo anterior sería una auténtica «autoafirmación»
y no la mera conservación de su herencia o la adhesión a lo nuevo. El punto de partida «crítico-cultural» y el contramovimiento
de ahí resultante, el de una salvación que no pretende conservar
meramente, aparecen formulados al final del discurso en unas
frases que llevan la impronta de un *pathos* que resultará extraño
en nuestros días:

> Pero tampoco nadie nos preguntará si queremos o no queremos,
> cuando la fuerza espiritual de Occidente desfallezca y éste se desqui-
> cie, cuando la agonizante cultura de la apariencia se hunda en sí mis-
> ma, arrastre a todas las fuerzas a la confusión y las deje ahogarse en la
> locura.
> Que ocurra o no algo semejante depende únicamente de que noso-
> tros nos queramos todavía, y aun de nuevo, como a un pueblo históri-
> co-espiritual, o de si hemos dejado de querernos [...].
> Pero nosotros queremos que nuestro pueblo cumpla con su misión
> histórica.
> Nos queremos a nosotros mismos, pues la fuerza joven y más re-
> ciente del pueblo, que nos está sobrepasando, ya *ha decidido*.
> Mas sólo comprenderemos plenamente la excelencia y la grande-
> za de esta marcha cuando hagamos nuestra aquella grande y profunda
> presencia de ánimo de la que la antigua sabiduría griega pudo decir:
> *ta... megála pánta episphalé...*

Todo lo grande se encuentra en medio de la tempestad [Platón, *República*, 497 d,9][7].

---

[7] *Die Selbstbehauptung der deutschen Universität. Das Rektorat*, Francfort del Meno, 1983, pp. 9-19; ed. cast., *La autoafirmación de la Universidad alemana. El rectorado, 1933-1934. Entrevista del Spiegel*, trad. R. Rodríguez, Tecnos, Madrid, 1989, pp. 7-19.

Para establecer una comparación, quizá sea interesante citar otros discursos de toma de posesión del cargo de rector o declaraciones públicas del mismo género, siempre que fueran pronunciados en 1933 (como, por ejemplo, la alocución del comisario de Estado de los *Privatdozenten* Dr. Schmitthenner, ofrecida en Heidelberg).

El espectro se extiende, desde el discurso —en todo acorde con la tradición y puramente científico— del biólogo de Rostock, Paul Schulze, «Sobre la esencia de los instintos», donde se postula un desarrollo de la personalidad basado en el abandono de los esterotipos, hasta el difícilmente digerible *pathos* del cirujano maxilar de Erlangen, Reinmöller. Lo más frecuente en estos discursos es la crítica al liberalismo, devenido superficial, así como a la independización y especialización de las ciencias particulares; en esa medida, el discurso de Heidegger se inscribe en la tendencia más generalizada de su época. En la práctica totalidad de los casos examinados se menciona al *Führer* o «Canciller del Pueblo Adolf Hitler» con el mayor de los respetos, lo que no ocurre en el caso específico de Heidegger. Casi universales resultan, asimismo, los ataques dirigidos contra el «orgullo de casta» y contra el deseo de traer a la realidad una sociedad del rendimiento basada en la «igualdad de las razas». Aquí y allá se reconoce por momentos la clara tendencia a establecer una conexión entre la línea científica propia y la victoria del nacionalsocialismo, sobre todo en el caso de Eugen Fischer cuando habla de la teoría de la herencia y de los resultados de las investigaciones con gemelos. Fischer es también el único que emplea la palabra «exterminio» (de las razas extranjeras), el único que llega a hablar de los judíos y el único que combate «la idea cristiana de la pecaminosidad de la carne». Especialmente destacable es el discurso del biólogo muniqués Escherisch, quien parecía inclinado a erigir el Estado de las termitas en ideal del nacionalsocialismo, si bien procede a continuación, ayudándose del concepto de lo «mecánico», a caracterizar al bolchevismo, que había traído una desgracia sin nombre sobre su pueblo, mediante la expresión «delirio de termitas». El bolchevismo aparece en el discurso de Reinmöller tan sólo como una «obra diabólica», pero su desprecio por la doctrina marxista de la lucha de clases se hace evidente en el énfasis de que es objeto en su discurso la «comunidad del pueblo». Sin embargo, la noción de «pueblo» también es utilizada en ocasiones en un sentido agresivo, como en el caso de Ernst Krieck, quien se declara a sí mismos «hijo y nieto de artesanos y labradores alemanes, humildes de origen y esforzados trabajadores». Aquí y allá aparece la contraposición entre el «Estado nacional» y el «Estado popular»; rara vez permanecen sin mencionar los «planes militares» y el agosto de 1914, así como la muerte por la patria. Tan sólo en una única ocasión se alude al discurso rectoral de Heidegger, en concreto en el discurso pronunciado por Eberhard Schmidt en Hamburgo. La alusión, sin embargo, entraña una crítica al filósofo: «No me atrevo a hacer mía la palabra altiva de Heidegger al caracterizar la función del rector como la "dirección espiritual" de la

Desde luego, nadie podrá decir: éstas son las palabras de un filósofo que en sus lecciones hablaba de la «conciencia trascendental» y del «problema de las categorías», pero que no dudaba en acomodarse en su discurso público a las consignas del poder ni en adular al «canciller del pueblo» atacando la actividad subversiva de los judíos y ratificando la salud racial de la raza nórdica. Ninguno de esos conceptos y consignas aparecen en absoluto en el discurso de Heidegger; se trata, más bien, del discurso de un filósofo que desea ver a la filosofía abriéndose paso hacia la existencia cotidiana. Mucho más sorprendente resulta el que Heidegger haya centrado la atención en conceptos tales como los de «pueblo» y «Estado», conceptos que no aparecen, o aparecen sólo de una forma marginal, en *Ser y tiempo*. Sin embargo, al menos esos conceptos se encuentran codefinidos mediante la referencia de Heidegger a Platón. Y, llegados a este punto, uno casi se atrevería a preguntar si Heidegger no tendría que haber citado también una de las sentencias más célebres de Platón, es decir, la de que no cabe esperar el fin de la desgracia hasta que los filósofos sean reyes o los reyes filósofos. ¿Pretendía Heidegger en realidad dirigir al dirigente? Tal vez no presagiara nada bueno el que la traducción de la sentencia platónica con la que concluye su discurso fuera, no sólo voluntaria, sino claramente falsa, o, al menos, forzada en extremo[8].

3.   El día 30 de junio de 1933, el *Freiburger Studentenzeitung* publicaba en su primera página un llamamiento del nuevo rector que llevaba por título *El Servicio del Trabajo y la Universidad*. Allí define Heidegger el campamento de trabajo como «el lugar de una nueva patentización de la comunidad del pueblo». El campamento

---

Universidad. La espiritualidad de una universidad alemana está ligada de un modo demasiado abarcante y multiforme a la autonomía moral de la personalidad individual y creadora de los investigadores, y depende demasiado de ella como para que una sola persona pueda tomar realmente sobre sí la dirección de la Universidad.» Esta crítica es, sin duda, acertada, pero hemos de decir asimismo que el discurso de Heidegger, atendiendo a su factura, categoría y fuerza expresiva, introduce una clara diferencia cualitativa respecto de los demás discursos y alocuciones, de modo que es sólo en su caso donde no parece de antemano carente de sentido la eventual pretensión de «dirigir al dirigente».

[8] La traducción literal del «ta... megála pánta episphalé» podría ser: «Todas las cosas grandes son arriesgadas». *(N. de la T.)*

de trabajo sería, así, un campamento de instrucción para todos los
órdenes sociales y profesiones, e instruye para hacer llegar el saber a la comunidad trabajadora, sean cuales sean los órdenes sociales de que se trate. El campamento, como una nueva realidad, y
la Universidad se proponen «recoger, en un recíproco dar y tomar,
las fuerzas educativas de nuestro pueblo en aquella nueva unidad
de raíz desde la cual el pueblo se obliga a actuar para el futuro en
su Estado»[9]. En este breve llamamiento no se percibe ningún rastro de filosofía. ¿Acaso estaba Heidegger a punto de convertirse
en un «filósofo de campamento»?

4. La conferencia de Heidelberg del 30 de junio de 1933.
Aquí, Heidegger ejerce una severa crítica contra el hecho de que
hasta ese momento no hubiera tenido lugar en la Universidad ninguna revolución, siendo destacable tan sólo, como único revulsi-
vo, la formación de una nueva vida en el campamento de trabajo.
Sin embargo, la Universidad en su conjunto tendría que convertirse de nuevo en un poder de instrucción capaz de educar a la capa
dirigente del Estado desde el saber y para el saber. Ello se cumple,
precisamente, a través de la despedida del ilimitado desenfreno investigador y de la idea de un progreso internacional de la ciencia.
Y, a continuación, aparecen algunas de las declaraciones más radicales de Heidegger: «Contra eso, el espíritu nacionalsocialista ha
de llevar a cabo una lucha rigurosa que no debe ahogarse mediante representaciones humanizantes, cristianas, que repren su in-
condicionalidad.» La frase siguiente pone de manifiesto qué es eso
contra lo que Heidegger se dirige: «Únicamente está justificado el
hacer que en su interna puesta en marcha triunfa para el futuro. Ya
resuena la llamada: "¡La ciencia se halla en peligro por la pérdida
de tiempo empleada en el deporte de las armas y en otros asuntos!"
Pero ¿qué significa aquí perder el tiempo cuando de lo que se trata es de luchar por el Estado?» De nuevo, Heidegger exige de los
estudiantes «enraizamiento en el pueblo» y una «puesta en marcha». «Los estudios universitarios han de volver a convertirse en
una empresa arriesgada y no en refugio para los cobardes. Aquel
que no sostenga la lucha, sucumbirá [...]. Ella será librada por las
fuerzas del nuevo Reich, que el Canciller del Pueblo, Adolf Hitler,

[9] Schneeberger (nota 4), pp. 63 ss.

traerá a la realidad. Una dura estirpe que no piensa en lo propio habrá de cuestionarla, la que vive del constante poner a prueba y se orienta al fin que a sí misma se prescribe. La lucha trata de la formación del educador y del dirigente [*Führer*] de la Universidad.»

Naturalmente, sería ilícito construir un entero edificio interpretativo a partir de este informe periodístico de relativa brevedad. Sin embargo, también existe otra referencia a este mismo discurso en las memorias de Gerd Tellenbach *Desde la historia contemporánea recordada*, aparecidas en 1981. Allí cita Tellenbach, con una perplejidad todavía perceptible, la siguiente frase: «Rompe en pedazos la vajilla de porcelana; todavía podemos seguir comiendo y bebiendo de la de loza.» Si a ello añadimos un informe, sin duda no confirmado, según el cual esa tarde había sido reglamentaria la toga para el cuerpo docente de la Universidad de Heidelberg y un traje negro o un uniforme para los estudiantes, aunque Heidegger apareció ataviado con pantalones cortos y una camisa con el cuello sin abotonar, entonces podremos preguntarnos si el filósofo se había revelado aquí poco menos que como uno de aquellos «profetas descalzos» que buscaban solventar los problemas de la modernidad predicando la austeridad. Pero Karl Jaspers, quien parece que aún conservaba sentimientos amistosos para con Heidegger, halló la conferencia «magistral en la forma», y el aplauso de los estudiantes «y de algunos, aunque pocos, profesores» fue aplastante[10].

5.   La más destacada y, si se quiere, la más manifiesta de todas las «declaraciones nacionalsocialistas» de Heidegger se encuentra en un llamamiento del rector a los «estudiantes alemanes», que fue publicado el día 3 de noviembre de 1933 en el *Freiburger Studentenzeitung*, por tanto, en el contexto de la separación de Alemania de la Sociedad de Naciones y en la víspera del plebiscito del 12 de noviembre, que arrojó una abrumadora mayoría para Hitler. El texto comienza con la frase: «La revolución nacionalsocialista trae la completa subversión de nuestra existencia [*Dasein*] alemana.» Aquí se vuelve a poner de relieve que Heidegger quería verse a sí mismo como un revolucionario radical, pero no en el sentido

---

[10]   Ibídem, pp. 73 ss.; Gerd Tellenbach, *Aus erinnerter Zeitgeschichte*, Friburgo, 1981, pp. 40 ss.

del socialismo marxista, que entiende la «revolución» como un cambio de las relaciones de propiedad y como la generación de una «sociedad sin clases». Heidegger quiere ser un revolucionario de la «comunidad del pueblo», en la que «dirigir» [*führen*] y «seguir» [*folgen*] son actividades diferentes que, sin embargo, trabajan juntas, confiadas y de buen grado, en los distintos órdenes sociales y profesiones. Heidegger exhorta a los estudiantes, con la intención evidente de alentar a los más decididos de ellos, del siguiente modo: «Sed firmes e íntegros en vuestras exigencias. Permaneced claros y seguros al rechazar.» Lo anterior recuerda a *¿Qué es metafísica?* y a la primacía de la actitud que rechaza sobre la mera negación del enunciado. Los estudiantes deben dejar de ser «simples oyentes» para actuar conjuntamente en la creación de la futura escuela superior del espíritu alemán. Este actuar conjuntamente no es, sin embargo, un mero activismo, sino «el valor de sacrificarse por la salvación de la esencia y por el aumento de la fuerza más interna de nuestro pueblo en su Estado». La frase carecería de sentido si no se encontrara amenazada «la esencia» del pueblo, y esto es, ciertamente, más que la mera existencia en el sentido del «estar a la vista». Y es obvio que tenía que tratarse de algo sencillamente extraordinario si esa salvación había de tener alguna perspectiva de éxito. Y Heidegger prosigue, expresando, con una claridad inequívoca, en qué consiste según él lo extraordinario a que nos referíamos: «Que las reglas de vuestro ser no sean "dogmas" ni "ideas". El *Führer* mismo, y sólo él, *es* la realidad alemana presente y futura y su ley. Aprended a saber con mayor profundidad cada vez: a partir de ahora todas las cosas exigen decisión y todo hacer responsabilidad. *Heil, Hitler!* Martin Heidegger, Rector»[11].

Difícilmente se podrá negar que en este punto Heidegger ha vinculado el hombre concreto Adolf Hitler con los pensamientos más elevados de su filosofía, a saber, con el concepto del «envío» [*Schickung*] de un nuevo desocultamiento del ser: Hitler es la realidad presente y, sobre todo, la futura, encarnado así lo que Heidegger llamaría posteriormente el «acontecimiento propicio» [*Ereignis*] y el advenimiento de la verdad del ser. ¿Qué se podría inferir de esa definición esencial, sino que la decisión y la responsabilidad sólo pueden consistir en la ejecución de los mandatos del *Füh-*

[11] Ibídem, pp. 135 ss.

rer, y que ningún tipo de convicción heredada («dogmas») y ninguna forma de intuición teórica («ideas») deben suponer un obstáculo para ello? (Y difícilmente podrá ser cierto que aquí aparezcan expresadas nada más que las opiniones del ideólogo del partido, reforzadas mediante el recurso a la figura de Hitler, pues ello contradiría el tono solemne y la dimensión de lo allí expresado.) Pero, entonces, ¿no habría tenido que escribir Heidegger, después del 30 de junio de 1934, un artículo con el epígrafe «El *Führer* es la ley», siguiendo el ejemplo de Carl Schmitt en su conocido artículo «El *Führer* preserva la ley?». Sin embargo, Heidegger no hizo esto en absoluto. En una declaración posterior —del todo digna de crédito— afirmó que después de ese 30 de junio y de sus asesinatos todos pudieron reconocer de qué clase de gente se trataba. ¿Describió Heidegger más tarde el «acontecimiento propicio», la «historia del ser» y el «envío» de una manera tan indeterminada y tan restringida al «inicio griego», precisamente por haber advertido el error de juicio tan espantoso que subyacía al presente inmediato? ¿O tal vez «el *Führer*» no era para él el hombre empírico Adolf Hitler?

6.   Pocos días después Heidegger volvió a pronunciarse sobre el *Führer* en un llamamiento público, y en esta ocasión lo hizo remitiéndose a una decisión concreta del hombre concreto, Hitler, a saber, a la decisión de separarse de la Sociedad de Naciones. Este llamamiento ya no se dirigía a los «estudiantes alemanes», sino a los «hombres y mujeres alemanes». Ya sus primeras palabras suenan a los oídos actuales del todo extrañas: «El pueblo alemán ha sido llamado a votar por el caudillo [*Führer*]. Pero el *Führer* no exige nada del pueblo; más bien, da al pueblo la posibilidad más inmediata de la más elevada decisión libre: si él —todo el pueblo— quiere su propio ser-ahí [*Dasein*] o si no lo quiere.» Asimismo, «ser-ahí» no puede significar ahora «existencia» en el sentido del «estar a la vista». La decisión, que hay que tomar, se refiere a «aquella exigencia originaria de todo ser-ahí, que conserva y salva su esencia». Un pueblo, pues, pierde su esencia cuando puede «serle exigida» cualquier cosa. Los alemanes velan por «la dignidad y determinación» de su esencia al separarse de la Sociedad de Naciones, rechazando las propuestas de desarme de las potencias occidentales, propuestas evidentemnte denigrantes, a juicio de Heidegger, por presentar un carácter unilateral. Por ello, las causa de esa de-

cisión «no ha sido la ambición, ni el ansia de gloria, no el ciego egoísmo ni la sed de poder» y tampoco el «abandono de la comunidad de los pueblos». El camino de la Alemania nacionalsocialista no es una camino extremo, sino que supone precisamente un medio entre «una alianza mundial inestable y no vinculante» y una «ciega tiranía». La «verdadera comunidad de los pueblos» consiste en el «franco y viril ser independientes y solidarios de los pueblos y los Estados». El concepto, tardío en la filosofía de Heidegger, de la «voluntad de voluntad» [*Wille zum Willen*] parece encontrar su más completa prefiguración en la frase siguiente: «Nuestra voluntad de una responsabilidad de los pueblos respecto de sí mismos quiere que cada pueblo encuentre y preserve la grandeza y verdad de su determinación.» Sin duda, sólo los intérpretes malintencionados podrían ver reflejado en esta frase la afirmación de que la determianción de los pueblos, tomados cada uno por separado, es la de estar sometidos a otros pueblos. El llamamiento de Heidegger, ofrecido con motivo de la separación y salida de Alemania de la Sociedad de Naciones, podría suministrar una completa fundamentación del modo como ha de comprenderse a sí misma una Sociedad de Naciones. Sin embargo, al final del texto aparece una nueva referencia al *Führer* que es irreconciliable con toda concepción democrática: «El 12 de noviembre vota el pueblo alemán, como un todo, *su* futuro. Éste se halla ligado al *Führer*. El pueblo no puede votar ese futuro de tal manera, que dé su *sí* en razón de las llamadas reflexiones de política exterior, sin incluir también en ese sí al *Führer* y al movimiento que le prescribe incondicionalmente. No hay política exterior y tampoco política interior. Sólo hay una voluntad de existencia completa del Estado»[12]. Ese Estado es para Heidegger, obviamente, un «Estado de dirigente» y, por tanto, no se trata de aquello que Max Weber llamaba «democracia sin dirigente». Pero uno debería recordar también que Heidegger había puesto en conexión el «seguir» con la «resistencia» y que habría sido inconsecuente si hubiera atribuido a la comunidad de los pueblos el «ser independientes y solidarios» de sus elementos como una necesidad esencial, y si no hubiera representado la Sociedad de Naciones como algo análogo a lo que, aunque es cierto que para él no lo era, podría denominarse, modi-

---

[12] Ibídem, pp. 144 ss.

ficando su propio concepto, como una «alianza mundial inestable y no vinculante», en el sentido de una «sociedad sin clases». Queda sin decidir, por tanto, si el pensamiento de Heidegger era «totalitario» y no «pluralista» en un cierto sentido de esos términos.

7. El 11 de noviembre, apenas publicado este llamamiento, Heidegger tomó parte en la «Manifestación electoral de la ciencia alemana», que había iniciado la «Asociación Nacionalsocialista de Profesores de Sajonia». Fue en esta manifestación donde se tomó la célebre fotografía en la que Heidegger aparece sentado a una gran mesa entre algunos de los hombres de las SA, portando banderas con la cruz gamada, y con otros científicos, entre los cuales cabe citar a los rectores o profesores Hirsch, Pinder, Eugen Fischer y Sauerbruch. El discurso pronunciado por Heidegger en esta ocasión se corresponde en gran medida con el llamamiento que acabamos de citar, pero contiene algunas expresiones especialmente arriesgadas, es decir, claras o también «reveladoras». En efecto, Heidegger pone en conexión aquello que normalmente se entiende por «política» con la cuestión filosófica de la «verdad» y la «no-verdad»: «¿Qué clase de acontecimiento es éste [la votación]? El pueblo reconquista la *verdad* de su voluntad de ser, pues la verdad es la revelabilidad de lo que da seguridad a un pueblo, lo ilumina y fortalece en su saber y obrar.» Sin embargo, cabe preguntarse si, a juicio de Heidegger, puede establecerse una separación radical entre la verdad y la no-verdad. En el siguiente pasaje, Heidegger parece presuponer una separación semejante: «Nos hemos desprendido de la idolatría de un pensar sin base y sin poder. Vemos el final de la filosofía que le presta servicio. Estamos seguros de que regresan la clara firmeza y la seguridad legítima de la obra del inflexible y simple preguntar por la esencia del ser. El ánimo original, que crece o se quiebra en el enfrentamiento con el ente, es el motivo impulsor del preguntar de una ciencia nacional.» Pero ¿cómo es que ese ánimo puede atreverse con lo «desacostumbrado y lo incalculable» si en este partir *ab ovo* hacia el ente en total, la trascendencia, se confina a la libertad humana (y no precisamente la «alemana») en lo «nacional»? ¿O habrá que entender lo «nacional» [*volkisch*] como un «estar arrojado» [*Geworfenheit*] del que tampoco puede librarse el más abarcante proyecto del mundo? En cualquier caso, Heidegger no quiere entender lo «nacional» como autorreferencialidad, sino más bien como reciprocidad: «Es-

tamos seguros de esto: cuando la voluntad de autorresponsabilidad llegue a ser la ley del ser-unos-con-otros de los pueblos, entonces cada pueblo podrá y tendrá que ser para cada uno de los demás el preceptor de la riqueza y la fuerza de todos los grandes hechos y obras del ser humano.» En ello consiste, según Heidegger, la «más alta vecindad de la libertad de los pueblos». Y también en este punto hemos de preguntarnos si Heidegger no habría podido pronunciar también las partes más generales de este discurso en una asamblea plenaria de la Sociedad de Naciones. Sin embargo, ¿podría haber respondido de ese discurso ante sí mismo si hubiera leído *Mi lucha*? Y si Heidegger, como probablemente ocurriera, no tenía conocimiento o, al menos, no un conocimiento completo, de la obra en cuestión, ¿en qué falta de claridad incurrió al concluir su discurso con las palabras: «Nadie puede permanecer alejado en el día de la manifestación de esta voluntad. *Heil Hitler*!»[13].

8.   Al comienzo del semestre de invierno de 1933-1934, después de la transformación de la constitución universitaria, Heidegger ya no ejercía como rector candidato, sino como rector nombrado oficialmente «*Führer* de la Universidad». En esta ocasión, Heidegger volvió a pronunciar un discurso, de extensión algo mayor que el anterior, con motivo de los actos celebrados en torno a la solemne matriculación de alumnos en el centro, que coincidió con la conmemoración de Langemarck. Heidegger establece aquí un paralelismo entre el sangriento sacrificio de los estudiantes caídos en Langemarck y el «nuevo sacrificio, aunque no sangriento» de los estudiantes actuales. «El nuevo estudiante alemán pasa ahora por el Servicio del Trabajo, depende de las SA.» Por tanto, se disciplina también en sus estudios para el «Servicio del Saber», «consciente de estar en el frente de los trabajadores». Con ello no se pretende aludir en modo alguno a algo así como un «frente proletario». Heidegger afirmaba, más bien, que con la nueva realidad —nacionalsocialista— también se había cumplido un «giro» [*Wandel*] en la esencia del trabajo y de los trabajadores. «El Estado nacionalsocialista es el Estado del trabajo», dentro del cual la matriculación ya no significa el mero ingreso en una corporación «a la vista», sino una decisión que transfiere «a la inmediatez del obrar

---

[13] Ibídem, pp. 148 ss.

dentro de una determinada situación y un mundo circundante». Y, a partir de ahí, Heidegger da a conocer en qué medida ese «Estado del trabajo» no es para él idéntico a la «ausencia de diferencia» [*Unterschiedslosigkeit*] y en qué medida también puede tener lugar, con relación a la patria, un «giro esencial» [*Wesenswandel*]: «Esta ciudad [Friburgo], su región y su nacionalidad [*Volkstum*] estan dominados y templados a su través por la Selva Negra. También ésta ha cambiado su esencia para los estudiantes alemanes bajo la fuerza de mando de la nueva realidad alemana; ha dejado de ser únicamente pistas para los deportes de invierno y terreno para las marchas y excursiones estivales, sino que vemos en la Selva Negra, en primer lugar, las montañas, los bosques, y los valles de la patria de Albert Leo Schlageter»[14]. Y también en esta afirmación, de apariencia algo peculiar, se hace patente una de las principales preguntas triviales que cabe dirigir a la filosofía de Heidegger: ¿En qué medida un cambio en la actitud respecto de las cosas supone un cambio en el ser de esas cosas?; ¿en qué medida es el «estar a mano» una determinación del ser y no un simple modo de acceso a él? ¿Cómo habrán de llegar los pueblos a un mutuo entendimiento si la Selva Negra y el Mont Ventoux «son» para los hombres de su mundo circundante algo diferente de lo que lo «son» para todos aquellos que no pertenecen a él?

9.   La conferencia pronunciada por Heidegger en Tubinga el 30 de noviembre, que llevaba por título *La Universidad en el Estado nacionalsocialista* [*Die Universität im national sozialistischen Staat*], se asemeja en algunos respectos a la conferencia del 30 de junio de 1933, que había sido pronunciada en Heidelberg; del mismo modo, tan sólo ha sido reproducida a través de un artículo periodístico. De nuevo, Heidegger quiere aparecer como el genuino nacionalsocialista, llegando a enfrentarse con «el *Führer*» mismo, que había hablado del final de la revolución y del comienzo de la evolución. Y ello es así porque Heidegger plantea la tesis según la cual la revolución en la Universidad aún no había comenzado tan siquiera. De nuevo parte el filósofo de la «carencia de fin» de la enseñanza científica y del «desenfreno» de la investigación, algo que, no obstante, se considera como un progreso internacional. (En el texto se habla del «desenfreno del derrumbamiento»,

[14] Ibídem, pp. 156 ss.

lo que debe ser un error de transcripción del informante.) Todo ello lo contrapone Heidegger, por un lado, con la futura «camaradería» entre docentes y estudiantes, quienes en conjunto son «trabajadores»; y, por otra parte, con una nueva relación respecto del ente en total. Evidentemente, de lo que aquí se trata es de una unidad cuyo punto de referencia es el Estado, en el cual el pueblo puede tener su historia si llega a tomar conciencia de que «tener historia» no significa todavía «ser histórico». «Ser histórico significa ser sapiente, para así poner en libertad lo pasado en su fuerza que obliga y preservarlo con su transformadora grandeza.» Pero si la ausencia de cualquier concepto específicamente nacionalsocialista apunta a la idea de un nacionalsocialismo «más espiritual» o más filosófico, sin embargo, Heidegger emplea términos tales como los de «fuerza de mando» (de la nueva realidad), «primitivo» (en el sentido positivo) y «movimiento ofensivo», que recuerdan a aquella «vajilla de loza» de la conferencia de Heidelberg. Y uno tiene la fuerte impresión de que la verdad es siempre «nacional», puesto que se dice: «Aprender significa darse a sí mismo desde la posesión primitiva de su existencia nacional y descubrirse a sí mismo como el coposeedor de la verdad del pueblo en su Estado»[15].

10. El día 23 de enero de 1934, el *Freiburger Studentenzeitung* incluía dos llamamientos pertenecientes por igual al rector Heidegger. El primero, el «Llamamiento al Servicio del Trabajo», permite reconocer de nuevo al «filósofo de campamento» que separa por completo el concepto de «espíritu» del de «intelecto», lo que le permite decir que todo trabajo es, en cuanto trabajo, espiritual. Así, todos los «órdenes sociales» [*Stände*] se disuelven en el único y gran «orden de vida» [*Lebensstand*] alemán, que es, a la vez, un «orden de trabajo» [*Arbeitstand*] preformado en el Partido Nacionalsocialista alemán de los trabajadores. Sin embargo, a la vista de lo anterior, ¿no acaba llegando el pensamiento político de Heidegger al concepto de una «sociedad sin clases»?

Es dudoso que sea así a juzgar por el segundo texto, una advertencia al pueblo alemán que deja bien claro que, al menos las

---

[15] Bernd Martin (ed.), *Martin Heidegger und das «Dritte Reich». Ein Kompendium,* Darmstdt, 1989, pp. 178-183. Extractos de mayor extensión en Víctor Farías (Bibl. n.º 15b, pp. 202-210); ed. cast., pp. 180-191.

regiones, no deben desvanecerse en una «alemanidad» indiferente. En este punto se encuentra la formulación de una pregunta sorprendente: «¿Seguimos estando en la marca fronteriza suroccidental a la altura del traslado de la voluntad política de los alemanes hacia el nordeste? [...] ¿O nos haremos poco a poco demasiado viejos junto al entero Occidente?» Lo «alemán», según Heidegger, permanece «sin agotar» pero se encuentra amenazado por un «burguesismo superviviente». De ahí que lo alemán haya de ser «reeducado» hacia un querer-con la voluntad del Estado nacionalsocialista[16].

11.   Es notable que en ninguna de las declaraciones de Heidegger extraídas hasta ahora y pronunciadas durante el año 1933 aparezcan los términos «marxismo» o «comunismo». Por tanto, hay razones para suponer que ya por entonces Heidegger veía en el comunismo al adversario más importante, lo que justifica que en su declaración de 1945 fuera determinante para él el temor ante una posible victoria del comunismo. El informe del *Friburger Zeitung*, con fecha del 24 de enero de 1934, trata de la instrucción universitaria de los parados, con motivo de la cual Heidegger pronunció el discurso más señalado, en el que el filósofo llama claramente a las cosas por su nombre. En efecto, según Heidegger la victoria sobre el marxismo se ha alcanzado, pero nadie debe hacerse la ilusión de que se le ha extirpado definitivamente. Si no se es capaz de convencer al trabajador de que el nacionalsocialismo representa para él una liberación que no podía proporcionarle su propia creencia en la solidaridad internacional y en la lucha de clases, entonces existe el peligro de que ese trabajador continúe siendo marxista tras el pretexto de su nacionalsocialismo. El discurso de Heidegger aparece reproducido con todo detalle en el *Alemanne* del 1 de febrero de 1934. Según este informe, el rector saludó con un «¡Compatriotas alemanes! ¡Obreros alemanes!» a los seiscientos trabajadores en paro y en reciclaje laboral que se hallaban congregados en el Aula Magna de la Universidad. El rector advirtió en primer lugar que los estudiantes encargados de la «instrucción» no debían presentarse a los trabajadores en paro como los «hombres instruidos» procedentes de la clase de los «mejores», sino como sus compatriotas; no como «intelectuales», sino como ca-

---

[16]   Schneeberger (nota 4), pp. 180 ss.

maradas. Debían explicarles que no se dejaría desamparado a quienes no tuvieran empleo, pues también ellos pertenecían por completo al orden del pueblo; debían explicarles lo que significaba «el futuro reestablecimiento del cuerpo del pueblo»; también debían explicarles que la urbanización de los hombres alemanes había llegado tan lejos que la organización era una necesidad; y explicarles, por último, en qué residía el que dieciocho millones de alemanes pertenecieran ciertamente al pueblo, pero no al Reich. Según Heidegger, la ciencia se entiende en un sentido equivocado si se la sitúa en oposición respecto del saber de los campesinos o de los labradores y mineros, pues saber significa: orientarse en el mundo, en el que estamos situados comunitaria e individualmente. Pero también han sido falsamente entendidos hasta ahora «el trabajo» y, con él, el trabajador. «El trabajador no es, como quería el marxismo, un mero objeto de explotación. El orden social del trabajador no es la clase de los desheredados que se lanza a la lucha de clases generalizada.» El trabajo sería, más bien, todo hacer y actuar regulado y puesto al servicio del pueblo. «El trabajo, tal y como lo entiende el nacionalsocialismo», prosigue Heidegger, no se escinde en clases, sino que «liga y unifica a los compatriotas en la unitaria gran voluntad del Estado»[17].

Resulta muy natural enfrentarse a estas declaraciones con conceptos marxistas. Así, cabría decir que a lo que ellas aspiran no es a superar de hecho la realidad de la sociedad de clases mediante la «supresión» de la diferencia entre trabajo espiritual y corporal, mediante la eliminación de la división del trabajo con vistas a la especialización o mediante la producción de una sociedad sin clases, sino que tan sólo se efectúan embellecimientos cosméticos y alteraciones de los modos de interpretación; lo que aquí se predica es, en el mejor de los casos, un socialismo «pequeñoburgués», un «socialismo a medias» —si cabe expresarse de tal modo— sin consecuencia real. Pero alguno podría también decir que aquel «socialismo total» remite, por su enorme efecto, a una situación histórica en la que se daba una escisión radical entre las clases y una creciente depauperación, factores estos que sencillamente habían dejado de darse. De ahí que debería presentarse, en el lugar de la ilusoria y, en el caso de su efectiva realización, funesta «gran solución», la «solución menor», que cabe denominar «socialismo a medias»

---

[17] Ibídem, pp. 184 ss.

y que, no obstante, es el único «socialismo real». A propósito de lo anterior se suscitará inmediatamente, sin duda, la siguiente pregunta: ¿no habían supuesto ya la República de Weimar y el desarrollo de Francia y el Reino Unido algo parecido —al menos por su tendencia— a esa «solución menor»? ¿Y no estaba Heidegger equivocado al querer hacer de esa solución «media» e incompleta un todo filosófico? ¿No estaba Hitler, comparativamente hablando, históricamente equivocado al postular para su «socialismo a medias» la misma radicalidad que había observado en las ideas y actividades del «socialismo total»? Sin embargo, ¿hemos de atribuir por ello el único acierto histórico al mero pragmatismo del «ir a la deriva», como parece serlo todo «pluralismo»? Deberíamos retener estas preguntas en la memoria y limitarnos por ahora a plantear la tesis de que la corrección y la incorrección morales son, por lo general, fácilmente diferenciables, pero en el caso de la corrección e incorrección históricas las cosas resultan mucho más complejas.

12. La última declaración extensa y relevante de Heidegger, de entre las pronunciadas durante la época de su rectorado, no ha de entenderse necesariamente como una despedida del «nacionalsocialismo», aunque sí debió de ser interpretada en este sentido por la mayoría de quienes se contaban entre los miembros de la capa dirigente nacionalsocialista formada entretanto. El punto de partida fue el segundo llamamiento recibido por Heidegger para ocupar una cátedra en Berlín, que, con toda probabilidad, le proporcionó una nueva oportunidad de desempeñar un papel dirigente en la capital del Reich, al menos mientras estuviera dispuesto a unirse a esa capa dirigente sin reservas y sin molestas particularidades. Sin embargo, Heidegger repite aquí, bajo el epígrafe «¿Por qué permanecemos en la provincia?», aquello que ya había dicho en otra ocasión sobre la espiritualidad de *todo* trabajo. Sin embargo, Heidegger establece en su propio trabajo una conexión tan estrecha con el de los campesinos de la Selva Negra, que la palabra en boga por entonces, el «autoctonismo» [*Bodenständigkeit*], cobraba ahora un sentido que hubo de provocar la extrañeza de aquellos que veían el *ethos* más elevado del nacionalsocialismo en seguir y obedecer siempre sin escrúpulo alguno, fuera cual fuera el objeto de lo que esa obediencia les obligase a hacer en cada momento: «La interna pertenencia del trabajo propio a la Selva Ne-

gra y a sus hombres proviene de un autoctonismo alemán-suabo
prolongado a lo largo de los siglos e irremplazable.»

Heidegger sitúa ese autoctonismo en una marcada oposición
con la industriosidad y ajetreo propios de las ciudades y con las
«habladurías de los literatos sobre la nacionalidad [*Volkstum*] y el
autoctonismo». Y, sobre todo, la soledad de la Selva Negra proyecta al pensador (¿también al campesino?) «hacia la espaciosa
cercanía de la esencia de todas las cosas». Y, de este modo, la respuesta de Heidegger a la seducción del llamamiento a cátedra de
Berlín se reduce a un «irrevocablemente, no»[18].

Ciertamente, sería poco escrupuloso quien quisiera interpretar
ese «no» a Berlín como un definitivo «no» al nacionalsocialismo.
Sin embargo, después de esa toma de posición no hay ya más discursos de corte eminentemente nacionalsocialista. Aparte, al abar-
car con la vista el conjunto de todos esos discursos, uno se ve obligado a decir que lo que en ellos se observa no es a un filósofo «que
se expresa políticamente», sino una filosofía que se explica a sí
misma desde las posibles consecuencias políticas. El Heidegger
del Discurso del Rectorado no difiere del de *Ser y tiempo*, pues el
rostro de aquel pensador adquiere ahora rasgos más nítidos, que
hubieran permanecido ocultos si se atendiera exclusivamente a la
filosofía de la «nada» y al solitario «correr anticipadamente hacia
la muerte» que se aparta del «Se». Que para Heidegger la «comunidad» podía tener un sentido positivo y filosófico en modo alguno era algo que pudiera afirmarse con claridad desde lo existenciario del «ser-con». Pero si la filosofía de Heidegger se descubre
ahora en su núcleo central o, al menos, en uno de sus aspectos como
«nacionalsocialismo», entonces habremos de dar la razón al ministro de Cultura badense, quien, según consta en el informe por
él redactado después del discurso rectoral, dijo a Heidegger que lo
que allí había expuesto era un «nacionalsocialismo privado», carente de los rasgos esenciales del nacionalsocialismo genuino, es
decir, de la doctrina de la raza o también, cabe suponer, el antisemitismo[19]. Resulta, en efecto, muy llamativo el modo como el «representante líder del nacionalsocialismo» contrapone «el espíritu»
a «el intelecto» y quiere superar la separación social, vinculada con

[18] Ibídem, pp. 216 ss.
[19] «Das Rektorat 1933/34. Tatsachen und Gedanken», en *Die Selbstbehauptung* (nota 8), pp. 30 ss.; ed. cast., pp. 32 ss.

lo anterior y con el aislamiento de la «mano» y del «trabajo manual». Pero también sorprende que el filósofo no llegue a hablar del «intelectualismo judío» ni emplee el término «ario». En cualquier caso, se acentúan bastante las nociones de *Führer* [líder, dirigente, caudillo] y *Führertum* [liderazgo, caudillaje], aunque el concepto de *Führer* aparece de un modo tan «filosóficamente elaborado» o abstracto, que uno se pregunta qué conclusión habrá de extraerse de ello, si una completa abnegación del filósofo ante Hitler o el desprecio de ese hombre por no dar muestras de haber alcanzado el rango filosófico que se le había atribuido. Ante todo, sin embargo, conviene señalar que el concepto de «nacionalsocialismo» no es ninguna «marca registrada», o al menos no lo era durante la situación, aún inestable, del tránsito entre los años 1933 y 1934. Por último, cabría añadir que también Otto Straßer se hacía llamar nacionalsocialista, y nadie le ha negado en ningún momento el carácter de «combatiente de la resistencia», pese a haber sido también un indudable antisemita. Por otra parte, ya en la Primera Guerra Mundial existían dentro del Partido Socialdemócrata agrupaciones que se autodenominaban «nacionalsocialistas». Por tanto, es posible que en 1933-1934 se dieran aún más concepciones de «nacionalsocialismo», y es una labor impracticable la de subsumirlas todas *ex eventu* al modo como Hitler lo concebía, de tal modo que fuese posible convertir a todo aquel que se llamara a sí mismo «nacionalsocialista» en coautor de la guerra y corresponsable de Auschwitz.

En qué medida la situación continuaba siendo fluctuante y abierta en 1933 resulta evidente a partir de numeros informes y declaraciones, de los cuales se desprende que los últimos adversarios del movimiento se adhirieron finalmente al nacionalsocialismo, aunque a uno entendido y adaptado a la medida de sus deseos. Fue en esta época cuando una organización católica invitó a sus estudiantes a colaborar en la construcción de una Alemania nueva y cristiana bajo la dirección Adolf Hitler, toda vez que había saltado en pedazos el mundo formado sobre el espíritu del marxismo y el capitalismo[20]. En esta ocasión, el «Círculo de las Asociaciones de Estudiantes Alemanas y Católicas» celebró la Declaración de los Obispos alemanes del 28 de marzo de 1933, en la cual se retractaban los obispos de la condena que antes habían dirigido al

---

[20] Schneeberger (nota 4), p. 59.

nacionalsocialismo, subrayando por lo demás que el nacionalsocialismo había estado desde siempre a favor de la realización del
«Gran Imperio de toda la Europa Central Alemana». En este contexto cabría citar las cordiales declaraciones del arzobispo Conrad
Gröber, pero también las declaraciones y actuaciones, asimismo
entusiastas, de la práctica totalidad de la «resistencia alemana». En
cualquier caso, parece natural objetar que en este asunto se trata
por completo de la clase «burguesa». Pero basta leer los apuntes
tomados en 1933 por el socialdemócrata Julius Leber para percibir en ellos una cierta cercanía respecto del nacionalsocialismo y,
al menos, una aguda crítica de la ortodoxia marxista. Por otra parte, la dimisión de numerosos miembros del partido, permitió comprobar que en muchos lugares se había visto con buenos ojos el
fracaso. Las propias masas comunistas no se mostraron en modo
alguno «resistentes», y tan sólo permanecieron inquebrantables en
sus posiciones los miembros del «cuadro marxista», además de los
adeptos que contaba entre los intelectuales; es decir, casi exclusivamente los dirigentes comunistas.

Pero, con todo lo correctas que puedan ser estas constatacio-
nes y observaciones, sin embargo, con ellas no se ha aportado aún
un fundamento suficientemente seguro sobre el que poder edificar
un juicio sobre el compromiso político de Heidegger. En su calidad de rector, Heidegger se encontraba en el centro mismo del
modo de funcionamiento habitual del régimen. En efecto, el filósofo debía asumir tareas representativas, pronunciar discursos o dirigirse a los aeródromos para recoger y dar la bienvenida a los ministros; pero también debía dar a conocer los decretos estatales, y,
en cuanto miembro del partido, se celebraban actos de carácter bastante rutinario en su honor, actos que muy posiblemente contuvie-
ran algunas aseveraciones acerca de la «descendencia aria». Todo
ello permite adelantar una especie de retrato del «nacionalista normal Heidegger», y los libros de Farías y Ott se proponen fundamentalmente plasmar la figura del «miembro activo y normal del
partido». A estas consideraciones corresponde la afirmación, fundada en actas, según la cual Heidegger habría pagado puntualmente
hasta 1945 las cuotas del partido, una afirmación que ha provocado un gran escándalo en Francia, aunque no hacía falta el estudio
de las actas para que cualquiera pudiese ver con claridad que lo
contrario hubiera sido poco menos que inimaginable y que, en cualquier caso, todo el mundo lo habría llegado a saber. En este asun-

to también debemos considerar el hecho, subrayado por Ott, de que la elección como rector de Heidegger había sido preparada por un círculo de simpatizantes del nacionalsocialismo, entre otros por Wolfgang Schadewaldt. Y en este punto conviene mencionar, por último, a Farías, quien afirma que, poco después de ser elegido rector, Heidegger comenzó a colaborar con Ernst Krieck y otros rectores comprometidos con el partido para ganar ascendiente sobre la *Deutsche Hochschulverband* [Asociación Universitaria Alemana] y la Conferencia de los Rectores, con motivo de la cual Heidegger envió un telegrama a Hitler el 20 de mayo de 1933. Pero la documentación de Schneeberger permite elaborar un *dossier* sin necesidad de recurrir a nuevas fuentes.

Sin duda resultará en alto grado ilustrativo el informe del número del *Alemanne* del 3 de mayo de 1933, según el cual Heidegger, «con sus difíciles círculos en torno al ser y al poder, llevaba años apoyando con máxima eficacia al partido de Hitler, y siempre estuvo dispuesto a sacrificarse por la santa causa de Alemania, de modo que nadie llamó nunca en vano a su puerta»[21]. Pocos días más tarde, el rector Heidegger enviaba un telegrama al *Gauletier* [jefe regional] Robert Wagner, quien acababa de ser nombrado *Reichstatthalter*. El texto dice así: «Muy satisfecho por su nombramiento como *Reichstatthalter*, el rector de la Universidad de Friburgo en Brisgovia saluda al *Führer* de la marca fronteriza de la patria natal con un *Sieg Heil* ligado a la lucha. Firmado: Heidegger»[22]. En un breve discurso dirigido a los asistentes a un acto celebrado en el estadio de la Universidad, Heidegger exhortó a los jóvenes allí presentes a que demostraran en todo momento «prestancia hasta en lo más extremo y camaradería hasta el final»[23]. Con motivo del vigésimo segundo aniversario de la Unión Regional de los maestros carpinteros badenses, Heidegger declaró a los artesanos, guías de la juventud, afirmando que junto con la Universidad se presentaban la Asociación de la Juventud, los campamentos de trabajo y la artesanía como las nuevas fuerzas y poderes de la educación estudiantil[24]. En noviembre, el rector hizo público que en adelante los estudiantes judíos o marxistas no reci-

---

[21] Ibídem, p. 23.
[22] Ibídem, p. 30.
[23] Ibídem, p. 42.
[24] Ibídem, p. 122.

birían ningún privilegio, como tampoco, por tanto, los estudiantes de procedencia no aria «que provengan de parejas en las cuales uno de los padres y dos de los abuelos sean de procedencia aria y cuyo padre haya combatido durante la guerra mundial en el frente del Reich alemán y sus aliados». Tan sólo estarían exentos de esa medida aquellos estudiantes de procedencia no aria que hubiesen combatido personalmente en el frente o cuyo padre hubiera caído durante la guerra mundial combatiendo por Alemania[25]. No cabe duda de que Heidegger no podía haber tomado esta determinación por iniciativa propia, sino que en todo ese proceso no fue sino un intermediario. Sin embargo, aun como intermediario hubo de resultarle en extremo difícil afrontar el odio que implicaba una medida tan odiosa. Y el rector de la Universidad no pudo menos que aceptar su parte de responsabilidad cuando, en junio de ese año, la Corporación de Estudiantes de Friburgo, atendiendo al rumor de que una asociación judía de estudiantes pretendía reanudar sus actividades en el local de la calle Basler, se reunió delante de esa casa con «manifestaciones exaltadas», a consecuencia de las cuales las SS encarcelaron en prisión preventiva a los estudiantes judíos[26].

Por otra parte, es indiscutible que Heidegger intervino en favor de algunos profesores judíos, como es el caso del filólogo de lenguas clásicas Fraenkel y del químico Von Hevesy, y ello aun cuando las razones alegadas en su defensa fueran meramente pragmáticas. Y no es cierta la afirmación según la cual Heidegger habría prohibido a su maestro Edmund Husserl el acceso a la biblioteca de la Universidad. Sin embargo, sí es cierto que no hizo nada cuando Husserl recibió su cese (temporal) tras la prematura entrada en vigor en Baden de la Ley para el reestablecimiento del funcionariado de carrera. Y, por lo demás, de todos es sabido que Heidegger no asistió al sepelio de su maestro. Sea como fuere, lo cierto es que la relación entre los dos filósofos ya había comenzado a deteriorarse antes de 1933, y no precisamente por motivos políticos.

Más importante aún resulta el que Ott y Farías hayan descubierto, o tal vez sólo puesto de relieve, dos «casos» en los que Heidegger aparece como presunto «denunciante». Los dos casos mencionados son el «caso Baumgarten» y el «caso Staudinger».

---

[25] Ibídem, p. 137.
[26] Ibídem, p. 72.

El «caso Baumgarten» se basa en una apreciación del propio Eduard Baumgarten. Según éste, en 1931 Heidegger había antepuesto al filósofo judío Brock en la elección de asistente. Baumgarten, quien de este modo habría sido relegado, afirmaba haber conseguido por sí mismo una copia del informe de Heidegger en las actas de la Asociación Nacionalsocialista de Docentes, sita en Gotinga. En ese informe se decía, al parecer, que Baumgarten había sido en Friburgo todo menos nacionalsocialista, y que procedía del círculo demócrata-liberal de intelectuales de Heidelberg formado en torno al pensador Max Weber. Una vez caído en desgracia a los ojos de Heidegger, Baumgarten habría entrado en un «intenso contacto con el judío Fraenkel, antes en ejercicio en Gotinga y ahora expulsado de aquí». Por eso, a juicio de Heidegger, se debía aguardar aún el correspondiente plazo de prueba antes de que Baumgarten fuera admitido como militante del Partido Nacionalsocialista[27].

Es evidente que de lo que aquí se trataba era del deseo de Baumgarten de obtener la filiación nacionalsocialista. Heidegger había aludido en su informe a la contradicción interna que él había observado entre la conducta pasada y presente de Baumgarten, y, si tenemos en cuenta la intervención de Heidegger en favor de Fraenkel, podemos considerarnos autorizados para entender la expresión «el judío Fraenkel, ahora expulsado de aquí» como una forma vaga de decir: «Fraenkel, ahora expulsado de aquí por ser judío.»

Al parecer, en el «caso Staudinger» tomó parte activa el propio Heidegger. Como telón de fondo cabe destacar un doble hecho: durante la guerra, el conocido químico había ejercido en Suiza actividades pacifistas, llegando incluso a rozar el crimen de alta traición a la patria; en el presente, sin embargo, se consideraba a sí mismo, según la formulación de Heidegger, «un ciento diez por ciento partidario del alzamiento nacional»[28]. También respecto de Staudinger alude Heidegger a una contradicción, y, si tenemos en cuenta lo que durante el «caso Höfer» se ha considerado en el espacio público de la República Federal como una carga de la que había que desprenderse, y ello cuarenta años después de la guerra, entonces nadie encontrará sorprendente ni extraño que en

---

[27] Hugo Ott (Bibl. n.º 16), pp. 183 ss; ed. cast., pp. 204 ss. Víctor Farías (Bibl. n.º 15b), pp. 282 ss.; ed. cast., pp. 297 ss.

[28] Hugo Ott (Bibl. n.º 16), pp. 201 ss; ed. cast., pp. 224 ss.

la Alemania de 1933 se calificaran de graves delitos el haber ejercido en el pasado actividades pacifistas y la sospecha de alta traición a la patria.

Pero aún cabe hablar de un «caso Max Müller». En 1937 se denunciaba en tercer lugar a Max Müller, por entonces aspirante a habilitación y luego profesor ordinario de Filosofía Cristiana. Se solicitó a Heidegger su parecer al respecto, y redactó un informe bastante positivo en el que, sin embargo, hacía constar que la orientación de Max Müller era opuesta a la del Estado nacionalsocialista. Al rogarle Müller que suprimiera esa frase, puesto que hacía imposible su proyectada habilitación, Heidegger respondió con las siguientes palabras: «Si usted es católico sabrá que se debe decir siempre la verdad»[29]. Es difícil pensar de qué otro modo podía actuar Heidegger después de firmar un informe de acuerdo con la verdad, pues cualquier afirmación que contradijera lo ya dicho habría resultado dudosa desde un principio a los ojos de las autoridades.

Ninguna presión externa rodeó a la confección de una carta que Heidegger escribió en octubre de 1929 y fue publicada, sin la especificación de su fuente, en el número del 22 de diciembre de 1989 del diario *Die Zeit*[30]. Se trata de un escrito en el que Heidegger apoya una solicitud de beca del recién mencionado Eduard Baumgarten, escrito que el filósofo envió al *Geheimrat* Victor Schwoerer, por aquella época presidente en funciones de la Sociedad Provisional de la Ciencia Alemana. En esa carta se dice que lo que está en juego «es nada menos que la inaplazable reflexión sobre el hecho de que nos encontramos ante la opción, o bien de devolver a la vida espiritual *alemana* fuerzas y educadores genuinamente autóctonos, o bien de entregarla definitivamente en manos de la creciente judaización reinante, en el sentido amplio y estricto de la palabra». El artículo llega a la conclusión de que, tras la lectura de la carta, nadie debería dudar ya de la disposición de ánimo antisemita de Heidegger. Sin embargo, en este punto conviene añadir que los «prejuicios antisemitas» no hubieran producido ningún efecto positivo en el destinatario del escrito, pues habían sido muchos los méritos por él alcanzados, tanto antes como después de

---

[29] «Martin Heidegger. Ein Philosoph und die Politik», en *Freiburger Universitätsblätter*, n.º 92 (junio de 1989), p. 25.

[30] *Die Zeit*, n.º 52/1989, p. 50.

1933, en relación con los judíos. Ello significa, por tanto, que Heidegger podía utilizar la palabra «judaización» ante ese hombre antiantisemita sin provocar su escándalo. Aquí se emplea precisamente el término «judaización» como opuesto al «autoctonismo», es decir, como una especie de metáfora de la «internacionalización».

Más grave resulta en verdad el «caso Blochmann», en el que se hace manifiesta con especial claridad la total sinrazón de la «legislación para los judíos» nacionalsocialista, pero también la tragedia que pudo haberse desencadenado. Elisabeth Blochmann era discípula de Hermann Nohl y, en su calidad de profesora de la Academia de Pedagogía de Halle, también una de las más destacadas «educadoras de señoritas» de Alemania, una mujer que, por lo demás, se sentía completamente alemana. Tras emigrar a Oxford en 1934 fue denunciada y apresada por un profesor inglés que había visto en ella a una «fanática nazi»[31]. Pero su padre era judío, y, pese a haber prestado servicio en la guerra como enfermera, fue cesada sin remuneración de ningún tipo. Heidegger hizo todo lo posible para ayudarla, y, como él, también su asistente Brock empeñó todas sus fuerzas en la tarea de socorrer a la señora Blochmann. Sin embargo, Heidegger no presentó ninguna denuncia ni protesta públicas contra un proceso que era una vergüenza sin nombre[32]. A pesar de todo, cuando Elisabeth Blochmann volvió a reanudar los contactos en 1946, regresando poco después a Alemania, donde ejerció en adelante como profesora ordinaria en Marburgo, no dirigió ninguna acusación a su amigo, con quien mantuvo correspondencia hasta su muerte, acaecida en 1972.

Pero más importantes que estos «casos» es, en el fondo, la cuestión de por qué Heidegger presentó su dimisión como rector. ¿Se trataba en realidad de una especie de «resistencia contra el nacionalsocialismo», tal vez porque Heidegger, como él mismo describiría las cosas más tarde, se negó a cumplir la exigencia del Ministerio de cesar a los decanos que no fuesen nacionalsocialistas, comenzando por el decano de la Facultad de Derecho Erik Wolf?

---

[31] Heidegger y Blochmann (Bibl. n.º 23), p. 81.
[32] Especialmente conmovedoras resultan dos frases procedentes de la carta de Elisabeth Blochmann del 28 de octubre de 1933: «Naturalmente, los judíos de verdad lo tienen mucho más fácil. La gente como nosotros no pertenece hoy a ningún sitio, pues ya nadie estima en nada la pertenencia interna» (ibídem, p. 79).

¿O se trataba de todo lo contrario, es decir, de las intrigas o denuncias que las «fuerzas conservadoras» de la Facultad de Derecho fraguaron con éxito contra el apasionado compañero de armas de Heidegger (el ni mucho menos consolidado «combatiente de la resistencia» Wolf), de modo que Heidegger hubo de devolver su cargo ante su decepción por la debilidad y disponibilidad para el compromiso demostradas por el Ministerio nacionalsocialista frente a los conservadores? En favor de esta segunda versión habla una carta escrita por Heidegger el 6 de febrero de 1934 y dirigida al Dr. Ingeniero Oskar Stäbel, el *Reichsführer* de la Corporación Alemana de Estudiantes, después de que éste hubiese anulado el decreto de suspensión de un movimiento estudiantil católico: «Estimado Sr. Stäbel, [...]. Esta pública victoria del catolicismo, acaecida precisamente aquí, no debe continuar en ningún caso. Ella perjudica todo nuestro trabajo, y el perjuicio es mayor de lo que pueda imaginarse en la actualidad [...]. Sobre la supresión del principio confesional cabe pensar de varias maneras. Sigue sin conocerse lo que es la táctica católica. Y algún día habremos de pagarlo caro. *Heil, Hitler!* Suyo, Heidegger»[33].

En la misma dirección parece apuntar un informe ofrecido por el pastor evangélico Heinrich Buhr sobre un «campamento científico» situado en Todtnauberg, en el que Heidegger habría pronunciado un discurso contra el cristianismo y la teología cristiana en el verano de 1933. El concepto de creación cristiano sería «el fundamento de una valoración, de un desprecio y de una negación del mundo falsos; además, es también la causa de aquel sentimiento falso de protección, de seguridad, fundado en representaciones del mundo falsas e inventadas por el hombre en contra del saber grande y noble sobre la desprotección de la existencia»[34].

Por último, también se podría citar el anuncio del «Círculo de Educación Política del Pueblo» en el programa de los cursos del semestre de verano de 1934, que estuvo dedicado al «socialismo alemán» y en cuyo marco hablaron, por ejemplo, Erik Wolf sobre *El socialismo y el derecho* y Bruno Bauch sobre *El socialismo y el arte.*

¿Se distanció Heidegger del nacionalsocialismo real porque no había roto con la suficiente radicalidad con un elemento de «Meß-

[33] Schneeberger (nota 4), pp. 206 ss.
[34] *Erinnerung...* (Bibl. n.º 7), p. 53.

kirch», esto es, el cristiano-católico? ¿Era este nacionalsocialismo real demasiado «conservador» para Heidegger? ¿Continuó siendo Heidegger el defensor de un «socialismo alemán» (con el acento en la primera palabra), mientras que el nacionalsocialismo de Hitler se reveló cada vez más como un «fascismo radical»?

Es posible que estas preguntas hayan de ser respondidas con un «sí». Sin embargo, ello resulta incorrecto desde el punto de vista de Farías, quien cree poder deducir, a partir del hecho de que Stäbel perdió influencia después del 30 de junio de 1934, que Heidegger había sido partidario del jefe superior de las SA Ernst Röhm y de su idea de una «segunda revolución». Ya antes de esa fecha, Heidegger había sido atacado con la mayor dureza por algunos filósofos nacionalsocialistas, ataques que no tenían como objetivo prioritario una conducta en exceso revolucionaria, sino que se dirigían, por así decir, contra el «amigo de los judíos y weimariano».

Ernst Krieck arremetió contra Heidegger en su revista *Volk im Werden*, acusándolo de emplear un lenguaje «no alemán». Una expresión como la de «la nada nadifica» sería, a su juicio, algo completamente incomprensible. Mas, por desgracia, sí creyó comprender que Heidegger había tomado como modelo el lenguaje del «berlinés» —es decir, del filósofo *judío*— Simmel. Krieck introduce una serie de ejemplos, tales como «El andén cubierto tiene en cuenta el mal tiempo», y concluye en lo siguiente: «La tarea de una filosofía semejante es la de retorcer lo recto, complicar lo simple, empañar lo evidente y privar de sentido a lo que está dotado de él. Tu lenguaje te delata, galileo. Un conocido filósofo alemán, el tío Bräsig, realizó hace tiempo el inolvidable descubrimiento de que el "comer" procede del "yantar". Y así anticipó el filósofo Bräsig en una sola frase la entera "ontología" alemana»[35].

Pero los descuidos de Krieck son, con todo, un modelo de objetividad, sobre todo cuando se los compara con el informe que Erich Jaensch, en otro tiempo colega de Heidegger en Marburgo, hizo remitir en febrero de 1934 al Ministerio prusiano para la Ciencia, el Arte y la Formación del Pueblo. En ella afirma Jaensch haber oído que Heidegger podía resultar elegido como director de la Academia prusiana de Docentes Universitarios. Heidegger sería, a su juicio, «una de las cabezas más enmarañadas y uno de los solitarios más extravagantes que tenemos en nuestras universidades»,

---

[35] Schneeberger (nota 4), pp. 182 ss.

amén de un decadente típico y un representante declarado del período de la caída. En Marburgo, continúa Jaensch, Heidegger había sido el «dirigente de un cenáculo judío», y no por casualidad,
pues su pensamiento poseía exactamente el mismo carácter que el
pensamiento talmúdico-rabulístico. De ahí que siempre ejercie-
ra Heidegger su mayor poder de atracción sobre los judíos y los
de origen judío, lo que se debía, asimismo, a la afinidad existente entre las estructuras psíquicas de ambos. Así, mediante un eventual nombramiento de Heidegger, no sólo no sanaría la «enfermedad en los niveles más elevados de la vida espiritual» que había
dejado tras de sí la época pasada, sino que aún se agravaría mucho más[36].

Y, a la vista de este hallazgo complejo y lleno de contradiccio-
nes, ¿cómo podríamos establecer un juicio global sobre el compromiso de Heidegger de los años 1933-1934? Aunque sólo sea a
grandes rasgos, procuraremos en lo que sigue responder a esa cuestión, a pesar de no haberse formulado todavía, ni una vez tan siquiera, la pregunta de si es posible que Heidegger continuara siendo nacionalsocialista después del rectorado. Por el momento, sin
embargo, la cuestión principal por dirimir es la de quién *no* tiene
derecho a condenar a Heidegger.

Cuando Heidegger hablaba en su discurso rectoral de que «la
agonizante cultura de la apariencia» se hundía en sí misma, es evidente que lo que tenía en mente en aquellos momentos era ese orden social que a menudo se designa como «pluralista», «occidental» o también como «sistema liberal». Por ahora lo caracterizaré
con la expresión «orden social problematizante-problemático». En
ningún otro orden social ha sido cuestionado («problematizado»)
nunca aquello que parecía ser el fundamento indiscutido de toda la
existencia humana, es decir, el sistema religioso-político, de una
manera tan completa y con tanta eficacia como ocurrió en Occidente con la Reforma. Pero la Reforma no estaba en condiciones
de aniquilar la iglesia antigua, y, por tanto, se vio obligada a una
existencia plagada de disputas y enfrentamientos. Y, si precisamos
algo más el enfoque de nuestra mirada, descubrimos que se hizo
evidente muy pronto que la posibilidad de la Reforma se fundaba
en una «poligonalidad» preexistente en la sociedad, es decir, la poligonalidad del Estado y la Iglesia, del káiser y el papa, de la no-

[36] Ott (Bibl. n.º 16), pp. 241 ss.; ed. cast., pp. 269 ss.

bleza y la realeza, de la nobleza y la burguesía ciudadana. De la voluntad de superación de la guerra de confesiones emergieron tanto el absolutismo como la Ilustración, que mantuvieron entre sí una relación conflictiva y que, en cualquier caso, no pudieron alcanzar una victoria completa. Donde el absolutismo penetró con mayor fuerza y donde pudieron desarrollarse las minorías vencidas de la guerra confesional, aunque no con plenos poderes, fue en Inglaterra, donde se estableció una economía relativamente autónoma respecto del Estado. Esta economía —llamada economía de competencia y también, por tanto, capitalismo— fue ampliando cada vez más su radio de acción, mas no por ello dejó de ser criticado, pues ni tan siquiera en América llegó nunca a ser un «todo», sino que tenía frente a sí, entre otras, aquella «manera de pensar romántica» que oponía al hombre «mecánico» el «orgánico» y a la fragmentación de la vida, el concepto del «hombre total». Así, esta sociedad, ya a finales del siglo XVIII, era una sociedad extraordinariamente variada, estimulante y dinámica que llevaba en sí misma el motor de su actividad. Sin embargo, también estaba llena de crisis y se iba haciendo progresivamente más opaca o, por decirlo con una sola palabra, «problemática».

Nada debió parecer más natural que intentar buscar una «gran solución» para esa confusión que nadie quería entender aún como una «diferencia productiva». Esa «gran solución» era el socialismo, el cual pretendía poner transparencia en el lugar de la confusión, cooperación armónica en el lugar de la competencia e igualdad en el lugar de la desigualdad, y cuya crítica al afán de lucro y al enfrentamiento entre las clases acabó en la reivindicación de la «abolición de la propiedad privada». La naturaleza arcaica y orientada al pasado que esta concepción entraña se encarnó de la manera más clara adoptando la forma del socialismo comunal, mientras que el socialismo estatal y el socialismo mundial derivaron su modernidad de la «racionalidad» sobre todo, proponiendo una economía planificada como sustituto de la «anarquía» presente en la economía de competencia. Pero, al lado de todas sus intenciones humanitarias, el socialismo se reveló en cuanto tal como una doctrina de aniquilación, algo que ya resultaba evidente por la importancia fundamental que para éste revestía el concepto de «abolición». En efecto, las «clases» no se dejan «abolir» sin una lucha de clases y, en último término, sin una guerra civil; la igualdad no se deja establecer sin la extirpación de lo desigual. Sin embargo, todo el peso de esta consecuencia no resultaba evidente en aquella época, y ello por dos razones. En efecto, en ese «inconsciente continuar funcionando» de la «sociedad capitalista» se produjo, de hecho, un debilitamiento del antagonismo entre las clases, presentándose una tendencia real a la igualdad, aun cuando no careciera de tendencias opuestas. Precisamente, fueron estas tendencias y contratendencias las que recibieron una nueva interpretación, peculiar y quiliástica, por parte del marxismo, para el cual «la historia» lleva las oposiciones y tensiones a su punto más crítico, tomando al mismo tiempo de la «descarga eléctrica» de aquéllas su carácter terrible y sangriento, al convertirse en un polo para la inmensa mayoría.

La revolución rusa fue, de acuerdo con la voluntad de Lenin y de su partido, la primera tentativa seria de llevar esa «gran solución» a toda la omniabarcante realidad, y por ello hubo de ser también una declaración de guerra civil y una exhaustiva empresa de aniquilación. La razón de lo anterior estriba en que «la historia» aún no había llevado a cabo su presunta obra y en que el orden social, que debía ser superado, no se correspondía con la imagen en exceso simplificadora que de él se habían hecho los comunistas («capitalismo», «ansia de lucro», «egoísmo»). Relativamente poco tiempo después comenzó a afirmarse, no sin motivo, que esa «gran solución», esa «revolución mundial», había fracasado. Sin embargo, su pretensión original y el sentimiento de su dignidad propia permanecieron en el mundo incluso durante el mandato de Stalin, de modo que lo «subjetivo», como con tanta frecuencia ocurre en la historia, fue más importante que lo «objetivo». Pero en la actualidad habrán de conceder los representantes de esa gran solución que, efectivamente, ha fracasado. Y a este respecto cabría decir —modificando unas palabras que Marx había dedicado a la India— que durante los últimos años de los Estados del «socialismo real» nada se anheló más que la propiedad privada de los medios de producción (si bien restringida), la libertad individual de movimiento y la desaparición del «dogmatismo».

Pese a todo, es en gran medida respetable el compromiso que, tras la Primera Guerra Mundial, adquirieron con esa «gran solución» tantos hombres e intelectuales significativos, aunque ya no quepa considerarla correcta. Habrá de admitirse que aquellos que aspiraron por entonces a una «solución media» podían estar guiados por motivos bastante loables, y que, desde el punto de vista historiográfico, no estaban necesariamente equivocados de antemano. También en Moscú, durante la era Gorbachov, se dieron diversas «vías nacionalistas hacia el socialismo». Sin embargo, en 1930 y de nuevo a partir de 1947-1948, todos los que ponían en duda la obligatoriedad exclusiva de la vía «soviética» fueron *ipso facto* incluidos en la lista de proscritos estalinista. Y por ello se hubo de rehabilitar a quienes anhelaban un «socialismo alemán», aun cuando también se considerara que esa solución había fracasado. «El «socialismo alemán» quería conceder a las empresas un papel más significativo, conservar los latifundios, socializar la gran industria, etc. Heidegger se contaba, sin duda, entre estos «socialistas alemanes». Pero lo que él deseaba en realidad consistía, al parecer, en conferir un significado filosófico —y en esa medida total— a esa «solución media»; quería eso que en la consumación de la sociedad «problemática» no es sino un hecho imperfecto, es decir, hacer del acercamiento entre las distintas capas sociales una realidad conscientemente efectuada, una realidad que descansa en sí misma y se vincula con el «ente en total». Por ello fracasó, y no sólo porque también Heidegger reclamara para sí el título de «socialista alemán».

Pero Hitler deseaba algo esencialmente diferente que Heidegger. Mientras que en Heidegger no aparece el concepto de «exterminio», en Hitler es el concepto dominante. En este punto, Hitler también quería ser tan radical como el gran contrincante, a quien, al menos en ocasiones, parece haber tomado por judío. En efecto —a juicio de Hitler—, el causante de la derrota, el germen de la decadencia y el verdugo de la revolución bolchevique sería el judío internacional, que por ello debía ser exterminado. Sin embargo, este concepto de exterminio resultó ser en realidad mucho menos omnicomprensivo que el leninista, y es difícil que con él tuviera Hitler en mente otra cosa que un escalonado y progresivo «alejamiento» de los judíos alemanes, al menos hasta 1939 o, tal vez, hasta 1941. Mas, tan pronto como estalló la guerra —lo que sin duda quería Hitler, si bien no en la forma que de hecho adoptó—, se hizo manifiesto que el nacionalsocialismo no sólo tenía un concepto de exterminio cuasifilosófico-histórico, sino también uno biológico. Aparte, las medidas elaboradas para llevar a cabo ese exterminio no le iban a la zaga a las de los bolcheviques, esto es, estalinistas, si bien tanto ahora como antes presentaban un carácter cualitativamente diferente. Esta radicalizada «solución media» se reveló al final peor que la «solución total». Pero en este punto sólo cabe hablar de un paralelismo, no de una identidad, con la «solución media» y filosófica de Heidegger.

Es por ello por lo que se debe subrayar con energía que los campeones y simpatizantes de la «gran tentativa de solución» fueron la causa principal de la «tentativa de solución menor», y no ha de aplicarse a Heidegger lo que sí ha de ser aplicado a Hitler, esto es, que lo «medio» resultó ser al final mayor (=moralmente más reprobable) que lo total. En efecto, no es casualidad que el «socialismo internacional» suscitara una simpatía mucho mayor en el mundo y, en especial, entre los intelectuales que el «nacionalsocialismo», sobre todo en su forma fascista. El fracaso de la «gran tentativa de solución» no implica el fin de «izquierda eterna», de la «nostalgia de la revolución» o de la mirada utópica en los hombres. No obstante, debería parecer cada vez más paradójico el que Georg Lukács, sin provocar demasiado escándalo, se permita contar en su autobiografía que durante su actuación como comisario político hizo fusilar a siete desertores del ejército, y que Ernst Bloch, sin provocar demasiado escándalo, pueda relatar que durante los procesos de Moscú reprochó a los acusados el haber tenido «piedad con los kulaks», mientras que Heidegger ha sido objeto de las más graves acusaciones debido a meras declaraciones pronunciadas, por cierto, durante la aún inestable fase inicial de 1933-1934[37].

También es dudoso que tengan derecho a criticar a Heidegger quienes adoptaron una posición determinada de entre las que coexistían en el sistema liberal. En esa sociedad tiene más derecho quien, ante una situación nueva, busca desarrollar una concepción también nueva, un derecho mayor que sin duda se transforma en ausencia de él cuando intenta imponerse de una forma exclusiva, es decir, totalitaria. Así, Ott critica a Heidegger desde su posición católica, viendo en él a un apóstata; y, así, Farías critica a Heidegger desde la Ilustración vulgar, que sueña con una humanidad unitaria y homogénea.

Por último, tampoco es seguro que esté en su derecho el «mero pluralista», quien acepta únicamente reformas aisladas y «esfuer-

[37] Georg Lukács, *Gelebtes Denken. Eine Autobiographie im Dialog*, Francfort, 1981, p. 105.
Ernst Bloch, *Vom Hasard zur Katastrophe. Politische Aufsätze 1934-1939*, Francfort, 1972, p. 354.

zos circunstanciales». Éste no puede «fracasar» como los protagonistas de las tentativas de solución mayor y menor, y por ello
permanece en el ámbito de lo cotidiano y de su mera sensatez.

Posiblemente, sólo una teoría que analice el sistema liberal desde la historiografía podrá ver en Heidegger tanto a uno de los agen-
tes del fracaso como al defensor y legitimador de la solución nacionalsocialista. Éste es el fin de nuestros esfuerzos, pero no hay
garantía alguna de su buen resultado. El siguiente esfuerzo se di-
rigirá a examinar la cuestión de si —y, en caso afirmativo, de qué
manera— desde junio de 1934 Heidegger intentó conservar y es-
clarecer su propia posición político-histórica, si continuó siendo
un simple «miembro habitual del partido» o si tal vez renegó de su
entero nacionalsocialismo para regresar a la «ontología fundamental».

1934-1936: ¿DISTANCIAMIENTO DEL NACIONALSOCIALISMO?

En el plano de las informaciones y opiniones es posible encontrar respuestas contradictorias a la pregunta de si Heidegger, una vez concluido su rectorado y, en concreto, después del 30 de junio de 1934, se «distanció completamente del nacionalsocialismo» o «continuó siendo, sin experimentar cambio alguno, nacionalsocialista». Karl Löwith relata, en sus ya mencionadas memorias, que a principios de 1936, cuando Heidegger marchó a Roma con el objeto de pronunciar una conferencia en el Instituto de Cultura Ítalo-alemán, el filósofo también fue a visitarle a él, el antiguo discípulo «mitad judío», a la casa extremadamente humilde, incluso pobre, en la que vivía en calidad de exiliado; pero ni una sola vez en esa ocasión consideró Heidegger necesario quitar de su chaqueta la insignia del partido. Durante la conversación, Löwith aludió a una controversia surgida entre Hans Barth y Emil Staiger en el *Neue Zürcher Zeitung* a propósito de una conferencia pronunciada por Heidegger ante los estudiantes de Zúrich. Löwith había afirmado que su toma de partido por el nacionalsocialismo residía en la esencia de su filosofía. Heidegger asintió a ello sin reservas, añadiendo que su concepto de «historicidad» era el fundamento de su «puesta en marcha» política. «Tampoco dejó lugar a dudas respecto de su fe en Hitler; éste habría subestimado dos cosas tan sólo: la fuerza vital de la iglesia cristiana y las dificultades relativas a la anexión de Austria»[1]. Con el objeto de caracterizar la «atmósfera de la época» y algunas declaraciones contemporáneas podemos mencionar aún algunos de los comentarios de Löwith. Así, Löwith habla de un colega judío al que había conocido en su posterior estancia en Japón, quien había sido fascista y

---

[1] Karl Löwith, *Mein Leben in Deutschland vor und nach 1933. Ein Bericht*, Stuttgart, 1986, p. 57.

hablaba sobre la «anexión» de Austria y de la región de los Sudetes con ojos encendidos. Su entusiasmo residía en que para él había sido mucho más importante el sufrimiento de los alemanes de la región de los Sudetes que el de los judíos en el Reich. Y él mismo no pasaba por alto en modo alguno que a la expropiación parcial de los judíos alemanes le había precedido una expropiación total de los judíos (propietarios) en la Unión Soviética. De este modo, podía constatarse una «íntima conformidad entre la revolución alemana y la rusa», llegando a definir los procedimientos alemanes como «una simplificación de los bolcheviques, basada en fundamentos pequeñoburgueses y románticos»[2]. Él mismo, sin embargo, hablaba con el mayor de los respetos de Giovanni Gentile, que fue a lo largo de toda su vida un «ideólogo fascista», y por ello cayó durante la guerra.

Por otra parte, Gerhard Ritter escribía a Karl Jaspers en enero de 1946 —por tanto, ya en el contexto de la «depuración política», lo que en modo alguno le resta credibilidad—: «Desearía añadir aún que él, como me consta por el conocimiento exacto y firme que de ello poseo (siempre pertenecimos a una misma y común tertulia filosófica), fue secretamente desde el 30 de junio de 1934 un acendrado adversario del nazismo, perdiendo también por completo su fe en Hitler, que le había conducido en 1933 a cometer un funesto error»[3]. También aquí podría resultar ilustrativo de la situación de la época la exposición de otras citas del mismo autor, como, por ejemplo, la de una carta dirigida a sus padres el 19 de mayo de 1934: «Entre tanto todo ha transcurrido con bastante tranquilidad en la Universidad. Heidegger ha dimitido de su cargo de rector, al igual que todos los decanos nombrados por él. Quien se ha convertido en su sucesor es un valiente casco de acero […].» Estas palabras se prestan a poner en duda aquella afirmación de Heidegger, según la cual su sucesor había sido considerado el «primer rector nacionalsocialista de la Universidad de Friburgo». Además, podríamos mencionar el relato de sus vivencias como segundo ponente en las tesis doctorales heideggerianas: «Todos los grandes filósofos de la historia mundial son anticipaciones, presentimientos, fases previas o meros testigos del pensamiento heideggeriano. En efecto, todos ellos anuncian del mismo modo al maestro veni-

---

[2] Ibídem, p. 77.
[3] Gerhard Ritter, *Ein politischer Historiker in seinen Briefen*, ed. por K. Schwabe y R. Reichardt, Boppard, 1984, p. 409.

dero; o, en la medida en que no lo hacen, desoyen su auténtica misión historiográfica. ¿Es esto historia o fantasía?» Aparte, Ritter habla también «de los efectos producidos por el modelo ruso que ahora comienza a imponerse»[4]. Este hallazgo es, pues, contradictorio. Por tanto, debemos dirigirnos a los obras de Heidegger que fueron publicadas en esta época, es decir, que tienen su raíz en esta época. Sin embargo, en primer lugar hemos de dirigir la mirada a la «atmósfera», es decir, al programa de los cursos de la Universidad Albert-Ludwig. La oferta para el semestre de verano de 1933 parece ser aún del todo normal; en el programa aparece registrada una lección de Heidegger sobre las *Cuestiones fundamentales de la filosofía* [*Grundfrage der Philosophie*], y, de entre los catorce «profesores ordinarios en activo», también se menciona al Dr. Eduard Fraenkel como profesor titular extraordinario. Asimismo, también aparece el profesor Jonas Cohn como representante de los no ordinarios en la Facultad; entre los profesores ordinarios inactivos se contaba el consejero áulico Dr. Edmund Husserl.

El programa de cursos del semestre de invierno de 1933-1934 comienza con un comunicado del rector Heidegger, en el que manifiesta que, según un decreto del 20 de agosto de 1933, el ministro sería quien en adelante designara al rector, el cual, por su parte, habría de designar al canciller, a los decanos y a los senadores de la Universidad. Claramente cambian de carácter las «lecciones para oyentes de todas las facultades». De entre éstas, junto a las lecciones usuales, como la de Josef Sauer sobre el arte religioso del pasado, se encuentran cursos con títulos como los siguientes: *La vida económica del pasado en su consideración histórica y política (liberalismo, fascismo y socialismo)*; *La higiene racial y su significado para la política del pueblo*; *De los Campamentos de trabajo al Servicio del trabajo*; *La poesía social y política en Alemania (desde la Revolución francesa)*; *La germanidad limítrofe: el territorio fronterizo de la Alemania del Pueblo en el Oeste*; *La doctrina de la patria de la germanidad nacional*. Heidegger había anunciado la lección *De la esencia de la verdad* [*Vom Wesen der Wahrheit*], y en los seminarios el tema lo constituían Fichte y Leibniz.

Para el semestre de verano de 1934 se podía encontrar justo al comienzo el ya mencionado «Círculo de Educación de Política del

---

[4] Ibídem, pp. 269, 319.

Pueblo»; el tema de la lección de Heidegger era, por primera vez, «actual», y llevaba por título *El Estado y la Ciencia*; sin embargo, no fue precisamente ésta la lección que el filósofo impartió, pues durante la segunda hora de la misma dio a conocer a sus alumnos que se proponía disertar sobre *Lógica*: ¿se trataba de una manifestación o de una simple «acción de resistencia»? Justo entre las lecciones y seminarios filosóficos aparecía, sin embargo, la *Lucha y victoria de la revolución nacional* como tema de un pedagogo. Programadas como lecciones para oyentes de todas las facultades se encontraban, entre otras, la de Erik Wolf sobre *La idea del derecho en el nacionalsocialismo*, además de la *Higiene social y política demográfica, la doctrina alemana de la patria (raza, nacionalidad, patria)*. En el programa de los profesores se incluía aún a Eduard Fraenkel, si bien con la especificación «cesado», lo que de hecho también ocurría, aunque sin especificación de ningún tipo, con Edmund Husserl; en cambio, Jonas Cohn había desaparecido definitivamente de la lista.

En el semestre de invierno de 1934-1935, Heidegger dictó una lección de dos horas sobre *Hölderlin*, compartiendo además con Erik Wolf un seminario sobre Hegel acerca del *Estado*.

Para el semestre de verano de 1935, Heidegger anunció su *Introducción a la metafísica* [*Einfürung in die Metaphysik*].

En el semestre de invierno de 1937-1938, el programa del personal docente tampoco incluía ya a Edmund Husserl.

Tal vez resulte sorprendente para el observador actual que una determinación, que cabe considerar como el resultado de un «pensamiento imperialista», pueda encontrarse ya mucho antes de la toma del poder de los nacionalsocialistas: «Serán tratados como *nativos* en los procedimientos de admisión aquellos estudiantes de procedencia y habla materna alemanas que sean oriundos de aquellas regiones del Reich separadas por el Dictado de paz, así como los germano-austríacos, además de los germano-bálticos o los transilvanos, sajones o banatos suabos, siempre que presenten acerca de su condición [...] los certificados correspondientes, así como en general los estudiantes que no sean alemanes del Reich, siempre que aporten una documentación fidedigna que pruebe su genealogía alemana.»

A lo largo de estos años tan sólo apareció una única publicación de Heidegger: aquella conferencia romana titulada *Hölderlin y la esencia de la poesía* [*Hölderlin und das Wesen der Dichtung*].

Ésta fue publicada en diciembre de 1936 en la revista *Das Innere Reich*. Al año siguiente, la editorial Albert Langen/Georg Müller editaba una separata en dos tiradas. Así, a continuación me dirigiré en primer lugar a esta conferencia, para abordar luego brevemente las lecciones de 1934-1935 *Los himnos de Hölderlin «Germania» y «El Rin»* [*Hölderlins Hymnen «Germanien» und «Der Rhein»*] y a la del semestre de verano de 1936 *El tratado de Schelling sobre la esencia de la libertad humana* [*Schellings Abhandlung über das Wesen der menschlichen Freiheit*] (1809). La lección del semestre de verano de 1935 *Introducción a la metafísica* debe ser tratada con mayor detenimiento, ya que en el marco de nuestro planteamiento es la que resulta, con mucho, más interesante y fecunda.

La conferencia sobre Hölderlin lleva una dedicatoria que llama bastante la atención, y en ella se dice: «A la memoria de Norbert von Hellingrath, caído el 14 de diciembre de 1916 en Verdún.» Se trata, pues, de una de las referencias explícitas a la guerra mundial, referencias que han de ser contempladas en el contexto de la «experiencia positiva de la guerra». La conferencia es una interpretación de «cinco palabras conductoras», siendo su denominador común las afirmaciones referentes a la esencia de la poesía. Heidegger quiere poner de relieve que en Hölderlin tal vez no se encuentre la esencia general del arte poético del mismo modo que en otros poetas. Y ello es así porque «esa entidad general que vale así para todo lo particular es siempre lo indiferente, aquella "esencia" que nunca podrá ser esencial»[5]. Para Heidegger, Hölderlin es más bien, en un marcado sentido, «el poeta de los poetas». Y como tal pronunció afirmaciones sobre el lenguaje, al que solía llamar «el más peligroso de los bienes». Pero el intérprete Heidegger también ofrece su propia definición: «¿Y quién es ahora el hombre? Aquel que ha de dar testimonio [*muß zeugen*] de lo que él sea [...]. Pero, ¿qué debe atestiguar [*bezeugen*] el hombre? Su pertenencia a la tierra. Esa pertenencia consiste en que el hombre es el heredero y el aprendiz en todas las cosas [...]. El ser-testigo [*Zeugesein*] de la pertenencia al ente en total acaece como historia. Sin

---

[5] Martin Heidegger, «Hölderlin und das Wesen der Dichtung», en *Erläuterungen zu Hölderlins Dichtung*, Francfort, 1944, p. 36; ed. cast., «Hölderlin y la esencia de la poesía», en *Interpretaciones sobre la poesía de Hölderlin*, trad. J. M. Valverde, Ariel, Barcelona, 1983, p. 55.

embargo, para que la historia sea posible se ha dado al hombre el lenguaje». El lenguaje no es primariamente un instrumento [*Werkzeug*], sino que ante todo brinda por primera vez la posibilidad de «situarse en medio de la apertura [*Offenheit*] del ente». El lenguaje, la tierra y el mundo se pertenecen mutuamente. «Tan sólo allí donde hay lenguaje hay mundo, es decir: el ámbito cambiante de decisión y obra, de acción y responsabilidad, pero también de arbitrio engañoso y ruido, de caída y confusión. Tan sólo allí donde el mundo impera hay historia.» Por ello, en realidad el lenguaje acaece por vez primera en la conversación («[…] desde una conversación somos y podemos oír unos de otros»). Sin embargo, su posibilidad interna depende ahora «de que el tiempo se abra con sus prolongaciones», y con ello nos encontramos en el centro de la propia filosofía de Heidegger. «Desde que el tiempo se levantó y se le hizo detener, desde entonces somos históricos», y Heidegger sólo parece volver a referirse a Hölderlin cuando pone en conexión el «devenir-palabra el mundo» y el «nombrar a los dioses». Pero la consecuencia que extrae de ello es de igual modo una bofetada en el rostro del entendimiento ordinario moderno: «El poeta nombra a los dioses y nombra a todas las cosas en lo que ellas son: ese nombrar no consiste en asignar un nombre a algo ya conocido de antemano, sino en que al decir el poeta la palabra esencial, mediante esa mención, el ente es nombrado por primera vez como aquello que es. Así llega a ser conocido como ente. Poesía es fundación verbal del ser»[6]. No parece que pueda haber una respuesta más clara a la pregunta por la relación entre ser y hombre, entre ser y ser-ahí. En efecto, el ser es una fundación o institución [*Stiftung*] del hombre, pero del hombre en la forma del poeta. Parece, pues, que desde Kant hemos llegado así a la romántica «poesía primitiva de los pueblos», pero seguramente continuamos estando en la «conciencia trascendental», que precisamente ya no aparece como fundamentadora de la ciencia, sino como poética. De ahí que Heidegger pueda llamar a la poesía «el fundamento portador de la historia» y rechazar tajantemente aquella concepción que quiere ver la poesía como un «fenómeno de la cultura» o como la simple «expresión» de un «alma de la cultura». Antes bien, la poesía es «el nombrar fundacional del ser y de la esencia de todas las cosas:

---

[6] Ibídem, p. 43; ed. cast., p. 61.

no un decir cualquiera, sino aquél por del que sale por primera vez a lo abierto todo eso de lo que luego hablamos y discutimos en el lenguaje cotidiano»[7]. Pero es evidente que esa «fundación» no es entendida aquí en el sentido de un «hacer» o «proyectar», sino que el poeta obedece a la interpelación de los dioses; él está «expuesto al rayo del Dios». Y ahora nos encontramos de nuevo con el concepto de «pueblo»: «El decir del poeta es el captar de esas señas [*Winke*], para que ellas continúen haciendo señas [*winken*] a su pueblo.» Sin embargo, para Heidegger no es ésta una verdad supratemporal. La esencia de la poesía de Hölderlin pertenece a un tiempo determinado: «Pero no de tal manera que él tan sólo se conforme a ese tiempo como a un tiempo ya existente. Sino que Hölderlin, al fundar de nuevo la esencia de la poesía, comienza a determinar un nuevo tiempo. Es el tiempo de los dioses huidos y del Dios por llegar. Éste es un tiempo indigente, reflejado en una doble carencia y nada; en el ya-no de los dioses huidos y en el todavía-no del Dios por llegar»[8]. En esa situación, en la «nada de esa noche», el poeta debe mantenerse firme y tomar sobre sí el «máximo aislamiento». Sin embargo, es por obra de eso mismo por lo que el poeta puede, «en representación y por ello con sinceridad, obtener para su pueblo la verdad». Mas, para Heidegger, ni Stefan George ni Gottfried Benn ni Reiner Maria Rilke eran poetas en el sentido de Hölderlin, y difícilmente se podrá decir que Löwith se equivocó al titular como *Heidegger, pensador en una época indigente* [*Heidegger, Denker in dürftiger Zeit*] el libro que publicó en 1953. ¿Dónde está, en 1936, «la excelencia y grandeza de la revolución nacional»? ¿dónde está «el *Führer*», entendido como «la realidad presente y futura y su ley»? ¿Quiere Heidegger ocupar ahora el lugar del fracasado *Führer*, que se ha revelado tan «indigente» como aquella revolución? ¿Quiere Heidegger ser el mejor e incluso el único nacionalsocialista, mientras que este término político ya no resulta adecuado en absoluto? ¿No será él el antinacionalsocialista *par excellence*, en la medida en que pretende elevarse por encima del *Führer*? Sin embargo, también quiere él obtener y transmitir la verdad para «su pueblo». Y, por tanto, ¿no será menos que un nacionalsocialista, es decir, un mero nacionalista que

---

[7] Ibídem, pp. 44 ss.; ed. cast., p. 63.
[8] Ibídem, pp. 44 ss.; ed. cast., p. 67.

parece acercarse de nuevo al «existencialismo» del aislamiento radical de *Ser y tiempo*?

La lección del semestre de invierno de 1934-1935 se expresaba de otro modo en un punto significativo que, como ya tendremos ocasión de ver, todavía no había desaparecido del todo en 1936.
Ahora se dice: «Ya oímos que la existencia histórica de los pueblos, inicio, apogeo y ocaso, tiene su origen en la poesía y de ésta
procede el saber auténtico en el sentido de la filosofía, y en ambos
se funda la obtención del ser de la existencia de un pueblo en cuanto pueblo mediante el Estado, la política. Ese tiempo originario e
histórico de los pueblos es, por ello, el tiempo de los poetas, pensadores y creadores del Estado, es decir, de quienes propiamente
fundan y fundamentan la existencia histórica de un pueblo. Ellos
son los auténticos creadores[…]. Los tiempos de los creadores: el
imponente equilibrio de la cordillera, las cumbres de las montañas
que permanecen solitarias en el seno del éter, es decir, en la región
de lo divino. Esos tiempos de los creadores se elevan sobre la mera
sucesión de los apresurados días en la superficialidad de lo cotidiano, y, sin embargo, no son ningún más allá fijo y atemporal,
sino tiempos que se elevan por encima de la tierra y más allá, con
su propio fluir y su propia ley»[9].

Resulta difícil contener el «fluir de la teoría crítica», teoría que
pretende reconocer aquí, de inmediato, la doctrina reaccionaria y
antidemocrática de los «grandes hombres». Y, de hecho, la concepción heideggeriana de la «institución del ser» mediante «los
creadores» se halla estrechamente conectada con otro concepto
«reaccionario», es decir, con el de la «comunidad». La «conversación», que nosotros somos, presupone la «comunidad» originaria.
Ésta «no comienza a formarse por la incorporación de relaciones
de interdependencia —de este modo tan sólo se forma la sociedad—, sino que la comunidad *es* mediante la previa ob-ligación
[*Bindung*] de *cada individuo* con aquello que a cada individuo liga
y determina»[10]. Heidegger describe esta colectividad mediante el
ejemplo de la «camaradería del frente», en la que se hace especialmente evidente la conexión existente entre la prestancia para
la muerte, el aislamiento y la comunidad. Y cabe preguntarse si los

---

[9] Martin Heidegger, *Hölderlins Hymnen «Germanien» und «Der Rhein»*, GA,
t. 39, pp. 51 ss.
[10] Ibídem, p. 72.

«dioses» son en absoluto algo más que simbolizaciones de la «comunidad», algo más que aquello que, por ser lo creído y venerado, hace de las comunidades y pueblos lo que son. Ya en Hölderlin parece insinuarse esta impresión con una cercanía extraordinaria. Y también Heidegger pone en conexión la «moral y usanza» con los «templos», los «dioses» y la comunidad: «Sólo hay moral y usanza donde el templo y la imagen, en tanto que existencia histórica de los dioses, dominan y ligan el cotidiano ejercitar y habitar. Pero sólo hay imagen y templo donde están aquellos grandes individuos que, sabiendo y creando, preservan la inmediatez de la presencia y ausencia de los dioses y llevan la diferencia decisiva a la obra creada.» Para el fomento de la cultura y los programas culturales, así como para el liberalismo, sobre el que aquellos se basan, Heidegger no tiene sino palabras de burla y desprecio. Sin embargo, también se ha «desligado ya todo en el fondo, donde [...] templo, imagen y moral permanecen a la vista y continúan prolongando su existencia durante décadas, incluso siglos, y de este modo mantienen despierta una moralidad eficaz de los individuos y de los grupos»[11]. Lo anterior podría ser también una descripción de «Meßkirch», y esa falta de fuerza de la patria «a la vista» es, evidentemente, uno de los motivos principales para la exigencia de Heidegger de llevar «la íntima penuria de la muerte de los dioses a la experiencia esencial y a una larga permanencia». Sin embargo, ¿no es precisamente por ello el futuro del «último Dios» (como Heidegger dice en otro lugar) la «repetición» del pasado impotente, no se revela ya aquí Heidegger como un pensador eminentemente «religioso», y no podría disolverse ese carácter por la orientación hacia una comunidad plural, como la que sin duda se sigue dando aquí?

De un modo u otro, lo que hemos de oír en este punto es una crítica a la realidad nacionalsocialista y, con ello, un profundo distanciamiento de ella. Quien toma su posición del único (conforme a la época) «lugar de penuria [*Not*] metafísica», «ése capta la soledad como una necesidad [*Notwendigkeit*] metafísica, es decir, ha de saber que precisamente en ella impera la más elevada intimidad [*Innigkeit*] de la pertenencia al eseyer [*Seyn*] [!] del propio pueblo, aun cuando la apariencia externa no muestre sino algo apartado, desentendido»[12]. Es evidente que Heidegger parece estar describiéndose a sí mismo en este pasaje. Y seguramente se refiere también a sí mismo cuando cita la siguiente frase de Hölderlin, extraída de una carta dirigida a Böhlendorff: «Pero ellos no pueden utilizarme.» Y también resulta evidente que el filósofo no se considera a sí mismo un «exiliado interior» ni un «combatiente de la resistencia», pues deja bien claro que el nacionalsocialismo como tal (pero ¿como cuál?) supone el «gran viraje» de la existencia alemana: «Si el gran viraje de su existencia no les hace clarividentes, ¿a qué darles [a los alemanes] ya oídos para oír?»[13]. ¿Tal vez quiere Heidegger explicar que «el gran viraje» sólo podrá ser «la realidad presente y futura» cuando los alemanes reconozcan en Heidegger y no en Hitler al «gran creador»? El filósofo dice, de hecho, que de lo que se trata es de qué posición conquista para sí mismo «nuestro pueblo» «en la gran opresión de nuestra existencia, la cual debe atreverse de nuevo con los dioses para así crear un mundo histórico». Y si en esto Hölderlin ha de ser el guía (según la exégesis de Heidegger), entonces no se trata en modo alguno de rescatar al pueblo de su equivocación ni de «limitarse a valorar políticamente nada más que las puras cosas que nos aportarán los próximos años, una vez cumplida la unificación de las ciencias del espíritu»[14]. Si fuera cierto que la Gestapo tenía confidentes en las lecciones de Heidegger, entonces habrían aguzado sus oídos al llegar a este pasaje. Y, sin duda, también nosotros aguzamos los oídos y nos inquietamos ante las palabras de Heidegger sobre la «comunidad» y la «sociedad», sobre los «dioses» y los «grandes creadores» o sobre los desposorios entre dioses y hombres, en los que el pueblo parece haberse tomado de nuevo el día libre. Sin embargo, ¿no partía Marx con absoluta evidencia del concepto de «comunidad»?, ¿y no es tal vez el capitalismo un sinónimo de «sociedad»?.

Dirijamos ahora nuestra atención, muy brevemente, a una variación bastante notable de la tipografía empleada por Heidegger en la lección que ahora estamos tratando. En la página 73 se habla del lenguaje, entendido, al igual que en la conferencia de 1936, como «institución [*Stiftung*] originaria del ser». En la página si-

---

[12] Ibídem, p. 135.
[13] Ibídem, p. 136.
[14] Ibídem, p. 221.

guiente se dice: «La poesía instituye el eseyer [*Seyn*]» (con «y»).
Sin embargo, no aparece aclaración alguna al respecto, y no puede reconocerse ninguna alteración en el significado. En la página
288 se dice que el lugar metafísico de la poesía holderliniana es
«el punto medio del eseyer mismo, el eseyer de los semidioses, el
eseyer del hombre, de nuestro poeta». Y de nuevo se pregunta el
entendimiento humano normal: ¿se trata de una mera curiosidad o
esconde una profundidad especial de sentido que ha de ser des-
cifrada?

Lo que Heidegger ofrecía en la lección sobre la disertación de
Schelling *Sobre la esencia de la libertad humana* era, por así decirlo, un pensamiento de profundidad controlada, o sea, la profundidad de sentido que encierra la disertación sin duda más penetrante y acabada de Schelling, interpretada ahora por un pensador
que se ha alejado —supuesta o realmente— de aquella agresividad y de aquella obstinación tan características de su tratamiento
de los textos griegos.

A su comienzo nos encontramos con una de esas exposiciones
tan infrecuentes en Heidegger sobre una situación «de la historiografía común», como la situación en la que se encontraba Alemania en torno a 1809. La frase que más llama la atención es la siguiente: «1809: Napoleón dominaba, es decir, oprimía y ultrajaba
a Alemania.» Sin embargo, apenas dos páginas más adelante concluye la exposición con una declaración general: «Y no tardó en
revelarse la profunda falsedad de aquellas palabras que Napoleón
dijo a Goethe en Erfurt: la política es el destino. No, el espíritu es
el destino y destino es el espíritu. Pero la esencia del espíritu es la
libertad»[15].

Naturalmente, lo anterior está dicho sobre la base de la disertación de Schelling, pero en este punto parece sugir la pregunta de
si la filosofía de Heidegger no será, en efecto, una «filosofía del
espíritu y de la persona» en la estela del idealismo alemán. Y tal
vez sea un indicio de ello la manera desdeñosa con la que Heidegger pasa, con bastante rapidez, a través de conceptos tales como
los de «visión del mundo», «ideología», «superestructura» o «clases», conceptos que en su conjunto son subsumidos al liberalismo

[15] Martin Heidegger, *Schellings Abhandlung über das Wesen der menschlischen Freiheit*, Tubinga, 1971, pp. 1, 2; ed. cast., *Schelling y la libertad humana*, trad. A. Rosales, Monte Ávila, Caracas, 1990, pp. 1-2.

del siglo XIX[16]. La referencia a Nietzsche y a su concepto de «nihilismo» raya la identificación, aun cuando al final se la ponga en cierto modo entre paréntesis: «Hay cultura e instituciones culturales, hay Iglesia y hay sociedad. Los individuos pueden aferrarse a la integridad personal y permanecer satisfechos con ello, pero de todo eso, tomado en su conjunto, no surge nada más; de ahí no salen ya ninguna medida ni impulsos creadores, tan sólo hace que todo prosiga. El abandono y desamparo interiores crecen hasta lo desmedido. Lo que pertenece a abajo, viene hacia arriba; lo que tan sólo es una astuta invención es presentado como una obra creadora»[17]. Pero esta renovada «crítica a la cultura» o «crítica al presente» no descarta el que Heidegger se manifieste sobre la Grecia antigua (y con ello, como veremos, indirectamente sobre Alemania) de un modo que Farías ha percibido como exclusivista o simplemente «racista», por emplear aquí la palabra en boga: «Con la palabra sistema no sólo se nombra al lenguaje del que viene la palabra, sino al pueblo, a la fuerza creadora de aquel pueblo que en sus poetas, pensadores, hombres de Estado y artistas ha efectuado sobre el todo del eseyer la mayor acometida configuradora jamás acontecida en la historia occidental»[18]. ¡Acometida, fuerza creadora!; ¿no se encuentran estas expresiones en el centro mismo del presunto viraje desde el entero subjetivismo del «proyecto» [*Entwurf*], tal y como se lo percibió o creyó percibir en *Ser y tiempo*? ¡Y «el todo del eseyer»! Si la nueva tipografía tiene sentido, entonces habrá de ser más tajante la separación entre el «eseyer» y el ente de lo que lo es en el caso del «ser», que ahora es, por vez primera, el «ser del ente», revelando una relación difícil de captar con el «ente en total». Pero ¿y el todo del eseyer?

Sin embargo, hay algo que enseguida resulta evidente, es decir, que Heidegger no equipara esa «acometida» griega con la moderna «conquista del mundo». Ésta aparece valorada negativamente en su conexión con el autodespliegue del sujeto, con la «técnica» y la *ratio*, si bien ello no significa que se la rechace sin más. No obstante, Heidegger ve cumplido por primera vez ese punto de vista en el idealismo alemán, porque aquí ya no se limita a reproducir e interpretar las manifestaciones de opinión de pensadores in-

---

[16] Ibídem, p. 22; ed. cast., pp. 22-23.
[17] Ibídem, p. 27; ed. cast., p. 28.
[18] Ibídem, p. 31; ed. cast., p. 31.

dividuales, sino que «se reconoce a la historia del pensar y del saber una ley de movimiento propia, y se la concibe como lo más interno de la historia misma»[19]. Con ello se fija el camino para una «historia de la verdad», y en este punto parece como si Heidegger tratara su «historia del ser» como una variante de la historia del espíritu absoluto de Hegel y Schelling. También habla Heidegger, si bien con brevedad, sobre Spinoza, siendo éste uno de los pocos lugares en los que el filósofo utliza el adjetivo «judío» por sí mismo y no como parte de la expresión compuesta «judeo-cristiano». A juicio de Heidegger, la filosofía de Spinoza no debe ser identificada con la «filosofía judía», como ya lo demuestra la expulsión del pensador de la comunidad semítica[20]. Y es posible advertir una referencia a la actualidad de la época cuando Heidegger subraya, en conexión con Schelling, la oposición existente entre el «ánimo alemán» y el «modo de pensar mecanicista de Occidente», aunque, sea como fuere, la prosecución de la «entereza de ánimo» exige un pensar más firme y resuelto[21]. En general nos inclinamos a decir que la doctrina de Schelling del «fundamento en Dios» y del devenir-espíritu del egoísmo en el hombre difícilmente podía ser interpretada con mayor claridad, aunque esa interpretación también podría haberla dado un buen historiador de la filosofía. Sin embargo, parece bastante heideggeriana, amén de una solapada alusión al compromiso de 1933, la afirmación de que las formas más elevadas de la decisión son el entusiasmo, el heroísmo y la fe, y también el que se considere característico del heroísmo «el más claro saber de la unicidad de la existencia recibida, la más duradera resolución a llevar el curso de esa existencia a su cenit, la seguridad, que permanece insensible frente a la propia grandeza, y por último y en primer lugar el poder callar [*Schweigenkönnen*]; no decir nunca aquello que la voluntad propiamente sabe y quiere»[22]. Estas frases también habrían podido aparecer en el Discurso del rectorado, aunque lo que ahora se dice es menos concreto. Y en este punto hemos de mencionar el hecho extraordinario de la existencia de algunos pasajes que, según afirma Otto Pöggeler, se encontraban en la lección original pero fueron luego

[19] Ibídem, p. 58; ed. cast., p. 58.
[20] Ibídem, p. 80; ed. cast., p. 81.
[21] Ibídem, p. 108; ed. cast., p. 109.
[22] Ibídem, p. 189; ed. cast., p. 192.

desechadas en el texto impreso. En ellos se decía: «Los dos hombres que han encabezado el movimiento de reacción contra el nihilismo, cada uno de ellos de un modo diferente, son Mussolini e Hitler. Los dos han aprendido de Nietzsche, los dos de un modo esencialmente diferente. Con ello, sin embargo, la región auténtica de Nietzsche no ha alcanzado aún validez»[23]. Mas, la exposición deviene controversia y, a la vez, enteramente filosófica en aquel pasaje en el que Heidegger discute el concepto de Schelling de la «absoluta indiferencia», a partir del cual pasa a fundamentar su propia concepción. Según ésta, la «esencia de todo eseyer» sería la finitud, puesto que el eseyer no puede ser dicho *del* absoluto. De ahí que «tan sólo lo finito existente tenga el privilegio y el dolor de estar en el eseyer como tal y de experimentar lo verdadero como ente»[24].

Hemos dejado para el final la lección del semestre de verano de 1935 *Introducción a la metafísica*, y ello por ser la que guarda una mayor proximidad temporal con el compromiso político de 1933-1934, así como por contener la mayor parte de las referencias «políticamente actuales». Aparte, se trata de una de las lecciones de Heidegger más fáciles de comprender. Ello se muestra también en que ya al principio aborda con íntima comprensión las objeciones planteadas por el «entendimiento humano normal», que encuentra inconcebible la pertenencia mutua de «hombre» y «ser». «¿Qué es entonces ese ente? Representémonos la tierra en el seno de la oscura inmensidad del espacio cósmico. Comparativamente, es un minúsculo grano de arena […]. ¿Y qué es la extensión temporal de una vida humana en el curso del tiempo de millones de años? Apenas una sacudida del segundero, un suspiro. Dentro del ente en total no cabe hallar ningún fundamento legítimo para encumbrar, precisamente, *al* ente que se llama hombre y al que por casualidad pertenecemos»[25]. En efecto, Heidegger tan sólo pone de manifiesto en primer lugar que el preguntar de la pregunta filosófica hace del hombre un ser vivo singular, que únicamente tiene conocimiento de «la nada» y, en esa medida, «del ser». Con ello

---

[23]   Otto Pöggeler, *Heideggers politisches Selbstverständnis* (Bibl. nº 5), p. 37.
[24]   Ibídem, p. 195.
[25]   Martin Heidegger, *Einführung in die Metaphysik*, Tubinga, 1976 (4.ª ed.; 1.ª ed., 1953), p. 3; ed. cast., *Introducción a la metafísica,* trad. E. Estiú, Nova, Buenos Aires, 1956, p. 40.

también comparte la filosofía esta singularidad, y desde luego de
una forma imponente, no pudiendo, por ello, «encontrar nunca un
eco inmediato en su correspondiente hoy». Sin embargo, ella puede «estar en íntima consonancia con el auténtico acaecer de la historia de un pueblo»[26]. Así pues, Heidegger parece caracterizar su
actividad del año 1933 como un error, pero reclama para su filosofía un puesto aún más elevado, si bien todavía «nacional» [*völ-
kisch*] o «popular» [*volkhaft*]. Y del poetizar del poeta y del pensar del pensador se dice tan sólo que «en ellos se despeja tanto el
espacio, que cualquier cosa, un árbol, una montaña, el canto de un
pájaro, pierde totalmente su indiferencia y su ser-habituales
[*Gewöhnlichkeit*]»[27]. Aquí sale a la luz uno de los motivos fundamentales de Heidegger: el despojar a las cosas «habituales» de su
ser-habituales y hacer que puedan ser contempladas como lo extraordinario que ellas son. Sin duda, ningún filósofo se había ocupado antes que Heidegger de los árboles y del canto de los pája-
ros; pero en cualquier caso la filosofía ha de poder decir algo
extraordinario sobre el ser del pueblo. Sin embargo, Heidegger busca de nuevo, en primer lugar, la aporía: «Un Estado *es*. ¿En qué
consiste su ser? ¿En que la policía estatal detenga a un sospecho-
so, o en que en el Ministerio del Reich teclen tantas y tantas máquinas de escribir y tomen dictados de los secretarios de Estado y
consejeros ministeriales? ¿O el Estado "es" en la entrevista del
Führer con el ministro inglés de Asuntos Exteriores? El Estado *es*.
Pero ¿dónde se adhiere su ser? ¿Se adhiere a algún lugar en absoluto?»[28]. Heidegger se refiere aquí a situaciones políticas, y uno se
inclinaría a ver una crítica o simplemente una actitud de resistencia oculta a medias en la mención de la policía de Estado y de las
máquinas de escribir que teclean en los ministerios. Sin embargo,
también menciona un suceso político concreto, la conversación sostenida por Adolf Hitler con el ministro de Asuntos Exteriores sir
John Simon (y con el lord del Sello Privado Anthony Eden) el 25
y el 26 de marzo de 1935, y respecto del *Führer* no se aprecia ningún acento negativo. A las frases anteriores les sigue, poco después, una declaración sobre el «ser» de Alemania y, al mismo tiempo, de Europa: «Esta Europa, siempre a un paso de apuñalarse a sí

[26] Ibídem, pp. 6 ss.; ed. cast., p. 45.
[27] Ibídem, p. 25; ed. cast., p. 62.
[28] Ibídem, p. 27; ed. cast., p. 70.

misma en su incurable ofuscación, se encuentra hoy presa en unas grandes tenazas, entre Rusia, de una parte, y América, de la otra. Tanto Rusia como América son, contempladas metafísicamente, lo mismo; la misma furia desesperada del desenfreno de la técnica y de la falta de base de la organización del hombre normal»[29]. Lo que Heidegger tiene ante la vista es, obviamente, el avance de la «civilización mundial», del universal «a-lejar» que él mismo parecía haber descrito de un modo neutral en *Ser y tiempo*, pero que ahora (aunque en el fondo ya en aquella época y en su juventud) entiende como una «caída espiritual». Dentro de ésta, «el tiempo, en cuanto historia, ha desaparecido de la existencia de todos los pueblos», «el boxeador pasa por ser el gran hombre» y «triunfan los millones de actos de masas». ¿No es esto una clara crítica del nacionalsocialismo y de su esencia arraigada en las masas populares (por supuesto, con ello aludimos también, indirectamente, a Max Schmeling), pues ese movimiento se incluye como un fenómeno más entre otros de la «civilización mundial»? De hecho, dentro de la caracterización general todas las diferencias parecen haberse desvanecido, «pues el oscurecimiento del mundo, la huida de los dioses, la destrucción de la tierra, la masificación de los hombres y la sospecha que odia todo lo creador y libre ya ha alcanzado en la tierra una dimensión tal, que desde hace tiempo se han convertido en objeto de risa categorías tan infantiles como las de pesimismo y optimismo»[30]. Pero ¿no hemos de hablar aquí de un «pesimismo lleno de futuro», que alcanza a ver la «destrucción de la tierra» en una época en la que aún no existían ni los ordenadores ni la energía atómica, y en la que aún no cabía percibir de una forma adecuada la «explosión demográfica»? Y, pese a ello, este pesimista filosófico descubre esas distinciones y ve en los EEUU y en «Rusia» a los protagonistas de la ruina, afirmando respecto de Alemania algo que resulta extraordinariamente positivo: «Nos encontramos presos en unas tenazas. Nuestro pueblo experiencia el atenazamiento más agudo como un hallarse en el medio. Es el pueblo con más vecinos y, por tanto, el más amenazado; y, sobre todo, el pueblo metafísico»[31]. Y en modo alguno podemos omitir que en este punto Heidegger establece una diferencia de

---

[29] Ibídem, p. 28; ed. cast., p. 73.
[30] Ibídem, p. 29; ed. cast., p. 73.
[31] Ibídem, p. 29; ed. cast., p. 73.

esencia entre la Alemania nacionalsocialista, por una parte, y los
EEUU, así como la URSS, por otra. Pero, de igual modo, es claro
que la expresión «con más vecinos» posee un significado tan positivo como el concepto «metafísico». E igualmente obvio resulta,
pues, que Heidegger debió ser un firme adversario de aquella tentativa de «someter» a los «vecinos» y de abandonar Alemania a la
«organización carente de base [bodenlos]», no sólo de la técnica,
sino de los actos de masas. Por ello se ve obligado a conectar su
esperanza con una condición: «Precisamente, si la gran decisión
sobre Europa no debe pasar por la aniquilación, entonces sólo podrá hacerlo por el despliegue de nuevas fuerzas *espirituales* e históricas, procedentes del punto medio»[32]. ¿Apela aquí Heidegger,
por tanto, a una renovación o modificación del nacionalsocialismo? En todo caso, él no entiende la decisión futura como el encuentro bélico de una «guerra civil mundial» dirimida en suelo
europeo, pues los partidos ideológicos le resultan, por estar fun-
dados en hechos, demasiado similares entre sí y faltos de espíritu. Ninguno de ellos, sin excepción, llegan a concebir tan siquiera la «pregunta por el ser», pregunta que Heidegger quiere situar
en el punto central. Sin embargo, hay indicios que apuntan a que
Heidegger consideraba inevitable una lucha armada de la Europa
unificada en torno a Alemania contra la bárbara furia de las dos
gigantescas potencias continentales: «Por ello pusimos en conexión la pregunta por el ser con el destino de Europa, en el que se
decidirá el destino de la tierra, por lo que nuestra existencia histórica se muestra para Europa misma como el punto medio»[33]. Si,
en lo que atañe a América y a Rusia, Heidegger ni siquiera se con-
tenta con la caracterización del «desmedido "así sucesivamente"
de lo siempre igual e indiferente», sino que advierte un «cambio
repentino» de la cantidad en la cualidad, a saber, los «embates de
eso que, al atacar toda jerarquía y espiritualidad del mundo, las
hace pasar por mentiras y las destruye»; se trata, en efecto, del
«embate de aquello que llamamos lo demoníaco (en el sentido de
lo maligno destructor)»[34]. Lo «demoníaco» nace, según Heidegger,
de interpretar el espíritu en el sentido de inteligencia, esto es, como
un mero instrumento. Esta falsificación del espíritu se cumple tan-

---

[32] Ibídem, p. 29; ed. cast., p. 74.
[33] Ibídem, p. 32; ed. cast., p. 77.
[34] Ibídem, p. 35; ed. cast., p. 81.

to en la regulación marxista de las relaciones materiales de producción como en el cientificismo positivista o como «en la conducción organizada de las masas y razas de un pueblo»[35]. Ello supone una clara equiparación del bolchevismo con el nacionalsocialismo, y uno se pregunta cuál es en realidad ese «nosotros» que se encuentra «preso en unas tenazas». No obstante, hay algo que hasta ahora apenas si ha sido mencionado expresamente y que parece llevar la primacía en negatividad, pues Heidegger lo define como «la última mala interpretación del espíritu». Ello tiene lugar cuando el espíritu, entendido como inteligencia orientada a fines, y el espíritu, entendido como cultura, se convierten en espectáculo y ostentación. «El comunismo ruso, tras una conducta inicial puramente negativa, pasó inmediatamente a convertirse en un táctica propagandística semejante»[36]. Y en qué escasa medida quería Heidegger retractarse o renegar del comportamiento mostrado en 1933 se manifiesta en su recurso a la definición del espíritu elaborada en su discurso rectoral («El espíritu no es, ni sagacidad vacía […] ni el ejercicio desenfrenado de los análisis lógicos, pero tampoco la razón del mundo, sino que el espíritu es la resolución, originariamente acordada, de estar abierto a sabiendas a la esencia del ser») y adopta una nueva formulación que pertenece al ámbito de nuestra tercera pregunta conductora: «El espíritu es la habilitación de los poderes del ente como tal y en total. Donde domina el espíritu, el ente como tal es siempre y en cada caso más ente.»

Si el ente, por obra del preguntar del espíritu, puede llegar a ser «más ente» [*seiender*], entonces también podrá llegar a ser «sin ser» [*seinlos*] por obra del desarraigo de la inteligencia: «En verdad, aún sigue habiendo el ente. Su mezcla se da más pura y amplia que antes, pero el ser se ha retirado de él»[37]. El preguntar de la pregunta del ser es para Heidegger, por tanto, la condición fundamental «para refrenar el peligro del oscurecimiento del mundo y, con ello, para aceptar la misión [*Sendung*] histórica de nuestro pueblo, que se halla en el punto medio de Occidente»[38]. Por tanto, para Heidegger todavía son posibles el «refrenar» (¡el oscureci-

---

[35] Ibídem, p. 36; ed. cast., p. 82.
[36] Ibídem, p. 37; ed. cast., p. 84.
[37] Ibídem, p. 48; ed. cast., p. 96.
[38] Ibídem, p. 38; ed. cast., p. 85.

miento del mundo!) y la «misión» del pueblo, y no suponen algo
más absurdo que pretender buscar el camino hacia esa meta mediante el retroceso desde el nacionalsocialismo a la República de
Weimar. En esta lección aparecen, por cierto, expresiones en las
que Heidegger aún parece utilizar el «nosotros» de los revolucionarios nacionalsocialistas: «Siempre ha de inculcarse de nuevo
que precisamente nosotros, por atrevernos a la gran y larga tarea
de derribar un mundo envejecido y de reconstruirlo de verdad, es
decir, históricamente, tenemos que saber la tradición. Y hemos de
saber más, es decir, de un modo más riguroso y obligatorio, que
todas las edades precedentes y todos las revoluciones anteriores a
nosotros»[39].

Debemos tener presentes todas estas afirmaciones de aparente
e irreconciliable contradictoriedad al dirigirnos a una frase que,
desde el grito de indignación pronunciado por Jürgen Habermas
en 1953, se ha convertido en la parte mejor conocida y peor afa-
mada de la presente lección: «Para colmo de las desgracias, lo que
hoy por todos lados se ofrece como filosofía del nacionalsocialismo, pero que nada tiene que ver con la interna verdad y grandeza
de este movimiento (a saber, con el encuentro de la técnica planetariamente determinada y del hombre moderno), hace su pesca en
las turbias aguas de los "valores" y las "totalidades"»[40].

De lo anterior se desprenden problemas diversos. Así, por ejemplo, cabría preguntarse si Heidegger quería decir «de este» movimiento o «del» movimiento; y, en conexión con lo anterior, cabría
preguntarse si la parte de la frase escrita entre paréntesis es contemporánea al resto o fue introducida con posterioridad. Pero lo
notable de todo ello reside en que Heidegger, en el caso de haber
escrito simultáneamente el texto entre paréntesis, habría visto la
grandeza del nacionalsocialismo precisamente en un aspecto que
tiene en común con los EEUU y la Unión Soviética. Sin embargo,
ello es altamente improbable. Atendiendo a otras afirmaciones presentes en la lección mentada se hace evidente que, en este punto,
Heidegger se atiene aún al concepto de Estado entendido como
polis, como «estación histórica [*Geschichtstätte*], el ahí *en* el cual,
a partir del cual y *para* el cual acaece [*geschieht*] la historia [*Ges-*

---

[39] Ibídem, p. 96; ed. cast., p. 159.
[40] Ibídem, p. 152; ed. cast., p. 228.

chichte]»[41]. Todavía yuxtapone, dentro de una misma categoría, el «decir poético, el proyecto de pensamiento, el formar que construye, el actuar creador del Estado», aunque ya se perfila aquella primacía de la poesía en tanto que «devenir-palabra el ser», que no tardará en desplazar a la acción creadora de Estado. Sin embargo, no logro convencerme de que ya en 1935 Heidegger no se considerara a sí mismo vinculado con la «interna verdad y grandeza» del movimiento nacionalsocialista, si bien ya había separado por completo esa verdad y grandeza de los actos propagandísticos de masas, de la policía de Estado y de la burocracia. La verdadera cuestión es la de si seguía viendo en Hitler al «gran creador» y «fundador del Estado». Tal vez pueda ofrecernos alguna información al respecto su artículo sobre la esencia de la obra arte, que fue el último de los trabajos escritos por Heidegger en 1936.

---

[41] Ibídem, p. 117; ed. cast., p. 184.

LOS ÚLTIMOS AÑOS PREVIOS
A LA GUERRA: 1936/37-1939

Hasta cierto punto, la división que he adoptado es arbitraria y forzada, y ello debido, sobre todo, a la abundancia de material. Sin embargo, podría decirse que la fase de la «restitución nacional» concluyó con la ocupación de la región del Rin en marzo de 1936. Y así, paulatinamente, la Alemania nacionalsocialista se fue encaminando hacia la gran guerra, ya que la naturaleza misma del movimiento impedía que permaneciera estacionaria. Su preludio fue el gran triunfo del año 1938, cuando se produjo la «reincorporación de Austria al Reich» y la «liberación de los alemanes de los Sudetes». Sería muy posible que esa tendencia y esos sucesos hubieran dejado huella en la obra de Heidegger. Si así fuera, ello marcaría una nítida distinción entre los «últimos años previos a la guerra» y la primera época tras el final del rectorado. Sin embargo, éste no es el caso, o al menos no lo es hasta el punto de que sea claramente reconocible en las obras publicadas.

No obstante, de nuevo hemos de comenzar regresando al plano de la existencia ordinaria, en el que tanto Farías como Ott han intentado identificar a Heidegger como un miembro «habitual» e «inalterado» del partido, no pudiendo trazar en este punto las coordenadas temporales exactas. Farías cree demostrar que Heidegger continuó siendo «el de antes», incluso tras la dimisión de su cargo de rector. En este sentido introduce en primer lugar una declaración de los científicos y representantes de la vida cultural de la época, en la que, en agosto de 1934, se exhortaba al pueblo alemán a dar su consentimiento a la unificación de las funciones de canciller y presidente del Reich en la persona de Adolf Hitler. El objeto de la declaración era el de «presentar ante el mundo la prueba de la unidad y armonía del pueblo alemán y de su voluntad de libertad y honor». Esta declaración fue suscrita, entre otros, por los profesores Nicolai Hartmann, Eugen Fischer, Werner Sombart,

Erich Jaensch, Carl Schmitt, Karl Haushofer y Heidegger. Ciertamente, de lo que se trataba en la unificación de aquellas funciones era de un proceso de gran trascendencia para el futuro. Pero la declaración suscrita por las personalidades mencionadas fue para Heidegger, al contrario que la proclama de noviembre de 1933, un acto meramente formal, lo que induce a poner en duda sus propias declaraciones y las de Gerhard Ritter a propósito del significado del 30 de junio de 1934. Resulta más plausible pensar que en agosto de 1934 Heidegger no había perdido del todo su confianza en Adolf Hitler.

Farías añade que Heidegger había colaborado hasta septiembre del mismo año en la construcción de una «Academia de Docentes Universitarios del Reich Alemán». Pero, si atendemos a la respuesta ofrecida por Heidegger ante el requerimiento del secretario de Estado, Stuckart, lo que llama la atención es que Heidegger prescinda del concepto de «campamento» y cambie de rumbo hacia el ideal, más bien «monástico», de un trabajar-juntos de los enseñantes con aquellos a los que enseñan, colaboración que debía superar aquella fragmentación de las ciencias que Heidegger ya había caracterizado de una forma tan negativa en *¿Qué es metafísica?*

Farías alcanza una de las cimas de su cuestionable polémica allí donde hace llamar la atención sobre un artículo de Elfride Heidegger-Petri, titulado *Pensamientos de una madre sobre la educación superior de señoritas* [*Gedanken einer Mutter über höhere Mädchenbildung*], artículo que apareció en la revista de un pedagogo. En la edición francesa del texto, Farías anota que la publicación tuvo lugar durante la guerra; por tanto, algunos años después de haber recibido la Cruz de Caballero. (El lector de la edición alemana fue lo bastante inteligente como para abogar por la supresión de esa frase.) El artículo se sitúa, a juicio de Farías, «en el contexto de la imagen nacionalsocialista de la mujer», siendo para él, por tanto, una nueva prueba del inquebrantado nacionalsocialismo del filósofo. Ahora bien, no es de antemano ilícito, desde luego, considerar también las posibles influencias procedentes del ámbito familiar. Yo mismo he subrayado que el matrimonio de Heidegger con la hija de un alto oficial de confesión protestante y orientación prusiana no era un mero hecho privado, y ello en la medida en que gracias a esa unión pudo el joven Heidegger entrar en contacto con un medio para él extraño hasta ese momento. Sin embargo, la argumentación de Farías parece tener la finalidad de demostrar una suerte de corresponsabilidad intelectual de la familia del filósofo. Ese propósito es, sin embargo, cuestionable, pues en el artículo aparece formulado, en medio de una fraseología por lo general nacionalsocialista, una concepción que cabría denominar «progresista», incluso «feminista».

Desde la perspectiva de Ott, el persistente nacionalsocialismo de Heidegger adoptó durante estos años su expresión más clara en el informe, negativo o ambivalente, que elaboró el filósofo sobre los trabajos realizados por los discípulos de Martin Honecker. En ese informe se hace manifiesta su hostilidad contra el concepto de «filosofía cristiana». Esa animosidad, sin embargo, no es en modo alguno específicamente nacionalsocialista, y las conclusiones extraídas por Ott sólo resultan valiosas porque relativizan algunas afirmaciones sostenidas por Heidegger en *Hechos y pensamientos* [*Tatsachen und Gedanken*].

A primera vista parecen de gran interés las actas del partido referentes a Heidegger, que se encuentran en el «Centro de Documentación de Berlín». Sin embargo, si hay alguna colección de documentos que no diga nada, ésa es la ahora mencionada, a menos que alguien, por imprudencia, quiera interpretar en un sentido sensacionalista el *factum* consistente en que ella no contiene ninguna declaración en la que Heidegger exprese su separación del partido. En los expedientes personales del Ministerio del Reich y del Ministerio prusiano para la Ciencia, la Educación y la Instrucción del Pueblo, cumplimentados por el propio Heidegger, llama la atención que se hallen recorridos por diversos apartados: «Campo de investigación especial», «Título, orden y distinción honorífica», «Afiliación a asociaciones nacionales». Heidegger había presentado en marzo de 1936 una declaración en la que afirmaba no haber pertenecido nunca a una logia o a cualquier otra organización de características similares. Asimismo, también subrayaba que, pese a haber sido objeto de las pruebas más rigurosas, no se conocían circunstancias «que pudieran justificar la asunción de que mi esposa y yo descendemos de padres o abuelos no arios […]». El único suceso medianamente interesante es una carta dirigida al Ministerio, en la que los editores de un «Panfleto para la cultura y política nacionales» preguntaba «cuál es su opinión sobre la labor y personalidad del Prof. Dr. Martin Heidegger de Friburgo». Quienes firmaban el documento tenían la intención de invitar a Heidegger a colaborar en sus actividades, y el Ministerio informó positivamente sobre el filósofo, quien, sin embargo, rechazó el ofrecimiento el 3 de junio de 1936, alegando «consideraciones de orden general». Farías infiere de todo ello que Heidegger seguía disfrutando en 1936 de una gran confianza por parte de los activistas nacionalsocialistas; creo, no obstante, que no habría sido necesario solicitar al Ministerio informes sobre la persona de Martin Heidegger si todos le hubieran tenido por un «nacionalista puro». El resto de las actas consisten en solicitudes de permiso y las correspondientes respuestas a las mismas; en cualquier caso, cabe destacar las líneas finales de una solicitud fechada el 17 de julio de 1943, que reza como sigue, y, por cierto, sin hacer uso del *«Heil Hitler»*: «La solicitud que expongo no concierne a un interés personal por el fomento de la propia labor, sino al saber de la determinación histórica del pensamiento filosófico alemán en la historia futura de Occidente.»

Con ello damos por cumplido el tránsito desde el aroma de esos años que Farías y Ott han tomado tan en serio, hacia las obras, en las que habla el pensador Heidegger.

El artículo «El origen de la obra de arte» [«Der Ursprung des Kunstwerkes»] remite a una conferencia pronunciada en Friburgo en noviembre de 1935 y, posteriormente, en Zúrich en enero de 1936. La primera edición, publicada después de la guerra en *Holzwege*, contiene tres conferencias que habían sido pronunciadas en noviembre y diciembre de 1936 en la *Freie Deutsche Hochstift*. Y en ninguno de los lugares de la obra de Heidegger resulta tan claro como en éste el significado de aquella tesis, según la cual la verdad del enunciado no es la forma más originaria de la verdad.

Heidegger comienza afirmando que el concepto moderno de razón fuerza a las cosas y representa un «asalto» [*Angriff*]. Pero tampoco el sensualismo, que comienza con las sensaciones, nos sitúa en la posición de «confiarnos a la presencia inalterada de las cosas». Las cosas mismas nos resultan en realidad mucho más cercanas que las «sensaciones», representadas sólo posteriormente. Mas, nuestra experiencia de las cosas ya está sujeta por lo general a la distinción tradicional entre «materia» y «forma»[1]. Por ello no es esta o aquella teoría, sino el arte, el que conduce a lo cósico de la cosa. Así, el cuadro de Vincent van Gogh permite inferir con máxima justeza lo que sea un par de zapatos de campesino. Los zapatos aparecen allí como aquello que son, como un «útil» [*Zeug*],

---

[1] Martin Heidegger, *Holzwege*, Francfort, 1957 (3.ª ed.; 1.ª ed., 1949), pp. 14 ss.; ed. cast., *Sendas perdidas*, trad. J. Rovira, Losada, Buenos Aires, 1960, pp. 16 ss.

como parte integrante del mundo rural: «El cuadro de Van Gogh
es la apertura inaugural [*Eröffnung*] de aquello que el útil, el par
de zapatos de campesino, *es* en verdad. Ese ente sale a la luz en el
desocultamiento [*Unverborgenheit*] de su ser»[2]. Y ello es así porque la esencia del arte no es sino «el ponerse-en-obra [*Sich-ins-
Werk-Setzen*] de la verdad del ente». Heidegger elabora una auténtica explicación de lo anterior en el ejemplo de un templo griego:
«Una obra aquitectónica, un templo griego, no representa […]. La
obra del templo dispone por primera vez y, al mismo tiempo, reú-
ne en torno a sí la unidad de aquellos caminos y relaciones en los
que el nacimiento y la muerte, la desgracia y la felicidad, la victoria y el oprobio, lo perenne y lo caduco adquieren en su destino la
figura y el curso de la esencia humana.» El templo, por tanto, pertenece a la *polis* y crea en cierto modo la colectividad de los hombres. Pero, según Heidegger, aún hace mucho más, pues permite
que el ente sea un ente. «Estando ahí, en pie, la obra arquitectónica detiene la tormenta que se desencadena sobre ella, y es ella la
que muestra la tempestad misma en su violencia. Sólo el brillo y
el resplandor de la piedra, al parecer debidos a la gracia del sol,
hacen aparecer la luz del día, la vastedad del cielo, las tinieblas de
la noche […]. El árbol y la hierba, el águila y el toro, la serpiente
y el grillo adquieren primero la figura que los distingue y se descubren, así, como aquello que son. A ese surgir y nacer mismo, en
conjunto, lo llamaron muy pronto los griegos la *physis*. Ella aclara [*lichtet*] al mismo tiempo aquello sobre lo cual y en lo cual funda el hombre su habitar […] la tierra»[3].

En este pasaje debería resultar evidente que Heidegger no entiende en modo alguno por *physis* lo que en ella ve el entendimiento
humano normal, es decir, un «imperar» que rige sobre el hombre,
los animales y los astros por igual, sino aquella «temporalidad extática» que no es sino la «conciencia trascendental» reinterpreta-
da o profundizada por Heidegger. Así, en este punto se hace especialmente manifiesto que «ser» y «mundo» no son sin ser-ahí
[*Dasein*], y es por ello por lo que el ente puede llegar a ser «sin
ser» [*seinlos*] y «más ente» [*seiender*].

---

    [2] Ibídem, p. 25; ed. cast., p. 29.
    [3] Ibídem, pp. 30 ss.; ed. cast., pp. 34-35.

Pero el entendimiento humano normal no verá despejada sus dudas tras leer lo anterior, dudas que en este punto se concentrarán especialmente en el papel que Heidegger atribuye al arte. En efecto, ¿cómo es que «el grillo» sólo pasa a formar parte de su esencia destacada en el ámbito del templo? ¿Acaso hay alguna obra arquitectónica en las alturas del Mont Blanc, sólo por la cual se vuelvan comprensibles para el escalador la furia de la tormenta y el desprendimiento de los aludes «como tales»? Y cualquier edificio imaginable ¿no haría disminuir y no aumentar la belleza imponente del Gran Cañón? Sin duda, el hombre debe proyectar sobre el ente «algo», un *a priori*, si es que ha de ser comprensible en absoluto, pero ¿es este *a priori* en realidad una obra de arte? Ciertamente, hemos de asentir a Heidegger cuando éste dice: «En medio del ente en total se esencia [*west*] un lugar abierto. Es un claro [*Lichtung*]. Él es, pensado desde el ente, más ente que el ente. Este lugar medio, abierto, no está por ello cercado por el ente, sino que el lugar medio que aclara [*lichtet*] y circunda —como la nada, que apenas conocemos— a todo ente»[4]. Pero no tarda en surgir de nuevo la pregunta de si de lo que aquí se habla no será de la «conciencia humana», o también, según el precedente del idealismo alemán, del significado cósmico de la «conciencia trascendental» o del concepto schellinguiano de la «yoidad» en la que se concentra el mundo. En efecto, responde Heidegger, y ello debido a la copertenencia del «claro de la apertura [*Offenheit*] y la disposición [*Einrichtung*] en lo abierto». El «ponerse-en-obra» de la verdad en la obra de arte es, así, el modo como la verdad se instala en el ente abierto por obra suya. Otra de las formas como se expresa lo anterior es «el acto fundador del Estado», y una tercera es «el preguntar del pensamiento, que, en cuanto piensa el ser, nombra a éste en su dignidad de ser preguntado [*Fragwürdigkeit*]»[5]. La ciencia, en cambio, no es para Heidegger un acaecimiento originario de la verdad, pues se mueve siempre en un ámbito de verdad abierto por la filosofía. Pero del todo inequívoca es la primacía de la «obra de arte-palabra», es decir, de la poesía originaria. «El decir [*Sagen*] proyectado es poesía: lo dicho [*Sage*] del mundo y de la tierra, lo dicho del espacio de juego de su disputa y, con ello, de la morada

---

[4] Ibídem, p. 41; ed. cast., p. 44.
[5] Ibídem, p. 50; ed. cast., p. 51.

de toda cercanía y lejanía de los dioses. El lenguaje correspondiente es el incidente [*Geschehnis*] de aquel decir, en el que históricamente se abre a un pueblo su mundo y la tierra es preservada como lo cerrado [*Verschlossenen*]»[6]. Y de nuevo se escandaliza el entendimiento humano normal. En efecto, si ya parecía imposible concebir la conexión esencial entre el templo y el grillo, ahora surgen otras tantas dudas a propósito de la conexión entre el «decir que aclara» y el «pueblo histórico». ¿Eran los griegos un «pueblo histórico» tal o lo serían más bien los atenienses, quienes hasta rendían culto a dioses diferentes a los de los espartanos y macedonios, que eran tan sólo «medio griegos»? ¿Fueron los alemanes en alguna época un «pueblo histórico» en ese sentido, o habría que citar más bien a «los prusianos»? ¿Por qué no menciona nunca Heidegger el nombre de Bismarck? ¿*No* aparecía este fundador del Reich ante sus ojos como un verdadero «creador»? Y, si a través de la obra «todo lo habitual y lo hasta-ahora» se convierte «en no-ente [*Unseienden*]»[7], ¿no devendrá también anárquica e inesencial la industriosa vida cotidiana de las «democracias», en la medida en que el «acto creador del Estado» ha logrado triunfar en el punto medio del continente más venerable? ¿No se intruduce también aquí, por la puerta trasera, la pensamiento de la aniquilación?

Existe un breve artículo del año 1937 que permite dar una respuesta precisa a esta última y vejatoria pregunta. El escrito se llama *Caminos hacia el debate* [*Wege zur Aussprache*], y fue publicado en el *Jahrbuch der Stadt Freiburg im Breisgau, Bd. 1 Alemannenland, ein Buch von Volkstum und Sendung* [*Anuario de la ciudad de Friburgo en Breisgau, tomo 1. Tierra de alemanes, un libro de la nacionalidad y la misión*]. Su tema es el entendimiento germano-francés. Allí distingue Heidegger entre el entendimiento auténtico y el inauténtico. El último consiste en los «acuerdos provisionales» y en «cancelar precisamente las exigencias y rendimientos que son válidos»[8]. Un adecuado entenderse presupone, sin embargo, «la incrementada firmeza de la decisión de mantener-se [*Sich-halten*] en el propio rango esencial»; ella es el polo opuesto de toda la «insinuación carente de firmeza». Sin embargo, pese a sus diferencias esenciales, Francia y Alemania po-

[6] Ibídem, p. 61; ed. cast., p. 61
[7] Ibídem, p. 59; ed. cast., p. 60.
[8] Martin Heidegger, *Denkerfahrungen 1910-1976*, Francfort, 1983, p. 16.

seen, a juicio de Heidegger, la misma misión histórica, o sea, la «salvación de Occidente». El peligro que corre Occidente estriba en el «amenazante desarraigo», y en este punto Heidegger considera todavía posible superar ese peligro mediante «la puesta en marcha de cada pueblo con vigor para crear». Pero, como sea que ese desarraigo depende de la tecnificación y organización de las ciencias, y como sea que Descartes es el filósofo que más ha contribuido a abrir este camino, de ello se desprende un inevitable desequilibrio. Podría dar la impresión de que Heidegger está proponiendo como modelo la «iniciativa de las fuerzas más jóvenes» de Francia, pues los franceses «han reconocido la necesidad de liberarse del marco de la filosofía cartesiana y se han preocupado por comprender a Hegel, Schelling y Hölderlin»[9]. Pero iría demasiado lejos en su interpretación quien quisiera ver el fin del entendimiento político en el logro de una unificación inmediata basada en la filosofía de Heidegger, como si ella fuera instauradora de la verdad y estuviera capacitada para abrir un nuevo espacio histórico. La convicción auténtica de Heidegger debe entrañar, más bien, lo que él considera como las dos condiciones fundamentales del genuino entenderse: «Querer siempre oír los unos sobre los otros [*Aufeinanderhören*] y reservar el ánimo para la propia determinación»[10]. Una gran distancia separa a esas palabras de las expresiones, llenas de odio, que Adolf Hitler escribió sobre Francia en *Mi lucha*; en cualquier caso, se ha de añadir que el canciller del Reich se pronunció en algunas conversaciones y entrevistas de los años treinta de un modo similar al de Heidegger. Aún más, se ha de dejar claro que, a su manera, también Hitler fue un «filoheleno» que procuró orientarse siguiendo el modelo de la Grecia antigua. Estilizar a Heidegger hasta convertirlo en un «combatiente de la resistencia» resulta tan disparatado como estilizar a Hitler hasta convertirlo en un mero «criminal». Tan sólo el moderno ilustrado vulgar y contador de leyendas ve en la historia de esta época una lucha titánica entre el Bien y el Mal que, en último término, habría encontrado un final aceptable y beneficioso en la ocupación de Europa por las nuevas superpotencias.

---

[9] Ibídem, pp. 19 ss.
[10] Ibídem, p. 21.

Si el artículo sobre la esencia de la obra de arte permitió dar a conocer la orientación múltiple del heideggeriano «concepto de lo político», anticipando ya la futura primacía de la «obra de la palabra» [*Wortwerkes*], así, la conferencia *La época de la imagen del mundo* [*Die Zeit des Weltbildes*], pronunciada en 1938, supone la primera formulación que resume lo que Heidegger denominaría más tarde la «historia del ser» [*Geschichte des Seins*]. El presupuesto fundamental del que parte consiste en que la metafísica funda una era «al proporcionarle el fundamento de su forma esencial mediante una interpretación determinada del ente y mediante una determinada concepción de la verdad»[11]. Por consiguiente, hay «*aprioris* históricos» determinadores de la relación respecto del ente y del ser, de las cosas, del universo y del Dios o de los dioses; ellos marcan las órbitas en las que se desenvuelve cada relacionarse y también, con ello, cada ciencia. Estos *aprioris* no son supraestructuras o modos de expresión de algo subyacente, sino que eso que supuestamente subyace lleva ya la impronta de aquellos *a prioris*, que son «envíos» [*Schickungen*] del ser que no permiten ser derivados o sencillamente «hechos». Algunas características de la época moderna son, por ejemplo, la ciencia orientada internamente a la técnica, la estetización de la obra de arte, la comprensión del obrar humano como «cultura» y «cuidado de la cultura» [*Kulturpflege*] o el desdivinización, que, sin embargo, no excluye la existencia de algo semejante a las «vivencias religiosas». Todo ello se desenvuelve en el seno de un «territorio abierto» que no es sino el proyecto [*Entwurf*] de una proyección [*Grundriß*], precisamente lo *a priori*. En esta proyección, por ejemplo, de la naturaleza, se ha de contemplar y trazar cada proceso; lo que no se conforma a él se considera que no es o que es inexplicable. De ahí que en la ciencia moderna se conciba al ente como «ob-stante» [*Gegenstand*], y como tal es «puesto» [*gestellt*] y se lo hace dominable. Sin embargo, el que pone y domina se concibe a sí mismo como «sujeto»; se convierte en el punto medio de referencia [*Bezugsmitte*] del ente en cuanto tal[12]. Con ello se hace el mundo «imagen»; se busca y halla el ser del ente en el estar-representado [*Vorgestelltheit*].

---

[11] *Holzwege* (nota 1), p. 69; ed. cast., p. 68.
[12] Ibídem, p. 81; ed. cast., p. 79.

En la Edad Media no había «imagen del mundo». El ente era allí el *ens creatum*, lo creado por un Dios creador personal entendido como causa suprema. «Aún más lejos», debemos a los griegos la interpretación actual del ente. Para los griegos el hombre era «lo contemplado por el ente, por el abrirse a lo presente de lo reunido en él»[13].

Lo anterior, sin embargo, no autoriza a decir que la concepción moderna del ente sea más exacta que la griega. Los proyectos fundamentales parecen entre sí tan ajenos y justificados como las distintas culturas de Spengler. Pero no es difícil observar que Heidegger dota a la modernidad de un acento negativo al que no se sustrae ni un solo aspecto aislado, al parecer tampoco el pueblo alemán y, de un modo u otro, tampoco el nacionalsocialismo. Por ello puede decir Heidegger que sólo allí donde el hombre *permanece* sujeto tiene sentido la lucha expresa contra el individualismo y por la comunidad, en tanto que provee la materia de todo rendimiento y provecho[14]. Son correlativos el concepto de la «planificación y cultivo [*Züchtung*] de todas las cosas» y el surgimiento de lo gigantesco [*Riesige*] en la forma de la física atómica (como dominación, cada vez más perfecta, de lo más pequeño), de la radiodifusión y del alejamiento [*Ent-Fernung*; lit., «eliminación de las distancias»] logrado mediante los aviones. Precisamente, por obra de lo anterior se convierte lo «que en apariencia se ha de calcular completamente y en cada momento» en lo incalculable, y eso permanece como «la sombra invisible que se proyecta por todos lados en torno a las cosas cuando el hombre deviene sujeto y el mundo, imagen»[15]. Pero la igual justificación que presentan los proyectos de mundo que, en apariencia, se encuentran meramente yuxtapuestos queda también suprimida al ser subsumidos los tres al concepto de «metafísica occidental», llevándolos así a un punto que puede ser captado como olvido del ser o como un creciente oscurecimiento [*Verdüsterung*] del mundo. Con ello habrá de cobrar el «inicio» [*Anfang*] un significado especial. En efecto, es posible que Heidegger considere su propia filosofía como un «nuevo inicio», pues salta a la vista que trata de la superación de la modernidad. En las *Apostillas* [*Zusätzen*], escritas al mismo tiempo

---

[13] Ibídem, p. 83; ed. cast., p. 81.
[14] Ibídem, p. 85; ed. cast., p. 82.
[15] Ibídem, p. 88; ed. cast., p. 85.

que *La época de la imagen del mundo*, aunque publicados posteriormente, Heidegger incluye claramente al nacionalsocialismo dentro de la modernidad y, por tanto, dentro de los fenómenos por superar, fenómenos que no son sino «visiones del mundo», de modo que las «filosofías nacionalsocialistas» aparecen de este modo como producciones paradójicas. Pero esta caracterización no es menos aplicable al nacionalsocialismo que a la filosofía de Descartes: «no impera lo presente [*Anwesenden*], sino que domina el asalto»[16]. Al juicio negativo sobre la «esencia racional de la época ilustrada» subyace también «el hombre, que se concibe a sí mismo como nación, se quiere como pueblo, se cultiva como raza y, por último, se habilita como señor del orbe»[17]. Heidegger emplea ahora el concepto «imperialismo planetario», en el que coinciden por igual, evidentemente, norteamericanos, rusos y alemanes nacionalsocialistas. Uno se pregunta si continúa tratándose de la misma filosofía que había hablado con un acento tan positivo del «asalto al ente en total» y se había dirigido a sus compatriotas con las palabras: «Nos queremos a nosotros mismos.» Ahora, sin embargo, Heidegger equipara (empleando una extraña imagen) el ser-sujeto con la «sombra fugaz de las nubes sobre una tierra oculta», y entiende que ese oscurecimiento viene preparado por la seguridad cristiana en la salvación. Sin embargo, resulta evidente que el filósofo no quiere traspasar sus propios límites ni tampoco efectuar un «viraje» (ni tan siquiera en el sentido habitual de la palabra). En efecto, en la última apostilla Heidegger pasa a hablar del «entre abierto» [*offene Zwischen*], por cuya experiencia se supera el hombre a sí mismo como sujeto y, por ello, también supera la objetivación del ente. El filósofo caracteriza ese «entre abierto» como la «región extática de la salida de lo oculto y del ocultamiento del ser», viendo así en *Ser y tiempo* el «nuevo inicio»[18].

Tan sólo podré dedicar unas palabras a las lecciones sobre Nietzsche de los años 1936 a 1939, lecciones que se prolongaron durante los años de la guerra hasta 1941. Desde 1961 se encuentran recogidas, prácticamente sin revisiones ulteriores, en los dos tomos de la obra sobre Nietzsche, y entretanto han aparecido también, aunque sólo de forma parcial, en las obras completas. Como

---

[16] Ibídem, p. 100; ed. cast., p. 95.
[17] Ibídem, p. 102; ed. cast., p. 97.
[18] Ibídem, p. 104; ed. cast., p. 98.

podemos recordar, Nietzsche había supuesto para Heidegger, junto con Hölderlin, una de las mayores experiencias de los primeros años previos a la guerra; y nadie dudará de que la huella dejada por la influencia de Nietzsche puede ser detectada una y otra vez en el pensamiento posterior de Heidegger. Sin embargo, mientras que Hölderlin se había convertido para nuestro filósofo, en cierto modo, en la estrella que le guió después de los años 1933-1934, ahora intentará comprender a Nietzsche como expresión de la «consumación [*Vollendung*] de la metafísica occidental», de modo que en él se habría alcanzado el punto máximo del olvido del ser, en el cual, por ello, se prepara un nuevo desocultamiento del ser. Sería preciso mucho más espacio que el presente si quisiéramos seguir en detalle las interpretaciones de Heidegger sobre Nietzsche, interpretaciones que revelan un conocimiento sumamente rico de la obra de este último filósofo, logrando esclarecerla de un modo que, en ocasiones, resulta sorprendente. Tan sólo pretendo poner de relieve que Heidegger se orienta en estas lecciones casi exclusivamente hacia la voluntad de poder, aunque es consciente de la cuestionabilidad de la recopilación de los textos que sobre este tema había elaborado Elizabeth Förster-Nietzsche. Y Heidegger, utilizando el concepto nietzscheano de la «voluntad de poder» [*Wille zur Macht*], se eleva hasta el concepto de «voluntad de voluntad» [*Wille zum Willen*]. De este modo, Nietzsche alcanza la cima, insuperable, del subjetivismo y de la esencia de la voluntad modernos, abriendo la posibilidad del tránsito hacia un nuevo proyecto o, mejor dicho, hacia un nuevo «envío». En efecto, el verdadero pensamiento metafísico (¡¿el suyo propio?!) presiente en la desdivinización extrema, que ya no admite ningún refugio y no se enmascara a sí misma, un camino, el «único sobre el cual, si es que ello vuelve a acontecer en la historia del hombre, se dan cita los dioses»[19]. Este elemento, si se quiere «adventista» y «religioso», del pensamiento del último Heidegger se hace patente aquí con bastante claridad, al igual que en otros muchos lugares de su obra. Mas, por el momento, tan sólo habremos de afrontar la cuestión de si Heidegger dispone, bajo aquella «noche del mundo» en que ese mundo es conquistado por el sujeto moderno, a todos y cada uno, y, por tanto, también a «Europa», a «Alemania» y al «nacionalsocialismo»; o

---

[19] Martin Heidegger, *Nietzsche*, t. 1, Pfullingen, 1961, pp. 352 ss.

si, por el contrario, el filósofo sigue encontrando distinciones dignas de consideración.

En la página 124 se dice que Hölderlin y Nietzsche habrían abierto, con la polémica de lo dionisíaco y lo apolíneo, un signo de interrogación delante de la tarea de los alemanes de encontrar su esencia histórica. «¿Comprenderemos este signo? Algo es seguro: la historia se vengará de nosotros si no lo comprendemos.»

En la página 361 dice Heidegger que la tarea de Europa es, en este siglo y en el próximo, la de plantear la pregunta de quién sea el hombre, en la medida en que deban seguir existiendo las posibilidades del ser-ahí para el preguntar. «Ella [la pregunta] sólo puede hallar su respuesta a través de la configuración histórica simbólica y normativa de los pueblos individuales en lucha de competencia con otros.» Uno se pregunta si en esta formulación, que suena a algo verdaderamente trivial, comparece de nuevo una antigua esperanza concreta, que se resiste a armonizar con el concepto del omnipresente oscurecimiento del mundo, o, como cabría decir también, con la ya alcanzada victoria del «americanismo».

Uno de los pocos pasajes donde se habla directamente del «bolchevismo» se encuentra en la página 436. Sin embargo, en este punto Heidegger tan sólo pretende poner en guardia contra el hecho de que por todas partes se hable de «nihilismo» siempre que se menciona la «nada» en conexión con la doctrina del ser, por lo que resulta una demagogia sin escrúpulos la de dar «a la palabra "nihilismo", aunque sea tácitamente, el matiz de "bolchevismo"».

Así consigue Heidegger (p. 579) «atreverse a la única pregunta, la de si Occidente sigue confiando en sus fuerzas para crear un fin por encima de sí mismo y su historia, o si prefiere sucumbir a la conservación e incrementación de sus intereses vitales y comerciales, y contentarse así con la invocación del hasta-ahora, como si éste fuera el absoluto».

Por tanto, parece que en la época inmediatamente anterior al estallido de la guerra, Heidegger no había propuesto aún la idea del «pueblo metafísico» preso «en unas tenazas». Sin embargo, esa idea, de hecho, se destaca en ocasiones, aun cuando esas ocasiones sean escasas y sólo en la forma de insinuaciones vagas.

No es del todo seguro que el examen retrospectivo de las lecciones sobre Nietzsche revista menos importancia para los años 1936-1938 (o 1939) que las *Contribuciones a la filosofía (del acontecimiento apropiador)* [*Beiträge zur Philosophie (vom Ereignis)*].

Precisamente, ya en *El camino del pensar de Martin Heidegger* [*Der Denkweg Martin Heideggers*] afirmaba Otto Pöggeler, mediante la introducción de algunas citas, que las *Contribuciones* configuraban la «obra principal» de Heidegger, y el texto de las mismas ha visto recientemente la luz en la forma de una «edición conmemorativa» del centenario del nacimiento del filósofo. Pero también pudiera ser que no se tratara sino de un bloque errático de «murmuraciones», apartadas del camino de la filosofía. En cualquier caso, cuando se lo compara con las *Contribuciones*, *Ser y tiempo* aparece como una obra del todo convencional, estructurada según un orden lógico muy marcado. Los ocho epígrafes que encabezan las partes principales de las *Contribuciones* son: Mirada-previa, La resonancia, «El dar-juego», «El salto», «La fundación», «Los ad-venideros», «El último Dios», «El eseyer»[20]. A lo largo de los 283 fragmentos aislados, que a menudo se asemejan más a hojas sueltas de notas que a «capítulos», se repiten con frecuencia determinados epígrafes, sin que pueda reconocerse en esta recurrencia una «estructura» o una «consecuencia». Así, por ejemplo, en la Parte IV, «El salto», seis de los «capítulos» llevan asimismo el título «El salto».

Con ello podía haberse escrito todo un libro, aunque esta suposición sólo estaría justificada si se lograra descubrir una respuesta bien fundada a la pregunta de si se trata en realidad de la «obra principal» de Heidegger o de meras «murmuraciones». En el presente contexto, sin embargo, bastará con facilitar una impresión global del carácter de estas *Contribuciones*, recurriendo para ello a la mención de una cuantas citas. Por último, plantearemos la cuestión de si, dónde y cómo cabe encontrar aquí aquella referencia a lo «concreto» y a lo «político» que constituye el objetivo primordial de nuestra búsqueda.

«Por consiguiente, las "contribuciones", aunque hablan ya y solamente de la esencia del eseyer [*Seyn*], es decir, del "acontecimiento-propicio" [*Er-eignis*], todavía no pueden ensamblar [*fügen*] la libre juntura [*Füge*] de la verdad del eseyer desde éste mismo. Si ello llega a ocurrir alguna vez, entonces aquella esencia del eseyer determinará en su estremecimiento el ensamblaje de la obra del pensar. Este estremecimiento se fortalece luego en el poder de la

---

[20] *Vorblick, Der Anklang, Das Zuspiel, Der Sprung, Die Gründung, Die Zu-Künftigen, Der letzte Gott, das Seyn.*

dulzura desatada en la *intimidad* de esa *deificación* del Dios de los dioses, por la que adviene la referencia del ser-ahí al eseyer en cuanto fundamento de la verdad de éste»[21].

«El estremecerse de la oscilación en el viraje, la apropiación del ser ahí que guarda, funda [*gründet*] y pertenece a la señal, esa esenciación del eseyer no es ella misma el último Dios, sino que la esenciación del ser [¡*sic*!] funda [*gründet*] el salvamento y, con ello, la preservación creadora de Dios, que sólo y en cada caso atraviesa al eseyer deificándolo en la obra y el sacrificio, la acción y el pensar»[22].

«Pero el eseyer es la necesidad del Dios, en la que sólo éste se halla. Mas ¿por qué el Dios? ¿De dónde la necesidad? ¿Porque está oculto el abismo [*Abgrund*]? Porque es un superencuentro [*Übertreffung*], de modo que lo así encontrado es lo más alto. ¿De dónde el superencuentro, el ab-ismo, el fundamento, el eseyer? ¿En qué consiste el ser-Dios de los dioses? ¿Por qué el eseyer? ¿Por que los dioses? ¿Por qué los dioses? ¿Porque el eseyer?»[23].

Y, sin embargo, también aquí es posible encontrar concepciones e insinuaciones «políticas», más que en la *Crítica de la razón pura* de Kant.

La negación de la trascendencia cristiana y la designación del «pueblo» mismo como fin y meta de toda historia sólo son acristianos *en apariencia*, pues convienen *en esencia* con aquel tipo de pensamiento que caracteriza al «liberalismo»[24].

La lucha entre las creencias políticas totales y las igualmente totales creencias cristianas no excluye la igualación y la táctica. «Pues ellas son de la misma esencia»[25]. ¿Está tomando aquí Heidegger una posición en la «lucha de las iglesias», pero elevándose al mismo tiempo por encima de ella, quizá hasta el punto de convertirse en representante de una «teoría totalitarista» de cierto tipo?

Sólo cuando la filosofía pertenezca a su primer inicio esencial podrá «hacer avanzar al "pueblo" a la verdad del eseyer, y no al contrario, que un supuesto pueblo, en cuanto ente, la fuerce a la

[21] Martin Heidegger, *Beiträge zur Philosophie (Vom Ereignis)*, Francfort, 1989 (*GA*, t. 65), p. 4.
[22] Ibídem, p. 262.
[23] Ibídem, p. 508.
[24] Ibídem, pp. 24 ss.
[25] Ibídem, p. 41.

contra-esencia [*Unwesen*]»[26]. ¿Contrapone aquí Heidegger «su» primer pueblo futuro al pueblo meramente actual de Adolf Hitler?

La frase siguiente parece referirse directamente al nacionalsocialismo: «El nihilismo más funesto consiste en dárselas de defensor del cristianismo y llegar incluso a reclamar para sí, en razón de los rendimientos sociales, el cristianísimo ser-cristiano. Toda la peligrosidad de este nihilismo reside en que se ha escondido por completo y opuesto, tajantemente y con derecho, a aquello que podría denominarse nihilismo grosero (por ejemplo, el bolchevismo)»[27]. ¿Será entonces el nacionalsocialismo un bolchevismo más escondido y peligroso?

La siguiente frase resulta, a un tiempo, concreta y enigmática, y, por ello, inquietante en extremo: «¿Qué prueba hay más contundente del abandono del ser [*Seinsverlassenheit*] sino la masa de hombres que cometen excesos con lo gigantesco y su disposición, los cuales ya no se dignarán ni una vez tan siquiera a buscar el camino más corto para aniquilarlo? ¿Quién presiente la resonancia [*Anklang*] de un Dios en esta renuncia?»[28].

Una gran obra de aniquilación comenzó poco después con la «invasión de Polonia por Alemania». Ésta fue en verdad una guerra de repartición, concertada pero no del todo falta de provocación, de la Alemania nacionalsocialista y la Unión Soviética bolchevique contra el país situado entre ambos. A este suceso le siguieron tres años de asombrosa victoria germana, durante los cuales, sin embargo, comenzaron a hacerse insoslayables los indicios de la derrota. Ésta se hizo especialmente evidente a partir del verano de 1941, a consecuencia de la intervención fáctica de los norteamericanos, formalmente neutrales, y de la no-intervención de los aliados japoneses. ¿Tomó Heidegger tan poco en consideración estos sucesos como la «reunificación» con Austria y la «liberación de los alemanes de los Sudetes»?

---

[26] Ibídem, p. 43.
[27] Ibídem, pp. 139 ss.
[28] Ibídem, p. 113.

LOS AÑOS TRIUNFALES
DE LA SEGUNDA GUERRA MUNDIAL

Durante la Segunda Guerra Mundial, Friburgo se encontraba —aunque en modo alguno sólo Friburgo— en una situación sorprendentemente normal, casi «conforme a la paz», una situación que siguió manteniéndose, por cierto, aun después de que la guerra hubiera alcanzado su clímax allá por la época de tránsito de 1942 a 1943. Como la mayor parte de los hombres habían sido llamados a filas, el número de estudiantes universitarios del género femenino superaba al de sus compañeros del género masculino. Estos últimos continuaban en la Universidad, bien porque eran heridos de guerra reintegrados a la vida civil, bien porque se los había autorizado para seguir sus estudios por ser médicos, o bien porque se les había declarado inútiles para el servicio de las armas debido a alguna minusvalía física. A pesar de todo, la Universidad prosiguió su labor sin experimentar alteración alguna. El abastecimiento era bueno y, por lo demás, durante los fines de semana solían acudir multitudes al Schauinsland y al Feldberg. En diciembre de 1941 se efectuó una recogida de ropa de abrigo destinada al ejército alemán, que se hallaba situado ante las puertas de Moscú y Leningrado y expuesto a los rigores del invierno ruso. Sólo con este llamamiento comenzó la masa de la población alemana a percibir claramente la gravedad de la situación militar. Y quienes por entonces se encontraban de vacaciones en la Selva Negra aceptaron sólo a regañadientes devolver sus esquís y, en esta medida, renunciar a su descanso. Todavía en el semestre de verano de 1944 seguía siendo Friburgo una excepción, y su vida continuaba prácticamente como en la época de paz, aun cuando las necrológicas de los periódicos habían ido aumentando desde mucho tiempo atrás. Tan sólo cuando se comenzó a oír el estruendo de los cañones de la vecina Alsacia, se apoderó la guerra con su férrea mano de la joya de la «capital de la Selva Negra», que prácticamente quedó reducida a escombros y cenizas tras la ofensiva aérea del 27 de noviembre de 1944.

También Heidegger dictó sus clases con total «normalidad» y en un aula repleta de estudiantes, como había ocurrido hasta entonces. Los temas de sus lecciones se centraron predominantemente en Hölderlin y Nietzsche hasta 1941, y luego fueron más frecuentes las que versaban sobre los presocráticos. Permaneció constante su dedicación a Hölderlin, incluso su identificación parcial con él; en cuanto a Nietzsche, sin embargo, fue adoptando con progresiva mayor claridad una posición contraria a su filosofía. En efecto, comenzó a entender el nihilismo nietzscheano como la «consumación de la metafísica occidental», que en los conceptos de «voluntad de poder» y «voluntad de voluntad» manifiesta su tendencia más interna a la objetivación el ente, a su hacerlo concreto, y al olvido del ser. Cabe expresar eso mismo afirmando que con ello Heidegger se dirigía contra la «movilización total», coordinando así el nacionalsocialismo con los restantes problemas modernos, de modo que su «decir del ser» podía ser contemplado como la mayor oposición posible frente a aquel régimen de la «movilización» y de la «utilización incesante de todas las fuerzas materiales y espirituales».

En efecto, la oposición mencionada resulta insoslayable si atendemos a las palabras pronunciadas por Heidegger a propósito de la publicación, en 1941, de su interpretación del himno de Hölderlin *Como cuando en día de fiesta*. Allí dice el filósofo que entre 1910, año en que Norbert von Hellingrath publicó la primera edición del himno, y el presente habría «comenzado la abierta subversión de la historia mundial moderna». «Su decurso trata de obligar a la decisión sobre la futura impronta de la dominación del hombre, que ha llegado a ser incondicionada y somete al globo terrestre en total. Mas, el poema de Hölderlin aguarda aún su interpretación»[1]. Sin embargo, ¿puede tener lugar una decisión en el sentido de Hölderlin, para quien el himno hace aparecer a los dioses, en una historia mundial conducente a una dominación planetaria del hombre que se ha tornado incondicionada? Es obvio que Heidegger sitúa aquí su propio pensar al lado de Hölderlin, y en

---

[1] Martin Heidegger, *Hölderlyns Hymne: «Wie wenn am Feiertage...»*, en *GA*, t. 4, *Erläuterungen zu Hölderlins Dichtung*, p. 51; ed. cast., «Como cuando en día de fiesta...», en *Interpretaciones sobre la poesía de Hölderlin*, trad. J. M. Valverde, Ariel, Barcelona, 1983, p. 74.

ese pensar se prepara una forma de verdad distinta a la que subyace a la absoluta objetivación y utilización de todo ente en favor de
una humanidad captada como raza animal. Así, Heidegger da un
giro interpretativo (como seguramente se ha de decir) al concepto
hölderliniano de «naturaleza», equiparando la «hermosura divina»
con su propio concepto de la temporalidad extática: «La *physis* es
el provenir y el emerger, el abrirse que, al emerger, retrocede al
mismo tiempo a la proveniencia y, por tanto, se encierra en lo que
la presenciación [*Anwesung*] da en cada caso a algo presente [*Anwesenden*]. La *physis*, pensada como una palabra fundamental, significa el emerger a lo abierto, el aclarar [*Lichten*] de aquel claro
[*Lichtung*] en cuyo interior algo puede aparecer en absoluto, ponerse en su contorno, mostrarse en su aspecto (*eidos*, idea) y, así,
estar presente en cada caso como esto y aquello»[2]. Me parece evidente que Heidegger se está refiriendo, en realidad, a lo «más subjetivo», a lo más hondamente humano, y, en último término, sólo
a lo que constituye al hombre en absoluto, cuando cita los siguientes
versos de Hölderlin, que suenan a algo completamente «objetivis-
ta» y «suprahumano»:

> Pues ella, ella misma, más antigua que los tiempos
> y más grande que los dioses de Oriente y Poniente,
> ella, la naturaleza, despierta ahora con el fragor de las armas[3].

El comentario de Heidegger dice así: «La naturaleza es más antigua que aquellos tiempos concedidos a los hombres, a los pueblos y a las cosas. Pero la naturaleza no es más antigua que "el
tiempo" [...]."La naturaleza" es el tiempo más antiguo y en modo
alguno lo "supratemporal" significado metafísicamente ni, por lo
demás, lo "eterno" cristianamente pensado. La naturaleza es más
temporal que "los tiempos" porque ella, la maravillosamente omnipresente, ha regalado ya de antemano a todo lo real[4] el claro, en
cuyo espacio abierto puede aparecer por vez primera todo lo que
es real»[5]. Y alguien creerá oír a Hegel cuando Heidegger dice: «Los

---

[2] Ibídem, p. 56; ed. cast., p. 78.
[3] «*Denn sie, sie selbst, die älter denn die Zeiten / Und über die Götter des
Abends und Orients ist / Die Natur ist jetzt mit Waffenklang erwacht.*»
[4] Aunque por el contexto resulta evidente, «real» se refiere aquí a lo «realmente efectivo», es decir, *wirklich* (no *real*). *(N. de la T.)*
[5] Ibídem, p. 59; ed. cast., pp. 80-81.

rasgos fundamentales del todo [*All*] se despliegan al aparecer el "espíritu" en lo real y reflejarse lo espiritual en lo espiritual»[6]. ¿Es también el hombre para Heidegger la autoconciencia del todo? Pero ¿cómo podría entonces ser la poesía «fundación verbal del ser» en lugar de un «reflejarse en la palabra»? ¿Cómo puede traducir Heidegger el caos holderliniano como «hendidura» [*Aufklaffung*], que no precede a nada real, sino que se introduce meramente en todo lo que es real? Si ello es así, entonces no se puede decidir inicialmente por «el eseyer mismo» (primera edición) o la «esencia de la verdad», sino a lo sumo intentar darles una mayor claridad. De ahí que Heidegger diga que la palabra de Hölderlin nombra el «espacio de tiempo, irrepetible, de la decisión inicial por el ensamblaje esencial de la futura historia de los dioses y de los tipos de humanidad». Para Hegel, por cierto, todos los «dioses» y «tipos de humanidad» [*Menschentümern*] son conservados en el «saber absoluto», pero también superados y, con ello, despojados de futuro, al menos si prescindimos de algunas afirmaciones, no del todo trasparentes, sobre América («la tierra del futuro») y sobre «la gran nación eslava». Para Heidegger, sin embargo, el futuro de la nueva verdad del ser se vincula con los alemanes como el ser se vincula con el ser-ahí: «Esta palabra se conserva, aún no oída, en la lengua occidental de los alemanes»[7].

En la lección sobre los *Conceptos fundamentales* [*Grundbegriffe*] del semestre de verano de 1941, Heidegger se refiere expresamente y con particular claridad a la posibilidad contraria o, mejor dicho, a la realidad contraria a lo anterior. Allí intenta explicar Heidegger lo que significa en realidad la primacía de los términos «trabajadores y soldados», caracterizando esos nombres como «títulos metafísicos» que nombran «la forma humana de la consumación del ser del ente devenido patente», «cuyo ser lo concibe Nietzsche, pensándolo ya de antemano, como "voluntad de poder"»[8]. Estos nombres, a juicio de Heidegger, designan «el contorno de la esencia de la humanidad que se yergue sobre la tierra»[9]. Sin embargo, si «la humanidad de la tierra» se configura externamente, ¿qué ocurre entonces con «los tipos de humanidad» o sen-

---

[6] Ibídem, p. 61; ed. cast., p. 82.
[7] Ibídem, p. 77; ed. cast., p. 96.
[8] Ibídem, p. 36; ed. cast., *Conceptos fundamentales,* trad. M. E. Vázquez, Alianza, Madrid, 1989, p. 71.
[9] Ibídem, p. 38; ed. cast., p. 72.

cillamente con lo «alemán»? ¿No estará efectuando Heidegger aquí una suerte de capitulación ante la «civilización mundial», en cuyo marco el campesino se «transforma en obrero de la industria de abastecimiento» y el científico competente en director de empresa en un instituto de investigación?[10]. ¿Sigue viendo realmente Heidegger una salida, puesto que al mismo tiempo habla con acento negativo sobre los «eternamente descontentos» y su anhelo de detener las decisiones esenciales mediante una «huida hacia lo hasta-ahora», es decir, hacia el pasado? ¿Podrá darse todavía una «decisión esencial» que, frente al poder excesivo de ese proceso, conduzca a un mundo «de trabajadores y soldados»? Heidegger piensa que sí es posible, y ello porque también los trabajadores y soldados, en su silencioso gestionar el ente, deben hacer uso del *a priori* más originario, o sea, de la comprensión del ser. Pero el hombre no puede disponer del ser y de su revelabilidad. De ahí que la edad del olvido del ser y del oscurecimiento del mundo no sea necesariamente la última edad, pues en el pensar del pensador y en el poetizar del poeta puede gestarse un futuro distinto.

Me dispongo ahora a introducir algunas citas procedentes de las lecciones sobre Nietzsche de los años 1940 y 1941 (tal y como aparecen en el segundo tomo de su *Nietzsche*). Ellas permiten apreciar, con bastante nitidez, hasta qué punto era negativa la actitud de Heidegger respecto de todo aquello que podría considerarse, contemplado retrospectivamente, como la característica propia del nacionalsocialismo, aun cuando no sea exclusiva de él.

«La prepotencia del ser en *esta* forma de esencia se llama *maquinación* [*Machenschaft*] […]. Luego, cuando la maquinación alcanza el poder con la ausencia de sentido, se reemplaza la contención del sentido, y con ello todo inquirir por la verdad del ser, por la colocación de los "fines" (valores) de la maquinación. Se espera, consecuentemente, que la vida erija nuevos valores una vez que se la ha movilizado totalmente, como si la movilización [*Mobilmachung*] total fuera algo en sí y no la organización de la ausencia incondicionada de sentido desde la voluntad de poder y para ésta […]. La edad de la consumada ausencia de sentido es, por ello, la época del inventar conforme al poder y de la imposición de "visiones del mundo", las cuales impulsan en grado máximo toda la

---

[10] *Loc. cit.*

calculabilidad del representar y del fabricar, pues ellas proceden por esencia de la autoinstalación del hombre en el ente y de su dominio incondicionado sobre todo medio de poder del orbe y sobre éste mismo»[11]. ¿Cómo podría *no* ser el nacionalsocialismo una de estas «visiones»?

Es la «época moderna» en su conjunto, al parecer, el reo al que se dirige el veredicto heideggeriano: «La historia de la humanidad de la época moderna, por tanto, no sólo recibe nuevos "contenidos" y ámbitos de actuación por la transformación del ser del hombre en sujeto, sino que el curso mismo de la historia deviene otro. En apariencia todo es descubrimiento, investigación, representación, disposición y dominio del mundo, en el que el hombre se propaga y, a consecuencia de su propagación, cercena, nivela y pierde su esencia. [!] En verdad, sin embargo, comienzan a perfilarse de este modo los rasgos fundamentales por los que recibe su impronta la subjetividad incondicionada de la humanidad»[12].

Pero la explicación de la «mismidad» [*Selbigkeit*] no habrá de detenerse, ni tan sólo por un momento, en la época moderna. La doctrina cristiana supone una prefiguración de esa subjetividad incondicionada: «Que los teólogos medievales estudiaban a su manera, es decir, dando una interpretación distinta, a Platón y Aristóteles es lo mismo que el uso que Marx hace de la metafísica de Hegel para su visión política del mundo […]. Todos los conocimientos son referidos al orden de la salvación y se encuentran al servicio de la exigencia y aseguramiento de la salvación. Toda historia deviene historia de la salvación: creación, caída en el pecado, redención, juicio final»[13].

En cualquier caso, aunque este juicio sea en el fondo abiertamente negativo, en su consideración se ha de tener presente la alta estima que merece la esencia de la filosofía a los ojos de Heidegger. Según éste, la existencia de los motores Diesel, por ejemplo, se remonta al día en que los filósofos se propusieron pensar y examinar a fondo las categorías de una «naturaleza» aprovechable y utilizable en el sentido técnico de las máquinas. «No

---

[11] Martin Heidegger, *Nietzsche*, t. 2, Pfullingen, 1981, pp. 21 ss.
[12] Ibídem, p. 199.
[13] Ibídem, pp. 132 ss.

todo el mundo precisa saber que la entera esencia de la invención no podría haber dado un solo paso si la filosofía, en el instante histórico en el que ella pisó el territorio de su contra-esencia [*Unwesen*s], no hubiese pensado las categorías de esta naturaleza y, por tanto, si no hubiese abierto el ámbito del buscar y ensayar del inventor»[14]. Con otras palabras: precisamente porque Descartes distinguió entre *res extensa* y *res cogitans* pudo la ciencia de la naturaleza iniciar su camino, y no al contrario, es decir, que gracias a que cientos de inventores de la naturaleza quisieron espiar sus misterios pudo Descartes traducir ese querer a una concisa fórmula intelectual. Y, con el objeto de mostrar lo poco evidente que resulta esta concepción para el «sano sentido común», citaré una frase de Sir William Petty que no se refiere a algo así como a la escolástica, sino a Descartes: «No he conocido a nadie que haya paladeado alguna vez las exquisiteces del saber experimental y después siga teniendo apetito para las insustanciales pieles de ajo y cebolla de una filosofía que produce un efecto fantasmagórico»[15].

Pero la carencia de significado de la filosofía, que Petty cree deber constatar aquí como un hecho moderno, es aceptada por Heidegger y proyectada al futuro, considerándola, precisamente, como una consecuencia de la «consumación de la metafísica». De ahí que ya no quiera llamar a su propio pensamiento filosofía o metafísica. Tomando como punto de partida a Nietzsche, para quien la lucha por la dominación de la tierra será sostenida en el nombre de doctrinas filosóficas fundamentales, escribe Heidegger: «Sin embargo, con ello no se dice que la lucha por la utilización y aprovechamiento irrestrictos de la tierra, en cuanto área productora de materias primas, y por el empleo desilusionado del "material humano" en servicio de la incondicionada potenciación de la voluntad de poder, admita en su esencia fundamental la llamada a una filosofía como ayuda o sólo como fachada. Al contrario, se ha de suponer que la filosofía, como doctrina y como hechura de la cultura, desaparece y puede desaparecer porque ella, en tanto que genuinamente sida [*echt gewesen*], ha nombrado ya la realidad de lo real, es decir, el ser,

---

[14] Ibídem, p. 76.
[15] Citado siguiendo a Melvin Lasky, *Utopie und Revolution*, Reibeck, 1989, p. 386.

el único por el cual es designado cada ente como lo que es y como es»[16].

Cabría preguntarse si aquí aparece una suerte de magia de palabras que atribuye a éstas algo más que el mero poder sobre las cosas, es decir, el poder de creación o institución. Pero al menos hay algo seguro, y es que todo nacionalsocialista debió percibir que su visión del mundo se había rebajado y «nivelado». De hecho, fue eso mismo lo que condujo al flósofo en 1942 a un abierto conflicto con el régimen. Éste se encendió a raíz del ensayo de Heidegger sobre *La doctrina de la verdad según Platón* [*Platons Lehre von der Wahrheit*], publicado en el segundo tomo del anuario *Geistige Überlieferung*, cuya edición corría a cargo de Ernesto Grassi. La edición, sin embargo, sólo vio la luz tras graves controversias a las que se sumó nada menos que el propio Mussolini, lo que tuvo consecuencias bien perceptibles.

El presente escrito trata de una interpretación muy penetrante y en absoluto oscura del *Mito de la caverna* platónico, que aparece expuesto en el Libro VII de *La República*. Resulta difícil encontrar una explicación mejor del concepto heideggeriano de la «comprensión del ser» [*Seinsverständnis*] que este conocido texto clásico, en el que los encadenados habitantes de la caverna toman las sombras de las cosas por «el ente», y sólo tras un penoso proceso pueden llegar a percibir las cosas mismas y, sobre todo, la fuente de la luz, que es el sol. La relación entre las sombras y las cosas es análoga a la de las cosas, declaradas como «existentes» por los hombres, respecto de las «ideas» y de la «idea del Bien». En esta interpretación platónica del ser como «idea» ve Heidegger el comienzo de la metafísica y, al mismo tiempo, de la teología, y ello porque sitúa el origen y causa del ente en Dios, el cual, por ser el más ente de los entes, comprende en sí al ser. Según Heidegger, esta interpretación significa la transformación de la esencia de la *alétheia* originaria, que obviamente no conoce, a juicio de Heidegger, lo «pedagógico» que hay en el esfuerzo por llevar a los hombres a «mirar las ideas». Heidegger llama «humanismo» a la orientación hacia la *paideia*, hacia la educación, viendo en él el «proceso, vinculado con el principio, el despliegue y el final de la metafísica, proceso en el que el hombre, según perspectivas en cada

---

[16] *Nietzsche* (nota 10), p. 333.

caso diferentes, avanza cada vez, sin embargo, a un lugar medio [*Mitte*] del ente, sin ser por ello el ente supremo». Aquí «el hombre» significa, bien un tipo de humanidad o la humanidad, bien el individuo, bien el pueblo o un grupo de pueblos. El hombre, en tanto que *animal rationale*, podía, pues, ser llevado al aseguramiento de su vida de un modo distinto, es decir, «como acuñación de la conducta "moral", como redención del alma inmortal, como despliegue de las fuerzas creadoras, como cultivo de la razón, como cuidado de la personalidad, como despertar del sentido común, como disciplina del cuerpo o como apropiado acoplamiento de todos o de algunos de estos "humanismos"»[17].

Es evidente que en esta perspectiva se reúnen, en el espacio más reducido, elementos que pasan por ser diferentes y contrapuestos, como son, por ejemplo, la doctrina católica, la idea humboldiana de la formación de la personalidad, el liberalismo, el nacionalismo, el colectivismo, el biologismo y el nacionalsocialismo. Y fue precisamente desde el lado nacionalsocialista desde donde se acusó a Heidegger de haber caído en una «filosofía de la consumación» [*Vollendungsphilosophie*] cuyo sujeto no era Alemania, sino que, por su tendencia orientada a lo «planetario», se trataba más bien de «Europa», como ya ocurriera con Hegel y Marx. Ahora bien, en este caso habría que contar con una diferencia bastante significativa, es decir, de que en Heidegger la «consumación» no se concibe positivamente, como punto final de una dialéctica, sino negativamente, como endurecimiento, banalización e inanimación en el sentido de Nietzsche y Spengler. Y de un modo muy general se podría objetar a Heidegger que, al volverse contra la centralidad del «hombre» o, mejor dicho, contra la «subjetividad» o la «razón», omite que para él mismo la copertenencia entre ser y existencia humana permanece inalterada, copertenencia que el sano entendimiento humano habrá de considerar como la cima del subjetivismo o, dicho con mayor elegancia, de la filosofía trascendental.

No sorprende que en la «Oficina General de la Ciencia» de Rosenberg, dirigida por Alfred Baeumler, se mirara con desconfian-

---

[17] Martin Heidegger, *Platons Lehre von der Wahrheit. Mit einen Brief über den «Humanismus»*, Bonn, 1947, pp. 49 y ss.; ed. cast., *Doctrina de la verdad según Platón y Carta sobre el humanismo*, trad. L. D. García Bacca y A. Wagner de Reyna (respect.), Centro de Estudios Humanísticos y Filosóficos del Instituto de Investigaciones Histórico-culturales, Santiago de Chile, s.a., p. 155.

za el artículo de Heidegger cuando hubo de discutirse la cuestión del permiso de impresión y de la distribución de los artículos, puesto que a todos parecía evidente que en el texto se manifestaba una posición contraria al «humanismo político» que todos querían entender como la «herencia que lleva en su sangre el indogermanismo». Estaban dispuestos a poner veto a la aceptación del artículo de Heidegger o, al menos, a exigir la supresión de los pasajes sobre el humanismo. Pero el *Amt* Rosenberg no podía tomar por sí solo la decisión de publicar o no publicar; aquí, en el plano «inferior» o cotidiano existía de hecho la tan recurrida «policracia». El Ministerio de Goebbels decidió en favor del artículo de Heidegger, y ello gracias a que Mussolini intervino personalmente a través de su embajador en Berlín, Alfieri. En todo caso, las objeciones no fueron del todo desestimadas, llegándose a adoptar una medida que prohibía mencionar el artículo de Heidegger en las reseñas, críticas o comentarios sobre el contenido del anuario[18].

¿Se había convertido Heidegger en un «perseguido del régimen nazi»? ¿O fue precisamente ese suceso el que le descubrió como «fascista», puesto que el «*Duce* del fascismo», Benito Mussolini, había evitado que se le perjudicara? ¿O quizás este episodio es sintomático de la coexistencia y alianza de tendencias de índole diversa en el seno de aquel régimen «totalitario», pero también dentro del propio pensamiento de Heidegger?

De hecho, durante estos años es posible constatar en Heidegger una orientación reforzada hacia una crítica general de la «modernidad» y, más allá, de la «metafísica»; pero también se comprueba la retirada, incluso la desaparición, del «hombre de Estado», que ya no se cuenta entre quienes ponen en obra la verdad del ser. Sin embargo, sería falso afirmar que durante estos años de guerra triunfal, Heidegger se había limitado a «esconder la cabeza», a apartar sus intereses de la política concreta o, sencillamente, a refugiarse en la posición de un «exilio interior». Existe un nutrido número de declaraciones procedentes de esta época que permiten suponer, sin gran riesgo de error, que Heidegger siguió el acontecimiento de la guerra con un profundo interés y que en modo alguno equiparó sin más el nacionalsocialismo con el americanismo o el bolchevismo.

---

[18] Ibídem, p. 268; ed. cast., p. 197. Víctor Farías (Bibl. n.º 15b), pp. 347 ss.; ed. cast., pp. 361 ss.

En la lección sobre Nietzsche del trimestre de verano de 1940, cuyo título rezaba *El nihilismo europeo* [*Der europäische Nihilismus*], Heidegger hace referencia a la capitulación de Francia: «En estos días, nosotros mismos somos testigos de una misteriosa ley de la historia. Según esta ley, cierto día un pueblo deja de poder afrontar la metafísica que surgió de su propia historia, y ello precisamente en el instante en que esa metafísica se ha transformado en lo incondicionado. Ahora se muestra lo que Nietzsche ya reconoció metafísicamente, a saber, que la "economía maquinal" moderna, el mecánico cálculo exhaustivo de todo actuar y proyectar, exige en su forma incondicionada una nueva humanidad que sobrepase al hombre anterior [...]. Requiere una humanidad que desde su fundamento sea adecuada a la esencia fundamental de la técnica moderna y a su verdad metafísica, es decir, que se deje dominar del todo por la esencia de la técnica, precisamente para así encauzar y utilizar por sí misma los avances y posibilidades técnicas particulares»[19].

Sin duda, a primera vista estas palabras parecen aludir a aquella concepción «niveladora» según la cual el nacionalsocialismo es una de las versiones, en esencia semejantes, del imperialismo técnico mundial, lo que también abre la posibilidad de situar en una época anterior a 1945 la adición indiscutible de los paréntesis en el siguiente pasaje de 1935: «[...] no tiene que ver en lo más mínimo con la interna verdad y grandeza de este movimiento (a saber, con el encuentro de la técnica planetariamente determinada y del hombre moderno) [...]». Sin embargo, ¿estaremos imaginando simplemente al creer oír en el texto citado cierto tono de satisfacción ante el gran triunfo de Alemania? ¿Nos encontramos aquí con una ambivalencia no del todo diferente a la de Spengler, quien aprobaba el futuro *imperium germanicum*, aun cuando éste fuera ajeno a la cultura y careciera de alma?

Sea como fuere, Heidegger utiliza el pronombre «nosotros» cuando, en la misma lección, vuelve a expresar su postura respecto de un suceso político contemporáneo: «Si, por ejemplo, los ingleses dispararan ahora por todos los flancos a las unidades de la flota francesa atracadas en Orán, entonces, desde *su* posición de poder, ello sería por completo "justo" [*gerecht*], pues "justo" sig-

---

[19] *GA*, t. 48, p. 205. También en Heidegger, *Nietzsche II* (nota 10), pp. 165 ss. con algunas discordancias insignificantes.

nifica tan sólo: lo que es útil para el incremento de poder. Con ello
se dice, al mismo tiempo, que *nosotros* no podemos ni debemos
justificar [*rechtfertigen*] en ningún caso ese ataque; todo poder tiene, pensado metafísicamente, *su* derecho [*Recht*]. Tan sólo la im-
potencia hace que lo pierda. A la táctica metafísica de todo poder
pertenece, no obstante, el que no pueda ver cada ataque del poder
contrario desde la perspectiva de poder *de éste*, sino que el ataque
hostil cae bajo la vara de medir de una moral humana universal
que, sin embargo, solamente posee un valor propagandístico»[20].
Tampoco aquí podemos pasar por alto que se trata de una toma de
posición dentro de la equiparación y a pesar de ella.

Es posible observar cierta ambivalencia, tal vez hasta descon-
tento, al leer en la lección de 1941-1942 sobre el himno de Hölderlin *Recuerdo* [*Andenken*] una clara referencia a Norbert von
Hellingrath. Allí reitera Heideggger expresamente que Von Hellingrath, observador de artillería, cayó en primera línea de combate durante el avance hacia Verdún, añadiendo a continuación una
cita procedente del *In memoriam* [*Gedenkwort*] de Stefan George:

> Tú, cual monje inclinado sobre su libro,
> sentías horror por los pertrechos de guerra […].
> Pero una vez embozado en tosco paño,
> rehusaste, orgulloso, la indulgencia ofrecida.
>
> Tú, cordero tardío, parecías demasiado cansado para la danza salvaje.
> Mas, por un soplo transportado a un mundo ignoto,
> avanzaste, como los demás, ante las trincheras
> Y caíste, hendido en aire, tierra y fuego[21].

También se observa cierta ambivalencia en la lección del semestre de verano de 1942 sobre el himno de Hölderlin *Der Ister*.
Y cabría preguntar si no se trata de una dura condena al nacionalsocialismo cuando Heidegger, en estrecha conexión con unas palabras de Hölderlin sobre la relación entre lo «propio» y lo «ex-

---

[20] *Nietzsche II* (nota 10), p. 198.
[21] *Hölderlyns Hymne «Andenken»*, en *GA*, t. 4, pp. 45 ss.
(«*Du eher Mönch geneigt auf seinem buche / Empfandest abscheu vor dem kriegsgerät […] / Doch einmal eingeschnürt in rauhe tuche / Hast angebotne schonung stolz verschmäht / Du spätling schienst zu müd zum wilden tanze / Doch da dich hauch durchfuhr geheimer welt / Trast du wie jeder vor die schanze / Und fielst in feuer, erd und luft zerspellt*».)

traño» dice: «En cambio, donde sólo se insiste en rechazar o en aniquilar lo extraño, se pierde necesariamente la posibilidad del tránsito a través de lo extraño y, con ello, la posibilidad de la repatriación en lo propio y, con ello, también lo propio mismo.» Y aquí, desde luego, Heidegger no parece identificarse inmediatamente con el nacionalsocialismo, aunque sí con el Reich alemán como lugar medio [*Mitte*] de Europa, cuyo destino, sin embargo, no podía desligarse del destino del nacionalsocialismo. Heidegger añade sobre esto último: «Hoy sabemos que el mundo anglosajón del americanismo está decidido a aniquilar Europa, es decir, la patria, es decir, el inicio [*Anfang*] de lo occidental. Lo inicial [*Anfängliches*] es indestructible. La entrada de América en esta guerra planetaria no es la entrada en la historia, sino que ya es de antemano el último acto americano de la ahistoricidad y de la autodevastación norteamericanas. Este acto supone la negativa a lo inicial y la decisión por lo carente de inicio [*Anfanglos*]. Ni siquiera le quedará al espíritu oculto de lo inicial en Occidente mirar con desprecio este proceso de la autodevastación de lo carente de inicio, sino tan sólo esperar su momento estelar desde la serenidad de la quietud de lo inicial»[22]. ¿Qué se quiere decir aquí con ese «momento estelar»? Heidegger no podía referirse al momento estelar del triunfo nacionalsocialista sobre todos los adversarios, pues el nacionalsocialismo no era «el espíritu oculto de Occidente»; pero seguramente tampoco se refería al momento estelar antinacionalsocialista de la derrota absoluta. En este punto la ambivalencia es, al mismo tiempo, enigma.

Sin embargo, también se encuentran declaraciones evidentes en apariencia, como, por ejemplo, la que aparece en la página 179: «La naturaleza es ahistórica. Antihistórico y, por tanto, catastrófico, como ninguna naturaleza puede serlo, es el americanismo.»

Pero también se dice algo sobre el nacionalsocialismo, algo que a primera vista resulta, por cierto, bastante positivo: «No aumentan en absoluto el conocimiento ni la valoración del carácter único del nacionalsocialismo en la historia quienes hoy interpretan lo griego como si se pudiera decir que todos los griegos habían sido ya "nacionalsocialistas".»[23]. Esta equiparación es incorrecta, ya que los griegos experimentaban la *polis* como el lugar y punto me-

---

[22] *GA*, t. 53, p. 68.
[23] Ibídem, p. 106.

dio del ente, mientras que la primacía conferida a lo político por
la doctrina nacionalsocialista abre un abismo que la separa de aquellos. Por tanto, *no* se trata de una afirmación positiva, sino precisamente del adiós definitivo de Heidegger al nacionalsocialismo,
pues el «nacionalsocialismo» del Heidegger de 1933 había querido hacer de Alemania, siguiendo justamente el modelo de la *polis*
griega, el «fundamento digno de ser preguntado [*fragwürdige*] y la
estación del ente» (es decir, de la revelabilidad del ente). Y también en Heidegger «se abrió un abismo» que lo separó de sus propias esperanzas y deseos de género «político» cuando la gran guerra, cercana a su desenlace, se decidió en los campos de batalla de
Rusia y en el cielo de Alemania. Pero durante estos años Heidegger no se sumió en el silencio, aunque sí dejó de pronunciarse, o
lo hizo de una manera críptica, sobre el curso concreto de la historia, sobre el americanismo, el bolchevismo o el nacionalsocialismo.

LOS AÑOS DE LA DERROTA
Y EL FINAL DE LA GUERRA

El día 31 de enero de 1943 capitulaba en Stalingrado el VI Ejército alemán bajo el mando del capitán general Von Paulus (nombrado por Hitler, ya en el último minuto, mariscal general de campo). Aunque en los años precedentes a esta fecha habían capitulado unidades bastante mayores del ejército soviético, los aliados vieron precisamente en este nuevo revés el cambio de rumbo de la guerra. Y, desde luego, su percepción de los hechos era la correcta, pues los norteameriacanos habían desembarcado poco antes en el norte de África, y, a partir de ese momento, ni la valentía ni el arte estratégico lograron nada significativo contra la extraordinaria superioridad numérica de aquéllos. Alemania —o, dicho con mayor precisión, la Europa centrada en torno a Alemania— se encontraba literalmente «presa en unas tenazas», y el acto de atenazamiento se hizo cada vez más evidente en la propia patria a causa de las ofensivas aéreas de los aliados, mientras que en las regiones del frente situadas en la retaguardia comenzó a adherirse a los grupos de partisanos un gran número de sus habitantes. No resulta claro hasta qué punto las deportaciones de judíos —alemanes y no alemanes— a las regiones del Este fueron contempladas por la población como medidas preventivas, y tampoco cabe precisar hasta qué punto se tomaron en serio los rumores sobre los espantosos procedimientos de exterminio aplicados a la población semítica. En cualquier caso, los movimientos de resistencia no encontraron demasiado eco, ni siquiera el atentado del 20 de julio, y ello a pesar de que por esta época se encontraba al borde del colapso la zona media del frente oriental, situada entre Minsk y Bialystok, y a pesar de que Francia había caído en manos de los ejércitos de invasión ingleses y norteamericanos. Durante los primeros meses de 1945 parecía como si los jinetes del apocalipsis hubieran atravesado Alemania, y el 30 de abril tenía lugar el suicidio de Hitler, después de que las tropas americanas y soviéticas hubieran establecido contacto en Torgau, a orillas del Elba.

En los escritos y lecciones publicados de Heidegger no se encuentra declaración alguna sobre esta época, repleta de acontecimientos que conmocionaron a Europa y a Alemania en particular. No se manifestó sobre Stalingrado, las deportaciones o la pérdida de Francia, pero tampoco sobre sobre el 20 de julio, ni siquiera mediante insinuaciones más o menos vagas. Sus dos hijos, Hermann y Jörg, combatieron en el Este; pero él mismo y su esposa no se vieron expuestos directamente a los peligros de la guerra hasta noviembre de 1944. Sin embargo, si es cierta una declaración epistolar que Ott menciona en su libro, Heidegger habría comunicado a uno de sus discípulos, en un momento bastante avanzado de la contienda, que «hoy, la existencia en el frente es la única digna de un alemán»[1]. Por otra parte, se sabe de buena fuente que, al menos durante el último año de la guerra, Heidegger solía escuchar emisoras radiofónicas extranjeras y ya daba la guerra por perdida. Pero sólo cuando se levante el bloqueo de los escritos póstumos podremos obtener una mejor comprensión sobre este asunto.

Para nosotros, sin embargo, lo más importante es, siempre, la obra del filósofo. Y si, en general, cabe afirmar que en ella se hace patente una «retirada hacia los inicios griegos», sin embargo no se puede negar que la lección sobre Parménides del semestre de invierno de 1942-1943 está surcada por opiniones del filósofo acerca de fenómenos que no son griegos. El punto de partida lo constituye ahora, de nuevo, aquella «crítica del presente» que tantas veces hemos tenido ocasión de observar: «El hombre moderno, obstinado en olvidarlo todo con la mayor rapidez posible, debería saber, sin embargo, qué es eso del olvido. Pero no lo sabe. Ha olvidado la esencia del pasado, suponiendo que se haya detenido a pensarlo alguna vez en absoluto, es decir, que haya pensado desde allí la región esencial del olvido.» De lo anterior resulta una de las caracterizaciones más agudas, si bien metafóricas, del «olvido del ser», así como una orientación postulatoria hacia la auténtica intención de Heidegger: «Por tanto, también podría ser que la nube, ella misma invisible, del olvido, el olvido del ser, se extienda envolviendo el entero orbe terrestre y a su humanidad, en la que se

---

[1] Hugo Ott (Bibl. n.º 16), p. 154; ed. cast., pp. 171-172.

habrá olvidado, no este o aquel ente, sino el ser mismo; una nube que un avión jamás podría surcar, aun cuando su altura de vuelo fuera la máxima. Por tanto, también podría ser que a su tiempo naciera precisamente la necesidad [*Not*] de una experiencia de este olvido del ser y se tornara necesaria [*notwendig*]; y que, en vista del olvido del ser, se despertase un recuerdo [*Andenken*] que sólo se acuerda del ser mismo, y sólo de él, al detenerse a pensar el ser mismo, a *él* [!] en su verdad, es decir, la verdad del ser y no sólo, como toda metafísica, el ente en cuanto a su ser […]»[2]. Pero, como ya viene siendo tónica general, en lo que sigue resulta mucho más claro lo que Heidegger rechaza y ataca que aquello que aprueba, acepta y persigue alcanzar o preparar. Como estadíos previos más relevantes del olvido del ser señala Heidegger la inversión latina del griego *alethés* en el *verum*, así como la del griego *pseudos* en el *falsum*. En esta inversión se cumple un desplazamiento de sentido desde el griego dejar-ser [*Seinlassen*] el ente, desde el «salvamento» [*Rettung*] de los fenómenos en su presencialialidad (lo que más tarde sería retomado por la fenomenología) hasta el sometimiento del ente a la voluntad y el mandato humanos. Con ello aparece en un primer plano el *imperium*, en el sentido de «mandato» [*Befehl*], y, con él, el «dominio» [*Herrschaft*]. Pero también el dios del Antiguo Testamento es un dios «que manda», pues escribe sobre las tablas de la ley su «debes» y «no debes». En cambio, «ningún dios griego [es] un dios que manda, sino uno que muestra, indica»[3]. Si esto es cierto, entonces el cristianismo, en su forma católico-romana, habrá de ser una síntesis funesta de las concepciones, contrarias a la *alétheia* griega, del Antiguo Testamento y de la tradición románico (latino)-romana (católica). En efecto, Heidegger afirma: «Ahora bien, la región esencial de la *alétheia* no sólo está sepultada, sino obstruida por el gigantesco bastión de la esencia de la verdad, definida, en un sentido múltiple, al estilo "romano"»[4]. De aquí parte el despliegue de la esencia moderna y, con ello, de la moderna técnica de las máquinas, y en ningún otro lugar como en el siguiente ha dado a entender Heidegger con mayor claridad que no sólo reflexiona sobre los «envíos del ser» [*Schickungen des Seins*], sino que además es claramente hostil a la me-

[2] *GA*, t. 54, pp. 41 ss.
[3] Ibídem, p. 59.
[4] Ibídem, p. 58.

tafísica y a «Europa»: «Podrá la metafísica occidental incrementar lo verdadero hasta el espíritu absoluto de Hegel, podrá apelarse a "los ángeles" y a "los santos" en favor de "lo verdadero", pero hace tiempo que la *esencia* de la verdad se ha retirado de su inicio, y ello significa, a la vez, de su *fundamento esencial*; ha caído fuera de su inicio y, por tanto, es un declive [*Abfall*]»[5]. Y esta hostilidad se hace aún más evidente cuando Heidegger, en otro lugar, efectúa el tránsito hacia lo «político» o, dicho con mayor precisión, hacia lo «apolítico»: «Asimismo, nosotros [!] pensamos de un modo nada griego la *polis* griega y lo "político". Pensamos lo "político" al estilo "romano", es decir, imperial [...]. Tan pronto como dirigimos la mirada a las regiones esenciales simples, en cualquier caso indiferentes para el historiador por ser discretas y silenciosas, en las que no se da ninguna retirada, entonces, y sólo entonces, experienciamos que nuestras habituales representaciones fundamentales, es decir, las romanas, cristianas y modernas, quebrantan de un modo deplorable [!!] la esencia inicial de lo griego»[6].

De nuevo, el entendimiento humano simple no puede menos que expresar abiertamente su asombro: ¿se ha convertido el nacionalsocialista de 1933 en an-arquista y, además, en un anarquista «verde» *avant la lettre*, que rechaza el dominio porque éste impone violencia sobre la naturaleza y la destruye? ¿No es del todo evidente que para él la «historia del ser» significa aquí la «historia de la caída», contra la cual se subleva e indigna? Sin duda, en este punto nos vendrán a la memoria sus primeros afectos «antirromanos» de 1919 y 1934, por lo que tal vez debamos preguntarnos si Heidegger no había ya tomado desde entonces una posición contra el «poder» y el «dominio», al igual como ocurriera con Ernst Bloch, Georg Lukács y Max Horkheimer, quienes, no obstante, pasaban por ser enemigos acérrimos del filósofo.

Sin embargo, contra lo anterior habla el hecho de que Heidegger acoge finalmente lo «genuinamente alemán», oponiéndolo, sin embargo, a lo «romano». De hecho, a veces cree uno oír a un representante de lo «nacional» en campaña contra el «papa de Roma»: «También es una obra romana la solidificación de esta primacía del *falsum* sobre el *pseudos* y la perpetuación de esa solidificación. Pero ahora lo operante en esta obra ya no es el *imperium* estatal,

---

[5] Ibídem, p. 79.
[6] Ibídem, p. 63.

sino el eclesiástico, es decir, el *sacerdotium*. Lo "imperial" llega en la forma de lo curial de la curia del papa romano. Su dominio se funda del mismo modo en el mandato. El carácter de mandato reside en la esencia del dogma cristiano. Por ello, este dogma cuenta por igual con lo "verdadero" de los "verdaderos creyentes" y con lo "falso" de los "herejes" y de los "no creyentes". La inquisición española es una forma del imperio curial romano»[7].

¿Y no habremos de calificar expresamente a Heidegger de «reaccionario», puesto que desarrolla la crítica a la técnica en su máquina de escribir, al tiempo que ve en este método de escritura, que hace que todos los hombres parezcan iguales, una de las razones principales «de la creciente destrucción de la palabra»?[8].

Pero tampoco aquí debemos pasar por alto la referencia negativa al bolchevismo, y en esta lección, precisamente, se encuentra cu caracterización más detallada: «Quien tiene oídos para oír, esto es, para ver los fundamentos [*Gründe*] y los fundamentos sin fondo [*Abgründe*] de la historia y para tomarlos en serio *en tanto que* metafísicos, ése ya pudo oír hace dos décadas la palabra de Lenin: el bolchevismo es poder soviético + electrificación. Ello quiere decir: el bolchevismo es la asociación "orgánica", es decir, organizada y calculada (en cuanto +), del poder incondicionado del Partido con la tecnificación absoluta. El mundo burgués no ha visto y, en parte, sigue hoy sin querer verlo, que en el "leninismo", tal y como Stalin denomina esa metafísica, se ha cumplido un salto adelante metafísico desde el que se vuelve comprensible, en cierto modo, la pasión metafísica de los rusos actuales por la técnica, desde la que se abre camino la técnica hacia el poder [...]»[9].

Es evidente que el «salto adelante metafísico» [*mataphysicher Vorsprung*] significa aquí tanto como la voluntad consecuente. ¿Carece la Alemania nacionalsocialista de esa voluntad consecuente? ¿Y no ve Heidegger algo negativo en el hecho de poder impartir lecciones de filosofía en esa Alemania, lo que desde luego sería inimaginable en la Unión Soviética? ¿O se trata más bien de algo positivo el que hubiera aún en la Alemania nacionalsocialista un resto de «pluralismo social», aun cuando éste entrañara una «po-

---

[7] Ibídem, pp. 67 ss.
[8] Ibídem, p. 119.
[9] Ibídem, p. 127.

sición metafísica retrasada»? ¿Qué significa que Heidegger parezca adoptar aquí sin reservas la visión marxista del «burgués»? ¿Hasta qué punto sólo es «en parte» como ese mundo burgués no quiere ver ciertas cosas? ¿Y dónde cabe encontrar la otra parte, la mejor instruida? ¿Quizá en la Alemania nacionalsocialista?

Todas estas declaraciones «políticas» de Heidegger sobre hechos y sucesos contemporáneos son fragmentarias y no pasan de ser insinuaciones. No sabemos si él intentó alguna vez y en algún lugar construir un todo a partir de esas insinuaciones y fragmentos. Sin embargo, en la lección anterior volvemos a encontrar una observación que seguramente resulte sorprendente, pero que permite dar una respuesta a la cuestión antes planteada. En efecto, al final de la lección, Heidegger interpreta el mito con el que Platón concluye la *República*, y en este contexto habla de los descuidados, que se sienten bien en la carencia de reflexión y, por tanto, en el propio descuido. Y, entonces, añade Heidegger: «Estos descuidados [*Sorglosen*] son aquellos que han llegado a alegrarse de haber dejado tras de sí el cuidado [*Sorge*] de la pertenencia a un pueblo de pensadores y poetas. (En esos días el Ministerio de Propaganda había anunciado públicamente que los alemanes ya no necesitaban "pensadores y poetas", sino "trigo y aceite")»[10].

Por desgracia, el editor, Manfred S. Frings, no explica el significado de la inclusión de la frase entre paréntesis. Todo apunta a que no se trata —como ya da a entender el «había»— de una frase pronunciada por Heidegger durante el dictado de la lección. Pero, con ella o sin ella, la indirecta sigue siendo inequívoca. El nacionalsocialismo suponía el declive del «poetizar y pensar» y, por ello, de la esencia «de lo alemán».

Mas, la aparente obviedad de la equiparación entre bolchevismo y nacionalsocialismo vuelve a oscurecerse en la interpretación final de las ocho *Elegías duinesas* de Rilke. En efecto, Heidegger separa tajantemente la concepción de lo «abierto» [*Offene*] que de allí se desprende de la suya propia. Para Rilke, lo «abierto» es lo que ve «la criatura, cualquiera que sean sus ojos», y lo que ve no es sino «lo ilimitado, lo infinito, donde los seres vivos se reabsorben y, libres, se disuelven en las inexorables relaciones de las co-

---

[10] Ibídem, p. 179.

nexiones de efectos de la naturaleza, para quedar suspendidos en lo ilimitado»[11]. Pero ésta es, a juicio de Heidegger, la mera recreación poética de la «metafísica biológica popular de finales del siglo XIX», a la que contrapone con energía su propia comprensión de lo «abierto», entendido como el claro [*Lichtung*] del ser. Pero esta compresión se opone a la vez, de igual modo, al bolchevismo y también —cabe suponer— al nacionalsocialismo. La última frase de Heidegger en esta lección es una frase en extremo exigente, y con ella pretende que sus oyentes reconozcan que el pueblo alemán se encuentra involucrado en el presente en una lucha por el ser y el no-ser. Pero, al reconocer lo anterior, el pueblo se eleva sobre esa lucha por la existencia, que así se revela como algo penúltimo, pues la edad presente es de un género tal, que «no sólo se encuentra ante la decisión sobre el ser o el no-ser de un pueblo, sino que ante todo están en juego la esencia y la verdad del ser y del no-ser mismos y nada más»[12].

En 1943 apareció una cuarta edición de *¿Qué es metafísica?*, en la que Heidegger había añadido un epílogo. Creemos conveniente echar una ojeada al mismo antes de dirigirnos a la lección sobre Heráclito, ya que en él se encuentra una de las frases clave que permiten apreciar con claridad que para Heidegger permanecía inalterada la singular copertenencia entre hombre y ser. Pero, además de lo anterior, también se enuncia allí un enigma que, sin duda, resultará aún más enigmático al considerarlo en conjunto con una modificación posterior del texto, modificación que queremos anticipar en la presente discusión.

La frase clave dice así: «La prestancia [*Bereitschaft*] para la angustia es el sí al empeño de corresponder a la más alta apelación, tan sólo por la cual es hallada la esencia del hombre. De todos los entes, el hombre es el único que experiencia, invocado por la voz del ser, la maravilla de las maravillas: que es ente»[13].

Si se pone el acento en «experiencia» [*erfährt*], entonces la frase resulta trivial. Naturalmente, hasta donde sabemos, tan sólo el hombre tiene conciencia en el sentido de autoconciencia; él es el único que puede tener la experiencia de que es ente. Pero ¿tiene

---

[11] Ibídem, p. 233.
[12] Ibídem, p. 236.
[13] Martin Heidegger, *Was ist Metaphysik?* 5.ª ed., aumentada por la adición de un prólogo y un epílogo, Francfort, 1949, p. 42.

esta experiencia algún significado para el ente mismo, o permanece externa e indiferente para él? Sobre esta cuestión nos ofrece el enigma una respuesta inequívoca antes de dar el paso hacia lo incomprensible o, al menos, hacia algo difícil de comprender: «Sin el ser, cuya esencia abismática, pero aún no desplegada, nos envía a la nada en la angustia esencial, permanecería todo ente en la ausencia de ser [*Seinlosigkeit*]»[14]. Ello sólo puede significar que sin el envío [*Schickung*] del ser, sin la autotransferencia del ser al hombre, permanecería todo ente en la ausencia de ser. En efecto, si se pudiera prescindir del hombre, entonces no habría ser ni, por consiguiente, el ente como tal en absoluto, justo como ocurre en la doctrina cristiana, para la que las cosas creadas en su conjunto no existirían si no hubiese un creador. Sin embargo, Heidegger añade: «Sólo que, de nuevo, tampoco ésta [la ausencia de ser] es, como el abandono del ser [*Seinsverlassenheit*], una nada afectada de un "no ser" [*ein nichtiges Nichts*], si bien pertenece a la verdad del ser que el ser esencia [*west*] sin el ente; pero un ente no es en ningún caso sin el ser»[15]. ¿No está hablando Heidegger del «ser» en el sentido en que los teólogos cristianos hablaban de «Dios», que también es *antes* de la creación de las cosas creadas, y no precisa de ellas para su esencia y su bienaventuranza? Y, en *Ser y tiempo,* ¿no había considerado Heidegger una y otra vez el «ser-ahí» como «ente»? ¿El ser esencia, por tanto, antes del hombre y con independencia de él? En ningún caso podrá aceptarse esto si se tiene presente que el punto de partida de Heidegger en este respecto es la *fenomenología*, por tanto, la doctrina de lo que se muestra en sí mismo, de lo que aparece como es. En la quinta edición, la frase parece haberse convertido justo en su contraria: «[…] aunque pertenece a la verdad del ser que el ser nunca esencia sin el ente, que un ente no es en ningún caso sin el ser». En su obra *Los caminos de Heidegger* [*Heideggers Wege*], Hans-Georg Gadamer intenta limar y hacer comprensible la contradicción que acabamos de observar: «Ahora bien, es una cuestión de perspectiva la de si uno quiere pensar la dimensión de la "esencia" en la que el ser "esencia" como si tuviese "ser" (mientras se prescinde de todo ente); o

---

si se la piensa como mera dimensión en la que el ser "es", lo que
significa, empero, que el ser es pensado de tal modo, que sólo es
en absoluto en la medida en que el ente es»[16]. No alcanzo a ver que
esta explicación resuelva el enigma, y fracasa debido a que también el ser-ahí [*Dasein*] es un ente. Si la «diferencia ontológica»
puede ser pensada tanto en la dirección de la unidad como en la de
la diferenciabilidad, entonces resulta natural escribir «ser» una vez
con «i» [*Sein*] y la otra con «y» [*Seyn*]. La diferencia ontológica
se cumple, sin embargo, únicamente en el hombre, y no se puede
salir de este reducto mientras no se abandone el punto de partida
fenomenológico y filosófico-trascendental, algo que Heidegger,
de hecho, nunca llega a hacer. Mas, precisamente en las lecciones
sobre Heráclito, de las que nos ocuparemos en breve, Heidegger
habla a menudo del «ser» o, mejor dicho, del «Logos» (con ele ma-
yúscula) como si se tratara del cosmos o del fundamento del mundo. La razón de ello reside, probablemente, en haber puesto límites al punto de partida de la filosofía trascendental, lo que le impide
hablar de un «en sí» independiente ante el cual el hombre se do-
blegue o respecto del cual pueda conducirse de un modo «religioso». Ya el idealismo alemán descubrió una peculiar vía de escape
a esta dificultad, una salida que Kant habría denominado, de nuevo, «dogmática». Pero ni Hegel ni Hölderlin caen fuera del principio kant(husserl)iano. Entretanto, conviene tener presente una de
las «sentencias» de Heráclito: «Este mundo (cosmos), el mismo
para todos, no lo creó ningún dios ni ningún hombre, sino que siempre fue, es y será fuego eterno, que se enciende según medida y según medida se extingue.» Llamo cosmológico-objetivista a la concepción que de ahí se desprende y que sitúo en oposición a la de
la filosofía trascendental y la fenomenología, y no me dejo des-
concertar por quienes de seguro me objetarán que los griegos no
conocían ningún «objeto». Lo que sí es claro es que Heráclito atribuye a la *psyché*, y Parménides al *noeín*, una relación muy especial con este mundo, es decir, con el *einai*. Y en este punto cabe
preguntarse cómo es posible que cualquier joven estudiante, que
en el semestre de verano de 1944 hubiera escuchado la lección de
Heidegger sobre *La doctrina de Heráclito acerca del Logos* [*He-
raklits Lehre vom Logos*], *no* hubiese llegado a la opinión de que

---

[16] Hans-Georg Gadamer, *Heideggers Wege, Studien zum Spätwerk*, Tubinga,
1983, p. 42.

en ella se estaba hablando del fundamento del mundo o de Dios, sobre todo al oír la siguiente frase: «Intentaremos ahora dilucidar cómo, según la doctrina de Heráclito, puede relacionarse el logos humano con el Logos, y ello significa, a la vez y sobre todo, cómo el Logos, desde sí, acoge al logos humano en la referencia a sí mismo, de modo que el hombre, por su parte, responde en su logos al Logos»[17]. Y ese mismo estudiante, ¿no habría creído tener ante sus ojos una de las grandes prédicas religiosas al oír: «Vuelto hacia el ente, si es que no está simplemente caído y perdido en él, el hombre olvida que, aun sin prestarle atención, el ser le interpela constantemente como si estuviera ausente»[18]?

Pero tampoco aquí faltan del todo referencias a «Alemania» y a lo que el entendimiento humano simple llama «historia», mientras que se excluye ahora todo lo «político». Heidegger habla del «delirante paso errático de la historia»[19], mientras que en su *Parménides* descalifica al historiador tachándole de «técnico del periodismo»; en cualquier caso, opone a éstos los «pensadores de la historia», tales como Jacob Burckhardt[20]. El olvido del ser impulsa tanto su contra-esencia [*Unwesen*], que «ni siquiera dos guerras han sido capaces de arrancar al hombre histórico del mero gestionar el ente y de ponerlo ante el ser»[21] Pero este «hombre histórico» no es uno cualquiera, pues de nuevo es el hombre alemán al que Heidegger atribuye, ahora como antes, un papel especial: «El planeta está fuera de quicio. Tan sólo de los alemanes, suponiendo que encuentren "lo alemán", puede venir la meditación [*Besinnung*]. Esto no es arrogancia; muy al contrario, es el saber acerca de la necesidad [*Notwendigkeit*] de la diferencia decisiva de una penuria [*Not*] inicial»[22].

La perspectiva más práctica que Heidegger percibe para el futuro en el verano de 1943 es clara tan sólo en un punto: en que se atiene a la condena de la «modernidad»: «El peligro en que se halla el "corazón sagrado de los pueblos" de Occidente no es el de un ocaso, sino el de que nosotros mismos, confundidos, nos ren-

---

[17] *GA*, t. 55, «Heraklit», p. 315.
[18] Ibídem, p. 324.
[19] Ibídem, p. 324.
[20] Martin Heidegger, *Parmenides*, *GA*, t. 54, pp. 94 ss.
[21] *Heraklit* (nota 17), p. 84.
[22] Ibídem, p. 123.

dimos a la voluntad de la modernidad y somos arrastrados por ella. Para que esta desgracia no acaezca se necesitará, en las próximas décadas, a los de treinta y cuarenta años que hayan aprendido a pensar esencialmente»[23]. Pero ese rendirse a la voluntad de la modernidad ¿acaso no existía ya entre los alemanes, en esa época y desde años atrás, en la forma del régimen nacionalsocialista? ¿No está diciendo Heidegger expresamente, al final del semestre de verano de 1944, que, desde el momento en que la voluntad de voluntad se extienda a esa aparente resistencia de la voluntad, se habrá consumado el olvido del ser y la voluntad de voluntad se habrá cegado en un incondicionado querer-ser-ciega?[24]. ¿Se puede entender esta frase de otro modo que no sea como una alusión al bolchevismo, al americanismo y al nacionalsocialismo? ¿O suponía Heidegger que el nacionalsocialismo era al final una resistencia legítima contra la modernidad y, en esa medida, una anticipación de aquello que llegaría a ser en las décadas venideras la tarea de Alemania? ¿Y qué quiere decir Heidegger cuando niega el peligro de un ocaso? ¿Cree aún en la victoria o significa que el inevitable ocaso no sería en verdad ningún «peligro», sino una «posibilidad esencial»?

El semestre de invierno de 1944-1945 comenzó de un modo relativamente normal en la aún intacta Friburgo, pese a que las tropas francesas habían iniciado su avance en la Alsacia y ya marchaban sobre Estrasburgo. Heidegger tenía previsto dictar su lección sobre *Pensar y poetizar* [*Denken und Dichten*], y su seminario de especialidad iba a versar sobre Leibniz. Pero entonces desapareció, y entre los estudiantes se difundió el rumor de que se lo había visto sentado, en medio de otros hombres de las milicias populares, en un camión que se dirigía hacia la ofensiva de Neu-Breisach. Pocos días después, tras el intenso ataque aéreo del 27 de noviembre, Friburgo quedaba reducida a escombros. Las clases de la Facultad de Filosofía continuaron celebrándose, en condiciones muy precarias, en unas cuantas habitaciones pertenecientes a una escuela que había permanecido en pie. Las sesiones se celebraban de ocho a nueve de la mañana y, por las tardes, a partir de las seis, ya que en el tiempo comprendido entre esas horas reinaba de un modo casi constante la alarma aérea. Pronto llegó la noticia de que Hei-

[23] Ibídem, p. 181.
[24] Ibídem, p. 386.

degger se encontraba en Meßkirch, de modo que pasó a ocupar su lugar el helenista Hermann Gundert, quien pasaba por nacional-socialista convencido y había sido licenciado de las fuerzas armadas tras caer herido en combate. Heidegger, de hecho, pasó los últimos y apocalípticos meses de la guerra en el refugio de su ciudad natal, que no había sido destruida, en el círculo de la familia de su hermano. Durante ese tiempo, Heidegger estuvo alejado de su esposa, que permaneció mientras tanto en Friburgo, si bien se mantenía en contacto con ella a través del correo esporádico que le proporcionaban los estudiantes. Lo que restaba de la antigua Facultad de Filosofía aceptó el ofrecimiento del príncipe de Fürstenberg y se trasladó al castillo Wildenstein, situado en la zona alta del valle del Danubio. Sólo entonces se reincorporó Heidegger a la actividad docente, y enseñó en la nueva Facultad hasta finales de junio, fecha en la que halló su fin este reducto extraordinario de la Alemania académica de la época nacionalsocialista. Este final, sin embargo, supuso para Heidegger el inicio de su segundo encuentro con «la política», un encuentro pasivo que habría de vivir como una condena por su primer —y activo— contacto con aquélla.

HEIDEGGER EN MEDIO
DE LA «DEPURACIÓN POLÍTICA»:
LOS PRIMEROS AÑOS DE LA POSGUERRA

Cuando el 8 de mayo de 1945 callaron las armas, la Alemania nacionalsocialista acababa de vivir un derrumbamiento sin precedentes en los Estados de la historia mundial moderna. Francia había sido vencida en 1870-1871, pero mantuvo un gobierno que podía concertar la paz. Alemania hubo de soportar una seria derrota en 1918, pero ni un solo kilómetro cuadrado del territorio germano permaneció ocupado por tropas extranjeras, y aun después del tratado de paz continuaba siendo el Reich una gran potencia en fase de recuperación. En el verano de 1940 la situación de Francia era catastrófica, aunque todavía quedaba por ocupar una parte del Estado, y el gobierno prosiguió sus funciones pese al cambio esencial que había sufrido. Los Estados americanos del Sur son los que más se prestan a una comparación; pero allí se había dado una guerra civil, y se entendía por sí mismo que tras la contienda el «gobierno de los rebeldes» tendría que desaparecer. En Alemania, sin embargo, fueron los tres aliados principales los que se hicieron con el poder supremo; todo el país se hallaba ocupado por las tropas de los EEUU, de la Unión Soviética, de Gran Bretaña y de Francia; las grandes ciudades habían quedado sin excepción reducidas a escombros; comenzaron a aparecer signos de una intensa carestía y hambre; masas de millones de deportados se desplazaron desde las regiones orientales situadas bajo «jurisdicción polaca» hacia las zonas ocupadas occidentales y soviéticas; la práctica totalidad de los soldados se hallaba en prisión, y entre los supervivientes nadie dudaba de que eran Adolf Hitler y el partido nacionalsocialista los culpables de la dimensión alcanzada por la catástrofe. De todos modos, los antiguos adeptos trataron de matizar la acusación afirmando que había sido imprudente desafiar a una poderosa coalición para entrar en guerra y, sin embargo, no concertar a tiempo una paz soportable, al igual que había ocurrido en la Primera Guerra Mundial. Y, lo que es peor, durante su avance los aliados descubrieron numerosos campos de concentración y, en ellos, grandes masas de muertos o de prisioneros reducidos al puro esqueleto; los primeros periódicos que fueron editados por la población alemana arrojaron, por así decirlo, a la cara de los derrotados las fotos de los cadáveres apilados en los campos, formulando en los titulares la denuncia: «¡Sois culpables!» Nada resultaba más natural que plantear la cuestión de quiénes eran los «principales culpables» y que ésta, además, fuera retomada por la «población», que luchaba por la pura y simple supervivencia y en la que ya se había deshecho la aparentemente sólida cohesión lograda por el Estado nacionalsocialista, incluso por el Estado como tal.

En esta culpabilización dirigida contra los que habían sido totalmente derrotados reside el punto de comparación más importante respecto de la situación de los Estados americanos del Sur después de la guerra civil. Pero también se habían dado culpabilizaciones como tales, no restringidas a personas concretas, tras el final de otras guerras: contra el bonapartismo en Francia, a partir de 1870; contra los *Junker*, terratenientes, tras la Primera Guerra Mundial; y contra «los burgueses» en la Rusia de los años 1917 y 1918. Una vez que los culpables podían ser identificados como grupos o clases, el procedimiento que seguir a continuación no dejaba lugar a dudas. En efecto, los grupos o clases en cuestión debían ser «eliminados» y sancionados; en su lugar se presentarían otros grupos o clases que se hubieran mantenido libres de culpa o sufrido opresión; con estos nuevos grupos o clases se podía concertar, entonces, una paz sincera. En un principio, la Unión Soviética adoptó esta vía en su zona. Así, llevó a cabo una «reforma agraria» que logró parcelar las «grandes posesiones de terreno» (de más de cien hectáreas), algo que siempre habían querido hacer los propietarios en el Tercer Reich, y poco después se puso en marcha la correspondiente reforma industrial, que prácticamente expropió a la entera burguesía. Gran parte ella se vio entonces inducida a escapar a las zonas occidentales. Pero con ello no se había logrado eliminar ni mucho menos a todos los nacionalsocialistas, y, al menos por algún tiempo, los emigrantes que habían regresado a Alemania adujeron la tesis según la cual también «la clase obrera» se había hecho culpable. En cualquier caso, no podía existir ninguna duda de que había una nueva capa dirigente ocupando el

lugar de la antigua, cuyos miembros odiaban y combatían radicalmente a sus predecesores.

Un modo de proceder semejante no era posible en el Oeste. Las
acusaciones colectivas contradecían la tradición del derecho tanto como
la expropiaciones extensivas. Por tanto, se aferraron a la asignación
individual de culpa, lo que significa que la entera población fue so-
metida a una «depuración» y sentada en el banquillo de los acusados.

Pero los testigos de descargo sólo podían venir de esa misma
población, y es de suponer que procedían de las filas de aquellos
que estaban «libres de cargos» por no haber pertenecido al partido
o a alguna de sus fracciones. Así comenzaron los largos años de la
«desnazificación» y de los «procesos de la cámara de desnazificación», la época de las denuncias y de los *Persilscheine*, que certifi-
caban un pasado «limpio». Y en esta época pasó por ser una lau-
dable medida humanitaria de los delegados de la ocupación el decreto
de la «amnistía de la juventud», destinado a aquellos alemanes que
al comienzo de la guerra contaran menos de dieciocho años. La impresión de la catástrofe era, de hecho, tan cercana y presente que
nadie intentó pedir cuentas a los vencedores o apelar con orgullo a
su «autenticidad nacionalsocialista»; todos ansiaban encontrar hechos que les descargaran y ocultar los «agravantes». Los propios
miembros de la cúpula del «Tercer Reich», sometidos a juicio en
Núremberg, no echaron en cara a sus denunciantes acusación alguna —a excepción de Hermann Göring—, sino que procuraron atribuirse acciones abiertas o encubiertas de resistencia. La principal
razón de todo ello fueron las noticias recibidas acerca del exterminio en masa de judíos en el Este, y, paradójicamente, parecía como
si estos sucesos resultaran nuevos, sorprendentes y, por eso mismo,
aterradores para los máximos dignatarios del régimen.

Sin embargo, los aliados occidentales no renunciaron del todo
a las detenciones colectivas, acusando de «criminales» a organizaciones enteras y deteniendo en «arresto automático» a categorías
enteras de hombres. En las zonas norteamericana y británica, todos los rectores de universidades alemanas activos entre los años
1933 y 1945 entraron también a formar parte de quienes habían de
ser sometidos al *automatic arrest*.

En la zona francesa las cosas sucedieron de otro modo, y Heideggger no fue arrestado a su regreso a Friburgo, que tuvo lugar
durante los primeros días de julio. Sin embargo, se encontró con
que su casa había sido embargada y él mismo acusado. El nuevo

senado de la Universidad, recién constituido, discutió el 5 de mayo sobre la «gente del partido», elaborando poco después un catálogo de criterios para la evaluación del pasado político de los miembros de la Universidad. Se constituyó así una «comisión de depuración», y tanto en ella como en el senado desempeñaron un papel significativo los adversarios de Heidegger de los años 1933-1934, sobre todo el economista Walter Eucken y Adolf Lampe; no obstante, Gerhard Ritter —también miembro por haber sido uno de los antiguos prisioneros de la Gestapo— defendió a Heidegger con todas sus fuerzas, y las simpatías de la mayor parte de la Facultad de Filosofía estaban de su lado. Los estudios de Hugo Ott nos informan con detalle de los sucesos acaecidos por entonces, y a ellos nos remitiremos a continuación, escogiendo, de entre los resultados de sus investigaciones, tan sólo aquellos que me resultan especialmente interesantes o característicos.

El 16 de julio, Heidegger presentó ante el alcalde una protesta dirigida contra el embargo de su casa, que, al parecer, también era extensiva a su biblioteca. Allí declara que nunca había desempeñado cargo alguno en el seno del partido, no ejerciendo ninguna actividad ni en él ni en ninguna de sus fracciones. Si el rectorado se consideraba un agravante, entonces debía dársele la oportunidad de conocer los cargos concretos que se le imputaban y de poder defenderse de ellos. Estaba dispuesto a adoptar restricciones sobre sí mismo y su modo de vida, dando su conformidad a la acogida de prisioneros de los campos de concentración o de deportados en su casa, pero siempre que no se le obligara a un desahucio completo, pues siempre había llevado allí un estilo de vida sencillo y no tenía necesidad de que se le aleccionara respecto de «lo que significa pensar y actuar socialmente»[1]. De hecho, Heidegger fue autorizado a permanecer en su casa, y también se impidió el embargo de su biblioteca, algo que, más tarde, volvería a aparecer amenazador en el horizonte.

A los pocos días, Heidegger hubo de responder ante la comisión de depuración. Se le acusaba de haber dañado seriamente la buena imagen y la dignidad de la Universidad con su comportamiento durante los años 1933-1934, y no exclusivamente por sus llamamientos a los estudiantes; la enorme consideración interna-

---

[1] Ott (Bibl. n.º 16), p. 297; ed. cast., p. 330.

cional de que disfrutaba era un elemento agravante y no algo que pudiera presentar en su descargo. Heidegger respondió —y Ott llama «apologética» a esta respuesta— que él «había visto en el apoyo al nacionalsocialismo la única y última posibilidad de contener el avance del comunismo»; pero también había aceptado el rectorado con la más íntima repulsa, y tan sólo había permanecido en el cargo «para evitar algo peor», ejerciendo luego en sus lecciones una clara crítica[2].

En efecto, el argumento de «querer evitar algo peor» debe ser calificado de «apologético», sobre todo porque aparta la mirada de la sinceridad e intensidad del compromiso, y debió faltarle valor a Heidegger para reconocerlo abiertamente, aun cuando no le faltara razón para ello, pues tanto a él como a sus acusadores les estaba vedada la posibilidad de hacer abstracción de la ruina y destrucción circundantes. En cambio, el argumento relativo al comunismo planteaba cuestiones decisivas que nadie podía llevar a discusión en aquella época, puesto que Stalin era uno de los grandes vencedores. Y, de hecho, el general Clay no fue el único de los aliados occidentales que castigó indiscriminadamente a quienes pretendían minar la «unidad de los aliados», aunque sólo lo hicieran alegando que Katín había sido el resultado tardío de una voluntad elemental de exterminio de masas, o afirmando que tan poco derecho tenían de acusar quienes habían visto en Hitler la única salvación frente Stalin como aquellos otros que, pese a ciertos escrúpulos de conciencia, habían considerado a Stalin la ayuda decisiva contra Hitler. En el siguiente pasaje, procedente de una carta dirigida a Herbert Marcuse en 1947, se hace evidente hasta qué punto el argumento mencionado era importante para Heidegger y en qué medida estamos autorizados a dudar de antemano de la sinceridad de su compromiso: «Sobre 1933: yo esperaba del nacionalsocialismo una renovación espiritual de la vida entera, una reconciliación de las oposiciones sociales y la salvación de la existencia occidental ante el peligro del comunismo»[3].

En el informe de la comisión de depuración de septiembre de 1945 se tomó en cuenta la fundamentación anterior con una cierta comprensión, aunque remitida a la «conducta apolítica» mos-

---

[2] Ibídem, pp. 302 ss.; ed. cast., p. 335.
[3] Ibídem, p. 136; ed. cast., p. 151.

trada por Heidegger hasta 1933. La peor acusación de que era objeto consistía, básicamente, en que él se «había dejado entusiasmar hasta levantar a los estudiantes contra los profesores por él calificados de "reaccionarios"». En conjunto, habría contribuido con ello a justificar la revolución nacionalsocialista a los ojos del mundo educativo alemán, lo que, sin embargo, no podía ser compensado con el hecho de haberse alejado cada vez más del partido desde 1934, convirtiéndose así en objeto de graves perjuicios. De ahí que la comisión fijara el emeritaje como medida ajustada al caso en cuestión, lo que finalmente permitió a Heidegger la posibilidad de seguir ejerciendo una actividad docente restringida[4].

Frente a este enjuiciamiento moderado y bienintencionado se desarrolló, sin embargo, una fuerte oposición que apoyó también el reputado economista Franz Böhm, quien, al igual que Walter Eucken y el antiguo asistente en Marburgo, Wilhelm Röpke, llegaría a ser uno de los padres fundadores de la República Federal. Desde el punto de vista de Böhm, Heidegger fue «uno de los causantes intelectuales con mayor responsabilidad en la traición política de las universidades alemanas», que había predicado «perniciosas doctrinas falsas» y que hoy no parecía sentir en absoluto la necesidad de «responder de las consecuencias de su actuación responsable»[5]. Por tanto, con el paso del tiempo la situación se había agudizado para Heidegger, y, al ser interrogado de nuevo en 1945, le reprocharon de un modo muy especial el telegrama a Hitler del 20 de mayo de 1933. En una carta dirigida a Constantin von Dietze, Heidegger tomaba la siguiente posición al respecto: «Creía que Hitler, tras asumir en 1933 la responsabilidad por el pueblo entero, se alzaría sobre el partido y su doctrina y todo se daría cita en el suelo de una renovación y reunión hacia una responsabilidad occidental. Esta creencia fue un error que reconocí a raíz de los sucesos del 30 de junio»[6]. La cuestión era, por tanto, la de si los partidarios del «alzamiento nacional» de 1933 tenían también «derecho al error político» y si era lícito que reclamaran quedar absueltos cuando no hubieran cometido ni consentido actos punibles. Pero Heidegger no se veía a sí mismo en la situación de entrar en la le-

---

[4] Ibídem, pp. 305 ss.; ed. cast., pp. 339 ss.
[5] Ibídem, p. 308; ed. cast., p. 341.
[6] Ibídem, p. 312; ed. cast., p. 346.

gitimidad de esta cuestión, pues se encontraba al borde del derrumbamiento de sus fuerzas, y por ello acudió en busca de ayuda
a dos personalidades con las que había interrumpido el contacto
durante la época nacionalsocialista, a saber, el arzobispo Dr. Conrad Gröber y Karl Jaspers. Gröber encontró el comportamiento de
Heidegger «constructivo», y al parecer esperaba que el filósofo re-
gresara al catolicismo; en cualquier caso, no dejó en la estacada a
su antiguo protegido. En cambio, el informe de Jaspers, que Heidegger había solicitado personalmente, resultó para él una verdadera catástrofe. También el texto literal de este informe, un documento dirigido al biólogo Oehlkers y fechado el 22 de diciembre de
1945, pasó entretanto a conocimiento público. En él sometía Jaspers por primera vez a discusión el «caso Baumgarten», recono-
ciendo a duras penas que podía ser compensado con la conducta
«irreprochable» de Heidegger respecto de su asistente judío Brock;
pero, sobre todo, Jaspers retrocede ante las «buenas intenciones»
de Heidegger cuando declara que Tisch, Heidegger, Baeumler y
Carl Schmitt habían sido profesores, bastande diferentes entre sí,
que habían intentado, «situarse en la cima intelectual del movimiento
nacionalsocialista». Por último, el juicio de Jaspers acerca de la filosofía de Heidegger fue el más negativo posible. En efecto, según
él Heidegger tenía una inusual falta de crítica y se encontraba alejado de la ciencia auténtica; su modo de pensamiento era «por su
esencia dictatorial, opuesto a la libertad y a la comunicación». Sin
embargo, Jaspers no dejó que faltaran algunas observaciones respetuosas, y abogó porque se le concediera una pensión y se le sus-
pendiera del ejercicio de la docencia durante algunos años[7].

Tras algunas idas y venidas más, el gobierno militar francés,
que debía tomar la última decisión, hizo suyo el juicio negativo de
Jaspers y de los adversarios de Heidegger en el senado académico, haciéndole partícipe de su resolución en marzo de 1947: «Prohibición de la docencia, ninguna función en la Universidad. La prohibición de la docencia entra inmediatamente en vigor. El abono de
su sueldo se suspenderá a finales de 1947»[8]. Ciertamente, la catástrofe pudo ser evitada, pues el gobierno militar autorizó poco
más tarde una pensión íntegra; sin embargo, el compromiso na-

---

[7] Ibídem, pp. 315 ss.; ed. cast., pp. 349 ss.
[8] Ibídem, p. 324; ed. cast., p. 359.

cionalsocialista se cernía ahora sobre él con mayor dureza, pues había dejado de ser miembro de la Universidad y quedaba oficialmente estigmatizado como antiguo «nazi».

Sus colegas y amigos de la Facultad de Filosofía, sin embargo, no perdieron la esperanza de ver algún día la reincorporación de su académico más prominente, y, sobre todo, fue en Francia donde sucedieron, por esta época, sucesos bastante singulares.

En el verano de 1945 Heidegger fue invitado a una entrevista personal con Jean-Paul Sartre en Baden-Baden, por tanto, con un hombre que estaba a punto de convertirse, como autor teatral, filósofo y, ante todo, como principal representante del «existencialismo», en la figura más conocida de la intelectualidad francesa. Ya antes de esta fecha, un joven lugarteniente llamado Edgar Morin había visitado a Heidegger en Friburgo, llevando consigo una carta del director de la *Revue Fontaine*, en la que se solicitaba de Heidegger que presentara alguno de sus trabajos con vistas a la publicación, que mencionara uno de los libros que deseara ver traducido y redactara un artículo sobre la situación de la época. En el segundo número de la recién fundada *Temps modernes* apareció en 1946 un artículo crítico, pero respetuoso, de Karl Löwith sobre las «implications politiques de la philosophie de l'existence chez Heidegger», y, poco después, el belga De Waehlens tomaba la palabra en defensa de Heidegger con su *La philosophie de Heidegger et le nazisme*, aparecido también en la misma publicación. Ya antes de esta fecha se habían publicado en la misma revista, que había subido rápidamente a un primerísimo plano, sendos artículos de Maurice de Gandillac y Alfred de Towarnicki, en los que informaban, con acentos contrapuestos, acerca de sus respectivas visitas a Heidegger[9]. Sin embargo, fue Jean Baufret quien entró en un contacto más directo con Heidegger, y ya en 1946 se dedicaba a él la *Carta sobre el humanismo* [*Brief über den Humanismus*], que representó para Heidegger el trabajo más importante, aunque no el único, de un año tan difícil como 1946.

Al igual que la *Doctrina de Platón acerca de la verdad*, la *Carta sobre el humanismo* es una toma de posición respecto de los esfuerzos contemporáneos por encontrar en el concepto de huma-

---

[9] Algunas citas de esos informes se encuentran en Ernst Nolte, «Ein Höhepunkt der Heidegger-Kritik?», *Historische Zeitschrift*, t. 247 (1988), pp. 95-114, 96.

nismo un fundamento nuevo o, mejor dicho, nuevo-antiguo, de la
acción y de la comprensión de mundo, o, como lo había formulado Jean Baufret, por «devolver su sentido a la palabra "humanis-
me"». Al igual que en el anuario de Grassi, en la carta enviada a
París la respuesta de Heidegger es negativa. Todos los «humanismos», tanto el romano como el cristiano y el del Renacimiento no
menos que que el del idealismo alemán, tienen sus raíces en una
«interpretación, ya fijada, de la naturaleza, de la historia, del mundo y del fundamento del mundo, es decir, del ente en total»[10]. Por
ello comparten entre sí todas las debilidades fundamentales de la
metafísica, la cual, ciertamente, piensa el ser del ente, pero no la
diferencia entre ambos, y tampoco pregunta nunca de qué manera
pertenece la esencia del hombre a la verdad del ser. De ahí que
piense al hombre a partir de la *animalitas*, esto es, como *animal
rationale*. La dignidad verdadera del hombre, sin embargo, es vista por vez primera cuando se reconoce que es ek-sistencia, es decir, «ek-stático insistir [*Innestehen*] en la verdad del ser»[11]. Por ello
mismo no es el hombre «sujeto», sino «el pastor del ser» [*Hirt des
Seins*], que guarda la verdad del ser «para que a la luz del ser apa-
rezca el ente como el ente que es»[12]. Sin embargo, no puede decidir sobre esta presencia y ausencia en el claro [*Lichtung*] del ser
que es el ser mismo, sino que le es dado o enviado [*geschick*]. Mientras permanezca oculto para la metafísica el claro del ser, tampoco se ajustará la «interpretación metafísico-animal» al lenguaje,
que es «la casa del ser acontecida por el ser y desde él ensambla-
da»[13]. Como consecuencia de ello aparece la tendencia de ver en
el hombre al «señor del ser» y *no* al «pastor del ser», de modo que
el hombre avanza al lugar medio y se convierte en objeto del cuidado y de la organización. Esto, de nuevo, camina de la mano del
olvido del ser y de la carencia de patria, que constituyen el auténtico destino del presente.

---

[10] Martin Heidegger, «Brief über den Humanismus», en conjunto con «Platons Lehre von der Wahrheit», Bonn, 1947, p. 63; ed. cast., *Doctrina de la verdad
según Platón y Carta sobre el humanismo*, trad. D. García Bacca y A. Wagner de
Reyna (respect.), Centro de Estudios Humanísticos y Filosofía del Instituto de Investigaciones Histórico-culturales, Santiago de Chile, s.a., p. 155.

[11] Ibídem, p. 69; ed. cast., p. 178.

[12] Ibídem, p. 75; ed. cast., p. 183.

[13] Ibídem, p. 79; ed. cast., p. 185.

Éstas son las bien conocidas concepciones fundamentales de Heidegger, presentes ya en sus escritos anteriores, si bien aquí aparecen formuladas de un modo especialmente llamativo y claro, y, por cierto, con un cambio de acento respecto de la época anterior, que cabría denominar ahora «quietista» o «religioso». Ya no se habla de un «asalto al ente en total», y el «pastor del ser» suena, no por casualidad, a una de las metáforas más conocidas del cristianismo. Se formula de nuevo y con mayor claridad el enjuiciamiento negativo de la técnica, entendida como el punto culminante del olvido del ser, y lo «adventístico» vuelve a hacer acto de presencia de un modo inequívoco. El hombre que no se limita, como el cristiano habitual, a ser «piadoso» [*fromm*] los domingos, sino que también lo es en cada una de las horas de trabajo y no se orienta a ningún más allá, el hombre que glorifica al ser y lo trae a la palabra en el lenguaje, parece ser el único que está llamado a rescatar al hombre, que es asimilado en el ente y sometido por él, de la conquista y destrucción técnicos del mundo. Sin duda señala con razón Heidegger en otro lugar que el hombre sólo puede ser «pastor del ser» siendo, a la vez, «el que sostiene el sitio de la nada»[14], pero la relación del hombre respecto del «ser» y de la «nada» difícilmente podrá caracterizarse de otro modo sino como «de extremo a extremo religiosa». De esta religiosidad surgen expresiones que alguien podrá encontrar «paradójicas» o «cautivadoras», pero que bien pueden recordar al hombre moderno a sentencias procedentes de la Biblia o de las Upanishads: «Sólo el ser confiere salida [*Aufgang*] a la salvación [*Heil*] en la gracia [*Huld*] y empuje [*Andrang*] a la ira hacia la desgracia [*Unheil*]» o «El lenguaje es el lenguaje del ser, como las nubes son las nubes del cielo»[15].

En el marco del planteamiento específico de nuestra cuestión, a saber, el de examinar de qué manera se manifiesta Heidegger respecto de los fenómenos «políticos» o «de historia vulgar», la *Carta sobre el humanismo* ofrece un juicio sobre el marxismo o, mejor dicho, sobre el comunismo que resulta, con mucho, el más interesante de los mencionados hasta ahora. Durante los años 1933-1934, así como en las épocas inmediatamente anterior y posterior a esta fecha, Heidegger se había expresado con brevedad y

---

[14] Martin Heidegger, *Holzwege*, Francfort, 1957 (3.ª ed.), p. 321; ed. cast., *Sendas perdidas*, trad. J. Rovira Armengol, Losada, Buenos Aires, 1960, p. 291.
[15] *Carta...*, pp. 114, 119; ed. cast., pp. 227, 232.

con desprecio sobre el comunismo («el trabajador no es, como quería el marxismo, el mero objeto de la explotación […]»); sin embargo, ahora afirma: «La carencia de patria [*Heimatlosigkeit*] se
convertirá en destino [*Schicksal*] del mundo. Por ello, es necesario
pensar este sino [*Geschick*] conforme a la historia del ser. Lo que
Marx, en un sentido esencial y significativo, ha reconocido a partir de Hegel como alienación del hombre, hunde sus raíces en la
carencia de patria del hombre moderno. Ésta será llamada a escena, precisamente desde el sino del ser, en la forma de la metafísica, robustecida por ésta y a la vez por ella encubierta en cuanto carencia de patria. Por cuanto Marx, al experimentar la alienación,
se introduce en la dimensión esencial de la historia; por eso la visión marxista de la historia supera a toda la historiografía restante. Sin embargo, por cuanto ni Husserl ni, según he podido ver hasta ahora, Sartre reconocen la esencialidad de lo histórico en el ser,
no llegan ni la fenomenología ni el existencialismo a aquella dimensión dentro de la cual puede llegar a ser posible, por vez primera, un diálogo productivo con el marxismo»[16].

Uno se pregunta lleno de asombro por qué no dio antes su aprobación al marxismo, puesto que su teoría de la historia «supera a
toda la historia restante». ¿Por qué habla tanto de Aristóteles, de
Descartes y de Kant y nunca de Marx? ¿Llegó siquiera a conocer
y a estudiar sus obras? ¿Se dirige Heidegger a un movimiento que
penetra ahora con fuerza en la Europa de posguerra y, sobre todo,
en Francia, al igual como en 1933 se había orientado al movimiento
emergente en Alemania y a su «unicidad», así como a su «interna
verdad y grandeza»? Sin embargo, conviene recordar que también
durante la guerra había atribuido al bolchevismo un «salto adelante» metafísico y que él incluye aquí al marxismo en la «historiografía restante». Evidentemente, se trata de la valoración positiva de un adversario. Pero su acento, al hablar del «comunismo»
y, al mismo tiempo, del «americanismo», también se ha transformado inequívocamente en otro muy distinto: «Se podrá tomar posición frente a las doctrinas del comunismo y su fundamentación
de varias maneras, pero lo cierto es que, de acuerdo con historia
del ser, en él se expresa una experiencia elemental de aquello que
es propio de la historia del mundo. Quien toma al comunismo sólo

[16] Ibídem, p. 87; ed. cast., p. 197.

por "partido" o "visión del mundo" piensa de la misma manera, demasiado corta de vista, que aquellos que bajo el título de "americanismo" significan sólo —y con desdén además— un especial estilo de vida. El peligro al que se verá empujada la antigua Europa con progresiva mayor claridad, consiste posiblemente en que ante todo su pensar —antaño su grandeza— se queda atrás en el proceso esencial del sino mundial que despunta, el cual, sin embargo, permanece determinado europeamente en los rasgos fundamentales de su origen esencial. Ninguna metafísica, sea idealista, materialista o cristiana, puede, según su esencia, y menos aún en los esfuerzos emprendidos por desplegarse, alcanzar el sino; ello significa: alcanzarlo pensando y recoger lo que ahora está en un sentido pleno de ser»[17].

En 1946 Heidegger continúa manteniendo inalterada su pretensión de superar, desde un pensar «más originario» y «europeo» (entendido en su sentido genuino), la metafísica y todas aquellas realidades y concepciones que, al parecer, nacen de ella, aunque vengan polemizando desde tiempo atrás con la metafísica: técnica, ciencia, pragmatismo, marxismo, nacionalismo y su sistematización como internacionalismo. Y ese pensar, notoriamente «religioso», «piadoso», «metafísico», es como la metafísica y los dogmas de fe metafísicos mismos. ¿Quién, que no fuera un fundador religioso o un místico, podría haber formulado una frase como ésta: «Por todas partes gira [*kreist*] el hombre, expulsado de la verdad del ser, en torno a sí mismo como *animal rationale*»?[18]. Pero hay indicios que parecen hablar en favor de la corrección de la tesis de Alexander Schwan, una tesis según la cual, de entre los fenómenos que pueden hallarse en el seno del olvido del ser, Heidegger habría sentido más respeto por el bolchevismo y el nacionalsocialismo que por el mundo liberal del «pluralismo».

Difícilmente podrá contradecir lo anterior el hecho de que, en otro de los trabajos del año 1946, en concreto en su sutilísima interpretación de Rilke *¿Para qué el poeta?* [*Wozu Dichter?*], afirme Heidegger que el «Estado total» es, «como la ciencia moderna», una consecuencia necesaria de la esencia de la técnica. Y seguramente se cumple «el asalto de la física atómica a los fenómenos [*Erscheinungen*] de lo viviente como tal», ¡pero no sólo en

---

[17] Ibídem, p. 89; ed. cast., p. 199.
[18] Ibídem, p. 89; ed. cast., p. 200.

la Unión Soviética! Más bien da la impresión de que Heidegger ve
en el «Estado occidental», y por tanto en el americanismo, una forma del Estado total. Y también se habla aquí, en estrecha conexión
con Rilke, del «dinero», que hasta este momento nunca había sido
tematizado en la obra de Heidegger[19]. Asimismo, también aparece tratada la noción de «mercado», «que no sólo comprende al mundo como mercado mundial [*Weltmarkt*], sino que mercadea [*mark-
tet*] en la esencia del ser como voluntad de voluntad, y así pone a
todo ente en el tráfico de un calcular que domina con máximo rigor allí donde no se precisan los números». Uno se pregunta si aquí
se manifiesta «lo socialista» que hay en Heidegger, eso que, desligado ya de la esperanza positiva en la *polis* y en la «comunidad»,
ya sólo cimenta metafísicamente su crítica del «mercado» y el «dinero», de la cual había tomado su punto de partida todo socialismo. ¿No podría haber escrito también el joven Marx sobre el hombre moderno lo siguiente: «Él pesa [*wiegt*] y sopesa [*erwägt*]
constantemente y, sin embargo, desconoce el peso propio [*Eigen-
gewicht*] de las cosas»[20]? Pero ni el joven Marx ni ninguno de los
primeros socialistas podría haberse expresado nunca de un modo
tan religioso como Heidegger en la frase siguiente: «La sanación
[*Heile*] nos hace sentir la desgracia [*Unheil*] como desgracia. La
sanación hace señas llamando a lo sagrado [*Heilige*]. Lo sagrado
liga lo divino [*Göttliche*]. Lo divino acerca al Dios»[21].

Por último, hemos de dirigir aún nuestra mirada al tercero de
los trabajos de 1946: *La sentencia de Anaximandro* [*Der Spruch
des Anaximander*]. Y si lo hacemos es porque aquí Heidegger llega a hablar de «la historiografía», que supone «la constante destrucción del futuro y de la referencia histórica para con el ad-ve-
nir [*Ankunft*] del sino», pero, en tanto que «historicismo», domina
todavía a «la organización técnica del espacio público del mundo
[*Weltöffentlichkeit*] mediante la radiodifusión y la ya rezagada prensa»[22]. Lo más importante es, sin embargo, que aquí se hace patente la dificultad central del pensar heideggeriano, pues el filósofo
entiende el «ser» como «presencia», pero *La sentencia de Anaximandro* siempre ha sido considerada como prototipo de un modo

---

[19] *Sendas perdidas* (nota 14), pp. 267, 269 ss.; ed. cast., pp. 239, 241.
[20] Ibídem, p. 289; ed. cast., p. 259.
[21] Ibídem, p. 294; ed. cast., p. 263.
[22] Ibídem, p. 301; ed. cast., p. 269.

de pensar cósmico-objetivista. Se podría hablar incluso de un modo de pensar acosmista, pues la sentencia, en su forma y traducción corrientes, dice así: «El origen de lo existente es lo ilimitado. De allí, sin embargo, tienen las cosas existentes su nacimiento, y hacia allí perecen también de acuerdo con la necesidad; deben, pues, pagarse mutua pena y darse mutua retribución por su injusticia según el orden del tiempo.» ¿Cómo habrán de ser entendidas estas palabras, sino como refiriéndose al cósmico devenir y perecer, en el seno del cual también los hombres nacen y perecen, pero sin considerar ninguna «presencia», que siempre ha de ser una «presencia de...»? El tema de Heidegger, atendiendo a su punto de partida fenomenológico-trascendental, no puede ser otro que la pregunta de «si se presentan y ausentan, si ingresan el Dios y los dioses, la historia y la naturaleza en el claro del ser, y cómo acontece tal»[23]. De ahí que Heidegger halla de equiparar el anaximandriano aparecer de lo ilimitado —y por ello desorganizado— en el orden y organización de lo finito con su presencia y ausencia en el claro del ser (ligado al hombre, si bien no creado por el hombre), y ello sólo puede conseguirse al precio de una violencia extraordinaria, que reduce la sentencia, mediante una crítica textual, a menos de la mitad, traduciéndola a continuación de la manera siguiente: «a lo largo de lo que hace falta [*Brauch*]; convienen, esto es, permiten acuerdo [*Fug*], por tanto, también aprecio del uno al otro (en el remontar) de la dis-cordia [*Un-Fugs*]»[24].

De hecho, la filosofía de Heidegger, en cuanto salida de lo oculto de la verdad del ser, sería el único tema (positivo) de la filosofía de Heidegger si no pudiera hacer referencia a un «inicio inicial» situado en los griegos, donde el ser aún no estaba tan olvidado como en Platón, Tomás de Aquino y, sobre todo, en la modernidad. Esta toma de referencia sólo ascendió a un primer plano en las lecciones sobre Heráclito de 1943. Sin embargo, en el juicio negativo sobre la modernidad y sobre la historia en su conjunto, suavizado tan sólo ocasionalmente y a duras penas, se podría reconocer el origen más antiguo de Heidegger, presente en lo que hay de antimodernista en el discurso de 1910 sobre Abraham a Sancta Clara: «El hombre está a punto de abalanzarse sobre el todo de la tierra y de su atmósfera, de arrebatar para sí el oculto impe-

---

[23] *Carta...* (nota 10), p. 75; ed. cast., p. 185.
[24] *Holzwege* (nota 14), p. 342; ed. cast., p. 306.

rar [*Walten*] de la naturaleza en la forma de fuerzas y de someter el curso de la historia al planear y ordenar de un gobierno de la tierra. El mismo hombre que constantemente se subleva, no está en la posición de decir sencillamente lo que *es*, de decir *qué es* eso, que *es* una cosa»[25].

Sin embargo, ¿no había querido decir Heidegger, treinta años antes, lo que la Selva Negra *es* ahora?, ¿y no la había definido como la patria de Albert Leo Schlageter? ¿No debía confesar que había un error fundamental, no sólo en su preferencia política concreta, sino también en la determinación del ente a partir del «sino del ser»? ¿Y no hubo de advertir, durante la opresión de los años 1946 y 1947, que se encontraba en una inmerecida situación favorable, sobre todo al pensar en sus correligionarios de 1933, en Ernst Krieck, Alfred Baeumler, Hans Heyse y otros, quienes ahora se hallaban internados, cesados sin pensión alguna o forzados al anonimato, cuando no habían cometido suicidio? Mas, por ninguno de estos filósofos se habían interesado tantos extranjeros influyentes y significativos como en el caso de Heidegger. Por tanto, la filosofía de Heidegger debía encontrarse en el núcleo de algo por completo diferente de las concepciones de aquellos «correligionarios» temporales. Dicho metafóricamente, durante esos años de posguerra Heidegger se exilió a Francia, y el renombre que allí alcanzó como fundador de la «filosofía de la existencia» era comparable a la relevancia que aún mantuvo en Alemania durante algún tiempo, si bien como un «nazi» proscrito. Pero también en Alemania y, sobre todo, en Friburgo conservó Heidegger amigos y personas que lo admiraban, y no transcurrió demasiado tiempo hasta su regreso a la Universidad, donde volvieron a sentarse a sus pies tantos y tan atentos oyentes como en la época de la República de Weimar y en el período del Tercer Reich. Se trataba, sin duda, de un «retorno a medias» a la Universidad.

---

[25] Ibídem, p. 343; ed. cast., p. 307.

EL RETORNO A MEDIAS
A LA UNIVERSIDAD Y EL DESPLIEGE
DE LA «ÚLTIMA FILOSOFÍA»

Todavía quedaba por atravesar una época difícil. En 1947 los franceses concibieron el plan, que esta vez tomaron en serio, de poner la biblioteca de Heidegger al servicio de su política cultural, empleándola como dotación para la por entonces recién fundada Universidad de Maguncia; fue necesario el compromiso de Franz Josef Schöningh, editor del *Hochland,* y de otros para evitar este peligro. Pese a haber sido cesado de la Universidad, Heidegger, al igual que millones de alemanes, hubo de someterse a un largo y lento proceso de desnazificación, que sólo concluyó en marzo de 1949 mediante la clasificación: «miembro del partido no sancionable»[1]. En agosto recibió una carta en la que Herbert Marcuse, su antiguo alumno, arremetía contra él diciendo cosas como las siguientes: «Sigue en pie el hecho de que en 1933-1934 usted se identificó de tal manera con el régimen, que hoy continúa siendo a los ojos de muchos uno de los más incondicionales apoyos espirituales de él. Prueba de ello lo son sus propios discursos, escritos y acciones de esa época, de los que nunca se ha retractado públicamente, tampoco después de 1945 […]. Usted ha permanecido en Alemania desde 1934, a pesar de que en cualquier parte del extranjero habría encontrado un lugar de trabajo. Nunca ha denunciado públicamente uno solo de los actos e ideologías del régimen […]. Un filósofo puede estar equivocado en lo político, y luego expondrá en público su error. Pero no puede estarlo sobre un régimen que ha asesinado a millones de judíos —tan sólo porque eran judíos—, que ha hecho del terror norma y convertido en su más sangrienta antítesis todo aquello que en realidad siempre estuvo ligado a los conceptos de espíritu, libertad

---

[1] Ott, p. 336; ed. cast., p. 372 (Bibl., n.º 16).

y verdad [...]. En otras palabras, usted sólo podrá luchar contra la identificación de su persona y de su obra con el nazismo (y, por tanto, contra la extinción de su filosofía) cuando (y sólo entonces podremos nosotros luchar contra ello) haga una confesión pública de su cambio y conversión»[2].

La carta suponía, desde luego, un extraordinario desafío. Y el tipo de respuesta que Heidegger escogió ha permitido afirmar a Ott que con ello el filósofo se anticipó a la «disputa de los historiadores» de 1986[3]. En efecto, Heidegger alegó que en lugar de «judíos» también podría decirse «alemanes orientales», y que las afirmaciones de Marcuse sobre el terror eran aplicables «de igual modo a uno de los aliados». Sobre esta carta y sobre la respuesta de Marcuse volveremos más adelante; por el momento bastará mencionar una nueva toma de posición que no se limita a la mera apología, en el sentido del encubrimiento y disimulo del comportamiento propio. El 8 de abril de 1950, Heidegger escribió a Jaspers que el asunto del mal no había tocado a su fin, sino que sólo ahora salía al estadio mundial. Stalin ya no necesitaba declarar ninguna guerra, pues cada día ganaba una batalla. Los subterfugios y pretextos habían dejado de existir. Cada palabra y cada escrito serían un contraataque, si bien no en la esfera de lo político, que estaría en sí misma sobrepasada desde tiempo atrás por otras relaciones de ser y ya tan sólo conduciría a una existencia aparente[4].

Entre mediados de 1947 y principios de 1950 habían sucedido muchas cosas, pero, externamente, el cambio operado aún no era del todo visible. Ello era especialmente notorio en Friburgo y en la región del sur de Baden, donde la potencia de ocupación seguía determinando la mayor parte de los aspectos de la vida de la región, en la que los cuarteles, oficinas y residencias militares no hacían sino resaltar para el observador la presencia de un verdadero bosque idílico, junto al cual las señales de tráfico alemanas apenas si atraían la mirada. Pero hacía ya tiempo que se había puesto en marcha eso que en la República Federal se ha venido denominando «restauración», y que, no obstante, estaba fundada en una restauración general en Occidente. A mediados de 1947, el primer

---

[2] Farías, p. 373; ed. cast., pp. 385-386 (Bibl. n.º 15b).
[3] Ott, p. 186; ed. cast., p. 207.
[4] Karl Jaspers, *Notizen zu Martin Heidegger*, ed. por Hans Saner, Münich/Zürich, 1978, pp. 288 ss.

ministro francés Ramadier había alejado del gobierno a los comunistas, y, poco antes, el presidente Truman había articulado una «doctrina» que puede ser considerada como el comienzo de la guerra fría. A principios de 1948, la brutal toma de poder de los comunistas en Checoslovaquia acababa con todos los sueños acerca de la posible función de puente de Europa Central, y el bloqueo berlinés condujo a las dos superpotencias al borde de una guerra que, probablemente, hubiera sido al mismo tiempo una guerra civil de alcance mundial, pues en Polonia y Hungría, en Rumania y Bulgaria seguían existiendo fuerzas poderosas que se defendían, desesperadas, contra la amenazante o ya cumplida toma del poder de los comunistas autóctonos, siempre apoyados por el Ejército Rojo soviético. En Alemania, las tres zonas ocupadas entraron en un arduo proceso, y, contra las duras acusaciones de Moscú y Berlín Oriental, comenzó a gestarse la división de Alemania, unificada en lo económico y convertida finalmente en lo político en el nuevo Estado de la República Federal de Alemania, que aún durante mucho tiempo permaneció siendo militarmente inferior a la República Democrática Alemana, que sería fundada más tarde, aunque, en realidad, era más antigua y más «estatal» que la federal. El estallido de la guerra de Corea llenó a los comunistas alemanes de un gran optimismo y de una gran angustia a los «demócratas occidentales» de Bonn, incluido Adenauer; pero también es cierto que gracias a eso se avanzó un buen trecho en la discusión en torno a un «rearme alemán». De una forma del todo natural y apremiante nació de la situación la llamada teoría del totalitarismo, que establece una amplia equivalencia entre los regímenes de Stalin e Hitler y abraza los partidos del Estado constitucional occidental; Hannah Arendt, la antigua discípula de Heidegger, se convirtió rápidamente en la más célebre defensora de esta «teoría», que, en verdad, también contaba por entonces con el consentimiento compartido del ala más izquierdista de la izquierda no comunista. Pero tan sólo entre los antiguos nacionalsocialistas pudo surgir, al inicio de los años cincuenta, la pregunta de si al final no había tenido razón el nacionalsocialismo y de si la «coalición bélica antifascista» no había representado un monumental extravío; por otra parte, el recuerdo del carácter totalitario del nacionalsocialismo estaba todavía demasiado presente, y la época aún no había madurado lo suficiente como para plantear la pregunta de modo que se pudieran establecer las distinciones adecuadas.

Pero, indiscutiblemente, todos los que en 1945, 1946 y 1947 habían deseado para sí un *clean sweep* según el modelo de la «zona oriental» comprobaban ahora la injusticia cometida, pues si parecía necesaria la reimplantación de la «*Wehrmacht* de Hitler» para impedir la repetición del suceso coreano, entonces era imposible mantener alejados de sus antiguas posiciones a cientos de miles de hombres cualificados que, sin embargo, habían sido estigmatizados como meros «miembros del partido».

La Facultad de Filosofía de Friburgo, al parecer, siempre estuvo convencida de que su miembro más célebre regresaría en un plazo más o menos breve. Por esa razón no volvió a ser ocupada la cátedra de Heidegger, sino que se escogió finalmente a Wilhelm Szilasi como interino de la misma, por tanto, a uno de los discípulos judíos de Heidegger. En 1949 fue elegido rector un representante de la Facultad de Filosofía, el medievalista Gerd Tellenbach, dándose con ello un paso muy importante hacia la reincorporación de Heidegger. Ésta se logró, sobre todo, gracias a Max Müller, titular de la cátedra, nuevamente fundada, de Filosofía Cristiana, y, pese a la experiencia que había tenido con Heidegger en 1938, no sólo no opuso resistencia, sino que se convirtió un en defensor de su causa. Ciertamente, se desarrolló una considerable resistencia contra la propuesta del emeritaje en el senado, donde se llegó a plantear la pregunta de si no sería Heidegger un filósofo de moda o incluso un charlatán. Básicamente fracasó la tentativa, emprendida por una parte de la Facultad, de lograr una reincorporación sin restricciones de Heidegger. Pero se llegó a un compromiso, según el cual Heidegger recibiría, en calidad de «profesor ordinario jubilado», una cátedra auxiliar para el semestre de invierno de 1950-1951, garantizándole por lo demás que cuando cumpliera sesenta y dos años (la fecha más temprana posible establecida por la ley para la jubilación de los funcionarios) sería emeritado en toda regla.

Esta decisión fue decepcionante para Heidegger, ya que aún podía haber tenido ante sí casi una década de actividad docente regular; empezó ofreciendo un único seminario práctico, y ya no volvió a acoger más estudiantes de doctorado. Pero, antes de dirigir nuestra mirada a esta última fase de la actividad académica de Heidegger, queremos traer a la memoria la situación de la facultad en la que Heidegger entraba ahora.

En el semestre de invierno de 1949-1950 se contaban dieciséis profesores ordinarios y tres representantes de cátedra. Gerhard Ritter

era el más veterano; de entre los científicos con los que Heidegger
había estado vinculado en 1933, aún dictaba lecciones el historiador del arte Kurt Bauch. También Eugen Fink simpatizaba con Heidegger, aunque, por haber sido el último asistente de Husserl durante la época nacionalsocialista, no había tenido ninguna
oportunidad de lograr un mayor acercamiento a aquél. Lo mismo
se aplicaba, *mutatis mutandis*, a Max Müller. Como próximos a
Heidegger también cabría atestiguar a los dos catedráticos Wilhelm
Szilasi y Hermann Gundert. Aparte, podía esperarse una disposición de ánimo amistosa o respetuosa de, al menos, los historiadores Gerd Tellenbach y Clemens Bauer, así como del arqueólogo
Walter Schuchhardt. El estudioso de lenguas románicas Hugo Friedrich era por sí mismo una «gran estrella», y se desconoce cómo
se condujo respecto a Heidegger. Sin embargo, no podía hablarse
de una hostilidad declarada de ninguno de los miembros del cuerpo docente de la Facultad.

También durante su ausencia se mantuvo Heidegger, en cierto
modo, presente; así, los docentes Hommes y Reiner ofrecieron en
el semestre de invierno de 1949-1950 seminarios prácticos sobre
la carta sobre el humanismo y sobre *Husserl, Scheler y Heidegger*.
Pero también se encontraba Heidegger «ausentemente presente»
en la lección de Eugen Fink sobre Nietzsche, en su seminario sobre Heráclito, en los *Rasgos fundamentales de la filosofía del derecho* de Erik Wolf y en la lección del teólogo Bernhard Welte sobre *La muerte como fenómeno religioso*. En el semestre de invierno
de 1950-1951 aparecía de nuevo anunciado en el programa de los
cursos el propio Heidegger, y las *Prácticas en el leer* [*Übungen im
Lesen*] que ofreció entonces atrajeron a un considerable número de
estudiantes, aunque habría de registrarse por ambas partes una ligera decepción. Sin embargo, la primera lección de Heidegger, que
llevaba como título *¿Qué es pensar?* [*Was ist Denken?*] y se celebró en sesiones de una hora y de cinco a seis de la tarde a lo largo
de dos semestres (en el semestre de invierno de 1951-1952 y en el
semestre de verano de 1952), volvió a caracterizarse por la elevada atmósfera de un aula rebosante en la que, ya hacia el mediodía,
los estudiantes habían colocado en la práctica totalidad de los asien-
tos hojas blancas con la inscripción «reservado para Heidegger».
Pese a todo, tampoco aquí parece que Heidegger se encontrara del
todo satisfecho; tan sólo en el semestre de invierno de 1955-1956
volvió a ofrecer otra lección, en concreto sobre *La proposición del*

fundamento [*Der Satz vom Grund*]. Ésta fue la última, y a partir
de entonces dejó de ejercer una actividad docente regular, aun cuando, en el marco de celebraciones o congresos universitarios, pronunció ocasionalmente alguna conferencia y organizó junto a Eugen Fink, ya en el semestre de invierno de 1966-1967, un seminario
sobre Heráclito. Por tanto, el último período de la actividad universitaria de Heidegger produjo sólo en parte resonancia y, en parte, disonancia.

Pero los «años de la restauración» —la época comprendida entre el nacimiento de la República Federal en 1949 y la consecución
de la (prácticamente completa) soberanía en 1955— fueron para
Heidegger de una fertilidad extraordinaria. Y si bastara con hacer
el recuento de los títulos y señalar la categoría de las sesiones ce-
lebradas, en cuyo marco pronunció Heidegger «grandes conferencias» como, por ejemplo, la serie de conferencias de la Academia
Bávara de Bellas Artes sobre *Las artes en la edad técnica* [*Die
Künste im technischen Zeitalter*], entonces se trató incluso del período más fructífero de su vida. Algunos de esos títulos son los siguientes: *El camino vecinal* (1949), *El lenguaje, La cosa* (1950),
Construir, habitar, pensar (1951), *El lenguaje en la poesía* (1952),
La pregunta por la técnica (1953), *De una conversación sobre el
lenguaje entre un japonés y un inquiridor* (1953-1954), *Serenidad*
(1955), *Sobre la pregunta del ser* (1955)[5].

En cualquier caso se trata de textos bastante breves; el *Camino vecinal*, por ejemplo, no abarca más de seis páginas. También
sería incorrecto afirmar que Heidegger había regresado triunfante
al espacio públio alemán «en el clima de los años restauradores de
Adenauer». Así, Heinrich Wiegand Petzet informa que, en 1953,
un representante del partido en el gobierno se enfureció contra Heidegger en el ayuntamiento muniqués, reprochándole que «como
antiguo colaborador en el ascenso del régimen nazi se atreva a hablar públicamente en la Academia Bávara de Bellas Artes»[6]. En el
mismo año apareció el artículo del *Frankfurter Allgemeine Zeitung*
firmado por Jürgen Habermas, y un adivino podría haberle dicho

[5] Respectivamente: *Feldweg*; *Die Sprache*; *Das Ding*; *Bauen, Wohnen, Denken*; *Die Sprache im Gedicht*; *Die Frage nach der Technik*; *Aus einem Gespräch
von der Sprache zwischen einem Japaner und einem Fragenden*; *Gelassenheit*; *Zur
Seinsfrage*.
[6] Petzet (Bibl. n.° 13), p. 76.

a Heidegger que el «antifascismo» de sus adversarios —el de Marcuse, Bloch, Adorno y otros— sólo se dirigía contra sus mayores logros porque supo granjearse las simpatías de algunas de las mentes más dotadas y despiertas de la joven generación.

Si uno quiere caracterizar la «última filosofía» de Heidegger en una pocas palabras tendrá que decir, entonces, lo siguiente: ya no aparece prácticamente ninguna alusión a acontecimientos de orden político, y menos aún cabe hablar ahora de un compromiso con alguna orientación política; la «historia» [*Geschichte*], en cuanto «mera historiografía» [*bloße Historie*] y frente al «sino» [*Geschick*] y a la «historia del ser» [*Seinsgeschichte*], será ordenada dentro del ámbito de lo superficial [*Oberflächichen*] y lo indiferente [*Gleichgültigen*] con mayor fuerza que antes; las interpretaciones de la técnica moderna y de la modernidad en modo alguno se valen ahora de conceptos tan sumamente abstractos como el de «dis-positivo» [*Ge-stells*], sino que se sitúan en una insoslayable continuidad con la «crítica del presente» de los años anteriores; la empresa de una «superación de la metafísica» [*Überwindung der Metaphysik*] conduce a la problematización de la palabra «ser», que ya se había anunciado en cualquier caso en los años treinta; de un modo mucho más evidente e incuestionable que antes se revela ahora el contenido positivo del pensar de Heidegger como una «filosofía del lenguaje», si bien él rechaza ese término; la relación «religiosa» respecto del «ser» o, mejor dicho, del «acontecimiento propicio» [*Ereignis*], se presenta con progresiva mayor claridad, aun cuando sería difícil que un creyente cualquiera pudiera dar su consentimiento al modo y manera con el que Heidegger tematiza a «los dioses» o «al Dios».

Retrocederemos en primer lugar al año 1947, quizás el más aciago de la vida de Heidegger. En ese año escribió una especie de «libro de cabaña» que escapa a todo intento de clasificación en la literatura filosófica. En cuanto a su estructura, en cada una de las páginas situadas a la izquierda se encuentra una observación, encabezada por un «cuando», procedente de la vida natural de la Selva Negra, mientras que en las páginas de la derecha aparecen «reflexiones» o aforismos o «dichos». Así, por ejemplo, leemos: «Cuando la temprana luz de la mañana se extiende, silenciosa, sobre las montañas [...]. Llegamos demasiado tarde para los dioses y demasiado temprano para el eseyer. Su poesía iniciada es el hombre.» En nuestro contexto reviste un interés especial la frase siguiente: «Quien tiene grandes pensamientos comete grandes erro-res»[7]. No cabe duda de que, al decir esto, Heidegger tiene ante la vista su propio comportamiento de los años 1933-1934. Sin embargo, ¿quiere Heidegger atribuir a su «error» una especie de necesidad de la historia del ser? ¿O sólo quiere decir que aquél que tiene grandes pensamientos también comete *grandes* errores *cuando* yerra?

Hegel tenía grandes pensamientos, pero ¿dónde residía su «gran error» de tipo político, junto al cual pudiéramos situar el error heideggeriano? ¿Existía quizás un error semejante en Scheler al escribir su libro *El genio de la guerra y la guerra alemana*? Mas ¿tenía Scheler «grandes pensamientos», tomado en el sentido heideggeriano? ¿O tal vez tenía Heidegger a la vista a Oswald Spengler, sobre el que había emitido tantos juicios y tan negativos? Pero en Spengler resulta imposible confrontar la «grandeza del pensar» con el «error de la decisión política», pues ambos guardaban una relación demasiado estrecha, suponiendo que esa caracterización fuese lícita. Queremos, sin embargo, retener esta frase de Heidegger, que procuraremos introducir, como un elemento más de análisis, en el ensayo de un enjuiciamiento definitivo sobre su compromiso político.

Pero tampoco hay *ningún caso*, al menos hasta donde se conoce, en que un filósofo haya escrito *en cuanto filósofo* un texto como el del *Camino vecinal*, que Heidegger redactó en 1949 y permitió reproducir en una edición privada de cuatrocientos ejemplares[8]. Allí habla del padre y de la madre, pero también el roble dice algo al camino del campo, y la cordillera de los Alpes declina, desapareciendo sobre los bosques, en el crepúsculo de la tarde. «La amplitud de todas las cosas dilatadas, que se demoran en torno al camino vecinal, dona mundo. En lo no hablado de su habla[9] está —como dice el antiguo maestro de vida y lectura Eckhart— Dios, solamente Dios.» Por la época de *Ser y tiempo*, Heidegger había hablado de las fuerzas configuradoras de mundo del

---

[7] Martin Heidegger, *Aus der Erfahrung des Denkens*, Pfullingen, 1954, p. 17.

[8] Se puede encontrar, sobre todo, en Martin Heidegger, «Denkerfahrungen», Francfort del Meno, 1983, pp. 37-40.

[9] Traducimos aquí *Sprache* por «habla» y no por «lenguaje». Sin embargo, ha de entenderse ahora «habla» en su sentido general y no en el concreto, ligado a la acción expresa de hablar. En este último sentido, «habla» es traducción de *Rede*. *(N. de la T.)*

ánimo humano, y en este punto parece haberse cumplido un «viraje», así como en el hecho de que de lo que ahora se habla es de «Dios». Sin embargo, pocas líneas más adelante se dice expresamente que el reclamo [*Zuspruch*] del *Camino vecinal* habla sólo mientras «pueden oírlo los que, en cuanto hombres, han nacido en su aire». ¿Y no está pensado de un modo inequívocamente anticristiano el que Dios haya de ser Dios sólo en una determinada constelación de cosas? Y, del mismo modo como Heidegger opone y contrapone su propio pensamiento a la entera metafísica, así también se atreve a situar al *Camino vecinal* frente al mundo moderno como tal: «Mediante su planear el hombre intenta llevar a un orden el orbe terrestre cuando no se ordena dentro del reclamo del *Camino vecinal*. Amenaza el peligro de que los actuales [*Heutigen*] permanezcan sordos para su habla [*Sprache*]. En sus oídos ya sólo llega el ruido de los aparatos, que sin vacilar toman por la voz de Dios. Así deviene el hombre disperso y sin camino [...]. Lo simple [*Einfache*] ha huido. Su callada fuerza está agotada.» Más de uno se creerá autorizado a bromear, afirmando que en este pasaje Meßkirch declara la guerra a Londres y Nueva York. Pero Londres y Nueva York son metáforas de la energía atómica, y «los pocos» [*die Wenigen*], de los que Heidegger habla a continuación, ya no son en la actualidad tan «pocos», aunque posiblemente son muchos más los que viven en Greenwich Village y Kreuzberg que en Meßkirch. «Pero los pocos llegarán a ser por todas partes los que permanecen [*die Bleibenden*]. Algún día ellos podrán perdurar, desde el blando poder del *Camino vecinal*, más allá de las gigantescas fuerzas de la energía atómica, imaginada por el humano calcular y convertida en atadura del hacer propio.» Sin embargo, cabe afirmar con total seguridad que Heidegger no vincula su propio pensamiento con Greenwich Village y Kreuzberg. Nada podría ser más opuesto a las realidades de una «escena» que el siguiente giro final del texto: «La calma [*die Stille*] devendrá con este ("su") toque aún más calma. Ella alcanza hasta aquellos que a través de dos guerras mundiales han sido sacrificados antes de tiempo. Lo simple ha devenido aún más simple. Lo siempre mismo [*das immer Selbe*] extraña y desliga. El reclamo del *Camino vecinal* es ahora del todo claro. ¿Habla el alma? ¿Habla el mundo? ¿Habla Dios?»

Cabría preguntar ahora si Heidegger fue alguna vez algo más que un alemán y un metafísico. ¿Se trataba de un alemán, de un miembro del pueblo «de poetas y pensadores» que quiso salvar a Alemania y a ello contribuyó, precisamente, entregándola en manos «de los jueces y los verdugos» (como se ha dicho)?; ¿y de un metafísico, con su triple preguntar por el alma, por el mundo y por Dios, que se vio impulsado a la destrucción y «superación» de la metafísica? ¿O, al hablar de los «muertos de las dos guerras mundiales», también estaba pensando Heidegger en los judíos de Auschwitz-Birkenau, en los gitanos y en los prisioneros de guerra rusos? Pero ¿por qué hablaba entonces de las «dos guerras mundiales» y no de las «víctimas del fascismo» o de las «víctimas del estalinismo»?

En qué escasa medida el final de la guerra supuso para Heidegger una censura definitiva es algo que puede inferirse a partir de un texto que fue publicado en 1954 con el epígrafe de *Superación de la metafísica* [*Überwindung der Metaphysik*] en la compilación de textos *Conferencias y artículos* [*Vorträge und Aufsätze*], donde, sin embargo, se reproducen apuntes de los años 1936 a 1946. Con mayor claridad aún que en las lecciones dictadas por esa misma época, se desprende del texto mencionado que para Heidegger todos los partidos en lucha se encuentran inscritos por igual en el sino del abandono del ser y del nihilismo, a pesar de la dureza de de la guerra civil y de la guerra; pero también se desprende de allí que ya sólo cabe tomar una decisión en una pregunta que, en último término, es contraesencial, a saber, la de «qué tipo de humanidad es capaz de la consumación incondicionada del nihilismo»[10]. Los ejemplos de esta época, en la que «el instinto de la animalidad y la *ratio* de la humanidad devienen idénticos», son tomados en su mayor parte de la realidad nacionalsocialista. Así ocurre cuando Heidegger habla de la «dirección de la salud» y del «cultivo» [*Züchtung*], o constata que a la dirección de la literatura en el sector de la "cultura" le corresponde, como su desnuda consecuencia, la dirección artificial de la fecundación[11]. Por tanto, no se puede concluir que Heidegger, en torno a 1940, considerara la Alemania nacionalsocialista como el más nihilista de todos los «tipos de humanidad», y le atribuyera *por ello* posibilidades de triunfo. Se había dejado de hablar del «pueblo metafísico» que se encontraba «preso en unas tenazas».

---

[10] Martin Heidegger, *Vorträge und Aufsätze*, Pfullingen 1954, p. 91; ed. cast., *Conferencias y artículos,* trad. E. Barjau, Serbal, Barcelona, 1994, p. 82.

[11] Ibídem, p. 94; ed. cast., p. 84.

En cualquier caso, Heidegger se sitúa a sí mismo fuera de ese mundo de directores-líderes y uniformes, articulando esta posición de un modo que suena inequívocamente a Ernst Jünger y a Knut Hamsun: «Los pastores habitan, invisibles, fuera del páramo de la tierra devastada [...]. Una cosa es sacar provecho de la tierra, otra, acoger [*empfangen*] la abundancia de la tierra y hacerse la casa en la ley de esa acogida [*Empfängnis*], para guardar el misterio del ser y velar por la inviolabilidad de lo posible»[12].

Pero he aquí una de las frases más singulares elaboradas por Heidegger respecto de eso que es «posible», frase que todavía pertenece a la época de la guerra: «El abedul nunca traspasa aquello que para él es posible. El pueblo de las abejas habita en lo que le es posible. Sólo la voluntad, que se instala con suma docilidad en la técnica, arrastra la tierra a la extenuación, al agostamiento y a su alteración en lo artificial»[13]. El entendimiento humano simple se preguntará de nuevo, lleno de asombro: ¿no había definido Heidegger al hombre mediante la «trascendencia»? ¿No le había llamado «el que sostiene el sitio de la nada»? ¿Quiere confinar ahora a este ser tan singular, siguiendo el modelo del abedul y las abejas, en un círculo de posibilidades «naturales» que excluyen lo «artificial»?

De hecho, del concepto de la «trascendencia» se podría inferir que el hombre sólo llena su «esencia carente de esencia» cuando, con la ayuda de un aparato de artificialidad extrema, haya dejado tras de sí la tierra y en su sed de investigación del universo recorra de extremo a extremo, a la velocidad de la luz y ya sin edad, las distancias entre los sistemas de estrellas fijas. Sin embargo, también sobre la tierra podría haber superado aquellas fronteras naturales que eran «inviolables» para sus antepasados, como la subsunción de por vida del individuo a uno de los dos sexos. Pero es obvio que Heidegger no entiende precisamente la «trascendencia» de este modo. En este punto puede resultar esclarecedor un pasaje que mencionamos, a modo de anticipación, de las conferencias pronunciadas durante los años 1957 y 1958 sobre *La esencia del lenguaje* [*Das Wesen der Sprache*]. Allí se dice: «Sin embargo, porque el pensar actual deviene cada vez más decidida y definitivamente cálculo, pone a todas las fuerzas e "intereses" solicitables

---

[12] Ibídem, p. 97; ed. cast., pp. 87-88.
[13] Ibídem, pp. 98 ss.; ed. cast., p. 88.

a calcular cómo podría el hombre instalarse en virtud de ello en el espacio cósmico vaciado de mundo. Ese pensar está a punto de abandonar la tierra como tierra [...]»[14]. Y en ello estriba el punto decisivo: aquello que para el pensar científico-natural, y hoy ya también para el pensar medio, es «el mundo», es decir, el espacio del mundo, el espacio cósmico, eso es precisamente lo que Heidegger considera «vaciado de mundo», justo del mismo modo como para él el tiempo, en cuanto parámetro de los «ahoras», es una consecuencia lejana de la originaria «temporalización de la temporalidad».

Por tanto, según Heidegger la trascendencia no se orienta al todo del mundo-universo y tampoco a la nada, sino que ella es configuradora del «mundo», entendido éste como un «mundo humano», el cual, sin embargo, sólo es cuando puede ser (lo que es «posible» para él), cuando no es meramente «humano» en el sentido del «humanismo», que todo lo hace referir al hombre y no quiere admitir que el hombre mismo es una referencia o una referencialidad, al que como tal el ser se aclara y oculta a la vez.

Cómo entiende Heidegger el «mundo» en su «última filosofía» es algo que él mismo ha expuesto de la forma más breve y simple en las conferencias de los años 1950 y 1951, sobre todo en *La cosa* y en *Construir, habitar, pensar*.

«La cosa» de esta filosofía ya no es el «útil» de *Ser y tiempo*, si bien cabe reconocer algunas líneas de conexión entre ambas concepciones. Así, ningún filósofo había descrito algo tan simple como Heidegger al hablar de «la jarra»: «[...] En el don del agua, en el don del vino se demoran [*weilen*], quedando en cada caso [*jeweils*], cielo y tierra. Pero el don de lo escanciado es la condición de jarra. En la esencia de la jarra se demoran tierra y cielo.» Pero la jarra no es sólo un recipiente de bebida para el hombre, sino también donación y ofrenda para «los dioses»: «En el don de lo escanciado se demoran *a la vez* tierra y cielo, los divinos y los mortales. Estos cuatro, unidos desde sí mismos, se pertenecen unos a otros. Anticipándose a todo lo presente [*Anwesenden*], están replegados en una sola cuaternidad [*Geviert*]»[15].

[14] Martin Heidegger, «Das Wesen der Sprache», en *Unterwegs zur Sprache; GA*, t. 12, p. 179; ed. cast. en *De camino al habla*, trad. Y. Zimmermann, Serbal, Barcelona, 1987, p. 169.
[15] *Conferencias y artículos* (nota 9), pp. 171 ss.; ed. cast., p. 150.

¿Nos encontramos aún en el «hoy»? Es obvio que no, pues captamos nuestro tiempo desde un alejamiento de la mirada que es, precisamente, lo originario, esto es, la cercanía: «Hoy todo lo presente está igualmente cerca e igualmente lejos. Domina lo carente de distancia. Ningún reducir y suprimir los alejamientos trae, sin embargo, cercanía alguna»[16]. Pero no podemos evitar preguntarnos: ¿Qué quiere decir Heidegger? ¿Llama tal vez «tierra» a lo sensible y «cielo» a lo suprasensible? ¿Pretende en realidad evocar a Atenea y a Artemisa? ¿Ve él a los hombres como una especie de sacerdotes puestos al servicio de las cosas? Heidegger caracteriza tanto a la tierra como al cielo mediante fenómenos naturales tales como «vegetales y animales», por una parte, y «luz y crepúsculo del día», por otra. Los divinos son «los mensajeros de la divinidad, que dan señales de ella», y desde su imperar aparece «el Dios» en su esencia. Los hombres son «los mortales», porque ellos «son capaces de la muerte como muerte»; la muerte, que, «en cuanto cofre de la nada, es el albergue del ser»[17].

Este juego de espejos de la cuaternidad es el «mundo». Es, por tanto, la genuina antítesis de aquel mundo tomado en el sentido de espacio cósmico, «donde todavía no estamos y nunca estaremos, a no ser como monstruos de la técnica adaptados a las máquinas»[18]. De hecho, el hombre es un ser «incondicionado» cuando se entiende que la trascendencia significa en él tanto como un «progreso hacia lo sin límites». Heidegger postula enérgicamente lo contrario. «Hemos dejado atrás la presunción de todo lo incondicionado»[19]. Ésta es, al mismo tiempo, la exigencia de un remontarse desde el «pensar sólo representante, esto es, explicativo, al pensar que recuerda»[20]. Sin embargo, este retroceso ¿no es en un sentido del todo banal un mero «paso atrás»? «Salvar la tierra no es adueñarse de ella y no es hacerla nuestro súbdito, de donde sólo hay un paso hacia la explotación sin límites. Los mortales habitan en la medida en que acogen el cielo como cielo. Ellos dejan al Sol y a la Luna su curso, a los astros su órbita, a las estaciones del año su abundancia

---

[16] Ibídem, p. 176; ed. cast., p. 154.
[17] Ibídem, p. 177; ed. cast., p. 155.
[18] *De camino al habla* (nota 13), p. 179; ed. cast., p. 170.
[19] *Conferencias y artículos* (nota 14), p. 179; ed. cast., p. 158.
[20] Ibídem, p. 180; ed. cast., p. 158.

y su iniquidad, no hacen de la noche día ni del día una agitación sin reposo»[21].

¿Cómo habríamos de caracterizar a esa futura humanidad de la última filosofía de Heidegger? ¿Habita ella, innumerable, en un Meßkirch repartido por toda la Tierra, donde ya a las diez de la noche todos los habitantes reposan en sus camas, a pesar de que hace ya tiempo que no hay «estaciones del año» en todas las partes de la Tierra? ¿Cómo es que dejan a los astros su órbita, lo que desde luego también debería hacer cada «monstruo» cosmonáutico? Sin embargo, hemos de recordar que también los primeros socialistas quisieron distribuir por la Tierra innumerables falansterios de un género bastante idílico, y que la duda sobre el mundo industrial de tipo tradicional se extiende tanto más cuanto más parece imponerse. Pero los hombres de Fourier no eran «piadosos», o sólo lo eran en el sentido de que se habían consagrado a Eros como a un Dios. Así, tal vez lo mejor sea caracterizar el mundo futuro heideggeriano de una forma aforística y paradójica: sus hombres son más piadosos, religiosos, «callados» que los más piadosos, religiosos y callados de todas las épocas anteriores, y, sin embargo, lo son del Dios del cristianismo, o, mejor dicho, se encuentran más alejados del Dios autoritario del monoteísmo que los modernos ateos. En el último Heidegger, sin embargo, ya no se vuelve a hablar de la *polis* ni de la «comunidad», aunque aquí y allá se suscita a veces el recuerdo de frases pronunciadas en escritos anteriores. En verdad, para Heidegger ya no queda ningún fenómeno político en el que pueda anunciarse aquel futuro de la salida del olvido del ser; ninguno, pues, capaz de invitar a un compromiso que valiera la pena.

Se podría decir que para Heidegger ya sólo son «concretos» Meßkirch y la Selva Negra, aunque niega estrictamente la posibilidad de un retorno a ellos. Y, si alguno duda de cómo ha de representarse el hombre futuro de Heidegger, sin embargo verá con evidencia lo que él entiende por «cuaternidad» si dirige su mirada al pasado y al evanescente presente: «Pensemos por un momento en una casa de campo de la Selva Negra, que hace dos siglos aún construía un habitar campesino. Aquí, la asiduidad de la capacidad, que ha dejado que tierra y cielo, los divinos y los mortales entren *sencillamente* [*einfältig*] en las cosas, ha erigido la casa. Ha

---

[21] Ibídem, p. 150; ed. cast., p. 132.

emplazado la casa de campo en la ladera resguardada del viento hacia el mediodía, entre los pastos, en la cercanía de la fuente. Le ha dado el tejado de tablillas de amplio saledizo, que en adecuado sesgo soporta la carga de nieve y, llegando muy abajo, protege a las habitaciones de las tormentas de las largas noches invernales. No ha olvidado la imagen de Dios detrás de la mesa común, ha dispuesto en las habitaciones los lugares sagrados para el nacimiento y para el árbol de la muerte, que así es como llaman allí al ataúd; y así, bajo un tejado, ha señalado de antemano a las distintas edades de la vida con la impronta de su paso por el tiempo»[22].

Así pues, ¿hemos de seguir remitiéndonos a aquella comprensión de Heidegger que lo considera el «filósofo campesino», quien ahora ya no creería en un más allá, sino que se ha vuelto «piadoso hacia el mundo» en una época en la que los campesinos jóvenes ya no conducen directamente a la casa de campo sus trineos astados, llevando su abundante carga a través de un viaje peligroso, sino que por las noches se dirigen con sus motocicletas a las discotecas de Friburgo? Como es obvio, resulta insuficiente entender así a Heidegger. Ese «filósofo campesino» era el mejor conocedor de Aristóteles y de Hegel, y fue precisamente en los años cincuenta cuando se abrió ante sus ojos un nuevo mundo para él desconocido hasta entonces: la Provenza y Grecia. Y, por cierto, no se introdujo en ese nuevo mundo con la actitud del turístico mirar boquiabierto, sino que mantuvo en él un vivo intercambio con artistas de la talla de René Char y Georges Braque.

---

[22] Ibídem, p. 161; ed. cast., p. 141.

FRANCIA Y GRECIA

Por mucho que los contactos con los franceses también hubieran sido activos antes de 1955, sin embargo, fue sólo a partir de esa fecha cuando Francia se convirtió en una experiencia para Heidegger. En agosto de 1955, el filósofo aceptó la invitación a un congreso que había de celebrarse en Cérisy-la-Salle, situada en la Normandía, y durante el viaje de ida a la localidad, Heidegger hizo un alto en París, donde le aguardaba Jean Beaufret. Parecía que no podía creer que se encontraba realmente allí, y en este punto cabe recordar, en la época del turismo de masas, en la que un número ingente de alemanes pueden hablar de su estancia en el Chichen Itza o han visitado la muralla china, que Hölderlin nunca estuvo en Grecia y que Nietzsche proyectó una y otra vez una estancia en París que nunca llegó a cumplirse; tal vez fuera ése el presupuesto indispensable para la intensidad del anhelo y de la experiencia. La primera impresión visual producida por la ciudad condujo a Heidegger a una notable afirmación: «[París] Una ciudad que juega. En la calle, la policía misma juega con su porra»[1]; sin embargo, no había motivo para que se contentase con la mera impresión visual. En Ménilmontant se reunió con René Char, y por lo visto no tardó mucho en desarrollarse entre el filósofo y el poeta una recíproca amistad y comprensión. La diferencia entre ambos parecía ser considerable, pues durante la Segunda Guerra Mundial, Char había sido cabecilla de un grupo de partisanos de su Provenza natal; ¿no diremos entonces que allí se daban cita un «fascista» y un «antifascista»? Pero Char sabía que el compromiso de Heidegger había sido breve y, por lo demás, de una especie bastante singular, y seguramente Heidegger estaba al tanto de que las *Feuillets d'Hypnos* de los combatientes maquis nunca manifestaron complacencia alguna por los derramamientos de sangre. A continuación visitó

---

[1] *Erinnerung...* (Bibl. n.º 7), p. 9 (Beaufret).

Heidegger a Georges Braque en el *atelier* que este último poseía
en Varengeville, y también aquí se desarrollaron espontáneamente
comprensión, simpatía y amistad. Estos dos grandes artistas permanecieron vinculados a Heidegger hasta el final de sus días; como
testimonio de ello cabe mencionar las palabras que Heidegger escribió tras la muerte de Braque a René Char, palabras que, enca-
bezadas por el epígrafe «a la memoria del gran amigo Georges
Braque», decían lo siguiente: «La única interpretación que hace
justicia a su arte nos la ha donado el propio artista cumpliendo su
obra en lo simple [*Einfache*] humilde. Ello acaece por la transformación de lo diverso [*Mannigfaltigen*] en la sencillez [*Einfalt*] de
lo mismo [*Selben*], dentro de lo cual aparece lo verdadero. La transformación de lo diverso en la sencillez es aquel dejar-ausencia por
obra del cual lo sencillo despliega la presencia. La ausencia hace
salir de lo oculto la presencia. La muerte genera cercanía»[2].
En Cérisy se había reunido un círculo de poco menos de cincuenta personas, entre las cuales se encontraban otras tantas cele-
bridades del presente o del futuro: Gabriel Marcel, Lucien Gold־
mann, Paul Ricoeur, Gilles Deleuze, Maurice de Candillac, Beda
Alleman, Kostas Axelos. Heidegger introdujo el congreso con su
conferencia *¿Qué es filosofía?*, que al parecer pronunció en francés y que, en cualquier caso, llevaba como encabezamiento la cita
de un autor cuyo nombre nunca había mencionado Heidegger hasta entonces, a saber, el de André Gide: «C'est avec les beaux sen-
timents que l'on fait de la mauvaise littérature»[3]. Y uno desearía
ver en lo que sigue una ambivalencia, sin duda una infundada e improvisada, que ahora no se refiere a «Alemania», sino a «Occidente», y que, por cierto, a primera vista no parece presentar ningún acento negativo: «La frase: la filosofía es griega en su esencia,
no dice nada más que: Sólo Occidente y Europa son, en su curso
histórico más interno, originariamente "filosóficos". Ello lo ates-
tigua el nacimiento y el dominio de las ciencias. Porque ellas proceden del curso más interno de la historia europeo-occidental, esto

[2] Martin Heidegger, *Denkerfahrungen 1910-1976*, Francfort del Meno, 1983, p. 155.
[3] («La mala literatura se hace con nobles sentimientos».) Martin Heidegger, *Was ist das - die Philosophie?*, Pfullingen, 1966 (4.ª ed.), p. 9; ed. cast., *Qué es filosofía*, trad. J. L. Molinuevo, Narcea, Madrid, 1978, p. 46.
[4] Ibídem, pp. 13 ss; ed. cast., p. 49.

es, del filosófico; hoy pueden dar su impronta específica a la historia del hombre sobre la Tierra entera»[4]. Pero la cita con la que concluye la conferencia también hace evidente la extraordinaria continuidad del pensar heideggeriano, pues menciona aquella frase de Aristóteles que tanta impresión había hecho en el joven seminarista: «El ser-que es llega a aparecer de muchas maneras. *To ón légetai pollachos*»[5].

En el viaje de regreso, Beaufret llevó a Heidegger a Ermenonville, lugar donde se encontraba la tumba de Rousseau, aunque en su artículo para la compilación *Recuerdo de Martin Heidegger* [*Erinnerung an Martin Heidegger*], Beaufret no menciona una declaración de Heidegger relativa a aquel pensador francés que había sido admirado por Kant y odiado por Nietzsche. Al año siguiente, en 1956, Heidegger y Beaufret volvieron a encontrarse para viajar juntos a la Provenza, que a partir de entonces se convertiría en una de las comarcas predilectas de Heidegger, tal vez debido a que René Char vivía allí en su pueblo natal, y no menos debido a Cézanne, con cuya pintura tenía Heidegger una relación bastante estrecha. Asimismo, visitaron Malaucène y Vaison-la-Romaine, al pie del Mont Ventoux. Y es evidente que la Provenza supuso para Heidegger la puerta de acceso a Grecia.

En 1958 Heidegger acepta una invitación de la Universidad de Aix-en-Provence, y allí pronuncia la conferencia sobre *Hegel y los griegos* [*Hegel und die Griechen*], que hoy puede encontrase en *Wegmarken*. Aquí Heidegger se separa, de nuevo, de una «investigación historiográfica sobre contextos historiográficos», que parece estar requerida por el planteamiento del tema, pero admite en todo caso que una empresa semejante posee «su propio derecho y su utilidad»[6]. *Su* tema es, también en este caso, la *alétheia*, y dice algo al respecto que puede aproximar una respuesta a una pregunta de duda: «Lo enigmático nos acerca a la *alétheia* y, a la vez, al peligro de que la hipostasiemos en una fantástica esencia del mundo. Pues también se ha advertido ya de varias maneras que no puede darse un desocultamiento [*Unverborgenheit*] en sí, ya que el desocultamiento es siempre desocultamiento "para alguien". De este modo ella es inevitablemente "subjetivada". Sin embargo, ¿debe

---

[5] Ibídem, p. 46; ed. cast., p. 68.
[6] Martin Heidegger, *Wegmarken* (*GA*, t. 9), p. 427.

determinarse necesariamente al hombre, en el que aquí se está pensando, como "sujeto"? "Para el hombre", ¿significa incondicionalmente: puesto *por obra* del hombre?»[7]. Es evidente que Heidegger rechaza aquí toda tentativa de entender el «desocultamiento» como articulación, como organización del «mundo mismo» en el sentido del cosmos, y también es claro que el giro contra la interpretación del hombre como «sujeto» se efectúa *dentro* de la filosofía trascendental.

Posteriormente, Heidegger viajó varias veces a la Provenza, y en los años 1966, 1968 y 1969 tuvieron lugar en esa comarca, en concreto en la casa de René Char, los seminarios Le Thor. El primero reunió tan sólo al pequeño círculo de los discípulos más allegados de Heidegger, así como a los seguidores franceses del filósofo. Estos últimos eran Jean Beaufret, François Fédier, quien había defendido con energía a Heidegger ante los primeros ataques políticos contra él dirigidos, y François Vézin, quien más tarde traduciría *Ser y tiempo* al francés. Citaremos una frase, extraída de los apuntes de los participantes, que permite conocer algo de la atmósfera que allí reinaba: «Aquí, junto a los olivos que se amoldan a la ladera alzada ante nosotros hasta llegar a la llanura, donde a lo lejos aún no se divisa el cauce del Ródano, comenzamos de nuevo con el Fragmento 2 [de Heráclito]. Detrás de nosotros reposa un délfico macizo montañoso. Éste es el paisaje de Rebanque. Quien encuentra su camino hacia allí es huésped de los dioses»[8]. En su artículo para el «recuerdo», escribe François Fédier que en la Provenza Heidegger se había sentido tan dichoso como en una segunda patria, y, al parecer, la integridad del paisaje no era la razón de menos peso; «Ya apenas si conocemos algo semejante en Alemania»[9], habría dicho el filósofo. La última ocasión en que Heidegger viajó a la Provenza fue en el año 1969, a la edad de ochenta años.

Pero su «anhelo por el Sur» no quedó satisfecho únicamente en la Provenza. En este contexto hemos de mencionar a dos hombres que le animaron a viajar a Italia y Grecia y le acompañaron en algunas ocasiones. El primero era el psicoterapeuta suizo Medard Boss, y el segundo el conocedor de Grecia y director de la Herzog-August-Bibliothek de Wolfenbüttel, Erhart Kästner. En la correspondencia mantenida con Boss se hace referencia, ya a principios

---

[7] Ibídem, p. 442.
[8] Martin Heidegger, *Vier Seminare*, *GA*, t. 15, p. 275.
[9] *Erinnerung...* (Bibl. n.º 7), p. 83.

de 1953, a «nuestro viaje a Italia», que lo condujo a Perugia y Asís, y a comienzos de 1963 visitó Heidegger Taormina, situada en Sicilia, desde donde «pensó ir más allá, a Grecia». Heidegger realizó su primer viaje a Grecia en 1962, y en agosto de ese mismo año escribía a Kastner: «Este mar, estas montañas, estas islas, este cielo; que aquí y sólo aquí hubiera de abrirse la *alétheia* y pudieran los dioses entrar en su luz que guarda, que aquí imperara el ser como presencia y fundara un habitar humano, eso es algo que me resulta hoy más digno de asombro e inimaginable que nunca antes [...]. Hemos de llevar con nosotros a Grecia un mucho de reflexión, de poetizar previo, para recibir entonces el inigualable más: lo sorprendente de la pura presencia»[10]. Y si todavía existe alguna duda sobre lo que Heidegger entiende por «presencia», quedará despejada enseguida: «lo simple [*Einfache*], el sencillo preyacer [*Vorliegen*] sin porqué, del que todo depende, sobre el que todo se aquieta»[11]. Mas, precisamente por ello, surge una nueva duda, a saber, la de si Heidegger hace remitir ahora a los europeos la «presencia» pura de los griegos como algo que hay que «experienciar», olvidando por completo que su pensamiento partió de la intención de superar lo que había de «asistencial» [*Präsentische*] en la experiencia griega del ser para abrise paso al *kairós*. Seguramente no lo había olvidado, pero es inevitable la impresión de que a Heidegger no le resultaba del todo desagradable un poco de confusión y enigmaticidad en torno a su pensamiento.

El segundo viaje a Grecia (y a Turquía), realizado ya en 1966, incluyó una larga estancia en Egina, y Lesbos le pareció «de una insospechada fuerza»; Estambul, sin embargo, era a sus ojos «ajena y fría», y Hagia Sofía, en cuanto obra arquitectónica, le pareció tan sólo grandiosa «cuando se hace abstracción de los aditamentos islámicos»[12]. El tercer viaje, que tuvo lugar en abril de 1967, condujo a Heidegger a Atenas, donde pronunció ante la Academia de Ciencias una conferencia con el título *La procedencia del arte*

---

[10] Martin Heidegger y Erhart Kästner, *Briefwechsel 1953-1974*, ed. Heinrich von Petzet, Francfort del Meno, 1986, p. 51.

[11] Martin Heidegger, *Der Satz vom Grund*, Pfullingen, 1957, p. 208; ed. cast., *La proposición del fundamento,* trad. F. Duque y J. Pérez de Tudela, Serbal, Barcelona, 1991, p. 197.

[12] Heidegger y Kästner, *Briefwechsel* (nota 10), p. 87.

y la determinación del pensar [*Die Herkunft der Kunst und die Bestimmung des Denkens*].

Durante los años cincuenta y sesenta Heidegger pronunció conferencias en diversos lugares, como en Bühlerhöhe, en Darmstadt, en el Club de Bremen, en Berlín, de nuevo en Múnich y en otros lugares. Mención especial merecen la conferencia conmemorativa del 500 aniversario de la Universidad de Friburgo, pronunciada en mayo de 1958, y la conferencia, pronunciada en el mismo mes y año en el Burgtheater de Viena, sobre el poema de Stefan George *La palabra* [*Das Wort*].

Lo anterior podría provocar la impresión de que fue en los años cincuenta y sesenta cuando Heidegger alcanzó la cima de su vida y su renombre, mientras que en el espacio público quedaban tratados los meses de su rectorado tan sólo como un episodio ampliamente superado y dejado atrás. Sin embargo, esa impresión resulta engañosa. Heidegger no dejó de tropezarse una y otra vez con un considerable rechazo y hostilidad, y en modo alguno percibió esta actitud como el ladrido de aquel conocido perrito que no simpatizaba con la luna. El expediente muniqués de 1953 ya ha sido mencionado antes; en 1955 escribía Heidegger a Boss que la «joven generación», que probablemente no era capaz de leer un capítulo de Aristóteles, y mucho menos de examinarlo en detalle, escribía ahora sobre la «disjunción [*Unfug*] del ser»[13]; en 1959 apareció el escrito de Paul Hühnerfeld *En la causa de Heidegger. Ensayo sobre un genio alemán* [*In Sachen Heidegger. Versuch über ein deutsches Genie*]; en 1964 Theodor Adorno publicaba su *La jerigonza de la propiedad* [*Jargon der Eigentlichkeit*]; a este último le siguió, en 1965, el acceso de furia de Robert Minder en su *Heidegger y Hebel o el habla de Meßkirch* [*Heidegger und Hebel oder die Sprache von Meßkirch*], y es posible que en 1966 Heidegger se hubiera considerado a sí mismo como un «perro muerto». Dejo sin discutir el contenido de las declaraciones más importantes y difíciles de estas dos décadas: la «filosofía del lenguaje», tal y como se halla expuesta, sobre todo, en el tomo 12 de las obras completas *De camino al habla* [*Unterwegs zur Sprache*]; ella tendría que ser objeto de una investigación filosófica propia. Solamente trataré de indicar que la reflexión de Heidegger sobre el lenguaje debe

---

[13] Martin Heidegger, *Zollikoner Seminare*, Francfort, 1987, p. 314.

ser designada, en un cierto sentido apolítico, como una toma de partido expresa en favor de la poesía y contra el lenguaje nivelado y banalizado de la lingüística y de la técnica de la información. Con ello, sin embargo, se está nombrando ya el segundo tema predominante, o sea, la crítica de la ciencia, y en conexión con esta crítica aparecen las pocas expresiones que hemos podido averiguar acerca del nacionalsocialismo y de acontecimientos actuales del presente.

En la correspondencia mantenida con Kästner se encuentra una referencia al libro de Friedrich Wagner, publicado por la editorial C. H. Beck, *La ciencia y el mundo amenazado* [*Die Wissenschaft und die gefährdete Welt*], una obra que Heidegger calificó como una «prueba, fundada en un inusual conocimiento del asunto, del dominio de eso que yo denomino el dis-positivo [Ge-stell]». A continuación, prosigue Heidegger: «En lo que "la ciencia" se ha convertido entretanto, y en lo que aún habrá de convertirse, es incomparablemente más ruinoso y extraño que las primitivas manifestaciones de opinión del nacionalsocialismo sobre la ciencia»[14].

Las consecuencias del nacionalsocialismo fueron tematizadas en Meßkirch en 1955, concretamente en el discurso que allí pronunció Heidegger sobre la «serenidad» [*Gelassenheit*] en recuerdo del compositor Conradin Kreutzer. Allí se dice: «Muchos hombres alemanes perdieron su patria, tuvieron que abandonar sus pueblos y ciudades; son los expulsados del suelo natal. Otros, inumerables, cuya patria permaneció a salvo, emigran sin embargo, caen en la agitación de las grandes ciudades, han de establecerse en el páramo de los distritos industriales. Ellos están alejados de la vieja patria. ¿Y los que han permanecido en ella? Tal vez sean éstos más carentes de patria que los expulsados de ella. A cada hora y a cada día los retiene como por hechizo el aparato de radio y televisión. Semanalmente los transporta el cine a lo desacostumbrado, que a menudo sólo son ámbitos de representación acostumbrados que simulan un mundo que no es mundo alguno [...]»[15]. ¿Percibe Heidegger, de hecho, *tan sólo* el dolor de los desterrados, y quiere acaso renovar Alemania a partir de Meßkirch, es decir, a partir del campo? Es difícil que sea así. Sin embargo, sí quiere lla-

---

[14] Heidegger y Kästner, *Briefwechsel* (nota 10), p. 84.
[15] *Martin Heidegger zum 80 Geburstag von seiner Heimatstadt Meßkirch*, Francfort, 1969, p. 21.

mar la atención, partiendo de Meßkirch, desde el contraste, sobre
el hecho de que con la ciencia moderna se «prepara una ofensiva
contra la vida y la esencia del hombre» y que también luego, cuando se haya evitado una guerra nuclear, «la edad atómica anuncia-
rá una inquietante alteración del mundo»[16]. Y uno se ve obligado
a decir que en 1955, en medio del entusiasmo sobre la «utilización
pacífica de la energía nuclear», este «reaccionario» resultaba sorprendentemente «progresista».

En 1959 Heidegger tomó posición en el *Neue Zürcher Zeitung*
sobre una declaración «del presidente del consejo de ministros soviético», por tanto, de Nikita Jruschov, quien había dicho: «Somos
los primeros en el mundo que hemos abierto un camino de la Tierra a la Luna.» En cambio, Heidegger quiere pensar detenidamen-
te aquello en lo que Jruschov precisamente *no* piensa: «Ni hay "tierra" ni "cielo" en el sentido del habitar poético del hombre sobre
esta Tierra. Lo que el cohete rinde es la realización técnica de aquello que desde hace tres siglos se ha dis-puesto [*ge-stellt*] cada vez
más exclusiva y decididamente como *la* naturaleza y ahora se demanda como material disponible universal, interestelar. La trayectoria del cohete hunde a la "tierra y el cielo" en el olvido.» A pesar de todo, Heidegger sigue convencido de que el «pensar
meditativo», aunque hoy ya sólo vive «en la reserva», está llamado a reemplazar algún día al «pensar calculador»[17].

Heidegger se manifestó con especial penetración sobre la «civilización mundial» en 1967, en Atenas, y, por cierto, como contraconcepto de aquello que él entiende por la «procedencia del
arte». El inicio es en extremo peculiar, y allí ruega Heidegger «Acción y séquito a la antigua patrona de la ciudad de la tierra ática, a
la diosa Atenea». La plenitud de su divinidad no la podía sondear,
pero sí explorar «lo que Atenea nos dice sobre la procedencia del
arte». El punto de partida que Heidegger adopta son los predica-
dos que le fueron dados a la diosa en la literatura griega: *polymé-
tis*, la que aconseja de muchas maneras; *glaukōpis*, la que mira claramente; *skeptoméne*, la que discurre sobre los límites[18]. La antítesis
de lo que Atenea hizo salir de la *physis* en la forma del arte griego es el arte moderno, cuyas obras ya no nacen dentro de «las fron-

---

[16] Ibídem, p. 25.
[17] *Denkerfahrungen* (nota 2), pp. 83 ss.
[18] Ibídem, pp. 136 ss.

teras acuñadoras de un mundo con carácter de pueblo y nacional»,
porque pertenecen a la universalidad de la civilización mundial.
Pero no sería suficiente afirmar que es el mundo científico la región de donde viene la exigencia a la que hoy ha de responder el
arte. Invocando a Nietzsche, Heidegger plantea la tesis de que el
método científico ha triunfado sobre la ciencia, es decir, el método como proyecto anticipador del mundo, que fija aquello únicamente sobre lo cual puede él ser investigado, o sea, «la calculabilidad absoluta [*durchgänglich*] de todo lo que es abordable
[*zugänglich*] y comprobable en el experimento»[19]. Así es como se
hace al mundo dominable en todo tiempo y lugar. Este triunfo del
método sobre la ciencia comenzó su trayectoria en el siglo XVII europeo por obra de Galileo y Newton, y hoy despliega sus posibilidades más extremas en la forma de la cibernética. En el mundo,
representado cibernéticamente, del circuito regulador desaparece
la diferencia entre las máquinas automáticas y los seres vivos. De
entre las ciencias del hombre, son la bioquímica y la biofísica las
que toman la dirección, ciencias que descubren en los genes la cé-
lula germinal del plan de la vida y cimentan en la información genética la perspectiva segura de «conseguir un día el control de la
posibilidad de fabricar y de producir al hombre». Por tanto, hay
una correspondencia exacta entre la incursión en la estructura
de los genes mediante la bioquímica y la transformación de los áto-
mos mediante la física nuclear. Sin embargo, la bioquímica no ha
logrado todavía hacer realidad la profecía de cierto investigador
norteamericano, según el cual el hombre llegaría a ser el único animal capaz de cambiar el rumbo de su propia evolución; de ahí que
en la ciencia cibernética el hombre sea considerado aún como un
«factor de interferencia». Pero la ciencia persigue adentrarse también en el terreno de la acción, al parecer libre, del hombre en la
forma de la «futurología». No obstante, ese hombre es el hombre
de la sociedad industrial, y la sociedad industrial es «la yoidad [*Ich-
heit*] incrementada hasta lo más extremo, es decir, la subjetividad».
Pero la subjetividad no es «el hombre» y no alumbra la referencia
al mundo del hombre, sino que más bien encierra al hombre en el
cautiverio de su propio artefacto [*Gemächtes*]. La civilización mundial es, pues, el estar encerrado del hombre en su mundo científi-

[19] Ibídem, pp. 140 ss.

co-técnico y, con ello, también el estar retenido frente a aquello «que envía al hombre por primera vez a la determinación que le es peculiar; para que se inserte [*sich füge*] en lo destinal, en lugar de disponer científica y técnicamente de sí mismo y de su mundo [...] calculando». Sin duda, no hay ninguna «evasión» posible de este cautiverio, ningún simple batirse-por-la-libertad, ningún rousse-auniano «volver a la naturaleza», como tal vez pudiera alguien (!) decir, sino que «ahora es cuando» es necesario «detenerse a pensar ese estar-encerrado [*Verschlossenheit*]»[20].

«Es necesario el paso hacia atrás [*Schritt zurück*]. ¿Hacia atrás adónde? Hacia atrás al inicio, que se nos insinúa en la referencia a la diosa Atenea. Pero este paso hacia atrás no significa que el antiguo mundo griego haya de ser renovado de alguna manera y el pensar deba buscar su refugio en los filósofos presocráticos.

»El paso hacia atrás significa la retirada del pensar ante la civilización del mundo, prescindiendo de ella, lo que en modo alguno supone adentrarse, al renegar de ella, en lo que en el inicio del pensar occidental aún hubo de permanecer impensado, pero donde nuestro pensar ya está nombrado y, así, predicho [*vorgesagt*]»[21].

Y con ello nos encontramos de nuevo en *Ser y tiempo*, en la *alétheia* y en la temporalidad extática.

Si Heidegger había querido en un tiempo «dirigir al dirigente», ahora se sitúa a sí mismo —completamente solo, según parece— frente a la entera civilización mundial y a su poder superpotente, pero él puede hacerlo tan sólo por estar convencido «de que la *alétheia*, que se oculta en la luz [*Licht*] griega y brinda la luz por primera vez, es más antigua e inicial, y por ello más permanente, que toda obra y hechura [*Gebild*] imaginada por el hombre y efectuada por la mano humana»[22]. Pero el entendimiento humano simple se preguntará: ¿Puede lo anterior significar otra cosa sino que «la esencia humana» (es decir, la trascendencia o la apertura al mundo), que no está creada por el hombre, posibilita y envuelve de antemano todo obrar y hacer humanos?

El informe siguiente procede de Heinrich Wiegand Petzet y se refiere a una conversación mantenida por Heidegger con un monje budista. En ella habría dicho Heidegger, adentrándose con inte-

[20] Ibídem, pp. 142 ss.
[21] Ibídem, p. 147.
[22] Ibídem, p. 149.

ligencia en los rasgos fundamentales del pensamiento «oriental», que la separación entre sujeto y objeto es lo que impide el despliegue del pensar. «Nosotros no somos realmente libres —como Heidegger subraya más de una vez—, sino que estamos en una prisión que llevamos con nosotros durante la vida. Aunque todo el trabajo de su vida se haya encaminado a la liberación de esa prisión, la lucha lo es contra la superioridad de fuerzas de dos milenios, desde Platón. El peso de la historia está presente en cada proceso del pensamiento. Pero también es esa historia la que propiamente nos separa del pensar de Oriente»[23]. En el transcurso de la conversación, Heidegger habría dicho que «el antes tratado olvido del ser, aquella "partición" y aquella "prisión", es lo que nos ha cerrado a nosotros, occidentales, la esfera de lo sagrado». La entrevista derivó al final hacia un llamamiento de Heidegger: «¡Tenemos demasiada cultura!» Precisamente por hallarnos dentro de aquella prisión, será bastante difícil para el individuo abrirse paso a su través[24].

Las primeras afirmaciones concuerdan bastante bien con aquello que Heidegger había dicho en la conferencia de Atenas y que, antes de esa fecha, había expresado una y otra vez. Sin embargo, ¿había entendido Petzet correctamente a Heidegger, al hacer que se caracterice a sí mismo como un «adversario de la cultura» o, mejor, como un «escéptico de la cultura», tal vez en el sentido de la preocupación de Nietzsche de que la cultura pudiera tropezar un día con sus propios pies? ¿Pudo haber derivado al final el pensamiento de Heidegger, que tan «alemán» y tan «occidental» había sido durante decenios, a una «mística oriental», incluso a un sentir de la unidad de todos los hombres en cuanto hombres? Según Petzet, el monje dijo: «Cuanto más se concentre el hombre, sin tensión de la voluntad, tanto más dejará él de ser sí mismo. El "yo" se extingue. Sólo hay algo que permanezca hasta el final: la nada. Pero la nada no es "nada", sino justo lo totalmente otro: la plenitud [...]». Y Heidegger habría respondido: «Eso es lo que he dicho siempre, a lo largo de toda mi vida»[25].

Por consiguiente, ¿será la «verdad de Heidegger» nada más que eso, quietismo, mística, retorno a la sabiduría asiática ya malograda

[23] Petzet (Bibl. n.º 13), p. 185.
[24] Ibídem, p. 188.
[25] Ibídem, p. 190.

por Parménides y Heráclito y hostilidad contra «el Occidente» y, aún más, contra «los occidentales»?

Hay algunas expresiones de Heidegger que, en efecto, parecen apuntar en esta dirección.

Así, en la conversación con un japonés acerca del lenguaje, Heidegger realiza la esclarecedora observación según la cual «sin mi procedencia teológica nunca hubiera alcanzado el camino del pensar. La procedencia, sin embargo, permanece constantemente porvenir». Y, como es del todo seguro que Heidegger, al decir lo anterior, no quería regresar a la «filosofía cristiana», de igual modo es difícil que quisiera decir algo diferente de lo que de un modo indeterminado se acostumbra a denominar «mística»[26]. Y no es «antieuropeo» que Heidegger diga: «La ceguera [resultante del "endiosamiento de la razón" por obra de la Revolución francesa] ha aumentado hasta tal punto, que ya tampoco puede verse cómo la europeización del hombre y de la tierra consume las fuentes de todo lo esencial. Parece como si éstas hubieran de secarse»[27].

Pero, al menos, hay una ocasión en la que Heidegger se manifestó de un modo «antiamericano», en concreto cuando, según el informe de Petzet, el filósofo relató en el pequeño círculo de Egon Vietta cuál era la actitud de los americanos respecto de la muerte. Heidegger había dicho que los norteamericanos maquillan y componen a sus muertos para presentarlos una vez más ante todos los conocidos «por su mejor perfil»; y, llegado a este punto, parece que Heidegger abandonó la habitación sin decir palabra, porque para él esa actitud respecto de la muerte evidenciaba a la vez una actitud despreciable, abyecta incluso, respecto de la vida[28].

Y, según el mismo informante, Heidegger le escribió en septiembre de 1961 (por tanto, poco después de la construcción del muro berlinés), que en ese momento se revelaba «la entera esencia socavada de Occidente»[29].

Sin embargo, cabe preguntarse cómo se concilia todo esto con la decididamente inequívoca noción heideggeriana de lo «occidental» y lo «alemán», así como, por ejemplo, con el hecho (de

---

[26] Martin Heidegger, *Unterwegs zur Sprache*, *GA*, t. 12, p. 91; ed. cast., trad. Yves Zimmermann, Serbal, Barcelona, 1987, p. 88.

[27] Ibídem, p. 99; ed. cast., p. 95.

[28] Petzet (Bibl. n.º 13), p. 109.

[29] Ibídem, p. 100.

nuevo según Petzet) de que Heidegger, a propósito de una cita de
Burckhardt en la que éste equiparaba el ocaso de Grecia con el de
la democracia, escribió la frase: «Nuestra Europa se hunde con la
"democracia" desde abajo contra un innumerable arriba»[30]. ¿Tendremos que retroceder a la más simple de todas las caracterizaciones y llamar a Heidegger «reaccionario, antidemocrático y anti-
moderno»? Pero, entonces, después de todos los esfuerzos de
pensamiento que hemos tenido ocasión de conocer y que nosotros
mismos hemos adoptado a modo de prolongación, ¿podremos asentir realmente a las trivialidades del progresista medio, trivialidades
que, examinadas más de cerca, son de extremo a extremo antipro-
gresistas, y ello en la medida en que entienden el progreso como
el avance desinhibido de la ciencia y de la técnica? No intentaremos encubrir el enigma, que *también* es Heidegger, recurriendo a
confortables fórmulas.

Antes de pasar a discutir lo menos enigmático de Heidegger,
es decir, la toma de posición respecto de su propio pasado político, tal y como se presenta en la entrevista del *Spiegel* y en el *Rectorado*, y antes de tratar, por último, los últimos años de su vida,
no debe surgir la impresión de que Heidegger, sobre todo en los
años sesenta, se alejó cada vez más de la filosofía en favor de la
«mística» y de la meditación. Los seminarios y alocuciones de estos años permiten mostrar con facilidad que en esta época, Heidegger había permanecido próximo a Husserl y Kant y a la «analítica del ser-ahí».

---

[30] Ibídem, p. 232.

SEMINARIOS Y ALOCUCIONES
DE LOS AÑOS SESENTA

Los seminarios impartidos por Heidegger durante su actividad académica —al igual que, a su manera, las lecciones— llevaban la impronta de una atmósfera muy especial, generada desde el presupuesto respeto de los participantes y desde la manera exigente, «autoritaria» si se quiere, pero acogida por cada uno de los asistentes con amistosa intensidad, con la que Heidegger dirigía sus seminarios. Esas mismas características aparecieron de una forma aún más marcada en los seminarios impartidos por el filósofo hacia el final de su actividad docente regular, que contaron con la presencia de participantes muy escogidos. Entre esos seminarios cabe contar, sin duda, el *Zürcher Seminar* de 1951 y, a continuación, se ha de añadir el seminario sobre la conferencia «Tiempo y ser», que tuvo lugar en 1962 en Todtnauberg, además de los *Zolliköner Seminare*, ofrecidos en la casa de Medard Boss a mediados de los sesenta, el seminario sobre Heráclito impartido junto a Eugen Fink en el semestre de invierno de 1966-1967, así como los seminarios presentados en Le Thor a lo largo de 1966, 1968 y 1969; el último seminario de esta especie tuvo lugar en Zähringen, cuando Heidegger contaba ya ochenta y cuatro años. Uno de los participantes de los seminarios de Le Thor ofrece la descripción siguiente de la atmósfera de aquellas sesiones: «En verdad es imposible reproducir el *estado de ánimo* de aquellos días resplandecientes: la callada atención y la veneración por Heidegger de todos los participantes, hondamente penetrados por el alcance histórico de aquel pensar revolucionario; pero también la cercanía del trato, relajado y cordial, con el maestro; en una palabra, la luz meridional, es decir, la serena claridad de aquellos días inolvidables»[1].

---

[1] Martin Heidegger, *Seminare*, *GA*, t. 15, p. 417.

Por «alocuciones» cabría entender también conferencias tales como la pronunciada en 1967 en Atenas; sin embargo, me limitaré a las alocuciones en el sentido estricto de la palabra, como son las que Heidegger pronunció más de una vez en Meßkirch.

La mayor parte de los seminarios serán esbozados aquí con bastante brevedad, pues en casi todos ellos se trata de interpretaciones bastante sutiles y penetrantes de textos filosóficos, como, por ejemplo, de fragmentos de Heráclito y Parménides, de Hegel y Kant, pero también de Heidegger mismo. Destacaré meramente aquello que pueda resultar esclarecedor o concluyente en el marco de nuestro planteamiento. Sólo entraré con mayor detalle en los *Zolliköner Seminare*.

En el *Zürcher Seminar,* Heidegger formula, de un modo especialmente dramático, un contexto que él nunca ha dejado de poner de relieve: «Hace tiempo que la bomba atómica hizo explosión; es decir, en el instante en que el hombre se presentó en alzamiento contra el ser, puso al ser a partir de sí mismo y lo hizo objeto de su representar»[2]. Por desgracia, parece que ninguno de los participantes preguntó a Heidegger si el modo de expresión era exacto. En efecto, si bien el hombre pone al ente en el «dis-positivo» [*Ge-stell*], el giro del ser en «objetualidad» es, según Heidegger, un «envío» [*Schickung*], y no está sujeto a la voluntad del hombre. Sin embargo, uno de los asistentes sí preguntó si se debía situar de idéntica forma al ser y a Dios, dando así lugar a que Heidegger ofreciera una respuesta que, hasta donde yo sé, no tiene ningún paralelo en su obra: «El ser y Dios no son idénticos, y nunca intentaría pensar la esencia de Dios mediante el ser. [...] Si llegara a escribir una teología, lo que a veces me tienta, entonces no aparecería en ella la palabra "ser". [...] Creo que el ser no puede ser pensado en ningún caso como fundamento y esencia de Dios; que, no obstante, la experiencia de Dios y su revelabilidad [*Offenbarkeit*] (en la medida en que afecta al hombre) acontece en la dimensión del ser, lo que en ningún caso indica que el ser pueda valer como un predicado posible para Dios. Aquí hacen falta distinciones y delimitaciones enteramente nuevas»[3].

En el protocolo del seminario sobre la conferencia «Tiempo y ser», que, por tanto, lleva el título de aquella tercera parte de *Ser y tiempo* que nunca llegó a ser escrita, aunque difícilmente podrá

---

[2] Ibídem, p. 433.
[3] Ibídem, p. 437.

considerarse a ésta como sustitutivo de aquélla, se dice que la metafísica es olvido del ser, es decir, «la historia de la ocultación [*Verbergung*] y de la sustracción [*Entzug*] de eso, que hay ser»[4]. Pero el olvido del ser se «suspende» [*hebt sich auf*] con el despertar al acontecimiento propicio [*Ereignis*]. Ésta es una expresión oscura, y lo es más aún cuando el «ser» aparece, como por lo demás ocurre también en el tratado *Sobre la línea* [*Über die Linie*], entre paréntesis o comillas: todavía hay que detenerse a pensar «si, tras la conversión [*Einkehr*] [del pensar al acontecimiento propicio], puede hablarse aún del ser y, por tanto, de la historia del ser». La «presencia» (ser) es, en cuanto presencia, en todo tiempo presencia relativamente a la esencia del hombre, en la medida en que la presencia es exhortación [*Geheiß*] que llama [*ruft*] en cada caso al hombre. La esencia del hombre es, como tal, oyente [*hörend*], porque ella pertenece [*gehört*] a la orden que llama, a la *pra-esentia* [*An-wesen*]. «¿Sería entonces "el ser" ese cada vez mismo [*jedes Mal Selbe*], la copertenencia de llamada y oído? ¿Qué estoy diciendo? El "ser" ya no es más en absoluto cuando intentamos imaginar al "ser" como él impera [*waltet*] destinalmente, es decir, como presencia, y sólo de esta forma respondemos [*entsprechen*] a su esencia destinal. Entonces, tendríamos que renunciar a esa palabra que aísla y separa: "el ser", así como al nombre "el hombre" [...]»[5]. ¿Significa eso la existencia de una relación de cimentación entre «acontecimiento propicio-ser-revelabilidad de Dios»? Y, al final, ¿podría esa relación fundamentarse ontológicamente en Dios, dentro de una «teología» nueva y heideggeriana? ¿O permanece Dios tan ligado a la «fe» como el «ser» a la desocultación? Dejo tan sólo insinuadas estas cuestiones, pues no haré el ensayo de discutirlas, y mucho menos, por tanto, de darles una respuesta.

El seminario sobre Heráclito, impartido junto a Eugen Fink, presenta un interés especial, pues en él ofrece Fink una interpretación de Heráclito que resultará mucho más esclarecedora para el entendimiento humano simple que la de Heidegger, una interpretación que Kant y Husserl tacharían sin duda de «precrítica» o «no trascendental». Al igual que Löwith u Oscar Becker, Fink se decide por una comprensión «cosmológica». El *pyr aeízoon* es, a juicio de este último, «el [poder] poiético, engendrador». «También

---

[4] Martin Heidegger, *Zur Sache des Denkens*, Tubinga, 1988 (3.ª ed.), p. 44.
[5] Martin Heidegger, *Zur Seinsfrage*, Francfort del Meno, 1956, p. 28.

los dioses y los hombres son seres que hacen aparecer, que desocultan, mas sólo porque hay el fuego, con el que están en una relación señalada»⁶. Así, es el fuego, y no el *Dasein* en los hombres, el tiempo que hace posible el tiempo y hace brotar el primero de todos «los tres éxtasis temporales del pasado, presente y futuro», y, por tanto, «crea lo abierto del cambio del día y la noche, dentro del cual se sitúan todas las cosas»⁷. En consecuencia, las cosas son un ensamblaje [*Gefüge*], y «se muestran, en el resplandor del fuego, en su determinabilidad y aspecto»⁸. Esta interpretación vuelve, por así decir, «claro como la luz del día» todo aquello que en Heidegger resulta un «hueso duro de roer»: lo abierto, el ser, el tiempo. En sus relativamente escasas intervenciones, el propio Heidegger dejó entrever con bastante claridad un cierto escepticismo y distanciamiento, como ocurre, por ejemplo, cuando dice: «La cuestión es la de si no debemos pensarlo [al hombre] sino como un ente entre los *panta*» o «Ni entiendo la interpretación que está dirigida por las representaciones químicas, ni puedeo volver a efectuar el ensayo de la correspondencia entre el día y el día-mundo»⁹. Pero Heidegger sólo se pronuncia sobre este punto al final del seminario, y, súbitamente, después de la claridad finkeana, nos encontramos otra vez de lleno en la enigmaticidad de Heidegger: «La *alétheia* como desocultamiento [*Unverborgenheit*] me ha ocupado siempre, aunque la "verdad" ha pasado entretanto a ocupar un lugar de peso [...]. ¿Tienen el claro [*Lichtung*] y la luz [*Licht*] algo que ver en absoluto? Es evidente que no. El claro dice: aclarar [*lichten*], levar anclas, talar. Eso no significa que allí, donde el claro aclara, esté claro [*hell*]. [...] Lo oscuro es, ciertamente, carente de luz [*lichtlos*], pero está aclarado [*gelichtet*]. Para nosotros, lo importante es que experienciemos el desocultamiento como claro»¹⁰.

⁶ Martin Heidegger y Eugen Fink, *Heraklit-Seminar, Wintersemester 1966/67*, Francfort, 1975, p. 94; ed. cast., *Heráclito*, trad. J. Muñoz y S. Mas, Ariel, Barcelona, 1986, p. 76.
⁷ Ibídem, pp. 96, 109; ed. cast., pp. 78, 89.
⁸ Ibídem, p. 130; ed. cast., p. 105.
⁹ Ibídem, pp. 119, 135; ed. cast., pp. 97, 109.
¹⁰ Ibídem, p. 260; ed. cast., p. 208.
He traducido *Lichtung* y *lichten* por «claro» y «aclarar», respectivamente. No obstante, hay otras dos traducciones posibles de *Lichtung*, dependiendo que se entienda como «iluminación» o «despejamiento». Por el contexto, parece que la primera versión está descartada, pues ni *lichten* (aclarar, en el sentido espacial de

Nos vienen ahora a la memoria aquellas palabras, transmitidas o interpretadas por Heinrich Buhr, sobre el mundo concebido como el claro de un bosque inmenso e inquietante. En consecuencia, no podría ser mayor la oposición de Heidegger respecto del «optimismo cosmológico» de Fink.

Destacaré cuatro pasajes tomados de los seminarios de Le Thor. Aquí designa Heidegger los párrafos dedicados a Descartes en *Ser y tiempo* como la primera tentativa de «escapar de la prisión de la conciencia o, más bien, de no retornar más a ella»[11]. Por tanto, también aquí podría encontrar una confirmación el informe de Petzet sobre la conversación de Heidegger con el monje budista, pero quien opine que al decir esas palabras el filósofo tenía en mente la liberación hacia un «realismo», en el sentido de Nicolai Hartmann o también de Eugen Fink, se encuentra con seguridad en una senda perdida.

En 1969, y en el contexto de su interpretación de Hegel, Heidegger se refiere expresamente a Marx y critica la Tesis XI sobre Feuerbach, observando que no hay ninguna oposición genuina entre *interpretación* y *alteración del mundo*: sin Hegel, Marx no habría podido alterar el mundo. El siguiente giro resulta en extremo singular: «Marx, mientras invierte a su manera a Hegel, exige que le sea dado al ser la primacía sobre la conciencia. Como en *Ser y tiempo* no hay conciencia alguna [sin comillas en "conciencia"], ¡cabría opinar que aquí se está leyendo algo heideggeriano! Al menos, así es como ha entendido Marcuse *Ser y tiempo*»[12].

Al igual que en el caso del marxismo, también se tematiza el nacionalsocialismo en una observación marginal. En efecto, si la biofísica aspira a fabricar al hombre como a un objeto técnico cualquiera, entonces la causa no es aquí un querer-saber en el sentido

---

la palabra) ni *Anker frei machen* (levar anclas, que en alemán también se expresa como «*Anker lichten*») ni *roden* (talar, roturar) hacen referencia directa a una iluminación. «Despejamiento» es, sin duda, muy acertada, pero tiene el inconveniente de que con esta versión desaparece para el lector el parentesco de la palabra con *Licht* (luz), lo que hace incomprensible que Heidegger se pregunte si *Lichtung* y *Licht* tienen algo que ver. Hemos optado por la opción, sin duda susceptible de crítica, de «claro» (como, por ejemplo, el claro de un bosque), que es la acepción vulgar de la palabra en alemán. El propio Heidegger da a entender en otros lugares que *Lichtung* alude a un espacio abierto o libre (ver, p. ej., *Was ist das - die Philosophie?*). *(N. de la T.)*

[11] *Seminare* (nota 1), p. 293.
[12] Ibídem, p. 353.

de Aristóteles; el fundamento de ese acaecimiento sería, más bien, una relación moderna respecto del *poder*, es decir, una relación política: «A este respecto se tendría que pensar con detalle la presentación de una nueva forma de nacionalismo que está fundado en el poder técnico y ya no (por mencionar un ejemplo) en los caracteres propios de los pueblos»[13]. ¿Quiere Heidegger insinuar que *su* «nacionalismo» se había fundado, ya en 1933 y aún en 1944, en el carácter propio del pueblo alemán (en medio de otros pueblos de Europa), mientras que el nacionalismo de Hitler representaba la forma más avanzada (o más degenerada) del nacionalismo, o sea, el nacionalismo técnico del poder, de la conquista y del desarraigo? Por desgracia, todo ello queda en mera insinuación.

Y al final, por tanto en 1969, Heidegger toma de nuevo posición, esta vez de una manera inequívoca, respecto de la relación entre ser-ahí y ser, es decir, respecto de la interpretación «cosmológica» o «antropológica» (mejor dicho, «conforme al ser-ahí») de su propio pensamiento: «Pero el ser precisa, para abrirse, al hombre en cuanto ahí [*Da*] de su revelabilidad [*Offenbarkeit*] [...]. Si el ser precisa de tal modo al hombre para ser, habrá de admitirse, por consiguiente, una *finitud del ser*; por tanto, que el ser no sea absoluto para sí supone la oposición más tajante con respecto a Hegel. Pues, cuando Hegel dice, precisamente, que el absoluto no es "sin nosotros", lo dice tan sólo sobre el cristiano "Dios tiene necesidad de los hombres". En cambio, para el pensar de Heidegger el ser no es sin su referencia al ser-ahí. No hay nada que esté más alejado de Hegel y de todo idealismo»[14].

Los *Zollikoner Seminare* merecen una posición destacada, y ello porque los participantes eran, en este caso, médicos y psicoterapeutas jóvenes, quienes, al menos una parte de ellos, compartían con Medard Boss la convicción «de que las modernas investigaciones científicas no pueden encontrar ninguna vía de acceso hacia lo propiamente humano de nuestros enfermos»[15]. Para el propio Boss era Heidegger el «auténtico investigador de los fundamentos de la medicina»[16]; y en los seminarios se discutió sobre la

---

[13] Ibídem, p. 358.
[14] Ibídem, pp. 370 ss.
[15] Martin Heidegger, *Zollikoner Seminare, Protokolle - Gespräche-Briefe*, Francfort, 1987, p. 364.
[16] Ibídem, p. 365.

esencia de la experiencia humana del tiempo, cuyos caracteres son la «databilidad, la evidencia, la dilatación y la publicidad»[17]; pero también se habló sobre la «estar permenentemente abierto» [*Offenständigkeit*] del hombre para el ente, así como sobre la necesidad de que haya médicos que piensen y no meros técnicos científicos; sobre las deficiencias de la reducción fisicalista, fisiológica, del estrés a una simple excitación de los sentidos; sobre el cuidado [*Sorge*] como existenciario, que hace posible por primera vez el «amor» óntico; y sobre la naturaleza de la representación. En esencia, es el Heidegger de *Ser y tiempo* quien habla aquí, el filósofo de la analítica del ser-ahí, que se opone decididamente tanto a las «suposiciones» freudianas sobre el «inconsciente» como a la cuantificación de lo anímico, que fracasa ante fenómenos tan auténticamente humanos como el de la tristeza. Y sólo como tal pudo Heidegger convertirse en el inspirador de la «Sociedad suiza para el análisis del ser-ahí» y del «Instituto de analítica del ser-ahí para psicoterapia y psicosomática», instituciones que, bajo la dirección de Boss, llegaron a trabajar con veradadero éxito. En estas conversaciones no se encuentra rastro alguno de «murmuraciones»; al contrario, el entendimiento humano simple de los participantes confronta a Heidegger con dudas que también habían sido ya articuladas con respecto a *Ser y tiempo*. Se preguntaba, así, cómo podía Heidegger hacer que dependiera del hombre la «revelabilidad del ser» y con ello, a la vez, el ser, cuando la existencia del «reloj atómico», por poner un ejemplo, pone de manifiesto de un modo concluyente que la Tierra ha existido ya millones de años *antes* que el hombre. La respuesta de Heidegger coincide justo con aquélla que ya había dado en *Ser y tiempo* y había ejemplificado allí con las leyes newtonianas: sólo mientras el ser-ahí existe puede hablarse de «en sí»; el cálculo de un estado prehumano presupone ya que la dimensión del pasado está abierta[18].

Según la singular objeción planteada por Boss, al pensar hindú no le hace falta ningún guarda del claro [*Hüter der Lichtung*], pues el estar aclarado [*Gelichtetheit*] se da en sí y para sí, y el hombre sólo puede alcanzarlo a través de una serie de renacimientos. Heidegger ofrece una respuesta definitiva a la objeción anterior: «Frente a eso, lo importante para mí es que el hombre es *hombre*.

---

[17] Ibídem, p. 61.
[18] Ibídem, p. 222.

De lo que se trata en el pensar hindú es de una "deshumanización", en el sentido de que el ser-ahí se transforma en pura claridad [*Helle*]»[19]. Mas,¿no cabría decir otro tanto de la idea cristiana de la «vida eterna»? Del hecho de que a Heidegger le importe conservar al hombre en el *Dasein* y protegerlo contra el delirio tanto de la metafísica como de la ciencia de ahí derivada y conducente a la «autodestrucción del hombre»[20], se desprende también la peyorativa expresión «feria de los viajes espaciales» o el juicio negativo sobre la «absolutización incondicionada del progreso», en cuya resaca amenaza hundirse el ser-hombre del hombre occidental[21]. Sin embargo, una frase extraída de una carta a Boss prueba que esa vuelta hacia lo «humano» puede traer consigo, precisamente, una «aversión a la humanidad» bastante concreta y temible: «También hay la muerte de la humanidad; y no hay ninguna razón por la cual eso, que ahora puebla los planetas y destruye de todas las maneras posibles, haya de continuar existiendo hasta el infinito»[22]. Y Heidegger sólo puede contraponer «a la resaca del más negro pesimismo» (como cabría expresarse) una esperanza bastante vaga: «Contra el poder incontenible de la técnica se formarán por todas partes "células" de resistencia que, en secreto, velarán por la meditación y prepararán la inversión [*Umkehr*] por la que "se" clamará un día, cuando la devastación general se haya tornado insoportable»[23].

¿Cómo se conducen estas «células de resistencia» respecto de aquello que «aún sigue» siendo resistente frente el mundo técnico, respecto de Meßkirch, es decir, de la «patria», tal y como ella fue y sigue siendo? Cabría suponer que de lo que aquí se trata es de un contramovimiento que, sin embargo, presupone naturalmente el movimiento y mantiene con él un profundo contacto. Pero ¿no está Meßkirch *antes* del movimiento y también, por consiguiente,

---

[19] Ibídem, p. 224.
[20] Ibídem, p. 123.
[21] Ibídem, p. 133.
Comparar en este punto con el seminario «Le Thor» 1969 («El afluir de la presencialidad en los griegos; ejemplo de Tales»): «En la mayor contraposición con eso cabría decir que, cuando los astronautas pisan la Luna, ella desaparece *en cuanto* Luna. Ya no sale ni se pone. Sólo es una medida de cálculo de las empresas técnicas del hombre» (*Seminare*, p. 331).
[22] Ibídem, p. 360.
[23] Ibídem, p. 352.

antes del contramovimiento? Heidegger ha editado diversos escritos que se refieren directamente a Meßkirch, de algunos de los cuales hemos tenido ya conocimiento, a saber, del *Camino vecinal* [*Feldweg*] y del *Enigma del campanario* [*Geheimnis des Glockenturms*]; pero también pronunció diversas alocuciones en su ciudad natal, como son las ofrecidas en 1961, con motivo de la celebración del 700 aniversario de la ciudad, y en 1964, con ocasión del encuentro escolar sobre Abraham a Sancta Clara.

En el acto conmemorativo, Heidegger lanzó la pregunta «¿Meßkirch mañana?», remitiéndose en primer lugar a aquella ocupación «calculadora» con el futuro que, con la ayuda de datos estadísticos, quisiera constatar alteraciones previsibles y acaso también emitir un juicio sobre «qué posición y eficacia conservarán la fe cristiana y las iglesias»[24]. De este modo se concibe el futuro tan sólo como una prolongación del pasado. El futuro sólo comenzará a ser entendido de verdad cuando se tenga presente que «el hoy proviene de lo sido [*Gewesenen*] y [...] [está] a la vez expuesto a lo que va a su encuentro». Un ir-a-nuestro-encuentro tal son, a juicio de Heidegger, las antenas de radio y televisión, que ya se pueden contemplar en fila sobre todas las casas, también las de Meßkirch. Ellas muestran «que allí donde los hombres "habitan" cuando se los contempla desde fuera, precisamente ya no se encuentran en casa». Ellos han salido, como podría decirse, de su mundo limitado para entrar y establecerse en un mundo aparente sin límites, donde nada hay seguro, pues consiste en el cambio siempre igual de lo nuevo por lo más nuevo. Lo que Heidegger se pregunta no es muy distinto de lo que podría preguntarse cualquier orador en un acto local cualquiera: «¿Cómo podemos defendernos contra lo extraño [*Unheimisch*] en su empujar?» Y él responde como hubiera respondido ese mismo orador: «Sólo así, despertando incesantemente las fuerzas donadoras, salvíficas y preservadoras de lo familiar [*Heimisch*], haciendo fluir [*Fließen*] una y otra vez las fuentes de la fuerza de lo familiar y procurando a su flujo [*Fluß*] e influjo [*Einfluß*] su curso justo.» Pero es de suponer que aquel orador retrocedería de espanto ante la consecuencia que Heidegger extrae: se trata de una «tarea decisiva», y «hoy ya sólo las regiones rurales y pequeñas ciudades de provincia» son

---

[24] *Martin Heidegger zum 80 Geburstag von seiner Heimatstadt Meßkirch*, Francfort, 1969, p. 37.

capaces de satisfacerla, pues con ello se atribuye un rango al «amor por la patria local» y al «cuidado de la patria local» que los promotores de los museos de la patria *no* atribuyen a su actividad en general. La fundamentación de Heidegger es una fundamentación de pensamiento, no una sentimental. En efecto, si lo familiar desapareciera también dejaría de existir para el hombre lo extraño. «Entonces sólo habría ya el frenético cambio de lo más nuevo por lo totalmente nuevo, lo que el hombre persigue con sus siempre renovadas y superadas maquinaciones [*Machenschaften*].» De este modo, el hombre, por así decirlo, viviría ya sólo en la superficialidad de un presente infinito. Y, llegado a este punto, Heidegger establece una singular conexión entre Meßkirch, y Ghana y Sri Lanka: «Si hoy se ha de obsequiar a los pueblos tantas veces llamados subdesarrollados con los rendimientos, logros y utilidades de la técnica moderna, entonces surge la pregunta de si de ese modo no se les arrebata y destruye lo que les es más propio [*Eigenstes*] y de mayor raigambre, si de esa manera no se los desplaza desde lo que para ellos es familiar [*Heimisch*] hacia lo extraño»[25]. A lo anterior se une un juicio negativo sobre las ayudas para el desarrollo, y cabe ver en ello una alusión política a los fenómenos del presente, alusión que no difiere de las expresiones ocasionales sobre el entendimiento mutuo entre la industria y los militares en América o sobre la carencia de significado de las «figuras» que acaparan el primer plano de la escena histórica contemporánea. Sin embargo, si se quisiera deducir de lo anterior una posición política, entonces sería una más bien «verde» que «parda». No obstante, Heidegger llega enseguida al ámbito filosófico cuando, en lo que sigue, habla del «profundo hastío» que «en los abismos de nuestra existencia se desliza, oscilando, como una furtiva niebla»[26]. Con ello Heidegger retoma, casi al pie de la letra, las expresiones que ya había empleado en la lección de Friburgo de 1929-1930 sobre *Mundo - Finitud - Soledad* [*Welt - Endlichkeit - Einsamkeit*] y que se corresponden con el «desvanecerse del ente en total», así como con la definición del hombre como «el que sostiene el sitio de la nada». Nada podría estar más alejado del nada problemático amor por la patria, que aún tiene ante sí el pensar y el preguntar, si es que puede llegar a ello en absoluto. Por

---

[25] Ibídem, p. 40.
[26] Ibídem, p. 42.

tanto, para Heidegger la patria no es algo dado e intocable, sino que consiste en un «retorno» desde lo extraño, y sin duda está aludiendo al «correr anticipadamente [*Vorlaufen*] hacia la muerte» de *Ser y tiempo* al hacer referencia expresa al «cementerio» o «camposanto». Y no está pensando en el pueblo concreto Meßkirch que puede encontrarse al llegar, sino en una futura «cuaternidad» [*Geviert*] en la que «lo ruidoso y furioso» es superado desde la «fuerza salutífera del ayer justamente entendido y genuinamente apropiado [*angeeignete*]»[27]. Heidegger rechazaría toda pregunta por la forma concreta que adoptará esa futura «cuaternidad», por considerar la expresión de una mera «curiosidad» que busca calcular un «acontecimiento propicio» [*Ereignis*] que no es pensable de antemano.

El discurso sobre Abraham a Sancta Clara de 1964[28] podría ser considerado como una de las manifestaciones más casuales y poco significativas de Heidegger si no le hubiera precedido, nada menos que medio siglo antes, aquel artículo sobre el predicador y si Víctor Farías no hubiese desviado hacia él la atención mediante una tesis extremadamente arriesgada. Es difícil encontrar una publicación de Heidegger tan descriptiva como ésta, y descriptiva en el sentido de tratarse de una exposición «meramente historiográfica». Allí se reproduce la carrera de Johann Ulrich Megerle, a quien tanto Heidegger como sus oyentes consideran «condiscípulo», pues visitó la Escuela de Latín de Meßkirch. En efecto, Heidegger recorre el periplo intelectual de Megerle, desde su nacimiento en Kreenheinstetten en 1644, pasando por sus estudios en el instituto benedictino de Salzburgo y el ingreso en la Orden de los monjes agustinos descalzos en Viena, hasta su notable actuación en calidad de predicador de la corte y su muerte en 1709. Pero Heidegger caracteriza también la época, una época de guerra, de hambre y miseria en la que los turcos se hallaban emplazados ante Viena y la paz estaba tan lejos de la guerra «como Sachsenhausen de Francfort». Y, no obstante, con ello no se describía toda la realidad de la época, pues incluso entonces «despertó el nuevo espíritu de la afirmación y configuración creadoras del mundo». Se trataba del espíritu del barroco, una época en la que trabajaron Bach, Händel y Leibniz, quien, al igual que

---

[27] Ibídem, p. 45.
[28] Ibídem, pp. 46-57.

Abraham, también recibió la protección del káiser Leopoldo I. Y es desde la diversidad de la vida de esta época desde donde se ha de entender al predicador y escritor, quien escribía ejerciendo una aguda crítica y ácida ironía, sin ser por ello en modo alguno un mero ingenioso o un simple burlón. Como ejemplos escoge Heidegger la campaña de Abraham contra las aberraciones de la moda femenina, los plásticos títulos de sus escritos, el retrato de las muertes en masa acaecidas en Viena durante los meses de la peste, la descripción del tejer e imperar de la naturaleza, así como el ensalzamiento de una de las victorias sobre los turcos y, sobre todo, las declaraciones sobre la naturaleza y el destino del hombre, al que llama, por ejemplo, una «nada de cinco pies de alto», volviendo a consolarlo a continuación mediante el Verbo. «El que muere antes de que muera, no muere cuando muere.» Quien busca la filosofía heideggeriana es difícil que la encuentre aquí, y, sin embargo, su mirada caerá seguramente sobre una cita en la que se menciona un objeto que apenas si aparece en ningún otro lugar de la obra del filósofo: el dinero: «hacer recto lo encogido, hacer humilde (es decir, dócil) lo grosero, hacer bello lo malo, hacer izquierdo lo derecho, hacer joven lo viejo, hacer caliente lo frío, hacer pesado lo ligero, hacer difícil lo fácil, hacer profundo lo superficial, hacer alto lo bajo, hacer amable lo desagradable es ciertamente mucho y más que mucho. Y todo eso lo puede el dinero»[29]. Heidegger observa expresamente, a propósito de esta cita, que lo que Abraham dice allí sobre el dinero también es válido en la actualidad. E inmediatamente antes había añadido una cita similar: «Por tanto, no cabe esperar que el dinero haga bienaventurada aquella misma cosa que ofrendamos, en lugar de arrebatarla.»

Si alguien se dirige con imparcialidad la pregunta de qué es lo nuevo o lo casi nuevo que ofrece, en el marco del pensamiento heideggeriano, este discurso pronunciado con ocasión de una celebración académica, entonces habrá de responder lo siguiente: el hecho es que Heidegger se adhiere aquí sin reservas a un antiguo ataque contra el dinero que ya había sido articulado con palabras muy similares por el joven Marx. Y ese mismo inquiridor habría de agregar que el discurso marca el punto de mayor cercanía entre

---

[29] Ibídem, p. 53.

Heidegger y la crítica del dinero, tan característica de todo el primer socialismo, incluido Marx.

Pero Víctor Farías fija su mirada en una única palabra: «Sachsenhausen», sacándola enteramente fuera de contexto. Es evidente que Abraham quería decir que la paz estaba en su época muy próxima de la guerra, tanto como Sachsenhausen de Francfort. Pero Farías quiere ver en ello el «nazismo» y un campo de concentración. Con ese propósito dedica páginas enteras al escrito *Abraham y el judaísmo* [*Abraham und das Judentum*], publicado durante los años de la guerra y escrito por un autor austriaco que, al parecer, fue amigo de Karl Bertsche, a su vez el editor de la antología de Abraham que Heidegger había leído. Y, a raíz de esta asociación fabricada por Farías, ¿cómo no habría de ser culpable Heidegger, a pesar de no haber mencionado en toda su vida una sola de las relativamente escasas declaraciones antisemitas de Abraham, declaraciones y expresiones que se entienden por sí mismas en un predicador cristiano convencido de que «esa infame canalla» sentía «un odio inveterado contra los cristianos»?[30]. En lugar de preguntar si había sido unilateral o bilateral la polémica llena de odio entre las dos religiones emparentadas y hostiles entre sí, Farías salta, con una mirada propia de la psicología profunda, desde la palabra Sachsenhausen a la realidad Auschwitz, considerando posible «que Heidegger, al desafiar a la opinión pública —lo que no era inusual en él—, hubiera querido asumir "virilmente" la tríada Abraham a Sancta Clara-Sachsenhausen-Auschwitz»[31]. En verdad, esta frase y el «camino del pensar» que conduce a ella caracterizan sobradamente tanto a Farías como a su libro, y así nos despedimos de una obra que se ha convertido, como prácticamente ninguna otra, en el punto de cristalización de un buen número de parcialidades y de un resentimiento de alcance mundial.

Pero no se puede negar que el estigma del recuerdo de su compromiso nacionalsocialista durante la época del rectorado persiguió a Heidegger hasta su muerte, sintiendo también en su interior la necesidad de pronunciarse al respecto. Eso mismo lo explica el hecho de la entrevista del *Spiegel*, concedida en 1966 y publicada en 1976, mientras que los *Hechos y pensamientos* [*Tatsachen und Gedanken*], publicados por Hermann Heidegger en 1983 junto con

---

[30] Víctor Farías (Bibl., n.º 15b), p. 381; ed. cast., p. 396.
[31] Ibídem, p. 379; ed. cast., p. 394.

el *Discurso del Rectorado*, habían sido escritos en 1945 y pertenecen al contexto de la «depuración política». Sin embargo, tampoco se puede negar que había una nueva pregunta que comenzó a destacarse cada vez más cuanto mayor era la lejanía respecto de los años 1933-1934 y 1945. Y la pregunta es la de por qué Heidegger nunca se manifestó intencionadamente y con reconocimiento de culpa sobre «Auschwitz», siendo éste el punto culminante de la falta de humanidad nacionalsocialista. A esos textos y a esta pregunta habremos de dirigirnos antes de orientar la mirada hacia los últimos años de la vida de Heidegger.

LA ENTREVISTA DEL *SPIEGEL*
Y EL «SILENCIO SOBRE AUSCHWITZ»

Gracias a la publicación de la correspondencia entre Heidegger y Erhart Kästner, así como al libro de memorias de Heinrich Wiegand Petzet, podemos seguir hoy en detalle cómo llegó a producirse la entrevista del *Spiegel*. Probablemente se trataba de uno de los paradójicos modos de comportamiento de Heidegger, pues no tenía en demasiada estima al *Magazin* de Rudolf Augstein, en el que con seguridad debió de ver una de las encarnaciones más representativas de la moderna «superficialidad». Sin embargo, algún tiempo después sostuvo una entrevista con la Segunda Cadena de la televisión alemana, y no interpuso ante sus editores ninguna querella por la comercialización de grabaciones en disco de algunas de sus conferencias. Cabría preguntar si Heidegger se estaba dejando englobar, espontáneamente e *hypér móron*, en el *dis-positivo* [*Ge-Stell*]. Sin embargo, Heidegger ejercía en todo ello el papel del agredido y provocado, pues ¿cómo si no hubiera accedido a dar su respuesta?

La causa más lejana de la conversación del *Spiegel* fue la publicación del libro de Alexander Swan. Sobre éste apareció en el *Spiegel* de febrero de 1966 un artículo con el epígrafe *Heidegger. La medianoche de una noche mundial* [*Heidegger. Mitternacht einer Weltnacht*], que contenía una nutrida cantidad de afirmaciones falsas o descuidadas (antisemitismo de Heidegger según la declaración de Toni Cassirer en 1929, prohibición de Heidegger a Husserl, hostilidad de G. Ritter frente a Heidegger, y otras), aunque, por otra parte, calificaba la lección de 1935 de «una valerosa crítica —para los conceptos de la época— a la empresa de filosofía nacionalsocialista».

Heidegger escribió sobre todo ello una carta al director, de la que, al parecer, también hizo partícipe a Kästner. En efecto, el propio Kästner respondía a Heidegger el 4 de marzo de 1966 que se alegraba mucho de oír que había escrito la carta al director, haciéndole saber que se había encontrado a uno de los redactores del *Spiegel*, según el cual su propuesta de dar a Heidegger una oportunidad para defenderse había sido bien acogida en el comité de redacción, aun cuando no hubieran podido consultar a Augstein, que en ese momento se encontraba de viaje. Kästner suplicó a Heidegger que no dejara escapar la oportunidad brindada, pues sus amigos estaban muy preocupados porque había descartado hasta entonces la posibilidad de pronunciarse en defensa propia. Mas, parecía que Heidegger había de superar aún algunas resistencias en su fuero interno. La carta al director, aparecida en el número del 7 de marzo, era un escrito breve y también, según pareció a algunos, una rectificación llena de desdén y estructurada en cuatro puntos; pero, en la siguiente carta dirigida a Kästner, Heidegger se expresaba sin verdadera claridad. Allí decía el filósofo que si en el *Spiegel* existiera un interés real por su pensamiento, entonces el señor Augstein podía haberle visitado tras su conferencia en Friburgo, puesto que no había dudado en ir a Basilea para buscar a Jaspers (Jaspers, quien a su manera había sido, como Röpke y Böhm, uno de los padres fundadores de la República Federal, había dado por entonces su último y más singular viraje político, que le hizo convertirse en uno de los más severos críticos de la situación de la República Federal, en autor de best-séllers —*¿Hacia dónde deriva la República Federal?* [*Wohin treibt die Bundesrepublik?*]—, en iniciador de los mítines en los sucesos de 1968 y en interlocutor de numerosos periodistas). Sin embargo, él, Heidegger, no aceptaría de ninguna de las maneras «entablar cualquier forma de "conversación del *Spiegel*" organizada», pues los métodos de ese órgano se habían revelado claramente en el modo como se había montado su carta al director entre declaraciones difamatorias, mientras permanecía sin publicar otra declaración de tono positivo que había sido escrita por un judío. Pero de lo que en verdad se trataba no era del corto período del rectorado de 1933-1934, sino que Paul Valéry dio en el clavo al decir que quien no podía aprehender el pensamiento, aprehendía al pensador. Y Heidegger percibió con total acierto que se estaba preparando un cambio en la atmósfera intelectual de la época, un cambio que no se podía poner en consonancia con su pensamiento, pues el filósofo añade: «Lo que está en juego se puede inferir de las palabras de Ulrich Sonnemann [...]: "Sólo cuando Karl Kraus se convierta en lectura del pueblo y Adorno en lectura de los estudiantes de bachillerato se podrá ayudar verdaderamente al pueblo alemán"»[1].

Pese a todo, dos meses después comunicaba Heidegger a Kästner que la conversación con Augstein tendría lugar poco después, y que las cartas de éste eran alentadoras. Y debió de contribuir a la decisión positiva de Heidegger el que Kästner le escribiera el 21 de marzo que había oído, para su propio asombro y sorpresa, que uno de los pensamientos preferidos de Augstein era el rechazo heideggeriano de la moderna idolatría de la ciencia[2].

Así, la conversación tuvo lugar en casa de Heidegger el día 23 de septiembre de 1966. Aparte del propio Heidegger y de Augstein, también se hallaban presentes el segundo redactor jefe del *Spiegel*, Georg Wolf, y Heinrich Wiegand Petzet (quien hacía tan sólo la función de «padrino» y no pronunció palabra), así como la fotógrafa Digne Meller-Marcovic. Petzet informa que había recogido a Augstein y Wolf en Colombi-Schlößchen, y que en un primer momento se había enfrentado al editor del *Spiegel* lleno de desconfianza, pues había supuesto en él a un «verdugo inquisidor» que quería lanzarse al cuello del maestro. Sin embargo, Augstein se ganó toda su simpatía en cuestión de minutos, debido, precisamente, a la «confesión, surgida del fondo de su corazón», según la cual el editor sentía un miedo cerval ante la idea de presentarse cara a cara frente al célebre pensador. Pero, cuando Petzet condujo a los invitados a la habitación de trabajo de Heidegger y pudo observarle, no pudo evitar sobresaltarse un poco al comprobar «en qué estado de extrema agitación se encontraba»[3]. Es de suponer que los dos interlocutores eran conscientes de que aún se habría de discutir mucho en torno a esa conversación del *Spiegel* cuando se hubieran olvidado todas las conversaciones mantenidas por la revista con significativos políticos y hombres de Estado[4].

---

[1] Martin Heidegger y Erhart Kästner, *Briefwechsel*, Francfort del Meno, 1986, p. 83.

[2] Ibídem, p. 85.

[3] Petzet (Bibl. n.º 13), p. 103.

[4] *Der Spiegel,* ed. conmem. 30 aniv. (1976), n.º 23, 31 de mayo de 1976, pp. 193-219 («"Nur noch ein Gott kann uns retten", *Spiegel*-Gespräch mit Martin Heidegger am 23. September 1966»). El texto completo se encuentra ahora reproducido en Günther Neske y Emil Kettering (eds.), *Antwort. Martin Heidegger im Gespräch*, Pfullingen, 1988, pp. 81-111. No obstante, no hay una diferencia esencial entre esta última versión y la del *Spiegel*, que es algo más breve y contiene algunas reformulaciones de poca importancia.

Augstein fue directamente «al asunto»: «Profesor Heidegger, hemos comprobado una y otra vez que su obra filosófica está algo ensombrecida por ciertos incidentes de su vida, no demasiado duraderos, que nunca han sido esclarecidos.» La primera apreciación de Heidegger con respecto a «1933» fue la de afirmar que, antes del rectorado, él no había «ejercido actividad política de ningún tipo». Durante el semestre de invierno de 1933-1934, Heidegger habría hablado a menudo sobre la situación con Von Möllendorf, que había sido elegido rector y era su vecino, obteniendo como resultado de ello que se debía intentar «controlar el desarrollo futuro con las fuerzas constructivas que aún están realmente vivas». Poco después de su entrada en funciones, el ministro destituyó de su cargo al socialdemócrata Von Möllendorf, y ello por haber prohibido que se colgara en la Universidad el llamado «cartel de los judíos», y el propio Von Möllendorf, en unión del vicerrector Sauer, habría presionado a Heidegger para que aceptara el cargo, «pues, de lo contrario, existía el peligro de que se nombrara rector a un funcionario». Con gran resistencia por su parte, el filósofo se declaró finalmente dispuesto a aceptar el cargo, y justo después de su entrada en funciones se presentó ante él el «jefe estudiantil» nacionalsocialista, volviendo a exigir que se colgara el cartel de los judíos. Sin embargo, Heidegger no autorizó la petición, y el estudiante se alejó profiriendo amenazas. Sin embargo, no desmintió la acusación lanzada por Augstein de que hubiera hablado en el discurso rectoral sobre la «grandeza y esplendor de esta puesta en marcha»; por entonces no había visto otra alternativa, y en su apoyo menciona a Friedrich Naumann y a su «orientación nacional y, sobre todo, social», un nombre que, hasta donde yo sé, no aparece en el conjunto de su obra. Mas, para él, lo que se encontraba en un primer plano era el destino de la ciencia, y precisamente en el sentido que ya había expresado en *¿Qué es metafísica?* «La autoafirmación de la Universidad alemana» había sido un título que nadie «se había atrevido a poner en ninguno de los discursos rectorales de la época». Ante todo, ese discurso se había dirigido contra la «politización de la ciencia» a la que aspiraban los nacionalsocialistas. Su intención era la de que la universidad se renovara «a partir de su propia meditación» y no, como había dicho Augstein a modo de tanteo, «colaborando con los nacionalsocialistas». Bien es cierto que había hablado del «Servicio del Trabajo, del Servicio de las Armas y del Servicio del Saber» en ese mismo orden, pero, desde el punto de vista de su sentido, habría que situar el Servicio del Saber en primer lugar. A continuación, Augstein cita la frase «Ni los dogmas ni las ideas...», y Heidegger procede a corregir un detalle antes de proseguir con las siguientes palabras: «Cuando tomé posesión del rectorado tenía claro que no saldría adelante sin compromisos. Hoy no volvería a escribir las frases mencionadas. Ya en 1934 había dejado de decir cosas semejantes.» Acto seguido subrayó Heidegger que la relación cordial que mantenía con sus estudiantes judíos permaneció inalterada aun después de 1933; así, Helene Weiss le había expresado su agradecimiento en el prólogo a la tesis que ésta presentó en Basilea en 1942. Era una calumnia que él hubiera prohibido a Husserl el uso de la biblioteca de la Universidad, y, además, había intercedido con éxito ante el ministro en favor de profesores judíos tales como Thannhauser y Von Hevesy. En cualquier caso, la relación con Husserl ya se había enturbiado antes de 1933, y ello porque Husserl había ejercido la crítica, públicamente, contra él y Max Scheler. Sin embargo, y todavía en mayo de 1933, la señora Heidegger, actuando a la vez en su propio nombre, envió un ramo de flores y escribió una carta a la señora Husserl, con el propósito de dar fe de «nuestro inalterable agradecimiento». La señora Husserl se limitó a responder con una breve carta, especificando «que las relaciones entre nuestras familias se han roto». Sin embargo, califica de un «fallo humano» el no haber acudido ni una sola vez al lecho del enfermo o a la muerte de Husserl para darle las gracias y expresarle su respeto. A propósito del final de su rectorado, Heidegger reiteró que había nombrado a los decanos sin atender a su posición respecto del partido, decanos como fueron, por ejemplo, Erik Wolf y Wolfgang Shadewaldt; pero el ministerio exigió sustituirlos por gente grata al partido. Aparte, también el cuerpo docente había estado contra él, pues tomaron a mal que Heidegger «hubiera incluido a los estudiantes en responsabilidades administrativas de la Universidad, justo como ocurre hoy en día». Así pues, dimitió.

Posteriormente, sus lecciones sobre Hölderlin y Nietzsche habrían sido «controversias con el nacionalsocialismo», y por ello la Gestapo envió espías a sus lecciones y seminarios; Ernst Krieck le atacó con la mayor saña, prohibiendo que sus escritos fueran discutidos, y, aunque él era el miembro más veterano de la Facultad, ello no impidió que en 1944 fuera llamado a las milicias populares por iniciativa del partido.

Augstein condujo entonces la conversación a la conocida frase de
la lección de 1935, confirmando Heidegger que la frase entre paréntesis ya se encontraba tal cual en su manuscrito. A la pregunta co-
rrepondiente a este punto ratificó Heidegger que, a sus ojos, aquella
frase también era válida para el comunismo y el americanismo. En
cambio, no estaba convencido de que la democracia fuera un sistema
adecuado a la edad técnica, dejando así abierta la cuestión de si consideraba que las aspiraciones de la democracia, al igual que las de la
visión del mundo cristiano, eran «medias tintas» [*Halbheiten*].

A continuación aprovechó Augstein la oportunidad de mantener con Heidegger una conversación sobre la técnica y la edad actual, provocándole con la afirmación, tan «republicano-federal»,
de que en la parte altamente tecnificada de la Tierra los hombres
están bien atendidos, y, si se vive en el bienestar, entonces no se
sabe qué es lo que falta en realidad. Heidegger respondió que *él*
quedó espantado al ver «las fotos de la Tierra tomadas desde la
Luna»: «No nos hace falta ninguna bomba atómica, pues el desarraigo de los hombres ya está ahí [...]. Esto, donde hoy vive el hombre, ya no es la Tierra.» René Char le había contado que la instalación de bases de cohetes dejará a la Provenza «desertizada de una
manera inimaginable». Frente a él, Augstein se erige en defensor
de la carencia de esencia y de patria del hombre, a lo que Heidegger opone que todo lo esencial y grande nació tan sólo porque «el
hombre tenía una patria y estaba arraigado en una tradición». Es
en este contexto donde se sitúan las frases: «La filosofía no podrá
efectuar ningún cambio inmediato en el estado actual del mundo
[...]. Ya sólo un Dios puede salvarnos»[5].

A los hombres les queda una única cosa que puedan hacer, a saber, «preparar, con el pensamiento y la poesía, la prestancia para la
aparición del Dios o para su ausencia en el ocaso». Hacia el final,
la conversación llega una vez más al nacionalsocialismo, del cual
dice Heidegger que (en un principio) había marchado en la dirección correcta para el logro de una relación satisfactoria con la esencia de la técnica: «esa gente era, sin embargo, demasiado inexper-
ta en el pensamiento como para que lograra una relación realmente
explícita con eso que hoy acaece y está en camino desde hace tres

---

    [5] Ibídem, p. 209; ed. cast., *La autoafirmación de la Universidad alemana. El
Rectorado, 1933-34. Entrevista del Spiegel*, ed. Ramón Rodríguez, Tecnos, Madrid, 1989, p. 71.

siglos». Heidegger mantiene que a los alemanes les corresponde una tarea especial, y ello debido, precisamente, al intrínseco parentesco existente entre las lenguas alemana y griega, que son, de un modo incomparable, las más adecuadas para el pensamiento. Al encaminarse el diálogo hacia el arte moderno, Heidegger emplea la palabra «destructivo», aunque, ante la réplica de Augstein, se retracta de parte de lo dicho. Las últimas palabras de Heidegger fueron palabras de modestia: «Para nosotros, hombres de hoy, la magnitud de lo por pensar es desasiado grande»; tan sólo nos quedaría esforzarnos por «construir la pasarela, angosta y de poco alcance, de un tránsito». La últimas palabras de Augstein fueron las de rutina: «Profesor Heidegger, le damos las gracias por esta conversación»[6].

Como corolario de la entrevista se dirigieron juntos a la cabaña, y fue un notable resultado de ese día el evidente sentimiento de respeto y comprensión experimentado por Rudolf Augstein. De hecho, llegó a establecerse una relación en extremo singular entre aquel gran pensador que se situaba a sí mismo en oposición a la civilización mundial y el poderoso periodista, quien, como apenas ningún otro alemán, ejercía su actividad en todos los ámbitos de esta civilización. En cualquier caso, esa relación era extraña al propio ser del editor del *Spiegel*.

Aun cuando no existieran las investigaciones de Hugo Ott, no resultaría difícil llegar a un juicio acerca de la primera parte de la conversación. Heidegger argumenta aquí como casi todos los alemanes que no habían mantenido desde el principio al final una relación negativa con el nacionalsocialismo (y tampoco quisieron o pudieron evaluar correctamente «la porción que les tocaba» gran parte de los «perseguidos del régimen nazi, si bien de un modo por completo diferente de los anteriores»). En efecto, Heidegger subraya en determinados puntos la buena conducta por él mostrada, alegando, por ejemplo, que no había ejercido ninguna actividad política antes de 1933; que ya en su asentimiento inicial al régimen había observado en su interior algo así como una voluntad de resistencia a «controlar el desarrollo»; que él tuvo presente el supuesto peligro del nombramiento de un funcionario como rector, para lo que no había ningún tipo de disposiciones legales o admi-

---

[6] Ibídem, p. 219; ed. cast., p. 83.

nistrativas previas; que consideraba el título de su discurso rectoral como un «hecho audaz»; que pintó con colores poco atractivos los «dogmas e ideas» al calificarlas de «compromisos»; que, por así decir, se extiendió a sí mismo un *Persilschein* en nombre de la antigua discípula; o que encubrió la orientación que por aquella época tenían Erik Wolf y Wolfgang Shadewaldt. Hay un lugar en el que él confiesa un «fallo humano», y es precisamente esta confesión la que resulta poco convincente, pues, si bien es cierto que la ruptura formal de las relaciones personales con Husserl, que tuvo lugar en 1933, sucedió sin ningún motivo que le indujera a ello por la otra parte, también es cierto que su comportamiento durante la enfermedad y muerte de aquél estuvo justificado.

Nadie que haya nacido después de aquella época tiene derecho a enjuiciar una tendencia de comportamiento tan generalizada como fue la de Heidegger, pues esa tendencia era el resultado de la situación, del todo extraordinaria, provocada por una derrota catastrófica a la que le habían precedido rendimientos y victorias fuera de lo común e imposibles de generar por un hombre aislado o por una «reducida banda de criminales». Pero Heidegger no era meramente uno de tantos alemanes, y siempre se había opuesto al «Se». Aparte, también se había comprometido mucho más que la mayoría. Que él, a pesar de todo, se hubiera comportado en este punto como otros muchos y que, por añadidura, hubiera escogido al *Spiegel*, fue algo indigno de él y marcó el punto más bajo al que había llegado esta vida dedicada al pensamiento.

Los *Hechos y pensamientos* [*Tatsachen und Gedanken*] sobre el rectorado no ofrecen ningún motivo para cambiar ese juicio. Fueron redactados en 1945, por tanto, bajo la impresión inmediata del derrumbamiento. Aquí se repite: «Por entonces vi en el movimiento que llegaba al poder la posibilidad de reunir y renovar interiormente al pueblo y de encontrar el camino hacia su determinación en la historia de Occidente»[7] Pero la obra también contiene declaraciones destacables por su carácter inequívoco, como aquella según la cual es en el dominio universal de la voluntad de poder dentro de la historia contemplada planetariamente donde se sitúa hoy «todo, ya se llame comunismo, fas-

---

[7] *Die Selbstbehauptung der deutschen Universität. Das Rektorat*, Francfort del Meno, 1983, p. 23; ed. cast. (ver nota 5), p. 25.

cismo o democracia mundial». Además, se encuentran algunos
detalles adicionales y en parte dudosos, como, por ejemplo, la
afirmación de que la Gestapo había buscado un foco para la «Acción estudiantil muniquesa *Scholl*» en Friburgo y, concretamente, en sus lecciones. Sin embargo los *Hechos y pensamientos* son,
en general, idénticos en contenido y carácter a la conversación
del *Spiegel*, y este hecho habla bastante más en contra del Heidegger de 1966 que del de 1945. Pero, sin duda, ese mismo hecho también habla en contra de la atmósfera intelectual de 1966,
en la que seguían siendo igual o más necesarios que en 1945, incluso en boca de un filósofo, los mismos paliativos y subterfugios de entonces.

Mas con ello estamos aún muy lejos de haberlo dicho todo,
pues hasta ahora apenas si hemos detenido nuestra mirada en el
auténtico problema. Es de suponer que también para Augstein se
entendía por sí mismo que la acusación capital, que se dirigía contra el régimen nacionalsocialista y sus antiguos miembros y promotores, no tenía como contenido principal la represión de los otros
partidos, ni siquiera el «desencadenamiento de la Segunda Guerra
Mundial», como tampoco la dureza de los métodos con que se condujo la guerra, sino más bien la «solución final de la cuestión judía», es decir, el exterminio del judaísmo europeo. Pero Augstein
no llegó a formular esta acusación de forma explícita, por lo que
no fue preciso que Heidegger entrara en el asunto. Desde la muerte
del filósofo, sin embargo, ha subido a un primer plano la concepción según cual lo problemático y reprobable de Heidegger no
habría sido su modo de actuación en 1933 (pues ese modo de actuación tuvo, de hecho, muy poco peso, sobre todo cuando se le
compara con el de un hombre como Carl Schmitt o con el de otros
filósofos nacionalsocialistas que mantuvieron un compromiso duradero con el partido, tales como Alfred Baeumler, Ernst Krieck,
Hans Heyse y Hermann Schwarz), sino el profundo silencio que
guardó desde 1945 respecto del asesinato de judíos y su obstinada
negativa a hacer sobre este punto una confesión de culpa. Así, el
filósofo inglés George Steiner ha escrito recientemente en el *Merkur* las siguientes palabras: «Repito que el hecho descalificador es
el silencio de Heidegger después de 1945 [...]. Martin Heidegger
trabaja y enseña en la cima de sus fuerzas justo durante los años
en los que se niega a responder a la pregunta por la verdadera esencia del hitlerismo y de su consecuencia, que se llama Auschwitz

[...]. En efecto, el pensador del ser no encontró palabras para el holocausto y los campos de la muerte»[8].

Años atrás, en 1947, Heidegger ya había tenido ocasión de oír una acusación igual a la anterior de labios de Herbert Marcuse, y el filósofo había respondido entonces de una manera a la que le faltaban, al menos en parte, las evasivas y el encubrimiento de la propia actuación que se hallaban presentes en la entrevista del *Spiegel*. Hemos citamos antes el pasaje más relevante de la carta del 28 de agosto de 1947; sin embargo, habremos de repetirlo aquí, porque ahora es conveniente tener ante la vista el conjunto de la correspondencia mantenida entre ambos: «Un filósofo puede equivocarse en lo político, y luego expondrá en público su error. Pero no puede equivocarse respecto de un régimen que ha asesinado a millones de judíos —tan sólo porque eran judíos—, que ha hecho del terror norma y convertido en su sangrienta antítesis todo aquello que siempre se vinculó en realidad con los conceptos de espíritu, libertad y verdad.» También hemos mencionado el punto 1 de la respuesta de Heidegger: «Sobre 1933: yo esperaba del nacionalsocialismo una renovación espiritual de toda la vida, una reconciliación de las oposiciones sociales y la salvación de la existencia occidental de los peligros del comunismo.» En lo que sigue inmediatamente a este pasaje, Heidegger vuelve a tomar el camino de la «minimización», y califica de «deslices» algunas de las frases de su manifiesto electoral. Pero seguramente es la primera frase, que a la vez es la más importante, la que reproduce sus esperanzas y temores y, por tanto, sus motivos reales de una manera más ajustada y enérgica. A continuación, en el punto 4, Heidegger responde como sigue a la exigencia de Marcuse de una «confesión de culpa»: «Para mí era imposible una confesión después de 1945, porque los partidarios de los nazis manifestaron de la manera más repulsiva su cambio de disposición, y yo no tenía nada en común con ellos.» En la entrevista del *Spiegel* falta una declaración semejante; en sí misma, nada hay en ella que produzca un efecto tranquilizador. Sin embargo, la toma de posición que más habla en contra de Heidegger se encuentra en el punto 6: «Sobre las acusaciones, graves y justificadas, que usted expresa "respecto de un régimen que ha asesinado a millones de judíos y convertido en su antítesis

---

[8] *Merkur*, n.º 480, pp. 374 ss.

todo aquello que siempre se vinculó en realidad con los conceptos de espíritu, libertad y verdad", tan sólo me cabe añadir que en lugar de "judíos" ha de ponerse "alemanes del Este", y se aplica entonces de igual modo a uno de los aliados, con la diferencia de que todo lo que acontece desde 1945 es conocido por el espacio público mundial, mientras que al pueblo alemán se le ocultó, de hecho, el sangriento terror de los nazis»[9].

Marcuse se manifiesta con pasión y energía en su respuesta del 13 de mayo de 1948. En primer lugar se remite a una expresión de Heidegger según la cual los emigrantes se equivocan al juzgar el comienzo del movimiento nacionalsocialista desde su final, pues el comienzo ya había contenido el final; había sido el final. A juicio de Marcuse, el propio Heidegger había sucumbido a una perversión de todos los conceptos y sentimientos; sólo así se explicaba que hubiese visto en el nacionalsocialismo la «salvación de la existencia occidental» de «los peligros del comunismo», comunismo «que, sin embargo, es un componente esencial de esa existencia». Pero es aquella frase sobre los judíos y los alemanes del Este la que situaría a Heidegger fuera de la dimensión en la que es posible un diálogo entre hombres. Así, según Marcuse no es admisible «explicar, saldar, "aprehender" un crimen alegando que "también otros lo habían hecho" [...]. Más aún, ¿cómo es posible situar la tortura, la mutilación y el exterminio de millones de hombres al mismo nivel que el traslado forzoso de grupos étnicos, en el que no se han perpetrado ninguna de esas atrocidades (aparte, quizá, de algunas excepciones)? En el estado actual de mundo, toda la diferencia entre inhumanidad y humanidad reside en la diferencia entre los campos de concentración de los nazis y las deportaciones y los campos de internamiento de la posguerra»[10].

La correspondencia entre los dos filósofos es eminentemente política, y los argumentos esgrimidos también podrían haberse dado en cualquier discusión sostenida entre un judío indignado y un alemán resuelto a oponer resistencia. Es cierto que no puede considerarse legítimo el que Heidegger equipare a los judíos con los alemanes orientales, pues la expulsión de los alemanes y las circunstancias en las que ello se produjo eran consecuencia de las noticias llegadas sobre las crueldades de los nazis, o consecuencia

---

[9] Víctor Farías (Bibl. n.º 15b), pp. 374 ss.; ed. cast., pp. 386 ss.
[10] Ibídem, pp. 375 ss.; ed. cast., pp. 388 ss.

de las penalidades que hubieron de soportar los pueblos polaco y checo durante la guerra, por nombrar tan sólo esta evidente diferencia. Vale la pena discutir la alusión a la diferencia existente entre un suceso ocultado y un estallido de pasión popular. Esta diferencia es correcta, aunque tan oscura como las protestas de Heidegger respecto de «uno de los aliados», y permanece abierta la cuestión de si al decir esas palabras, Heidegger tenía a la vista el «terror rojo» de 1918, la colectivización de 1930, la gran «depuración» de 1937-1938, Katín o simplemente la autorización de las deportaciones. Marcuse tenía razón al poner de relieve la diferencia en carácter de las dos clases de «terror», pero se hace culpable de una extrema minimización de los hechos al identificar esta diferencia con la diferencia entre inhumanidad y humanidad. Asimismo, Marcuse parece confundir los planos al negar que se pueda «explicar, saldar, "aprehender" un crimen alegando que "también otros lo habían hecho"». Si acontece un crimen *porque* otro ha perpetrado un crimen semejante, si, por ejemplo, una madre dispara al asesino de su hijo, entonces nada sería más insensato e inadmisible que pretender describir y juzgar el segundo crimen sin atender al primero, aun cuando siga siendo un hecho que se ha cometido un delito moral. Para obtener el perdón moral aún resulta menos eficaz establecer un mero paralelismo, aunque en este punto no carece de fuerza la máxima del «*tu quoque*»; es decir, el propio acusador debe estar limpio de culpa. Así, Marcuse rehúye su propia responsabilidad cuando afirma que Heidegger no debía hablar de la salvación de la existencia occidental de los peligros del comunismo porque éste era un componente esencial de esa existencia. Y rehúye su responsabilidad en la medida en que no puede refutar la objeción de que él había simpatizado con las pretensiones del bolchevismo (y del bolchevizado comunismo alemán) de hacerse, siguiendo el ejemplo ruso, con el poder absoluto en Europa. Ciertamente, también la Iglesia católico-romana era un componente esencial de la existencia occidental, lo que no impidió que tanto Marcuse como Heidegger, amparados en su momento por el aplauso general, se pusieran del lado de quienes se habían opuesto a la pretensión de dominio absoluto de aquélla.

Por tanto, Heidegger y Marcuse argumentaban aquí en cuanto miembros de una nación o de una comunidad de creencia, pero no como historiadores ni, desde luego, como filósofos.

Hay un pasaje en el que Heidegger habla como filósofo y establece, sin embargo, una equiparación como la elaborada en aquella correspondencia, y habrá de concederse que aquí se da una necesidad interna. Se trata de una frase, procedente de la conferencia inédita de 1949 *El dis-positivo* [*Das Ge-Stell*], que Wolfgang Schirmacher cita en su escrito *Técnica y serenidad*: «La agricultura es ahora industria alimentaria motorizada; lo mismo, en esencia, que la fabricación de cadáveres en las cámaras de gas y en los campos de exterminio, lo mismo que los bloqueos y las rendición por hambre de países enteros, lo mismo que la fabricación de bombas de hidrógeno»[11].

Esta frase debe parecer en gran medida chocante, aunque sólo sea por la expresión «fabricación de cadáveres». Pero se debería tener presente que para Heidegger «lo mismo» [*das Selbe*] no es idéntico a «lo igual» [*das Gleiche*], que esa expresión, por tanto, no sólo admite distinciones, sino que precisamente las exige. La cuestión es, en consecuencia, la de si Heidegger llegó a hacer alguna vez esas distinciones o si él, sobre la base de su filosofía, no estaba en absoluto en condiciones de hacerlo. A la «medianoche» se opone ahora, en esencia, la claridad del día o el «gran mediodía»; todo lo que es propio de la medianoche es comparativamente «lo mismo», aunque no por ello deba ser indiferenciado.

Aunque la historiografía sea para Heidegger «contraesencial», es posible que tenga algo esencial que decir en este punto. La historiografía presupone un conocimiento detallado del objeto de estudio y la familiaridad con una clase de investigación de los que el filósofo, en cuanto tal, no puede disponer. La reflexión historiográfica llega a la conclusión de que la aniquilación del judaísmo europeo revela una singularidad historiográfica tal, que no puede ser equiparada con nada más. El historiador sabe que Adolf Hitler, inmediatamente después de la guerra mundial, se había adherido a concepciones que, por sus consecuencias, habrían de conducir a la aniquilación; pero también sabe que, con toda probabilidad, hizo declaraciones que postulaban abiertamente aquella aniquilación. Él conoce otras muchas declaraciones de Hitler y de sus más estrechos colaboradores que apuntaban en la misma dirección ya antes de la guerra, y sabe que Hitler, durante los últimos años de la

[11] Wolfgang Schirmacher, *Technik und Gelassenheit, Zeitkritik nach Heidegger*, Friburgo/Múnich, 1983, p. 25.

contienda, consideraba que ese exterminio ya estaba en marcha o incluso ya cumplido. Evidentemente, el historiador también toma en cuenta aquellas afirmaciones que declaran exageradas el número estimado de las víctimas y consideran dudosos los sucesos tantas veces descritos, si bien con la condición de que se mencionen razones para ello y no se trate de *meras* afirmaciones. Pero nada de eso hace que el historiador vacile en su convicción de que aquí subyacen una intención y una realidad que corresponde a esa intención, intención y realidad que sólo podían tener lugar en ese instante de la historia mundial y sólo en el marco de un régimen «fascista radical». Se trataba, en efecto, de la intención de sacar del mundo, mediante el exterminio de los judíos, a los supuestos causantes de aquel proceso de la historiografía universal que Hegel y los escritores de historia del siglo XIX habían designado inequívocamente como «el progreso», pero que, desde entonces, había sido caracterizado por otros tantos pensadores como descomposición y decadencia y que, por último, hizo surgir en Rusia un fenómeno que amenazó con la aniquilación a la sociedad del resto de Europa. Los historiógrafos conocían que ese proceso historiográfico universal, que a menudo se ha denominado el proceso de la «emancipación», significó para el judaísmo un peligro mucho mayor aún que para las identidades «a la vista» de las naciones «normales», y que sólo podía ser una consecuencia, pero no una causa, de ese estado de cosas cuando fueran muchos los judíos que cifraran sus esperanzas en esa emancipación, incluso en su forma revolucionaria. Hitler, sin embargo, adoptó una «atribución colectiva de culpa» gracias a la cual pudo captar en una forma concreta, individual, lo general y abstracto. Y es de ahí, precisamente, de donde hubo de nacer en el pensamiento y pudo resultar en la realidad un «delito ideológico atroz».

Pero subrayar esta singularidad trae consigo grandes peligros, y me considero autorizado para hablar de ello porque no he tomado este carácter único como una mera afirmación, sino que, ante todo, lo he desarrollado como concepto. Y, según cómo se contemple y valore esos peligros, será decisiva la pregunta de si Heidegger tenía o no razón al negarse a hacer una «confesión de culpa» en el asunto de los «campos de la muerte».

Existe el peligro de que se entienda el «carácter único» como «unicidad», de modo que se desvíe la atención de los numerosos procesos restantes, procesos que, de igual modo, han de ser subsumidos al concepto «crimen en masa» o caracterizados como «delito contra la vida», y que tal vez comporten un carácter más «masivo» aún.

Existe el peligro de que ese «delito ideológico atroz» sea interpretado como un crimen étnico, que, por tanto, se proceda a efectuar una «atribución colectiva de culpa» similar a aquella en la que se había apoyado aquel mismo delito atroz.

Existe el peligro de que se haga de las víctimas medios para fines políticos, fines que se encuentran alejados, al menos, de la gran mayoría.

Existe el peligro de que eso, que por su fundamentación y espanto es el «carácter único», escape no sólo a la región de lo comprensible, sino a la de lo que se puede comprender en absoluto, haciéndose de él una entidad pseudorreligiosa a la que uno se acerca como a un *mysterium tremendum* y a la que, sin embargo, paradójicamente se pone en relación con hechos consumados bastante terribles.

Existe el peligro de que se perciba exclusivamente a aquellos que fueron «víctimas» en el sentido estricto de la palabra, esto es, a la mayoría de hombres medios e inofensivos, suprimiendo con ello un estado de cosas esencial y susceptible de ser motivo de orgullo para los judíos y de admiración o asombro para los no-judíos. Se trata, en efecto, de que, según constata Theodor Herzl, en los dos bandos del gran conflicto social hubo judíos que desempeñaron un papel destacado, algo que habrían tenido que cargar sobre sus espaldas si no hubieran partido a tiempo hacia la colonización de Palestina.

Existe el peligro de que la tesis de la singularidad o «carácter único», por muy correcta que sea, debido a su aislamiento no permita que se presente ante la mirada la pregunta historiográfica principal, es decir, la pregunta por la relación existente entre las tentativas «mayor» y «menor» de llevar a una «solución» la confusa problemática del presente.

Existe el peligro de atribuir a aquel partidario del «alzamiento nacional» de 1933 un saber que sólo puede brotar de la mirada retrospectiva, fabricando así conexiones tan injustificadas como, por ejemplo, la de hacer de aquel «miembro de la *Wehrmacht* de Hitler» un «defensor de Auschwitz».

Cuál sea el «punto de vista correcto» que haya de sostenerse respecto de aquel singular proceso de la historia europea es algo

que no puede decirse en una frase. Probablemente ello se base en
un presupuesto que es, ante todo, negativo, a saber, que el que se
esfuerza por buscar esa corrección no pretende conducir, en el marco de la sociedad «problematizante-problemática», a la que regre-
saremos en la observación final, a una de las posiciones a la victoria, tratando de recurrir para ello a razones insuficientes que
vinculen la posición contraria con Auschwitz. Quien penetre en la
grandeza y amenazas de esta sociedad responderá positivamente a
la renuncia antes expresada. De esa penetración es probable que
resulte, ante todo, el dolor por algo que no es repetible y que, precisamente por eso, tampoco cabe inquirir sobre ello.

Resulta trivial y, no obstante, correcta, la idea según la cual no
hay culpa sin conciencia de la injusticia cometida y sin resolución
de la voluntad. Pero se debe confiar en que Heidegger poseía la
sensibilidad suficiente para las distinciones historiográficas de «comunismo, fascismo y democracia mundial» —que él definió, sin
duda, como «lo mismo»— como para negarse a hacer una «confesión de culpa» sobre la base de esa razón trivial que todos esperaban de él. Ciertamente, en la entrevista del *Spiegel* debió de revelarse a sus propios ojos que se estaba declarando culpable de
«debilidad»; sin embargo, que él hubiera sido culpable en el sentido de Marcuse o Steiner y también del poema *Todtnauberg* de
Paul Celan, y, sobre todo, que lo hubiera sido después de 1945, era
algo que ya no necesitaba decirse a sí mismo una vez atravesado
ese umbral detrás del cual a todo hombre le esperan ya sólo «los
últimos años de vida y la muerte».

LOS ÚLTIMOS AÑOS DE VIDA
Y LA MUERTE

Ese umbral no es algo que esté fijado de una vez por todas y para todos, mas se podría decir que Heidegger lo atravesó coincidiendo con la consumación de su octogésimo año de vida en septiembre de 1969. Por esta época se instalaron Heidegger y su esposa en la que sería la residencia de su vejez. Se trataba de un confortable refugio en el jardín propio, pero la dirección ya no rezaba Rötebuckweg, sino Fillibachstrabe. Y, como epílogo a los *Zolliköner Seminare*, Medard Boss informa que el contenido de casi todas las cartas de Heidegger posteriores a 1945 apuntaban a que su amigo había comenzado a retraerse cada vez más en sí mismo en preparación para la muerte.

Sin embargo, fue justo en ese aniversario cuando Heidegger salió por vez primera al «gran» espacio público general, haciéndose visible en persona ante un público de millones. Ciertamente, el filósofo ya había hablado en la radio en 1934, y tanto en el *Zeit* como en el *Frankfurter Allgemeine* se había hablado de él a menudo, pero es muy posible que «las masas» de la República Federal jamás hubieran oído nada de él, y la entrevista del *Spiegel* no había sido publicada aún. Eso que él siempre había enjuiciado de un modo tan negativo, es decir, el «espacio público» o el «Se», ahora parecía querer apresarlo, y es evidente que Heidegger no opuso ninguna resistencia. Quizá valiera la pena investigar si se ha presentado alguna vez, sobre la realización de cualquier emisión televisiva, un informe tan detallado como el de Richard Wisser, por entonces *Privatdozent* de filosofía en Maguncia e interlocutor del filósofo en *Martin Heidegger. Zum 80 Geburstag*[1], emisión de la Segunda Cadena de la televisión alemana (ZDF) que fue retransmitida el 24 de septiembre de 1969. Aparte, la entrevista apareció publicada textualmente en la forma de un pequeño y apretado volumen que in-

---

[1] *Erinnerung...* (Bibl. n.º 7), pp. 257-287.

cluía, por cierto, los *testimonios* introductorios de Carl Friedrich von Weizsäcker, Ernst Jünger, Karl Löwith, Dolf Sternberger, Karl Rahner y otros[2].

La conversación entre Wisser y Heidegger es relativamente breve, pero también permite apreciar con claridad algo de la atmósfera característica de la «revolución estudiantil», que, en verdad, reflejaba el efecto, demasiado turbulento y no meramente académico, de la brecha abierta entre el marxismo tradicional y el neomarxismo de algunos profesores. Wisser comienza con el pronóstico según el cual se oirán con mayor fuerza cada vez las voces que proclamen la tarea decisiva del presente y la cifren «en un cambio de las relaciones sociales», y pregunta a Heidegger cuál es su posición respecto de una orientación tal del llamado «*Zeitgeist*», atendiendo, por ejemplo, a la reforma universitaria. También en este punto responde Heidegger remitiéndose a las declaraciones sobre la ciencia expresadas en *¿Qué es metafísica?*, y subraya con energía que «en este sentido» no cabe hablar de una «misión social» de la filosofía. Como fundamento de lo anterior cita el filósofo, de nuevo, la tesis IX de Marx sobre Feuerbach, calificándola de una «frase no cimentada», y ello porque no toma en consideración que toda alteración del mundo presupone una alteración de la *representación del mundo*. Pero Wisser insiste, preguntando si no tendrán razón los críticos que afirman que Heidegger se había ocupado con tanta concentración del «ser» que habría «sacrificado» el ser del hombre en la sociedad y como persona. Heidegger tacha esta concepción de un «gran malentendido», y dice que no se podría preguntar por el ser sin preguntar por la esencia del hombre, justo como lo había explicado en *Ser y tiempo*. A continuación, la conversación pasa a girar en torno a la relación entre el olvido del ser, la ciencia moderna y la técnica, y Heidegger plantea de nuevo la tesis de que, en un tiempo no muy lejano, la ciencia estará en condiciones de *hacer* al hombre como haga falta. En este contexto regresa Heidegger otra vez al marxismo, desde el cual no se puede entender la *esencia* de la técnica, pues se mueve en la relación sujeto-objeto. Seguidamente habla, en una respuesta más larga, sobre el ser como presencialidad, así como sobre la novedad que supone su concepción del tiempo y la temporalidad en el sentido de

---

[2] *Martin Heidegger im Gespräch*, ed. Richard Wisser, Friburgo/Múnich, 1970.

la apertura extática. Heidegger concluye con una cita muy notable de un hombre apenas mencionado hasta entonces, Heinrich von Kleist: «Doy un paso atrás ante uno que aún no está ahí, y me humillo, un milenio antes de él, ante su espíritu»[3].

Es cierto que Heidegger ya se había expresado a menudo de un modo «adventístico», pero nunca hasta ese momento con la actitud de un Juan Bautista, y sólo nuestras generaciones últimas (en la medida en que logren llegar a la existencia) podrán decidir, dentro de todo un milenio, a quién iba dirigida esa llamada.

La descripción ofrecida posteriormente por Wisser permite reconocer que Heidegger no estaba libre de cierta «fiebre de candilejas» frente al «Se», y, por encima de todo, deja claro contra cuál de las preguntas planteadas se defendió Heidegger, de modo que deban ser subrayadas. Se trataba, en especial, de las preguntas por «1933» y por su «silencio». Pero también se negó Heidegger a hablar sobre el lenguaje. A la pregunta de Wisser acerca de qué significaban para él los hombres y Dios en el momento de su octogésimo aniversario, Heidegger respondió de un modo «brusco, resuelto, lapidario»: «Por esa pregunta puede usted darse una bofetada en la cara»[4]. Especialmente concluyente resulta el que Heidegger no acepte una referencia de Wisser a Bloch y Adorno, aunque al final de la grabación se pronuncia sobre este último. Alguien le había informado que Adorno, a su regreso a Alemania, había dicho: «En cinco años he quitado importancia a Heidegger.» Heidegger comenta sobre ello: «Ahí ve usted de qué clase de hombre se trata», y prosigue: «No he leído nada de él. Hermann Mörchen intentó una vez persuadirme de que debía leer a Adorno. No lo he hecho»[5]. Ésta es una observación tan singular como alarmante. Aun cuando sea acertado suponer que Adorno pertenece a los «sociólogos», quienes «todo, cosas y hombres, [lo cubren] con su palabrería», también es cierto, sin duda alguna, que en 1969 ya no se podía pasar por alto que Adorno, Bloch, Marcuse y los otros neomarxistas habían ejercido sobre la juventud estudiantil un influjo tan fascinador como el de Heidegger mismo en 1933. ¿Y no era Bloch, cuanto menos, un filósofo serio? ¿Acaso Heidegger sólo conocía a fondo a los filósofos clásicos, desde Parménides a Nietzs-

[3] Ibídem, p. 77.
[4] *Erinnerung...* (Bibl. n.º 7), p. 271.
[5] Ibídem, pp. 283 ss.

che, y no creyó necesario familiarizarse con las nuevas figuras contemporáneas? También estas preguntas sólo las podrán contestar aquellos para quienes llegue a ser accesible la totalidad de los escritos póstumos.

En cualquier caso, Heidegger se manifiesta sobre «1968» de un modo puramente negativo, aunque aquí y allá sugiere (correctamente) que los estudiantes de ahora reclaman las medidas de cogestión universitaria que él quiso presentar en 1933 ante sus mentores, que ellos, por tanto, reanudan en cierto respecto aquella «revolución universitaria nacionalsocialista» que fue sofocada por los profesores reaccionarios y por la dirección del gobierno, y que la exigencia de una mayor «responsabilidad de los científicos» le resultaba tan simpática como la protesta contra el «complejo militar-industrial» de los EEUU. Sin embargo, Petzet informa que Heidegger había tomado parte en persona en la primera fase de la fundación de la Universidad de Bremen, y que su desarrollo posterior había supuesto para él una gran decepción. Al final, Heidegger habría escrito en 1968 a uno de los miembros del círculo de Bremen que la universidad se convertiría necesariamente en una escuela de enseñanza técnica. «Se debería hacerlo en serio. Los politólogos toman a su cargo la orientación espiritual; la salvación de la tradición de lo "espiritual" acaece aparte. Es inútil proceder contra el delirio del mundo técnico. Todo esto se debe ver sin resignación»[6].

Pero ¿no estaba naciendo en Bremen una «escuela superior de partido» y no precisamente una «escuela de formación profesional»? ¿No querían los estudiantes proceder en contra del «delirio del capitalismo», si bien no contra el «delirio del mundo técnico» como tal?

Y, sin embargo, se equivoca de extremo a extremo quien afirme que en su nonagésimo año de vida, Heidegger ya sólo miraba al presente con disgusto, o que por ello se retiró, «murmurando», al «ser» y al «acontecimiento propicio». Quien lea los protocolos del *Zähringer Seminar* de 1973 habrá de llenarse de asombro al comprobar con qué fuerza y frescura intelectual se vuelve el hombre de ochenta y cuatro años hacia sus propios inicios y cuán presente seguía estando para él el orden argumental de las *Investigaciones lógicas* de Husserl. Como Husserl, Heidegger retrocede al

---

[6] Petzet (Bibl. n.º 13), p. 66.

hecho elemental de que él ve ante sí «este libro». Mas, para ver este libro, el hombre debe tener una comprensión de la categoría «sustancia» que no permite ser derivada de los «datos hyléticos» (como dice Husserl) de la intuición sensible, sino que también ha de ser vista de alguna manera e incluso de antemano. Esta es la «intuición categorial», dentro de la cual (¿o de nuevo incluso de antemano?) «ve el hombre también al ser». Así, Husserl, como corrobora Heidegger, «dispensa al ser de su fijación en el juicio»[7] mediante sus análisis de la intuición categorial, mostrando por lo demás que el «ser» no es ningún mero concepto, ninguna abstracción pura. Con ello Husserl le habría llevado a él, Heidegger, al camino que él, Husserl, ya no volvió a recorrer, pues consideraba evidente por sí mismo que el «ser» significaba ser-objeto. Él, Heidegger, llevado así sobre la pista correcta, habría podido ahondar en ella y señalar que toda conciencia se «[funda] en la posibilidad, fundamental para la esencia del hombre, de atravesar una extensión abierta para llegar hasta las cosas»[8]. Como es evidente, esa «extensión abierta» era en *Ser y tiempo* la comprensión del ser previa a las cosas. Pero si el ser no es la proyección de una subjetividad trascendental, sino que «se da», y si su sentido no significa necesariamente «ser objeto» [*Gegenstandsein*], entonces con ello se abre el camino de la última filosofía de Heidegger, que puede suponer el rechazo de ese «humanismo» que alcanzaba su cima en el «pensar de hoy», un humanismo que Heidegger parece considerar en general como un pensamiento marxista, «donde domina absolutamente la autoproducción del hombre y de la sociedad», es decir, se trata de una autocomprensión del hombre que es «la posición del nihilismo más extremo»[9]. Pero no se encuentra el menor indicio de que Heidegger haya desechado en ningún caso la «intencionalidad» husserliana, esto es, la pertenencia mutua entre el ente y la comprensión del ser; sólo que siempre quiso fundarla «en la ek-stática del ser-ahí», y ésta, en un dar-se (sin fundamento) en el «sino» [*Geschick*].

Y así fue como, tomando el mismo punto de partida, Husserl se convirtió en su última época en un decidido defensor del espíritu científico y del racionalismo occidental —precisamente porque

[7] Heidegger, *Seminare*, *GA*, t. 15, p. 327.
[8] Ibídem, p. 380.
[9] Ibídem, pp. 387, 393.

dio cuenta de sus «crisis»—, mientras que Heidegger hablaba en su última época de la «radical inhumanidad de la ciencia, que ahora se contempla con asombro», la misma ciencia que con la «amenazadora destrucción del lenguaje por la lingüística y la información» arrastra al hombre «a lo desmedido» y lo aniquila como hombre[10].

La oposición de Heidegger respecto de las opiniones dominantes, y ello remite —si se quiere usar un término cuestionable y malutilizado por un empleo polémico del mismo— al «rasgo fundamental antiilustrado» dc su pensamiento, encuentra aún en los años setenta algunas de sus más tajantes articulaciones. Así, por ejemplo, es una opinión errada la concepción según la cual «lo racional y la racionalización (desencantamiento) del mundo son algo racional»; la sociedad industrial, «considerada hoy como la primera y última realidad —antaño se la llamaba Dios—», no se deja pensar suficientemente con la ayuda de la dialéctica marxista, es decir, en principio con la metafísica de Hegel; en la realidad actual, que se entiende como sociedad industrial y sociedad del rendimiento, se concibe la poesía como una producción literaria social; los «muchos lenguajes que engatusan a nuestro país» serían, «en verdad, sólo la una y misma cosa de un lenguaje sobre el que, en rápido aumento, se nivela todo decir: el lenguaje informático de los ordenadores»[11].

Pero también eso, que se ha denominado «murmuración», encuentra su nueva expresión de una manera característica. A finales de 1975 Heidegger escribió, a la memoria de Erhart Kästner, una especie de poema en el que aparecen los siguientes versos:

> ¿Están, quienes el clamor del silencio oyen,
> confiados al advenimiento de una remota gracia?
> ....
> Son no oído
> de in-icio
> en la pura anulación:
> figura primitiva del eseyer,
> intransitable a la aniquilación

---

[10] Martin Heidegger, *Denkerfahrungen 1910-1976*, Francfort, 1983, pp. 151, 160, 167.

[11] Ibídem, pp. 152 ss., 159.

en el otro mismo-uno:
El paraje más lejano
de más cercana vecindad»[12].

En enero de 1976, Heidegger invitó a una conversación en la Fillibachstrabe a su compatriota de Meßkirch Berhard Welte, el célebre profesor de teología de la Universidad de Friburgo. Tras unas palabras introductorias, el filósofo le comunicó que, llegado el momento, deseaba recibir sepultura en el cementerio de Meßkirch, la patria común, rogándole a él, Welte, que pronunciara unas palabras en su entierro. Y así, «bajo la señal de la patria, que hace señas, y bajo la sombra de la muerte, que se acercaba de una nueva manera», la conversación se fue acercando por sí misma a la dimensión religiosa, pues, naturalmente, Heidegger debía ser consciente de que el teólogo hablaría con un tono religioso ante su sepultura. Se habló sobre el Meister Eckhart, y el pensamiento de este último habría dejado en el aire, insinuado tan sólo, que Dios era igual a la nada. Así, ante la presencia de la muerte se había vuelto casi palpable aquella región «en la que se daba una especial copertenencia entre el cielo y la tierra, los mortales y los inmortales»; es decir, la cuaternidad[13].

El 24 de mayo Heidegger dirigió unas palabras de saludo a ese mismo Bernhard Welte, quien poco antes había sido nombrado ciudadano honorario de Meßkirch. Allí se decía:

> Al nuevo ciudadano honorario de la ciudad de la patria común Meßkirch —Bernhard Welte — saluda hoy cordialmente el antiguo.
>
> Ambos saludamos, agradecidos, al benemérito alcalde Schühle; saludamos a los concejales y al entero vecindario.
>
> Ambos renovamos también en este día el recuerdo del Dr. Conrad Gröber, asimismo un hijo civil de nuestra ciudad de la patria. Su figura fue determinante para nosotros en épocas siempre diferentes y siempre de diferente manera.
>
> Que sea regocijante y vivificador este día festivo de homenaje. Que sea unánime el espíritu meditativo de todos los participantes. Pues hace falta la meditación, si puede haber aún patria en la edad de la civilización mundial tecnificada e uniforme y mientras pueda haberla[14].

---

[12] Ibídem, p. 185, «*Sind, die das Geläut der Stille hören, / anvertraut der Ankunft einer fernen Huld? / [...] / Ungehörter Klang / von An-fang / in die reine Nichtung: / Urfigur des Seyns, / unzugangbar der Vernichtung / im Selbander Eins: / Fernste Gegend / nächster Nahnis.*»

[13] Bernhard Welte, en *Erinnerung...* (Bibl. n.º 7), pp. 249-253.

[14] *Denkerfahrungen...* (nota 10), p. 187.

Dos días más tarde murió Martin Heidegger, y lo hizo de madrugada, sin enfermedad, sin luchar contra la muerte y con la sola palabra «gracias» en sus labios, dedicada a su esposa. Fue inhumado el 28 de mayo; lo había preparado todo al detalle y tomado las disposiciones necesarias. Junto a su sepultura, su hijo recitó unos versos de Hölderlin, y Welte pronunció el discurso a la memoria del filósofo, tal y como estaba acordado. En el discurso se citaban aquellas palabras que Heidegger había escrito sobre la muerte en 1952: «La muerte alberga [*birgt*] en sí, como cofre de la nada, lo esenciante del ser. La muerte, como cofre de la nada, es el albergue [*Gebirge*] del ser»[15]. Welte no se ocultó[16] a sí mismo que estas frases, con toda su resonancia religiosa, no son ningún testimonio de esperanza o confianza cristianas. El pensar de Heidegger se hizo cargo de la penuria de una época alejada de Dios, pero la «falta de Dios» no había significado para él una mera carencia, sino «la presencialidad, que por vez primera puede hacerse propia, de la plenitud oculta de lo sido». Así, el camino de Heidegger «no podía llamarse sin más cristiano, en el sentido habitual de la palabra». Pero él nunca había dejado de aguardar la epifanía del Dios divino ni roto jamás su vinculación con la comunidad de los creyentes. De ahí que se recitara en su sepultura el salmo «De profundis» y la Oración de Jesús «Padrenuestro»[17].

Así, el curso de la vida del hijo del sacristán de Meßkirch acababa justo donde había comenzado, en la patria y a la sombra de la iglesia de San Martín. ¿Acaso se había alejado de allí alguna vez? Según el testimonio de Max Müller, Heidegger hacía la señal de la cruz siempre que, durante sus caminatas, entraban en las antiguas capillas, y, cuando se demoraba en el hogar de la familia de su hermano, nunca se excluyó de la oración de la mesa común. Pero un cristiano jamás podría haber dicho: «ya sólo un [!] Dios puede salvarnos». Jamás podría un católico rechazar el «dogma romano», sobre todo con la dureza con que lo había hecho Heideg-

---

[15] Martin Heidegger, *Vorträge und Aufsätze*, Pfullingen, 1954, p. 177; ed. cast., *Conferencias y artículos,* trad. E. Barjau, Serbal, Barcelona, 1994, p. 155.

[16] «*verbarg sich nicht*», en el original. Es obvio que Nolte juega aquí con los verbos *bergen* (albergar, salvaguardar), citado por Welte, y *verbergen* (ocultar), también central en la obra del filósofo. (*N. de la T.*)

[17] *Erinnerung...* (Bibl. n.º 7), pp. 253-256.

ger en su lección de Parménides. Y en su lápida no se encuentra una cruz, sino un estrella.

Heidegger había sido y continuó siendo, *también*, el hijo del sacristán de Meßkirch. Pero fue, de igual modo, el pensador a quien muchos tomaron al principio por el portavoz del nihilismo, quien, durante su breve compromiso político, cometió un error que, sin embargo, era más filosófico que el comportamiento correcto de muchos de sus adversarios, y quien, en el umbral de la era de los ordenadores, advirtió a la humanidad de las consecuencias de la informática y la lingüística. Muchos de sus amigos y algunos de sus enemigos lo definieron como el «mayor pensador del siglo XX». Pero nos contendremos por el momento, dirigiendo a la recapitulación de la Observación Final la cuestión de qué se quiere decir cuando se habla de «Martin Heidegger en su época».

MARTIN HEIDEGGER EN SU ÉPOCA

A lo largo de este libro hemos emprendido el ensayo de contemplar a Martin Heidegger «en su época», es decir, en el contexto de las épocas históricas a las que perteneció su vida, desde la *Kulturkampf* hasta la «revolución estudiantil», como podría decirse. Nos hemos preguntado qué es lo que Heidegger percibió o no percibió, lo que retuvo y lo que buscó cambiar de ese período que abarca los dos primeros tercios del siglo XX. En ello residen, a la vez, los límites del planteamiento de nuestra cuestión, pues no se han separado la vida del pensamiento, pero la obra se ha traído a colación sólo en la medida en que fuera significativa para la vida en su «época histórica» y estuviera referida a esa misma época. Es por eso por lo que el tema reza «Política e historia en la vida y el pensamiento de Martin Heidegger». No se puede negar que este planteamiento sólo es de interés público porque existe un fenómeno espectacular por el que Heidegger entró en una relación tan estrecha como relevante con el mundo «de la historiografía vulgar», es decir, su compromiso nacionalsocialista de 1933-1934, así como los efectos resultantes de éste. Sin embargo, no se debe pasar por alto que en todo ello no se trataba de una «excursión» desde el territorio de la filosofía a la región de la política de cada día, pues a ese compromiso subyacía una esperanza «filosófica» que a lo largo de los siguientes años y decenios desembocó, a través de diversas modificaciones, en una esperanza menos confiada y optimista respecto del estado del mundo en total. Ese estado del mundo se caracteriza, según Heidegger, por el dominio del historicismo y la historiografía, que son, en sí mismos, maneras de aparición de la «consumación de la metafísica» y del «dis-positivo». De ahí que la relación con la política y la historia no sea meramente episódica, sino esencial, en la vida de Heidegger y para el pensamiento de Heidegger. Sin embargo, esa relación no era omniabarcante, y en en esa medida no se daba la posibilidad de tratar, en un sentido especialmente pronunciado, de «Martin Heidegger en su época».

La expresión anterior puede tener significados diversos. Si se subraya el pronombre posesivo, entonces de lo que se trata es de una relación extraordinariamente excepcional, es decir, la influencia determinante ejercida por un individuo sobre «su época» o, al menos, la índole especial de ese mismo individuo, en el que así aparecerían los rasgos característicos de la época. En este sentido cabría hablar de «Napoleón en su época», pero es dudoso que fuera admisible elegir como tema a «Bismarck en su época» o a «Churchill en su época». Los coautores de la historia mundial fueron demasiado importantes y numerosos como para que se pueda efectuar una coordinación exclusiva entre esos grandes hombres y la época en la que vivieron, y ello aun cuando se adopte previamente una demarcación regional relativa a Alemania o bien al Reino Unido. En cambio, sí es lícito efectuar esa coordinación cuando se trata de realidades colectivas, como son los partidos y los «movimientos». Así, por ejemplo, cabría hablar del «fascismo en su época», lo que significa que éste fue el fenómeno más característico, esto es, más sorprendente y por sus repercusiones más pleno de consecuencias, de la época comprendida entre 1919 y 1945.

En este sentido tan señalado se podría tal vez hablar de «Martin Heidegger en su período de la Filosofía», de Heidegger, el «revolucionario filosófico», quien, por su acción y reacción, transformó de tal modo la filosofía que por obra de él y después de él ya es otra cosa distinta de lo que había sido antes de su actividad. Dentro del este planteamiento se debería hablar de la filosofía de la vida y de la fenomenología, de Dilthey y Husserl, del pragmatismo y del análisis del lenguaje, de Wittgenstein y Carnap, y se consideraría de mal gusto, o al menos como una *metábasis eis allo genos*, mencionar tan sólo el rectorado de Heidegger o la política de facultad de Dilthey. Sin embargo, estoy convencido de que también se entiende a Heidegger de un modo insuficiente cuando se lo contempla como «únicamente filósofo». Pese a todo, si hemos tenido tan en cuenta al filósofo es para evitar caer en la tentación de omitir lo esencial en favor de lo inesencial, como es el caso de las biografías de Farías y Ott.

«Un hombre en su época» puede significar también que el individuo aislado se encuentra acosado y sacudido por las circunstancias, demasiado poderosas, en las que se halla arrojado, y que, pese a ello, encuentra de algún modo un camino para preservar su

vida o, en todo caso, su dignidad. Así se condujo «Schwejk en su
época», y así también el «cabo segundo Müller» en la guerra mundial, hubiera caído o sobrevivido. El hombre individual no es aquí,
como Napoleón, el sujeto de la época, sino su mero objeto.

Sin embargo, «un hombre en su época» también puede ser la
imagen especular del tiempo que le tocó vivir. En efecto, ese hombre estará en consonancia o en contradicción con las tendencias
más marcadas de su tiempo, constantemente a la pista de lo último, tomando parte de igual modo en sus cimas y sus abismos. En
este sentido, se podría hablar de «Egon Erwin Kisch en su época»
o de «Ernst Jünger en su época».

Heidegger no fue el sujeto de su época, en cualquier caso no de
su época histórica y política, pues lo fueron Hitler y, a su manera,
también Lenin y Stalin; tampoco fue el mero objeto de su época, ya
que ni en la Primera ni en la Segunda Guerra Mundial llegó a ser
un soldado del frente, y no careció de empleo o de medios de sub-
sistencia en el período de entreguerras; en esa misma medida, Heidegger tampoco fue una imagen especular, pues vivió en esa segura distancia de lo inmediato que es característica de la mayoría de
los profesores y, posiblemente, la condición previa más importante para un pensar continuado. Y, sin embargo, en su vida hubo prolongaciones hacia cada una de las tres relaciones fundamentales.

Queremos situar ante la vista una vez más, en un resumen en
extremo conciso, la etapas de la vida y, a la vez, los rasgos fundamentales del pensamiento de Heidegger, siempre que tengan alguna relación con la política y la historia y siempre que se los pueda acercar a la intuición en la forma de «palabras clave».

En 1889, cuando Heidegger nació, la *Kultukampf* había tocado
a su fin gracias al acuerdo que firmaron en Prusia Bismarck y el
papa León XIII, y con ello finalizaba una lucha en la que se habían enfrentado, por una parte, la Iglesia católica, y, por otra, el recién fundado Imperio germánico de Bismarck y el liberalismo, que
había plantado batalla contra los «papistas» y los «enemigos internos». Sin embargo, en la badense Meßkirch se prolongó la *Kulturkampf* hasta que los católicos recuperaron en 1895 la iglesia de
San Martín, en la que el padre de Heidegger trabajó de «sacristán»
y donde su hijo ejerció las actividades de monaguillo y «campa-
nero».

Determinado al sacerdocio y con la ayuda de becas concedidas
por la Iglesia, el joven Martin acudió a los institutos de Constan-

za y Friburgo en calidad de seminarista, iniciando en 1909 sus estudios de teología. En esta época recibió, en especial, la influencia de Carl Braig, el representante más destacado del «antimodernismo», accediendo luego a la filosofía escolástica a través de la obra de Franz Brentano *Del significado múltiple del ente según Aristóteles*, libro que en 1907 le había regalado su mentor, el más tarde arzobispo Dr. Conrad Gröber. En 1910, el estudiante de teología escribe en un artículo periodístico sobre la inauguración de un monumento dedicado a Abraham a Sancta Clara en la ciudad natal de este último, Kreenheinstetten. Allí encontramos la frase: «Que nuestra época de la cultura externa y de los cambios rápidos, sin embargo, mire más hacia delante mirando hacia atrás», y también allí denuncia el filósofo el moderno declive de la salud y del valor del más allá.

Forzado por motivos de salud a abandonar los estudios de teología, Heidegger emprendió en 1911 los estudios de matemáticas y de filosofía en la atmósfera liberal y marcada por el neokantismo de la Facultad de Filosofía de Friburgo, aunque permaneció en el círculo de influencia del la cátedra de Filosofía Cristiana. No en vano, en su escrito de habilitación sobre *La doctrina de las categorías y del significado de Duns Scoto* Heidegger caracterizó su propia tentativa de pensamiento como una «filosofía de la intimidad que rinde culto a Dios», situando la vida del hombre medieval, determinada por la «relación primitiva del alma con Dios», en una oposición positiva respecto de la «prolijidad banal, en cuanto al contenido», de la vida moderna. Sin embargo, postula también una controversia con el «más poderoso sistema de una visión del mundo historiográfica», o sea, con el de Hegel.

El llamamiento a cátedra de Husserl a Friburgo, que tuvo lugar en 1916, significó el comienzo de una nueva etapa que, no obstante, había sido preparada por la fuerte impresión que a Heidegger le habían producido, ya antes de la guerra, las lecturas de Nietzsche y Dostoievski, de Rilke y Trakl, así como el estudio de la las obras de Lask y Rickert. El joven *Privatdozent*, quien, contra sus esperanzas, no había sido llamado a ocupar la cátedra de Filosofía Cristiana, dio un giro a sus intereses hacia la fenomenología y al estudio de Schleiermacher y Lutero. Su matrimonio con la hija de un alto oficial prusiano provocó, al parecer, su distanciamiento del «sistema del catolicismo», lo que supuso, probablemente, el primer «viraje» y un trauma duradero en su vida, pues implicaba la ruptura del voto solemne contraído por la educación católica de su infancia. Después de la guerra, que externamente apenas le afectó e internamente sólo de un modo difícil de reconocer en su justa medida, postuló en sus lecciones un «ateísmo por principio», pero siguió criticando como antes la «celeridad desarraigada del presente».

Llamado en 1923 a Marburgo, produjo un gran efecto sobre sus oyentes y, sobre todo, sobre un círculo de discípulos significativos, efecto que irradió al resto del mundo con la publicación, en 1927, de *Ser y tiempo*. Y con esa tentativa de vincular el antiguo concepto heredado de «ser», en firme oposición respecto de su significado clásico, con el «tiempo», sin duda con la temporalidad del ser-ahí humano como temporalidad extática, se convirtió, así, según la opinión generalizada, en el campeón del existencialismo y el nihilismo, es decir, de una nueva forma de la filosofía trascendental que rechaza la kantiana prueba moral de la existencia de Dios y entrega al hombre individual a su desnudo «estar arrojado», mientras que el «ser» y el «mundo» son reducidos al mero «proyecto». Referencias marginales al «pueblo», al «destino» y a los «héroes», por los que el ser-ahí puede optar expresarse, encuentran escasa consideración por parte de Heidegger; una atención mucho mayor, sin embargo, merecen las afirmaciones, de acento bastante desdeñoso, relativas al «Se» y al «espacio público».

Desde 1928, y de nuevo en Friburgo como sucesor de Husserl, Heidegger desplegó una brillante actividad, y la definición del hombre como «el que sostiene el sitio de la nada», ofrecida en su lección inaugural, le hizo aparecer aún más ante el espacio público como un «nihilista». Al parecer, el desarrollo de la República de Weimar y, en especial, el avance del comunismo le llenaron de una gran preocupación, aunque de estos temores y cuidados no aparece ninguna expresión directa en sus libros, conferencias y lecciones.

De ahí que para el espacio público —en la medida en que, en medio de la conmoción de los sucesos de la «toma del poder nacionalsocialista», hubiera prestado siquiera atención a las universidades—, fuera una gran sorpresa el que Heidegger se hubiera dejado elegir como rector e ingresara en el Partido Nacionalsocialista. Y es evidente que, en su discurso rectoral, Heidegger estaba haciendo expresa una de sus más antiguas convicciones al decir que la «agonizante cultura de la apariencia» se hundía ahora en sí misma. Sin embargo, no resultó del todo claro para sus observadores lo que él quería establecer como «lo nuevo», y seguramente hizo que se extrañaran sus mejores amigos cuando en verano, durante un llamamiento a los estudiantes, Heidegger formuló lo siguiente: «No son los "dogmas" ni las "ideas" las reglas de vuestro ser. El *Führer* mismo y sólo él *es* la realidad actual y futura y su ley.» Sin embargo, cabría preguntarse cómo se concilian la definición de Heidegger de la ciencia, entendida como el «inquisitivo mantenerse firme en medio del ente en total que permanentemente se oculta», con la «visión del mundo de Adolf Hitler», quien creía saber con total certeza que la verdadera realidad consistía en la «sustancia de carne y sangre» del pueblo alemán, realidad que estaría amenazada por el asalto del «intelectualismo judío» y que, por ello, debía ser asegurada para la eternidad mediante la aniquilación de esa amenaza y mediante la conquista de un mayor «espacio vital». No fueron meras diferencias externas las que condujeron a Heidegger en 1934 a la dimisión de su cargo.

Pero Heidegger no se convirtió luego en un «combatiente de la resistencia», como tampoco en uno más de quienes optaron por el «exilio interior». Sus lecciones sobre Hölderlin y sobre Nietzsche permitieron que se hiciera mucho más claro lo que él había buscado, pero no hallado, en 1933, y por ello había cometido un error que, sin embargo, no fue un *mero* error. Ciertamente, Heidegger equiparó al nacionalsocialismo, de una manera apenas disimulada, con el bolchevismo y el americanismo, considerándolo una forma de aparición de una modernidad en la que «no impera lo presente [*Anwesende*], sino que domina el asalto»; sin embargo, en su interior, Heidegger no llegó a separarse del pueblo alemán, que para él continuó siendo «el pueblo con más vecinos y, por tanto, el pueblo más amenazado y en todo ello el pueblo metafísico», dirigiendo sus más duras palabras a la entrada de los EEUU en la guerra. Fue, precisamente, durante los últimos años de la guerra cuando Heidegger realizó algunas de sus más negativas declaraciones sobre el Dios autoritario del Antiguo Testamento y sobre el «gigantesco bastión de la esencia de la verdad, determinada, en un sentido plural, "romanamente"». Pero también habló de «la maravilla de todas las maravillas, que *es* ente», y en éste su ser deviene «experienciable» «únicamente para el hombre de entre todos los entes». En ello sale a la luz el motivo fundamental de Heidegger, motivo que se destaca considerablemente sobre lo político, es decir, el de despojar de su ser-habituales a las «cosas habituales»: «un árbol, una montaña, una casa, el canto de un pájaro», haciendo que puedan ser vistas como lo extraordinario que ellas *son*.

Desde 1945, y en medio de la época, dura y opresiva para Heidegger, de la «depuración política», este motivo se hizo patente con mayor fuerza cada vez, determinando en gran medida su «última filosofía» con los conceptos «acontecimiento propicio» y «cuaternidad». Es posible contemplar esos dos conceptos a partir de las experiencias y decepciones políticas de Heidegger, y entonces se podrá ver un giro hacia el «quietismo» y la «religiosidad» en el último y más largo período de la vida del filósofo, que ya no estará caracterizado por acontecimientos tan relevantes como lo habían sido la publicación de *Ser y tiempo* y la aceptación del rectorado. Pero es evidente que hay raíces metapolíticas para expresiones como «el hombre es el pastor del ser», para un término como el del «olvido del ser» y para una frase como «Por todas partes gira el hombre, expulsado de la verdad del ser, en torno a sí mismo como *animal rationale*». Y pueden aducirse buenas razones para ver, en la derivación del «estar a la vista» a partir del «estar a mano» en *Ser y tiempo*, la base de aquella «hostilidad contra la ciencia» que se destacaría en el último Heidegger de un modo tan señalado, no siendo, sin embargo, sino la otra cara del mantenerse aferrado al «mundo humano». Ello se revela, tal vez del modo más sorprendente, en la afirmación según la cual el espacio cósmico es «carente de mundo» y la Luna desaparece como Luna al ser pisada por los astronautas, pues desde ese momento ella habrá dejado de salir y de ponerse.

Heidegger debió tener la impresión de estar oyendo algún malsonante graznido cuando, desde la profundidad de sentido de su filosofía, hubo de atender una y otra vez a las preguntas sobre su error político y a las voces que le exigían «confesiones de culpa» a propósito de los campos de la muerte nacionalsocialistas. Pero él no se encontraba dispuesto a ofrecer una respuesta adecuada a esos interrogantes, sino sólo a las nivelaciones y difuminaciones de la entrevista del *Spiegel*, y por ello hubimos de llamar a este episodio el punto más bajo al que había llegado esa vida dedicada al pensamiento. Heidegger podía haber dado una respuesta adecuada desde sus conceptos de la «historia del ser» y de la «consumación de la metafísica». Y quizá encontremos una respuesta esclarecedora, aunque seguramente no será adecuada, si partimos del concepto historiográfico del «sistema liberal» o de la «sociedad problematizante-problemática». Heidegger mismo fue una encarnación de esa sociedad que se presenta a la vista en inumerables facetas o modificaciones individuales. Sin embargo, parece que él nunca llegó a reflexionar explícitamente sobre ello.

El elemento más antiguo de esa sociedad es el cristianismo católico, que ha sobrevivido inquebrantado, si bien con algunos cambios, cerca de dos milenios. La leyenda que describe a Pedro como el primer papa de Roma posee cierta verdad interna, pues muestra la temprana vinculación de la nueva fe con el mundo romano, a cuya destrucción contribuyó y del que tantas cosas adoptó. Sin embargo, esta fe era judía en su origen, y el monoteísmo judío continuó siendo su carácter principal, aun cuando el severo y encolerizado Yahvé del Antiguo Testamento se había convertido entretanto en el amantísimo y misericordioso Dios y en el Padre de Jesucristo. Pero hacía tiempo que lo griego había entrado a formar parte de lo romano, y, gracias a la actuación de los Padres de la Iglesia, Platón y Aristóteles pasaron a convertirse en los iniciadores de la «filosofía cristiana». Ésta era, sobre todo, una doctrina de la creación e inteligibilidad del mundo, en el que el hombre ocupaba una posición singular como criatura y como portador del *intellectus*, es decir, de la *ratio*. En efecto, perecedero como el resto de las criaturas y, sin embargo, dotado de un alma inmortal, el hombre podía llegar por su conocimiento y fe hasta Dios, al que se entendía como el ser perfecto, es decir, sin negatividad, y del que eran propias tanto la omnipotencia como la omnisciencia. El hombre, pues, vivía en un mundo de Dios, un mundo que no habría sido creado por él y en el que en modo alguno era como una simple ola en el océano; es más, en el edificio de pensamiento de Tomás de Aquino podría parecer como si, dentro del mundo de Dios, el mundo del hombre tuviese una estructura organizada tan bella como la de aquél. En efecto, se trataba de una estructura en la que ocupaban una posición igualmente significativa tanto los campesinos y los mendigos como los ciudadanos y la nobleza, llegando hasta el káiser y el papa. En cambio, pronto comenzó a retroceder considerablemente el peso de aquella convicción, tan arraigada en el cristianismo antiguo tardío, acerca de la abyección de «este mundo», aunque siguió viva en la medida en que se había rechazado la antigua concepción judía de un reino de Dios en la tierra en favor de la idea de una redención que sólo tendría lugar en el más allá, por no ha-

blar de fenómenos heréticos marginales. De un modo análogo, en
la teología, con el acercamiento a Dios por el pensamiento y las
ideas, se dio prioridad a la *via eminentiae* respecto de la *via negationis*; es decir, se concedió superioridad a la posibilidad de pensar a Dios como el todopoderoso, omnisciente, supremamente justo y que ama con amor puro, respecto de la otra posibilidad, la de
salir al encuentro del *deus absconditus* con temor y temblor, un
Dios que, así, era la antítesis de todo lo conocido y, por ello, en
cierta medida, se identificaba con «la nada». Aunque no era una
unidad fijada de una vez por todas, la religión cristiano-católica
dominó completamente al mundo medieval desde sus iglesias y
monasterios a través del repicar de sus campanas, que llamaban al
servicio de Dios y cuyo sonido atravesaba todo el territorio de Occidente, y desde el sentimiento de piedad que llenaba al pueblo y
penetraba incluso hasta la más pequeña aldea. Sin embargo, su dominio no fue tan intenso como el ejercido por el islam sobre sus
creyentes, quienes, en cuanto *umma*, en cuanto comunidad de los
creyentes, debían rezar cinco veces al día echados en el suelo y en
dirección a La Meca. Pero tampoco se daba en el cristianismo de
la época ningún «califa» que representara el gobierno mundano y
espiritual; el vértice supremo de hallaba repartido entre dos «poderes», el papa y el káiser, bajo los cuales se encontraba una nobleza guerrera que en ninguna época llegó a ser una mera nobleza
de espada, y ello a pesar del sistema feudal y de la ministerialidad.
De igual modo, en los huecos de esa estructura triádica existían las
ciudades libres, que se gobernaban a sí mismas y respecto de las
cuales no se dio nada análogo en Oriente o en Rusia. Los campesinos constituían la base de una sociedad que no era una simple
«sociedad» en el sentido moderno de la palabra, y no eran meramente pasivos, sino que, en cuanto fuente permanente de renovación para un clero que (en principio) vivía en el celibato, podía llegar a los puestos más altos. No era una pura imaginación, por tanto,
cuando el romanticismo idealizó más tarde esta sociedad, que era
una comunidad creyente situada «entre el tiempo y la eternidad»,
aunque naturalmente cabría descontar de lo anterior la cruel represión de los herejes, las continuadas guerras y reyertas, los duros castigos y la peste que también caracterizaban a esa época.

Como hemos visto, es difícil encontrar un lugar en el que ese
mundo se encontrara tan vivo como en la Alta Suabia, con sus iglesias, castillos y antiguas ciudades libres del Imperio. Es indudable

que Martin Heidegger llevaba en su interior la honda impronta de ese medio. Si todavía hay alguien de veinticinco años que quiera escribir una filosofía de la «intimidad rinde culto a Dios», ése estará tocado en su fuero más interno por ese «mundo de Dios», y tendrá que rechazar, con una mirada de condena, la prolijidad banal de los rápidos cambios de la modernidad.

Pero ya desde los inicios del siglo XVI, y precisamente por obra de la Reforma, ese mundo católico había comenzado a añadir, a las diferencias ya presentes hasta entonces, la nueva y decisiva diferencia de confesiones. Como tal, de ésta no resultó en modo alguno un espítitu moderno, sino más bien, en buena medida, una reacción cristiano-fundamentalista contra la «secularización» de la Iglesia en el Renacimiento. Sin embargo, esa diferencia de confesiones era el presupuesto elemental de toda «modernización», pues suponía plantear la reivindicación de una verdad religiosa que entraba en competencia con la primera, lo que ofreció al individuo la posibilidad de negar los dos «absolutismos» y buscar un nuevo camino. Los ejemplos de John Locke y Pierre Bayle permiten constatar esta «productividad de la diferencia». Pero ya el «sacerdocio general» de Lutero había significado el rechazo de una autoridad hasta entonces intocable y, con ello, la promoción de la libertad individual de decisión. Mas, en último término, también implicaba una «secularización» y, a consecuencia de las nuevas Iglesias provinciales, con el príncipe como obispo supremo, también supuso una regionalización, es decir, por su tendencia implicó una «nacionalización». Además, deshizo la armonía entre la «naturaleza» y la «gracia» y, en esa medida, también la inserción unitaria del «mundo de Dios». De ahí que el pensamiento católico siempre haya visto en la Reforma el primer levantamiento del espíritu rebelde del hombre contra la autoridad fundada por Dios y, por tanto, el origen de todas las demás revoluciones. En cambio, los pensadores protestantes y, más adelante, los liberales identificaron en los hechos de Lutero, Zuinglio y Calvino el origen de todo progreso histórico, el primer impulso de salida desde la inmovilidad de una sociedad estamental, incluso de castas, que estaba unida por la religión pero que era incapaz de desarrollo. Es indudable que Heidegger compartió la primera concepción hasta la Primera Guerra Mundial, pero entonces desvió su rumbo hacia el estudio de Lutero y de Schleiermacher, y en 1919 se separó definitivamente del «sistema del catolicismo». Sin embargo, no expresó ninguna protesta cuando su esposa lo definió como «de pensamiento protestante» en contraste con Engelbert Krebs, o cuando Husserl, al parecer, lo trataba como a un «antiguo» católico. Con ello daba Heidegger un paso que en la historia del mundo ya había tenido lugar cuatrocientos años antes; pero, al igual como en el desarrollo histórico mundial, ese paso no condujo a la victoria de una nueva fe sobre la antigua, sino más bien a la coexistencia de dos realidades, a conflictos internos y a tensiones. Pero algo hay seguro: que Heidegger no habría podido escribir *Ser y tiempo* si hubiera continuado siendo, enteramente y sin reservas, un habitante de Meßkirch, y quizá tampoco si hubiera ocupado la cátedra de Filosofía Cristiana. No obstante, aunque hizo amistad con algunos teólogos cristianos como Rudolf Bultmann, y aunque permitió que sus hijos recibieran una educación católica, Heidegger nunca llegó a formar parte de un mundo de vida evangélico, y jamás efectuó la salida oficial de la Iglesia católica.

En principio, Heidegger no parecía estar interesado por el Renacimiento-Humanismo ni por su correspondiente orientación hacia la antigüedad griega, pero tampoco por la religión protestante y de tintes ilustrados de la época de Goethe. Heidegger sólo encontró su camino hacia los presocráticos a través de Nietzsche, y el acceso a Hölderlin a través de Von Hellingrath; fue únicamente en su última época cuando trabó una relación más estrecha con la obra de Goethe. Fichte, Schelling y Hegel eran parte de una ocupación, prolongada a lo largo de toda su vida, con los «grandes filósofos», y sólo en casos excepcionales se ocupó de y estudió a aquellos que habían sido filósofos de segunda categoría. Sé de buena tinta que durante sus seminarios hubo alguna ocasión en la que Heidegger, señalando a la «literatura filosófica mundial» apilada en las estanterías, afirmó con tono despectivo que «la mayor parte de todo eso no tendría que haberse escrito». ¿Cómo hubiera podido interesarse por la ingente plenitud de detalles de la «historiografía»?

La consecuencia más importante de la Reforma fue el nacimiento de la ciencia moderna y de la Ilustración. Y, en la medida en que dieron una importancia central a la soberanía de la «razón» y adoraron a los «forjadores del mundo», la ciencia y la Ilustración supusieron un giro transformador de la concepción del «mundo de Dios», pues la «razón» significaba aquí tanto como la «razón del mundo», fundadora de la inteligibilidad de mundo y de la capacidad de concocimiento del hombre. Mas, por otra parte, fueron ilustrados como Diderot, La Mettrie, Helvétius y también Rousseau los mayores responsables del entronizamiento de la razón, al poner de relieve los instintos y el sentimiento, y de la suplantación del «mundo de Dios» mediante el «mundo del hombre», algo que, a su manera, ya habían emprendido Francis Bacon con su «*regnum hominis*» y Berkeley con la equiparación del *esse* con el *percipi*. *Ser y tiempo*, por su derivación del «estar a la vista» desde el «estar a mano» y por el concepto de «ser-en-el-mundo», así como por la expresión «las fuerzas configuradoras de mundo del ánimo humano», parece situarse en la estela de esa segunda vertiente de la Ilustración a la que, a su manera, pertenece también el criticismo kantiano, mientras que la cosmología hegeliana es un ejemplo señalado de la concepción racionalista, desde la cual se define al hombre como la autoconciencia de la razón del mundo y, en esa medida, de Dios.

Pero la orientación antropocéntrica de la Ilustración encerraba también en sí misma una tendencia política de la que no cabe hallar en *Ser y tiempo* analogía alguna. Como aquélla se había dirigido contra el *ancien régime* y el absolutismo, hizo del concepto de la «igualdad» su bandera, y en su forma extremista quiso extirpar la raíz de la desigualdad, que consideraba situada en la propiedad privada. Sus protagonistas fueron Morelly y Mably, así como Linguet, siendo en Babeuf donde el igualitarismo alcanzó su cima, y ello en la medida en que llegó a tachar de conspiradores contra la igualdad a «los más inteligentes». No es difícil ver que esta concepción podía conectarse con el rechazo de la «avaricia», heredado de los antiguos y de los Padres de la Iglesia, y con la realidad, aún vigente pese al absolutismo, de la «democracia de aldea». Pero esa concepción también representaba, al mismo tiempo, una crítica «progresista» a la sociedad aristocrática *y* una negación reaccionaria y radical de la complejidad, ya evidente, de la vida moderna y sus fenómenos de división del trabajo, diferenciación y profesionalización. En la Revolución francesa, esta tendencia adquirió un fuerte impulso con los *enragés* de Jacques Roux, el *sansculotte* radical Hébert y la conspiración en pro de la igualdad de Babeuf, aunque fue una y otra vez demorada y reprimida. En esos hombres y movimientos nació la forma sempiterna de la extrema izquierda, que es un movimiento de protesta «eterno», pues sus reivindicaciones de fondo permanecen idénticas en todas las épocas.

Y ello es así porque la extrema izquierda, en su núcleo, no se dirige meramente contra estructuras sociales concretas y «privilegios» obsoletos, sino contra la estructura social en absoluto, es decir, contra toda desigualdad fijada e institucionalizada. Pero no sabría mencionar ni un solo pasaje de las obras de Heidegger en el que se hable de esos hombres y movimientos o de la Revolución francesa en sí misma. Sin embargo, hay varios lugares en los que el filósofo subraya tanto el «rango» y el «nivel», que uno no puede menos que atribuirle una mayor cercanía al lema «orden, diferencia, distancia» de la derecha, configurada a partir de aquellos procesos, que al de «libertad, igualdad y fraternidad» de la izquierda cohesionada de entonces.

Tampoco se manifestó Heidegger con demasiada frecuencia sobre la «revolución industrial». Ya citamos más arriba aquella declaración sobre el desarraigo y la carencia de patria del hombre moderno, algo que él había aprendido de Hegel y Marx. En la página 392 de las *Contribuciones* encontramos la frase siguiente: «La máquina, su esencia. La servidumbre que ella fomenta, el desarraigo que ella trae. "Industria" (empresa): los obreros industriales [son] arrancados de la patria y la historia, vendidos a un salario. Educación de máquinas, la maquinación [*Machenschaft*] y la comisión [*Geschäft*]. ¿Qué giro transformador se establece aquí? (¿mundo-tierra?) La maquinación y la comisión. El gran número, lo gigantesco, pura expansión y creciente banalización y vaciamiento. La necesaria caída en lo ramplón y lo inauténtico.»

Las afirmaciones de Heidegger acerca de la época historiográfica de la revolución industrial son, pues, bastante concisas e insuficientes; pero la «maquinación» y la «banalización» forman parte de aquella crítica del presente que se prolonga a toda la obra de Heidegger y en cuya conexión con el concepto de la historia del ser es evidente que alcanza una dimensión más profunda de lo que pudieran hacerlo los análisis «historiográficos» de la «doble revolución».

Evitaré preguntar ahora si la crítica del presente también se vincula con las escuelas filosóficas a cuya influencia se abrió el joven Heidegger con total espontaneidad, escuelas que no eran sino la filosofía de la vida, el neokantismo y la fenomenología. Pero tampoco preguntaré si esa crítica del presente no responderá en su esencia a la tradicional crítica católica a la secularización, la descomposición y la revolución, sin que sean por ello idénticas. Quiero, más bien, dirigir por un momento la atención al más singular de los elementos presentes en el «polígono» del sistema liberal o de la sociedad problematizante-problemática, es decir, el judaísmo. Como elemento, el judaísmo está contenido, precisamente, en el cristianismo más antiguo, y lo está, por cierto, de un modo más claro que la filosofía de los griegos. Pero el judaísmo también continuó viviendo como tal, al contrario que el elemento de lo griego antiguo, al lado del cristianismo, si bien tolerado y combatido, separado y separándose, despreciado y, no obstante, desempeñando un papel destacado en el fomento de la economía de mercado y de la monetaria. Gracias a la Ilustración, los judíos fueron liberados como individuos (Lessing), pero severamente combatidos como grupo (Voltaire). En efecto, la máxima de la Ilustración en este punto era la de concederles todo en cuanto hombres y negarles todo en cuanto nación. Siguiendo un principio muy similar, el Imperio de Bismarck quiso en sus inicios otorgar sin restricción el derecho de ciudadanía a los católicos individuales, pero no estaba dispuesto a tolerar un partido católico ni la internacionalidad de la Iglesia. En ambos casos salió a la luz con toda claridad el problema de base del sistema liberal, consistente en haber hecho que convivieran juntos hombres de procedencia histórica diferente sin tomar en cuenta sus identidades, es decir, sin despreciar ni fijar las diferencias; simplemente se dejó que éstas llegaran a ser productivas, si bien en un amargo conflicto que, no obstante, no fue el de una guerra civil o el de un análogo de ella, como lo sería, por ejemplo, una deportación. Y así fue cómo los judíos se dividieron entre los promotores de la emancipación, que habría de identificarse con una asimilación, y sus adversarios, que querían preservar el carácter de «religión del pueblo». Los unos habrían de dividirse aún en moderados y radicales, mientras que los otros lo harían en tradicionalistas (religiosos) y secularistas («nacionalistas», sionistas). Los defensores de la emancipación radical se sumaron a los movimientos revolucionarios, que aspiraban a una humanidad indiferenciada y pudieron apoyarse en o invocar una de las tradiciones más características del judaísmo: a la tradición del mesianismo del más acá, del venidero reino de Dios sobre esta tierra, lo que significaría al mismo tiempo, según habían anunciado los profetas, la victoria del pueblo elegido de Dios. Como reacción a esto surgió entre los liberales un «antisemitismo» que rechazaba la rigidez e inmutabilidad de la Ley judía. Así ocurrió entre los conservadores, que ante

todo lucharon contra los judíos revolucionarios, y también entre
los socialistas, quienes habían visto en los judíos —especialmente en Rothschild— a los representantes del mammonismo. Sin embargo, se trataba de un grupo relativamente minoritario que ofreció una interpretación indudablemente excesiva. En efecto, de
acuerdo con esa interpretación los judíos no habrían caído atrapa-
dos, como consecuencia de poderosas tendencias históricas de desarrollo, en una situación difícil aunque significativa en algunos
aspectos, sino que ellos serían los *causantes* de esos procesos de
la historia mundial. Mas, aun en este grupo, sólo muy rara vez se
exigió que se exterminara por ello a los judíos como si fueran bac-
terias perniciosas.

El primer judío significativo con el que Heidegger se encontró
fue Edmund Husserl, pero la cuestión es la de si Heidegger llegó
a percibir alguna vez a su maestro como judío, pues Husserl pertenecía a la confesión evangélica. Sin embargo, más tarde conoció
a un buen número de ellos, tanto en el círculo de discípulos de Husserl como por sí mismo: Hans Jonas, Edith Stein, Wilhelm Szilasi, Hannah Arendt, Herbert Marcuse, Helene Weiss y otros. Ninguno de ellos afirmó jamás que hubiese advertido en Heidegger
«tendencias antisemitas». Pero, aunque se pudieran probar tales reacciones y sensaciones, el concepto nivelador «antisemitismo» no
haría sino encubrir lo decisivo, que sin duda Heidegger ni tan siquiera intentó (lo que sí hizo, de forma explícita, un pensador tan
destacado como Ludwig Klages) vincular sus «grandes conceptos» —como el del olvido del ser o el de la consumación de la metafísica— con «los judíos». En esa medida fue él la antítesis de
Adolf Hitler, y lo seguiría siendo aun cuando hubiera dicho ocasionalmente que no tenía simpatía alguna por los judíos, o que en
América los judíos trabajaban contra él.

En el siglo XIX, el europeo fue finalmente consciente de que
esa sociedad tan rica en conflictos, que no sólo no había perecido
en la Francia de la Revolución francesa, sino que se había desple-
gado, era una sociedad de crisis espirituales y políticas y no sólo
de crisis económicas. El despegue de la industria textil inglesa destruyó ampliamente la producción artesanal autóctona de Westfa-
lia, pero en el propio Reino Unido atrajo una gran atención y suscitó el primer «movimiento obrero» la traumática muerte de los
telares artesanos, que fueron desplazados por los telares mecáni-
cos, al igual que había sucedido antes con los hiladores. No era

como si en los siglos precedentes no se hubiera conocido ninguna crisis. Pero en el pasado, el hambre, las catástrofes naturales y las epidemias se concebían como partes constituyentes del «mundo de Dios», que, por su aspecto más inmediato, también podía denominarse el mundo de la naturaleza superpotente, que en modo alguno era un paraje idílico. Sin embargo, en esta ocasión se trataba de crisis resultantes de una competencia en continuo ascenso, del empleo indiscriminado de nuevas máquinas y de la diferencia implícita en las condiciones sociales previas. Las crisis económicas respondían a crisis políticas y espirituales. Crisis de este género fueron las luchas por la libertad de pueblos enteros como el griego o el irlandés o la batalla sostenida entre los adversarios y los partidarios de la revolución por escribir la historia, y todas ellas avanzaron a través del poderoso despliegue de la esencia del tiempo, acercándose al hombre con una palpabilidad y cercanía a la piel que aún se desconocía en el siglo XVIII.

Pero esta era de crisis y de conciencia de las crisis fue, al mismo tiempo, la era de las mejoras y de la fe en el progreso. Hasta en el Reino Unido se habían suavizado las bárbaras leyes penales, pues habían dejado de efectuarse ejecuciones públicas, y por todas partes se habían suprimido las torturas. Respecto de esta situación cabría repetir lo que Turgot ya había dicho en 1750: «les moeurs s'adoucissent».

Es muy comprensible que numerosos pensadores persiguieran una «gran solución» para esas crisis desde el espíritu de la Ilustración y del humanismo. Los liberales apelaron a tendencias de desarrollo visibles que esperaban ver cumplidas en el futuro. Así, para Richard Cobden el libre cambio conduciría a la unificación de la entera humanidad, de modo que las guerras y las controversias violentas quedarían relegadas a un oscuro pasado, aunque previó para ello un espacio de tiempo de quizá mil años. Sin embargo, el primer socialismo trasladó esa «gran solución» a un futuro mucho más próximo, y de él es característico su recurso a las ideas primitivas de aquellos utopistas que aspiraban hallar una solución en la «democracia de aldea», con sus relaciones transparentes, su relativa autarquía, su principio de la ayuda recíproca en lugar de la competencia y su carencia de estructuras fijas o de división institucionalizada del trabajo. Los «falansterios» de Charles Fourier son razonablemente modernos en la medida en que todos los dispositivos entraban simultáneamente en movimiento mediante la fuerza de las máquinas; pero, sin duda, también son arcaicos en la medida en que los dos mil habitantes del falansterio se conocían personalmente y nadie dedicaba más de una cuantas horas a la realización de un mismo tipo de trabajo. En cuanto partido, ese primer socialismo fue, por tanto, una forma de aparición de la izquierda igualitaria y «eterna», y por ello habrá de ocupar una posición destacada en un análisis de la esencia de los partidos del siglo XIX, porque la suya es una posición que responde a un tipo ideal y, por consiguiente, en esencia es siempre la misma. Pero esta «gran tentativa de solución» sólo pudo ser eficaz cuando Marx y Engels criticaron despiadadamente lo «reaccionario» y lo «reaccionario radical» que era característico de ella. Con una decisión mucho mayor, aquellos abrazaron el partido de la creencia procivilizadora en el progreso, como ya habían hecho Fourier y Owen, y, por cierto, mediante la tesis según la cual el socialismo tenía como presupuesto indispensable el completo aprendizaje y reconducción del capitalismo. De ahí que el partido marxista pudiera situarse, en las luchas políticas de la época, del lado de la burguesía liberal de izquierdas y contra «las fuerzas reaccionarias del feudalismo», si bien con el franco propósito de cavar la tumba lo antes posible a sus aliados temporales. Adoptando esta forma, la idea de la «gran solución» se convirtió en una de las más poderosas fuerzas políticas de la segunda mitad del siglo XIX, que sólo culminó con el estallido de la guerra mundial de 1914. Como síntesis paradójica de lo más moderno y de lo arcaico (la idea de un «comunismo primitivo» que habría de ser restaurado «en un estadio superior»), el marxismo ejerció un gran poder de atracción, y no sólo entre los trabajadores, sino también entre los intelectuales. Pero junto a él permanecieron siempre tendencias de pensamiento de distinta especie, y nunca llegó a ganarse a la «entera inteligencia» del Reino Unido y Francia, de Alemania e Italia, como sí lo había hecho en Rusia la orientación de los *naródniki* y de sus sucesores.

En efecto, no sólo fue la orientación, todavía homogénea, de los «progresistas reformadores», es decir, de los liberales de izquierda, la que continuó gozando de una existencia llena de fuerza —pese a algunas bajas y gracias a nuevas adquisiciones, como, por ejemplo, la de Eduard Bernstein—, sino también la tendencia antirrevolucionaria de pensamiento, que se oponía radicalmente a la anterior. Ésta había denunciado desde un principio la destrucción de las instituciones, necesarias para el Estado y la vida espiritual, que había emprendido la izquierda, la destrucción de aquel «estar insertado», de aquel «estar estructurado» del que dependía la historia humana. También esta tendencia logró un inesperado fortalecimiento mediante nuevos desarrollos, como el darvinismo y su concepto de la *survival of the fittest*, y en un pensador como Nietzsche adoptó el antiguo conservadurismo, sin perder su reconocibilidad, rasgos revolucionarios. Pero su juicio global sobre el desarrollo histórico era de extremo a extremo negativo. Lo que se percibía era, sobre todo, decadencia, disgregación, masificación y descomposición de la cultura. Todo ello se basaba en observaciones acertadas, y si uno quisiera poner ante sus ojos un ejemplo concreto de tal destrucción, entonces sólo hace falta pensar en la universidad alemana, que hace treinta años —pese a sus inequívocos signos internos de debilidad— todavía era una institución claramente cohesionada, que se tenía en alta estima y se honraba a sí misma, una institución que a menudo era admirada y venerada por sus miembros estudiantiles. Sin embargo, hoy parece una imagen formada a medida de masas sin rostro a las que sólo une el más paradójico de todos los conformismos, el conformismo de izquierdas, y que, por lo demás, consideran su período de vida académico como un campo de entrenamiento para la política. Pero, si uno agudiza la mirada, entonces se reconoce que dentro de esas partes inconexas, desconocidas entre sí, en modo alguno domina la ausencia de estructura, sino que se realiza una labor intensa y muy capaz. Hasta ahora, el hecho es que el asalto de la extrema izquierda sólo destruyó estructuras concretas, pero generó en su lugar otras nuevas o dejó que siguieran existiendo los restos de las estructuras antiguas que aún eran capaces de funcionar.

Y esta observación se convirtió en un poderoso argumento cuando la «gran tentativa de solución» tuvo su primera oportunidad de realizarse. Esa revolución despertó, mucho más allá de Rusia, un entusiasmo similar al que la Revolución francesa había proyectado por todo el mundo desde Francia. Así, en 1918-1919 debió de parecer, al menos por unos instantes, como si las masas de soldados y obreros de los Estados beligerantes o en armisticio se dispusieran a obedecer el llamamiento a la guerra civil del partido comunista ruso y a eliminar a los burgueses, explotadores, aniquilando a los oficiales culpables de la guerra. Pero muy pronto comenzó a ganar adeptos el argumento según el cual esa revolución victoriosa resultaba bastante «rusa» y, por tanto, «asiática» y «despótica». En efecto, estos últimos opinaban que Lenin no era sino el nuevo sustituto del antiguo zar, y la aniquilación de las clases, que se estaba llevando a cabo, resultaba aún más horrible y antihumana que la guerra recién finalizada. Sin embargo, aunque no se hizo esperar el fracaso del planteamiento cosmopolita de los fines de la revolución, continuó siendo una fuerte amenaza, y no puedo coincidir con Golo Mann cuando declara que el KPD de la República de Weimar representaba una cantidad despreciable. En 1930 ya se podía reconocer con claridad que el nuevo sistema de economía planificada había puesto en obra una inimaginable movilización de todos los recursos, pero fue precisamente por ello por lo que hizo posible catástrofes terribles, tales como la muerte por inanición de millones de hombres. Respecto de esas catástrofes no existía ningún verdadero equivalente en la crisis económica del Oeste, y ello a pesar de la carestía y del desempleo que allí se daban. Por su parte, el sistema capitalista y de economía de mercado anduvo balanceándose, como un barco en aguas agitadas por la tempestad, en un arduo proceso de reajuste que sólo tuvo un éxito parcial. No pocos intelectuales prefirieron la imparcialidad de la economía planificada, que a nadie permitía «ingresos inmerecidos» a base de intereses y créditos, a la parcialidad de la economía de mercado, que parecía limitarse al reparto arbitrario de lotes del todo desiguales.

Había llegado la gran hora de una «tentativa menor de solución». Esa tentativa menor de solución rechazó el aparente internacionalismo de la gran tentativa de solución, que en el fondo era más «rusa» que internacional. Aparte, su relación con la propiedad privada de los medios de producción era más positiva que la del socialismo ruso, que por sus condiciones previas respondía más bien a un «capitalismo de Estado». Pero, al mismo tiempo, también quería ser un socialismo que diera al Estado la última palabra en la economía; y no se trataba de aniquilar clases enteras, sino de eliminar un pluralismo al que consideraba responsable de la falta de transparencia y del caos reinantes. Tras las primeras empresas con éxito de este tipo, esa tentativa menor de solución fue denominada «fascismo». Por su tendencia se trataba de un socialismo nacional que quiso sustituir la lucha de clases marxista por la colaboración entre las clases, sin duda en hostilidad con aquellos sindicatos reformistas que a lo más que habían llegado era a tomar de la lucha de clases su carácter potencial de guerra civil. Mas, en un principio, esa tentativa también se veía a sí misma como un «nacionalismo social» que exhortaba a los pueblos proletarios a la lucha contra los plutocráticos. Por último, y pese a lo opuesto de su primera intención, mostró la tendencia de no irle a la zaga en radicalidad a la «gran tentativa de solución». En efecto, quiso levantar y conducir a la entera humanidad desde su honda caída hacia la salud, conforme a la naturaleza, de un ensamblaje de jerarquías nacionales y raciales, lo que precisamente habría de realizarse, en una parte esencial, mediante el exterminio de los supuestos causantes de la caída, esto es, de los judíos. A partir de este momento, la tentativa menor de solución dejó de ser un nacionalismo social para convertirse en fascismo radical. Pero ¿qué tiene que ver todo esto con Heidegger? Pienso que tiene bastante que ver con él, y ahora hemos abierto la posibilidad de definir con mayor justeza cuál es la posición que ocupa Heidegger «en su época». También podemos ahora plantear la cuestión de si Heidegger tenía una «voluntad secreta» y, en caso de que así fuera, si tuvo éxito o fracasó con eso que en el fondo quería. En este proceso histórico, que hemos caracterizado de un modo puramente historiográfico y con suma concisión, siempre hemos hecho referencia a Heidegger como pensador, pero él se situaba en medio de él como pensador y como hombre. A ese proceso se dirigió su crítica al presente desde sus primeras afirmaciones hasta las últimas, y Heidegger mismo reconoció en sus inicios su pertenencia a aquel ámbito que hemos descrito como el elemento más antiguo de la historia europea: el catolicismo. No cabe duda de que su juicio sobre el curso de la historia portaba los rasgos característicos de una concepción católica, configurada hacia más de doscientos años, desde la que se describe esa historia como descomposición y caída, como destrucción de la distancia y la dignidad, como olvido de lo esencial, como desarraigo y como nivelación. Si Heidegger no hubiera dicho *más* que eso habría continuado siendo un católico «habitual», desde luego bastante inteligente y agudo, valorado hoy por unos pocos especialistas y tan olvidado por el espacio público como Martin Honecker, su colega en la cátedra de Filosofía Cristiana. Pero es de suponer que los pocos que leyeran el *Duns Scoto*, así como los libros posteriores al escrito de habilitación, seguirían encontrando su pensamiento más esclarecedor y de significado más profundo que los libros de quienes sólo arraigan en el elemento más joven de la historia mundial europea, esto es, en la fe cientificista en el progreso.

Si Heidegger hubiera muerto en 1929, a los cuarenta años, seguiría ocupando hoy, y posiblemente durante muchas décadas todavía, una posición destacada en todas las exposiciones de filosofía, y, por cierto, como el autor de *Ser y tiempo*, de un libro en el que parecen entrelazarse con gran originalidad los rasgos fundamentales de la filosofía moderna. En efecto, allí encontramos el subjetivismo, que parte de la existencia humana, es decir, del ser-ahí humano; el escepticismo, que prohíbe toda afirmación sobre entidades metafísicas tales como Dios, el alma y la inmortalidad; el relativismo, que acepta la «verdad» de las leyes de Newton y de todas las proposiciones de la ciencia en tanto que existe el ser-ahí humano; el historicismo, que sitúa en el primer plano de la reflexión la historicidad y, con ello, la relación respecto de la muerte y la finitud de ese ser-ahí. Dicho con una breve fórmula, *Ser y tiempo* lleva a cabo la despedida del «mundo de Dios» y la reorientación hacia el «mundo del hombre», en el que el ser-ahí ya es a través de su proyecto mismo de ser, lo que a la vez implica un «estar sosteniéndose» dentro de la nada. Y en todo ello sólo se habría omitido el que también en *Ser y tiempo* quiso Heidegger hacer del «ser» y no del «ser-ahí» el tema principal de su posterior investigación.

Quien no haya leído una sola línea de *Ser y tiempo* sabe hoy de todos modos que Heidegger se comprometió en 1933 con el nacionalsocialismo, que desplegó una gran actividad como rector de la Universidad de Friburgo y que se negó hasta el final a hacer una «confesión de culpa». Pero todavía subsiste la perplejidad ante la Segunda Guerra Mundial, que ha cambiado con el tiempo pero no ha sido superada, y por ello no ha permitido hasta hoy que se realicen las distinciones esenciales. En la medida en que opuso resistencia a la «gran tentativa de solución», Heidegger (como tantos otros) hizo lo correcto desde la perspectiva de la historiografía, y esto debería ser evidente hoy tras el público fracaso del sistema de economía de mercado-Estado de partidos. Por tanto, aunque su compromiso con la «solución menor» lo convirtiera en «fascista», desde luego no le hizo incurrir de antemano en un error historiográfico. Así como hoy se tributa reconocimiento a los campeones de la «gran solución», porque se dejaron llevar por buenas intenciones y previeron algunos de los rasgos característicos de su desarrollo posterior, así también se debería estar hoy dispuesto a hacer justicia a los representantes de la «solución menor», aun cuando se constate que esa empresa no ha fracasado en menor medida que la anterior. Desde la perspectiva política se ha de considerar a Heidegger, ante todo, como a un «socialista nacional» que quiso hacer de la «reconciliación de las clases», ya lograda en un principio, una reconciliación completa y visible, de modo que esa comunidad se atreviera a la vez a exponerse a la «inseguridad del ente en total». En último término quiso orientar a Alemania hacia el paradigma de la *polis* griega, y, como era de esperar, fracasó. Una gran fracaso, sin embargo, es más digno de respeto que un pequeño logro. En este sentido, hemos de darle la razón cuando afirma que quien tiene grandes pensamientos comete grandes errores. Pero Heidegger no era ningún nacionalista social que quisiera violentar a otros pueblos, y, desde luego, tampoco fue ningún fascista radical que hiciera que el proceso historiográfico mundial estuviera determinado por causantes concretos y aspirase a una salvación obtenida mediante el exterminio. Es inadmisible, incluso disparatado, vincular a Heidegger con Auschwitz, como no sea en el sentido de que *todo* se puede poner más o menos en conexión con Auschwitz, por no hablar de la «gran tentativa de solución».

La última filosofía de Heidegger se halla determinada por el único motivo principal de defender el «mundo del hombre» contra el «mundo de la técnica», pero no sólo en la forma de una lucha defensiva, sino derivando el mundo de la técnica del mundo del hombre y viendo en aquél su mayor amenaza y peligro. Para Heidegger, Ser, mundo y ser-ahí permanecen en una relación de copertenencia, y se temporalizan conjuntamente en el «acontecimiento propicio», cuya forma más nivelada es el lenguaje computacional y, en última instancia, el «dis-positivo». Como sea que el hombre ya no perpetra el asalto contra las cosas en su calidad de pretendido señor del ente, sino que, en cuanto «pastor del ser», deja que el ente se entregue en su verdad, la concepción de Heidegger del mundo futuro es la de un mundo humano «religioso» en el que se preservan los rasgos esenciales de la relación respecto del «mundo de Dios». Según creo, Heidegger también ha fracasado con esa concepción, al menos en la medida en que los puntos de orientación deban residir en la descripción del *camino vecinal* o en la vinculación del «ser» de la Luna con su salir y su ponerse. Mas pudiera ser que la humanidad futura se encamine de nuevo a la Tierra y vuelva a controlar su destino, una humanidad que haya tenido la experiencia y padecido las consecuencias posibles de la aspiración

radical a la igualdad y de la completa falta de respeto, de la emancipación individual y de la navegación espacial, de la transformación nuclear y de la técnica genética. Esta humanidad guardaría
con los inicios una mayor semejanza que la arrogancia y la desesperación del presente. Quizá entonces podría convertirse Heidegger en uno de los filósofos normativos de esa época nueva a la vez
que antigua, pues, desde su cercanía a un pasado remoto, trató de
pensar anticipadamente «en su época» un futuro desconocido.

BREVE BIBLIOGRAFÍA COMENTADA

En primer lugar mencionaré algunas obras de menor alcance, pero que pueden servir como primeras introducciones al pensamiento de Heidegger:

1. WINFRIED FRANZEN: *Martin Heidegger*, Stuttgart, 1976 (Colección Metzler, volumen 141). El texto comienza ofreciendo una enumeración de los escritos más relevantes de Heidegger desde 1912 a 1972. A continuación se encuentra la «Bibliografía escogida», que comprende ciento treinta y siete escritos procedentes de la literatuta secundaria. A este apartado le sigue una breve sección sobre la vida de Heidegger, dotada de igual modo de una bibliografía pormenorizada. Acto seguido, nos encontramos con las «Fases de la filosofía heideggeriana», divididas en los capítulos siguientes, que se acompañan en cada caso de subcapítulos y notas bibliográficas: «Sobre la prehistoria de *Ser y tiempo*», «La ontología existenciaria de 1927-1929», «El pensamiento, según la historia del ser, desde 1930», «Autointerpretación y viraje». Asimismo, se dedica un capítulo independiente al tema «Heidegger y el nacionalsocialismo». En cuanto a las citas bibliográficas, también se toman en consideración autores franceses, tales como François Fédier y J. P. Faye, así como filósofos nacionalsocialistas de posición opuesta a Heidegger, tales como Ernst Krieck. El siguiente capítulo lleva por título «Heidegger-Aspectos y Heidegger-Recepción», en el que se encuentran, entre otros, los subcapítulos «Heidegger y el marxismo» y «Heidegger en Japón». El índice onomástico, que incluye también a los autores de la bibliografía secundaria, es, por tanto muy últil como orientación.

2. WALTER BIEMEL: *Martin Heidegger mit Selbstzeugnissen und Bilddokumenten* [*Martin Heidegger, con testimonios propios y documentos fotográficos*], Reinbeck, 1973. Este libro, por su envergadura más bien un cuaderno, es eminentemente una exposición filosófica centrada en la pregunta de la verdad, es decir, en la pregunta de la *alétheia*, pero su lectura se ve aligerada gracias a las documentos visuales que lo recorren. Aparte, contiene una bibliografía bien articulada que se extiende hasta 1984.

3. ALEXANDER SCHWANN: *Politische Philosophie im Denken Heideggers* [*Filosofía política en el pensamiento de Heidegger*], segunda edición aumentada con un «Apéndice de 1988», Opladen, 1989. Aquí aparece derivado el pensamiento de Heidegger a partir de su concepto de «verdad», es decir, a partir del núcleo de su filosofía, que es el ponerse-en-obra de la verdad como obra de arte *y* como Estado. Desde ahí Schwann ejerce una dura crítica, aunque se abstiene de toda acusación. Así, Heidegger aparece como un pensador antidemocrático, al que le falta comprensión para el pluralismo y que, en el fondo, simpatiza con el totalitarismo como tal. Importante y acertada es la observación según la cual el «Estado» ya comienza a retroceder en el pensamiento de Heidegger antes de 1945, para desaparecer del todo después de esa fecha. La frase con la que concluye el Apéndice es

característica de la posición del autor: «En toda la obra de Heidegger no se observa ninguna coincidencia con la época y el espítitu de la Ilustración. Tal vez sea por eso por lo que ha vuelto a ejercer una excitación tan fuerte como antes en algunos de los protagonistas de la filosofía del Postmodernismo.» También en este libro se puede encontrar una exhaustiva bibliografía, que alcanza hasta 1988.

4.   OTTO PÖGGELER: *Philosophie und Politik bei Heidegger* [*Filosofía y política en Heidegger*, Alfa, Barcelona/Caracas, 1984)], Friburgo/Múnich, 1974 (2.ª ed.). (Ver uno de los dos artículos, de cerca de cincuenta páginas, además de «La topología heideggeriana del ser».)

5.   OTTO PÖGGELER y ANNEMARIE GETHMANN-SIEFERT (eds.): *Heidegger und die praktische Philosophie* [*Heidegger y la filosofía práctica*], Suhrkamp Taschenbuch Wissenschaft, Francfort, 1988. Pöggeler aborda aquí la «Autocomprensión política de Heidegger» con citas procedentes de escritos inéditos y una crítica más severa que la de 1974. Además, también se encuentran, entre otros, los artículos de Hugo Ott «Martin Heidegger und der Nationalsozialismus» y de Ernst Nolte «Philosophie un Nationalsozialismus».

6.   JÜRGEN HABERMAS: «Mit Heidegger gegen Heidegger denken. Zur Veröffentlichung von Vorlesungen aus dem Jahre 1935» [«Pensar con Heidegger contra Heidegger. Sobre la publicación de lecciones del año 1935»], *FAZ* (*Frankfurter Allgemeine Zeitung*), número del 25 de julio de 1953. En la actualidad, este artículo aparece compilado, junto con otros sobre Heidegger, en la obra de Jürgen Habermas *Philosophisch-politische Profile* (*Perfiles filosófico-políticos*, Taurus, Madrid, 1984), Francfort, 1971, pp. 67-75.

Las obras siguientes, tampoco excesivamente voluminosas, proporcionan impresiones directas de la persona de Heidegger y de su mundo vital.

7.   *Erinnerung an Martin Heidegger* [*Recuerdo de Martin Heidegger*], ed. por Günther Neske, Pfullingen, 1977. En este libro se encuentran, entre otros, los testimonios de Otto Friedrich Bollnow sobre la conversación mantenida por Martin Heidegger con Ernst Cassirer en Davos (1929), el de Hans-Georg Gadamer sobre la «Entrada en Marburgo» y el de Carl Friedrich von Weizsäcker «Encuentros a lo largo de cuatro décadas». El libro es imprescindible para toda tentativa biográfica, pues ofrece un buen retrato de esos aspectos que cabría denominar «atmosféricos».

8.   *Martin Heidegger zum 80. Geburtstag von seiner Heimatstadt Meßkirch* [*Homenaje a Martin Heidegger por su 80 aniversario de su ciudad natal Meßkirch*], Francfort, 1969. La publicación incluye seis trabajos de Heidegger que se refieren directamente a Meßkirch o fueron pronunciados en Meßkirch en su calidad de conferencias. De entre estas últimas cabe destacar: «Der Feldweg» [«El camino del campo»], «Zum Geheimnis des Glockenturms» [«Sobre el misterio del campanario»], «Über Abraham a Sancta Clara» [«Sobre Abraham a Sancta Clara»] (1964). En ningún otro lugar resulta tan manifiesto el «filósofo labrador» o «filósofo campesino» como en éste, aunque, tras una mirada algo más atenta, también se revela aquí con igual claridad lo insuficiente de esa caracterización. Aparte, resulta bastante interesante el único texto que no procede del propio Martin Heidegger, sino de su hermano Fritz. Se trata de «Una carta de cumpleaños» en la que se puede apreciar algo sobre la juventud de Martin Heidegger y su entorno familiar. Notable es también el que Fritz Heidegger se manifieste de un modo tan

negativo sobre el «Estado de clases de entonces», y más negativas aún resultan, sin duda, las observaciones acerca de la futura instalación en la Luna de un «gigantesco supermercado» por los norteamericanos (pp. 61 y 63).

9.   *Martin Heidegger im Gespräch* [*Martin Heidegger al habla*], ed. Richard Wisser, Friburgo/Múnich, 1970. En primer lugar aparecen informes sobre Heidegger, casi todos ellos llenos de respeto y amistosos (también recogidos en parte en «Erinnerung an Martin Heidegger»; los informes proceden, entre otros, de Ernst Jünger, Karl Löwith y Dolf Sternberger; a continuación se reproduce el texto de la entrevista emitida por la ZDF el 24 de septiembre de 1969).

10.   *Martin Heidegger Photos.* 23 de septiembre de 1966 / 17 y 18 de junio de 1968. Digne Meller Marcovicz. En primer lugar se reproducen algunas de las tomas de la entrevista del *Spiegel* del 23 de septiembre de 1966, en las que aparece el filósofo con Rudolf Augstein y Georg Wolf, en presencia de Heinrich Wiegand Petzet (la entrevista fue publicada el 31 de mayo de 1976, tras la muerte de Heidegger, con el título «Nur noch ein Gott kann uns retten»[1]); a continuación aparecen fotografías de Martin y Elfride Heidegger en la cabaña y en su casa de Friburgo.

«Biográficas», en el sentido estricto de la palabra, son las siguientes obras:

11.   PAUL HÜHNERFELD: *In Sachen Heideggers* [*En la causa de Heidegger*], primero publicada en Hamburgo, luego en Múnich (ed. de bolsillo) en 1961. Heidegger aparece representado como pensador romántico y expresionista, estrechamente emparentado con Gottfried Benn; su cambio de rumbo hacia el fascismo no sería ningún error ordinario, sino que, más bien, tenía raíces comunes: el irracionalismo, el romanticismo, el nacionalsocialismo y la intolerancia contra los que piensan de otro modo que el propio. Pero no se puede pasar por alto la poderosa diferencia de categoría existente entre Heidegger y el fascismo, y por ello es recomendable la admiración, aunque también la distancia crítica.

12.   HANS-GEORG GADAMER: *Philosophische Lehrjahre. Eine Rückschau* [*Los años de aprendizaje filosófico. Una mirada retrospectiva*], Francfort, 1977. Se trata de la autobiografía del autor, quien en la actualidad es el discípulo vivo más antiguo de Heidegger.

13.   Heinrich Wiegand Petzet: *Auf einen Stern zugehen. Begegnungen und Gespräche mit Martin Heidegger 1929-1976* [*Dirigirse hacia una estrella. Encuentros y conversaciones con Martin Heidegger, 1929-1976*], Francfort, 1983. El autor es uno de los «amigos de Bremen». Resultan especialmente concluyentes algunas citas procedentes de cartas de Heidegger dirigidas a él, como, por ejemplo: «El mero acercamiento a la gran ciudad, su periferia con escombreras y fábricas, sus áridos barrios de obreros y el entero y odioso "aura" de lo informe, de

---

[1]   En castellano disponemos de dos traducciones de la entrevista: 1) «Sólo un Dios puede salvarnos todavía», trad. C. Gurméndez, *Revista de Occidente*, tercera época, nº 14, diciembre de 1976; 2) *La autoafirmación de la Universidad alemana. El Rectorado, 1933-34. Entrevista del Spiegel*, trad. R. Rodríguez, Tecnos, Madrid, 1989. La primera de ellas corresponde a la versión original del *Spiegel*, mientras que la segunda corresponde a la versión íntegra de la entrevista, aparecida en *Antwort. Martin Heidegger im Gespräch* (ed. por Günther Neske y Emil Kettering, Pfullingen, 1988, pp. 81-111). *(N. de la T.)*

lo prolífero, que corrompe el entorno moderno mismo de ciudades antiguas y bellas, afecta al hombre altamente sensible con una repugnancia casi física» (p. 39)
En cambio, al parecer no le resultaba del todo desagradable la sociedad de «grandes comerciantes, especialistas de ultramar y directores de compañías navieras y
astilleras» (p. 59) que conoció en Bremen. ¿Se trata de un «por otra parte» cuando Petzet informa que Heidegger le había escrito en septiembre de 1961 que en
ese momento se hacía manifiesta «la entera esencia socavada de Occidente»? (p.
100). No sin cierta ingenuidad, Petzet aventura también algunas observaciones que
podrían dar pie a duros ataques, como cuando escribe que a Heidegger le resultaba especialmente ajeno «aquel espíritu mundano de los círculos judíos» y que se
encontraba como en su casa en las grandes ciudades occidentales; sin embargo,
no debe entenderse una actitud tal como antisemitismo (p. 40).

La siguiente es una obra radicalmente opuesta a las narraciones llenas de respeto y admiración por el filósofo, así como una biografía parcial para la que la
obra es más importante que «la vida»:

14.   WOLF-DIETER GUDOPP: *Der junge Heidegger. Relalität und Wahrheit in
der Vorgeschichte von Sein und Zeit* [*El joven Martin Heidegger. Realidad y verdad en la historia previa de Ser y tiempo*], Editorial Marxistische Blätter, Francfort, 1983. La vara de medir de esta exégesis la suministra Lenin, y la perspectiva conductora es el triunfo venidero de la clase obrera, que se opone a la burguesía
condenada al ocaso con todos los medios a su alcance, incluso con el anclaje de
la filosofía de Heidegger en la neoescolástica. Mas, aunque resulta fácil ironizar
sobre algunas expresiones aisladas, de todos modos, Gudopp formula una tesis
que está justificada si se la plantea como una cuestión por dirimir, es decir, la de
hasta qué punto la filosofía de Heidegger puede ser entendida (también) como una
reacción contra el marxismo y la revolución rusa. Por ello menciono aquí este libro, así como por la importancia fundamental que reviste la conexión entre la
«vida» y la «obra». Al margen de la anterior, citaré también las obras de otros dos
marxistas: Georg Lukács, «Die Zerstörung der Vernunft» [«La destrucción de la
razón»], de 1954, y Lucien Goldmann, «Lukács und Heidegger», Darmstadt/Neu-
wied, 1975.

15a.   Sin duda, ninguna de las obras sobre Heidegger ha despertado tanta
atención como la escrita por un docente de la Universidad Libre de Berlín: *Víctor
Farías: Heidegger et le nazisme*[2], traduit de l'espagnol et de l'allemand... Préfa-
ce de Christian Jambert, La Grasse, 1987. La reacción provocada por esta obra
permite suponer que tanto los franceses como los alemanes deconocían o habían
olvidado el hecho de que Heidegger ingresó en el NSDAP en 1933 y permaneció
afiliado al partido hasta 1945. Estos dos hechos, con los que está familiarizado
hasta el más humilde estudioso, causaron en los medios una gran sensación. En el
fondo, la novedad del libro de Farías reside en haber prolongado el estudio de las

---

[2]   La edición en castellano lleva por título *Heidegger y el nazismo*, Muchnik,
Barcelona, 1989. Sobre la primera traducción de E. Lynch, A. Maestre tradujo las
correcciones de la primera versión y los nuevos añadidos. De las sucesivas revisiones del texto, hasta aparecer en su forma definitiva, se han ocupado J. Vánder
y J. F. Yvars, Juan Schjaer y el propio Víctor Farías. *(N. de la T.)*

fuentes y de las actas a la juventud de Heidegger, creyendo decubrir en el antisemitismo católico de Karl Lueger una fuente común para Heidegger e Hitler, quienes, además, coincidían en haber nacido en el mismo año (1889) al sur del Meno.
Sin duda, el núcleo de esta exégesis sólo podía apoyarse en el discurso del joven
Heidegger sobre Abraham a Sancta Clara, discurso en el que, por cierto, no aparece ni una sola vez la palabra «judío». Farías se presenta así como el primero en
hacer de Heidegger un «abrahamista», al tiempo que convierte en texto clave para
su tesis otra conferencia de Heidegger (1964) sobre su paisano y predicador, alegando que en ella cita el filósofo una frase de Abraham en la que se nombra «Sachsenhausen». Ahora bien, el campo de concentración nacionalsocialista no se encontraba emplazado en modo alguno en Sachsenhausen de Francfort, sino en
Sachsenhausen de Berlín, como Hugo Ott mencionó poco después en una reseña.
Sin embargo, a Farías debió bastarle que las dos ciudades sonaran igual para construir la conexión «Abraham (=antisemita) - Heidegger (íd.) - nacionalsocialismo-
campos de concentración - Auschwitz». En cualquier caso, el texto ya había sido
modificado en este sentido y ampliado con extractos de una carta de Heidegger a
Herbert Marcuse cuando, a principios de 1989, apareció la edición alemana en S.
Fischer:

15b.   VíCTOR FARíAS: *Heidegger und der Nationalsozialismus. Mit einem
Vorwort von Jürgen Habermas* [*Heidegger y el nacionalsocialismo. Con un prólogo de Jürgen Habermas*]. Lo destacable de esta edición no son las relativamente poco significativas modificaciones y ampliaciones del texto, sino el prólogo de
Jürgen Habermas. Aunque el prólogo contiene un discurso laudatorio realmente
esforzado, su elevado nivel filosófico hace que al final se vuelva contra el propio
Farías, y, mirándolo bien, justifica el término «literatura de denuncia» que utilicé
en mi reseña del libro aparecida en la HZ. («Ein Höhepunkt der Heidegger-Kritik? Víctor Farías Buch "Heidegger et le nazisme" [¿Un hito en la crítica de Heidegger? El libro de Víctor Farías "Heidegger y el nazismo"»], HZ, t. 247, 1988,
pp. 95-114.)

Mucho más equilibrado en el juicio (si bien bastante crítico) y más sólido en
cuanto a la investigación de las fuentes, es:

16.   HUGO OTT: *Martin Heidegger. Unterwegs zu seiner Biographie* [*Martin
Heidegger. De camino hacia su biografía*, trad. Elena Cortés Gabaudan, Alianza,
Madrid, 1992], Francfort/Nueva York, 1988. Se trata de la continuación de una serie artículos que han venido apareciendo desde 1983 en distintas revistas (ver notas bibliográficas en la reseña que acabamos de mencionar, p. 392). También ésta
es una biografía bastante fragmentaria (de ahí el título), en la que el acento reside
por completo en la época que va desde los años de la juventud del filósofo hasta
la «ruptura con el sistema del catolicismo», así como en el rectorado y en los primeros años de la posguerra, mientras que los años de Marburgo reciben escasa
atención y ninguna en absoluto los últimos años de la vida del filósofo. Especialmente valioso es el uso que hace Ott de la correspondencia entre Heidegger y Jaspers que aparece recogida en el *Nachlaβ* de este último, además de haber sacado
a la luz y analizado los testimonios de otros interlocutores epistolares de Heidegger prácticamente desconocidos hasta la fecha. De enorme alcance son los diarios
del prelado Josef Sauer y el *Nachlaβ* del profesor de teología Engelbert Krebs. Sin
embargo, sólo podrá escribirse una biografía definitiva de Martin Heidegger cuan-

348 HEIDEGGER

do un investigador (o un equipo de investigadores) haya estudiado las fuentes de *todas* las fases de la vida de Heidegger con el esmero de Hugo Ott, y sólo cuando las obras ocupen en ella el lugar que les corresponde. Pero uno se pregunta cuántos volúmenes abarcaría una obra semejante.

Un tránsito a la «obra» lo constituye el libro:

17. RICHARD WOLIN: *The Politics of Being. The Political Thoughts of Martin Heidegger* [*La política del ser. Los pensamientos políticos de Martin Heidegger*], Nueva York, 1990. El libro de Wolin es más ambicioso en sus miras y está más centrado en la obra del filósofo (a partir de *Ser y tiempo*) que el de Farías, pero, en el fondo, condena a Heidegger, como hombre y como pensador, con la misma decisión que aquél. También he reseñado esta obra, así como la de Ott, en la «Historische Zeitschrift» (t. 253, pp. 499-501).

Sobre la «obra» bastará la enumeración de dos exposiciones de conjunto y dos recopilaciones de artículos que revelan algo de la plenitud y de las dificultades que esa obra encierra:

18. OTTO PÖGGELER: *Der Denkweg Martin Heideggers* [*El camino del pensar de Martin Heidegger,* trad. Félix Duque, Alianza, Madrid, 1986], Pfullingen, 1983 (2.ª ed.).

19. EMIL KETTERING: *Nähe. Das Denken Martin Heideggers* [*Cercanía. El pensamiento de Martin Heidegger*], Pfullingen, 1987 (contiene una extensa bibliografía).

20. OTTO PÖGGELER (ed.): *Heidegger. Perspektiven zur Deutung seines Werks* [*Heidegger. Perspectivas para la interpretación de su obra*], Königstein/Taunus, 1984 (entre otros, se encuentran los artículos de Walter Schulz, «Über den philosophiegeschichtlichen Ort Martin Heideggers»; Oskar Becker, «Para-Existenz. Menschliches Dasein und Dawesen»; Ernst Tugendhat, «Heideggers Idee von Wahrheit»).

21. *Durchblicke. Martin Heidegger zum 80 Geburgstag* [*Perspectivas. Martin Heidegger por su 80.º aniversario*], Francfort, 1970 (entre otros, se encuentran los artículos de Hans Jonas, «Wandlung und Bestand. Vom Grunde der Verstehbarkeit der Geschichtlichen»; Fr.-W. von Herrmann, «Sein und Cogitationes - Zu Heideggers Descartes-Kritik»; Jan Patocka, «Heidegger von anderen Ufer»).

La obra original de Heidegger sigue estando disponible en su práctica totalidad, sobre todo en las editoriales Niemeyer, Neske y Klostermann. Desde 1974 han aparecido:

20. MARTIN HEIDEGGER: *Gesamtausgabe* [*Obras completas*], Vittorio Klostermann, Francfort del Meno. La edición está calculada para un total de cien tomos, de modo que es difícil esperar que esté lista para la última década del siglo XX. Se estructura en cuatro *Abteilungen* [divisiones], superpuestas a la numeración de los tomos individuales. Éstas son:

I. Abtlg. Veröffentliche Schriften [Lecciones publicadas],
II. Abtlg. Vorlesungen [Lecciones],

III.   Abtlg. Unveröffentliche Abhandlungen [Tratados inéditos],
IV.   Abtlg. Aufzeichnungen und Hinweise [Apuntes y notas].

Con motivo del centenario del nacimiento del filósofo aparecieron las *Beiträge zur Philosophie. (Vom Ereignis)* [*Contribuciones a la filosofía. (Sobre el acontecimiento propicio)*], que Pöggeler considera como la «obra principal» de Heidegger. Con ellas se ha dado inicio a la división III (tomo 65). De las divisiones I y II existen ya más de treinta tomos, mientras que la división IV falta todavía en su integridad. Es incierto si aparecerá algún día la recopilacon completa de las cartas, así como la fecha probable de su publicación.

Las primeras publicaciones de la correspondencia se remontan a 1989 ó 1990:

23.   MARTIN HEIDEGGER y ELISABETH BLOCHMANN: *Briefwechsel 1918-1969,* ed. por Joachim W. Starck, Marbach am Neckar, 1989.
24.   MARTIN HEIDEGGER y KARL JASPERS: *Briefwechsel 1920-1963,* ed. por Walter Biemel y Hans Saner, Francfort/Múnich/Zúrich, 1990 (Klostermann-Piper).

Las bibliografías más importantes proceden de Hans-Martin Sab:

25.   *Heidegger-Bibliographie*, Meisenheim, 1968. Ésta se continúa con la obra del mismo autor *Materialien zur Heidegger-Bibliographie 1917-1972* [*Materiales para la Bibliografía de Heidegger, 1917-1972*], ibídem, 1975.
26.   Del mismo, en colaboración con otros: *Martin Heidegger. Bibliography and Glossary* [*Martin Heidegger. Bibliografía y glosario*], Bowling Green, Ohio, 1982.

La bibliografía en lengua alemana aparece por orden cronológico, mientras que la de habla inglesa lo hace por orden alfabético. La más útil de todas es, básicamente, la primera, pues revela que desde 1928 a 1930 hubo relativamente pocos comentarios sobre *Ser y tiempo* o sobre *Kant y el problema de la metafísica*. El número de títulos de que consta la bibliografía en lengua inglesa asciende a 6.362.

ÍNDICE ONOMÁSTICO

[351]

HÖLDERLIN, Friedrich: 22, 179, 180, 181, 182, 184, 185, 207, 208, 213, 268, 299, 325.
HOMMES, Jakob: 257.
HONECKER, Martin: 103, 339.
HORKHEIMER, Max: 229.
HÜHNERFELD, Paul: 273.
HUGENBERG, Alfred: 121.
HUSSERL, Edmund: 22, 36, 37, 38, 43, 44, 50, 56, 60, 65, 77, 81, 95, 115, 141, 178, 179, 248, 257, 280, 283, 299, 314, 315, 334.
HUSSERL, Malvine: 299.

INGARDEN, Roman: 56.

JACOBSON, Hermann: 68.
JACOBSTHAL, Paul: 68.
JAEGER, Werner: 104.
JAENSCH, Erich: 169.
JASPERS, Karl: 24, 149, 244, 254, 296.
JONAS, Hans: 69, 334.
JRUSCHOV, Nikita: 275.
JÜNGER, Ernst: 14, 263, 322.

KANT, Immanuel: 46, 57, 88, 106, 108, 110, 113, 114, 234, 270, 283, 324.
KÄSTNER, Erhart: 271, 274, 295, 296.
KERENSKI, Alexander F.: 137.
KIERKEGAARD, Søren Aabye: 63, 82.
KISCH, Egon Erwin: 322.
KLAGES, Ludwig: 334.
KLEIST, Heinrich von: 313.
KRALIK, Richard von: 32.
KRAUS, Karl: 296.
KREBS, Engelbert: 55, 56, 57, 59, 104, 330.
KREUTZER, Conradin: 274.
KRIECK, Ernst: 111, 169, 252, 299, 303.
KRONER, Richard: 54, 55.
KÜLPE, Oswald: 22, 46.
KUN, Bela: 62.

LA METTRIE, Julien Offray de: 331.
LAMPE, Adolf: 241.
LANG, Matthäus: 31.
LASK, Emil: 36, 38, 42, 43, 46, 49, 52, 53, 75, 100, 102.
LASLOWSKI, Ernst: 56.

LEBER, Julius: 162.
LEIBNIZ, Gottfried Wilhelm: 13, 236.
LEMMER, Ernst: 69.
LENIN, Vladímir Ilich: 138, 322, 338.
LEÓN XIII: 322.
LEOPOLDO I: 292.
LESSING, Gotthold Ephraim: 333.
LIEBKNECHT, Karl: 62.
LINGUET, Simón Nicolás Henri: 331.
LIPPS, Theodor: 47.
LOCKE, John: 329.
LOTZE, Rudolph Hermann: 72.
LÖWITH, Karl: 63, 70, 176, 182, 245, 283.
LUEGER, Karl: 15, 32, 33, 34.
LUKÁCS, Georg: 16, 56, 61, 63, 94, 100, 101, 116, 174, 229.
LUTERO, Martín: 97.
LUXEMBURGO, Rosa: 51, 62.

MABLY, Gabriel Bonnot de: 331.
MAESTRO DE MEßKIRCH: 26.
MAIER, Heinrich: 47.
MANN, Golo: 338.
MANN, Thomas: 62.
MARCEL, Gabriel: 269.
MARCUSE, Herbert: 16, 242, 253, 304, 305, 306, 310.
MARX, Karl: 16, 33, 70, 76, 77, 81, 101, 172, 248, 250, 285, 292, 312, 332, 336.
MEHLIS, Georg: 54, 55.
MEINECKE, Friedrich: 55.
MELLER-MARKOVIC, Digne: 297.
MENDELSSOHN-BARTHOLDY, Arnold: 111.
MINDER, Robert: 16, 273.
MISCH, Georg: 95, 96, 97.
MOELLER, Arthur von den Bruck: 56.
MÖLLENDORF, Wilhelm von: 298.
MOLTKE, Hermuth, conde de: 94.
MOMBERT, Alfred: 111.
MÖRCHEN, Hermann: 313.
MORELLY: 331.
MORIN, Edgar: 245.
MÜHSAM, Erich: 62, 63.
MÜLLER, Max: 61, 166, 257, 318.
MÜLLER-FRANKEN, Hermann: 120.
MUSSLER, Josef: 111.

COLECCIÓN FILOSOFÍA Y ENSAYO
Dirigida por Manuel Garrido

Agazzi, E.: *El bien, el mal y la ciencia*. Las dimensiones éticas de la empresa científico-tecnológica.

Austin, J. L.: *Sentido y percepción*.

Bechtel, W.: *Filosofía de la mente*. Una panorámica para la ciencia cognitiva.

Boden, M. A.: *Inteligencia artificial y hombre natural*.

Bottomore, T.; Harris, L.; Kiernan, V. G.; Miliband, R.; con la colaboración de Kolakowski, L.: *Diccionario del pensamiento marxista*.

Brown, H. I.: *La nueva filosofía de la ciencia* (3.ª ed.).

Bunge, M.: *El problema mente-cerebro*. Un enfoque psicobiológico (2.ª ed.).

Collier, G.; Minton, H. L., y Reynolds, G.: *Escenarios y tendencias de la psicología social*.

Cruz, M. (ed.), y otros: *Individuo, modernidad, historia*.

Chisholm, R. M.: *Teoría del conocimiento*.

Dampier, W. C.: *Historia de la ciencia y sus relaciones con la filosofía y la religión* (3.ª ed.).

Dancy, J.: *Introducción a la epistemología contemporánea*.

Díaz, E.: *Revisión de Unamuno*. Análisis crítico de su pensamiento político.

D'Ors, E.: *El secreto de la filosofía*. Doce lecciones, tres diálogos y, en apéndice, «La filosofía en quinientas palabras».

Eccles, J. C.: *La psique humana*.

Edelman, B.: *La práctica ideológica del Derecho*. Elementos para una teoría marxista del Derecho.

Fann, K. T.: *El concepto de filosofía en Wittgenstein* (2.ª ed.).

Fernandez, D.: *El rapto de Ganimedes*.

Ferrater Mora, J., y otros: *Filosofía y ciencia en el pensamiento español contemporáneo (1960-1970)*.

Feyerabend, P.: *Tratado contra el método* Esquema de una teoría anarquista del conocimiento (3.ª ed.).

Fodor, J. A.: *Psicosemántica*. El problema del significado en la filosofía de la mente.

García-Baró, M.: *Categorías, intencionalidad y números*. Introducción a la filosofía primera y a los orígenes del pensamiento fenomenológico.

García Suárez, A.: *Modos de significar*. Una introducción temática a la filosofía del lenguaje.

García Suárez, A.: *La lógica de la experiencia*.

García Trevijano, C.: *El arte de la lógica*.

Garrido, M.: *Lógica simbólica* (3.ª ed.).

Gómez García, P.: *La antropología estructural de Claude Lévi-Strauss*.

Haack, S.: *Evidencia e investigación*. Hacia la reconstrucción en epistemología.

Habermas, J.: *La lógica de las ciencias sociales*. Estudios de filosofía social (2.ª ed.).

Habermas, J.: *Teoría y praxis.* Estudios de filosofía social (2.ª ed.).

Harris, J.: *Supermán y la Mujer Maravillosa.* Las dimensiones éticas de la biotecnología humana.

Hernández Pacheco, J.: *Corrientes actuales de filosofía.* La Escuela de Francfort. La filosofía hermenéutica.

Hernández Pacheco, J.: *Corrientes actuales de filosofía (II).* Filosofía social.

Hierro, J. S.-P.: *Problemas del análisis del lenguaje moral.*

Hintikka, J.: *Lógica, juegos de lenguaje e información.* Temas kantianos de filosofía de la lógica.

Huisman, D.: *Diccionario de las mil obras clave del pensamiento.*

Jaspers, K.: *Los grandes filósofos.* Vol. I: Los hombres decisivos (Sócrates, Buda, Confucio, Jesús). Vol. II: Los fundadores del filosofar (Platón, Agustín y Kant).

Lao-tse: *Tao Te Ching.*

Lakatos, I., y otros: *Historia de la ciencia y sus reconstrucciones racionales* (3.ª ed.).

Lindsay, P. H., y Norman, D. A.: *Introducción a la psicología cognitiva* (2.ª ed.).

Lorenzo, J. de: *El método axiomático y sus creencias.*

Lorenzo, J. de: *Introducción al estilo matemático.*

Mackie, J. L.: *El milagro del teísmo.*

Mates, B.: *Lógica matemática elemental.*

McCarthy, Th.: *Ideales e ilusiones.* Reconstrucción y deconstrucción en la teoría crítica contemporánea.

McCarthy, Th.: *La teoría crítica de Jürgen Habermas* (3.ª ed.).

McCorduck, P.: *Máquinas que piensan.* Una incursión personal en la historia y las perspectivas de la inteligencia artificial.

Millar, D., y otros: *Diccionario básico de científicos.*

Morin, E.: *Sociología.*

Nagel, E.; Newman, J. R.: *El teorema de Gödel* (2.ª ed.).

Nolte, E.: *Heidegger.* Política e historia en su vida y pensamiento.

Norris, C.: *¿Qué le ocurre a la postmodernidad?* La teoría crítica y los límites de la Filosofía.

Popper, K. R.: *Búsqueda sin término.* Una autobiografía intelectual (3.ª ed.).

Popper, K. R.: *Realismo y el objetivo de la ciencia.* Post Scriptum a *La lógica de la investigación científica,* vol. I.

Popper, K. R.: *El universo abierto.* Un argumento a favor del indeterminismo. Post Scriptum a *La lógica de la investigación científica,* vol. II.

Popper, K. R.: *Teoría cuántica y el cisma en física.* Post Scriptum a *La lógica de la investigación científica,* vol. III (2.ª ed.).

Putnam, H.: *Razón, verdad e historia.*

Quine, W. V.: *La relatividad ontológica y otros ensayos.*

Reguera, I.: *El feliz absurdo de la ética.* El Wittgenstein místico.

Rescher, N.: *La primacía de la práctica.*

Rescher, N.: *La racionalidad.* Una indagación filosófica sobre la naturaleza y la justificación de la razón.

Rescher, N.: *Los límites de la ciencia.*

Rivadulla, S.: *Filosofía actual de la ciencia.*

Robinet, A.: *Mitología, filosofía y cibernética.* El autómata y el pensamiento.

Rodríguez Magda, R. M.ª: *El modelo frankenstein.* De la diferencia a la cultura post.

Rodríguez Paniagua, J. M.: *¿Derecho natural o axiología jurídica?*

Rorty, R.: *Consecuencias del pragmatismo.*
Sahakian, W. S.: *Historia y sistemas de la psicología.*
San Román, T.: *Los muros de la separación.* Ensayo sobre alterofobia y filantropía.
Santayana, G.: *Tres poetas filósofos.* Lucrecio, Dante, Goethe.
Santayana, J.: *Diálogos en el limbo.*
Searle, J. R.: *Intencionalidad.* Un ensayo en la filosofía de la mente.
Smart, J. J. C.: *Nuestro lugar en el universo.* Un enfoque metafísico (2.ª ed.).
Störig, H. J.: *Historia universal de la filosofía.*
Stove, D. C.: *Popper y después.* Cuatro irracionalistas contemporáneos.
Strawson, P. F.: *Ensayos lógico-lingüísticos.*
Suzuki, D., y Knudtson, P.: *GenÉtica.* Conflicto entre la ingeniería genética y los valores humanos.
Trevijano Etcheverría, M.: *En torno a la ciencia.*
Valdés Villanueva, L. M. (ed.): *La búsqueda del significado.* Lecturas de filosofía del lenguaje (2.ª ed.).
Vargas Machuca, R.: *El poder moral de la razón.* La filosofía de Gramsci.
Veldman, D. J.: *Programación de computadoras en ciencias de la conducta.*
Villacañas, J. L.: *Racionalidad crítica.* Introducción a la filosofía de Kant.
Wellman, C.: *Morales y éticas.*